JIANG-YUN
JIAOHUI

CHANG-SANJIAO
DAYUNHE
WENHUADAI
WENLÜ RONGHE
PINPAI ANLI
YANJIU（2022）

秦宗财 等
— 编著 —

江运交汇

长三角大运河文化带文旅融合品牌案例研究

（2022）

江苏大学出版社
JIANGSU UNIVERSITY PRESS
镇 江

图书在版编目（CIP）数据

江运交汇：长三角大运河文化带文旅融合品牌案例研究. 2022 / 秦宗财等编著. -- 镇江：江苏大学出版社，2022. 12
ISBN 978-7-5684-1894-2

Ⅰ. ①江… Ⅱ. ①秦… Ⅲ. ①长江三角洲－大运河－流域－旅游企业－品牌战略－研究 Ⅳ. ①F592. 61

中国版本图书馆 CIP 数据核字（2022）第 233972 号

江运交汇：长三角大运河文化带文旅融合品牌案例研究（2022）
Jiang-yun Jiaohui: Chang-Sanjiao Dayunhe Wenhuadai Wenlü Ronghe Pinpai Anli Yanjiu（2022）

编　　著/秦宗财等
责任编辑/张　平　李　娜
出版发行/江苏大学出版社
地　　址/江苏省镇江市京口区学府路 301 号（邮编：212013）
电　　话/0511-84446464（传真）
网　　址/http://press.ujs.edu.cn
排　　版/镇江文苑制版印刷有限责任公司
印　　刷/江苏凤凰数码印务有限公司
开　　本/710 mm×1 000 mm　1/16
印　　张/23
字　　数/440 千字
版　　次/2022 年 12 月第 1 版
印　　次/2022 年 12 月第 1 次印刷
书　　号/ISBN 978-7-5684-1894-2
定　　价/70.00 元

如有印装质量问题请与本社营销部联系（电话：0511-84440882）

编委会

序

大运河是中华民族共同体认同的标志性符号。大运河是中国古代开凿的世界上距离最长、流域面积最大的人工运河，贯通海河、黄河、淮河、长江、钱塘江五大水系，包括隋唐运河、京杭运河、浙东运河等古今河道水系，流经北京、天津、河北、河南、山东、安徽、江苏、浙江8省、市，全长约3200千米，是人类文明史上气势恢宏的伟大工程，集中体现了中华民族的伟大创造精神。2500多年来，大运河持续发挥着航运、水利等作用，承载、流淌着悠久璀璨的历史文化，成为中华文明的重要标志之一。大运河沿线有中华民族创造的一系列独特的流域文化遗产和水利景观遗存，有23座国家级历史文化名城，其中长三角地区就有6座。伴随着长三角一体化上升为国家战略，大运河这条流动的文化纽带成为长三角三省一市文旅产业协同发展的天然大IP，巨大的潜力正在被挖掘。长三角大运河文化带作为一个时空交织的多层次、多维度的文化复合体，在漫长的历史发展中，凝聚出具有普遍性、持久性的精神内涵——创新、进取和开放。作为大运河、长江两大流域的叠加地带，长三角大运河文化带沿线有着丰富的文化遗产，富含中华民族精神文化价值，日益为全世界所瞩目，成为中华民族增强文化自信、实现伟大复兴的重要的物质与精神资源。从新时代铸牢中华民族共同体意识来看，长三角大运河文化带需要成为宣传国家形象、展示中华文明、彰显民族文化自信的亮丽名片，从而建构中华民族共同体的身份认同与集体记忆。

当前，亟须加强长三角大运河文化带文化保护传承利用研究，为新时代大运河文化高质量发展和打造品牌影响力提供智力支持，对此，我们认为有以下几点值得思考：

第一，必须树立品牌化思维。文化遗产是十分重要的无形品牌资产，承载着社会历史记忆，其所体现出的传统历史文化符号表征，以及传统精神内核指导下人们的行为模式、传统价值取向和社会心理结构，可以赋予民族文化产品丰富的内涵，提升民族文化产品的情感价值。对于民族文化消费群体而言，这些品牌文化极易引起他们的认同，使其产生情感共鸣，从而建立对品牌的忠诚度。品牌文化的开发利用具有典型的 IP 效应（粉丝效应）。因此，文化遗产可以为民族文旅产业的品牌塑造提供丰富的精神资源和创意资源。大运河文化遗产 IP 效应要在现实中真正实现，必须高质量地保护、传承与利用大运河文化遗产，必须树立品牌思维，其核心是要深入挖掘大运河文化带文化遗产的文化精髓，传承优秀文化。传承的原则是在保持原真性的前提下，按照新时代先进文化的价值导向和民众的精神需求，推动文化遗产的创造性转化和创新性发展。一是必须认清大运河文化带文化遗产是否具有独特的现代价值，是否具有影响力、感染力等。二是选择富有影响力、感染力的文化遗产进行串联、整合、提升，梳理出一条文化带文化遗产资源主线，为文化带文化遗产品牌提供丰富的内容内涵。三是深入了解、挖掘大运河文化带文化遗产蕴含的民俗、名人、传说、神话等文化资源，厘清文化资源之间的脉络内涵和联系，为大运河文化带文化遗产品牌的定位、传播及产业业态提供依据。基于此，新时代面向大众、多元化、多样化的精神消费需求，可依托大运河文化带文化遗产资源优势，因地制宜，着力构建“大运河文化带文化遗产品牌 IP+现代创意”特色产业体系，促进大运河文化带文化遗产在新时代环境下的创造性转化。

第二，做好高质量开发博物馆式的大运河文化带“物质文化遗产品牌+IP创意体系”研究。物质文化遗产重在保护，在保护的前提下，可依托现代展示技术和体验技术适当地开发高水平的文创项目。即以优质的博物馆馆藏大运河文化带文化遗产资源（品牌 IP）为内容基础，实施线上线下联动：线下开辟大运河文化带博物馆文化旅游线路，研发博物馆文创纪念品，举办艺术品展览，开展艺术体验活动，等等，在保护的前提下深度挖掘大运河文化带物质文化遗产的经济潜质；线上借助数字文化创意、数字技术、融媒体技术等，实施博物馆数字化战略，对博物馆馆藏资源进行数字化运作，实现文化遗产的数字化开发。档案馆、图书馆等亦可借鉴此开发路径。

第三，做好高质量开发大运河文化带“非物质文化遗产品牌+IP 创意体系”研究。非物质文化遗产（简称“非遗”）具有传承性、社会性和活态性等特征，因此，其不仅仅需要原生态理性保护，更需要现代化技艺创新，要发掘利用非物质文化遗产品牌资源的差异性与经济价值，增强其对文化资本的吸引力。大运河文化带非物质文化遗产品牌 IP 的创意开发重在两个层面：一是原生态的传统技艺基础，包括原料、技师、场所等因素的初步整合与复原；二是后期创新技艺，即传统技艺生产方式、原料及内容的改进与创新。具体而言，首先从生产环节来看，非物质文化遗产生产包括产品研发与技艺演绎两部分。产品研发即在既有技艺经验与资金扶持的基础上，结合当前市场需求，通过科学技术和现代创意的介入，形成初步的产品样本，这也是知识产权的形成阶段。技艺演绎则是指非遗表演及与之相关联的服务。其次，营销环节是突破性的关键环节。在营销环节，一般产品是通过竞争来培育和创造消费需求的，因而产品价值与创意能力是营销的关键所在。由于非遗产品或服务直接作用于人的情感、心灵和感觉，所以其销售必然更强调“以人为本”，以满足大众需要和社会需求为己任，使大众在传统文化消费中真正得到身心的愉悦和满足。最后，在营销环节完成后，非遗产品或服务的劳动价值基本实现，但是其产权价值只是初步实现，接下来这一环节的重点就是知识产权的保护与增值，即在防止产权被复制的同时，积极推进产权的推广与转让，做大关联产业，延伸衍生产业，推进产权增值。

第四，做好高质量开发大运河文化带文化遗产品牌 IP 的演艺演出类产业体系研究。立足大运河文化带文化遗产品牌 IP 主线，深度挖掘适宜开展文化活动的运河景观、人文景观、历史传说和民俗趣事等，从美感、观感、规模，以及科学性、历史性、趣味性等维度，挖掘大运河非物质文化遗产内涵，开发文旅品牌 IP 演艺演出主题项目，演绎文化意象，展示文化精华，重现文化遗产场景。

第五，做好推动大运河文化带文化遗产品牌 IP 与相关产业融合发展研究。以大运河文化带文化遗产为核心，结合相关产业融合发展是实现大运河文化带文化遗产品牌 IP 利用的有益路径。例如，促进大运河文化带文化遗产品牌 IP 与其他相关产业如传统制造业、传统农业、传统服务业等有机融合，彼此互补，互利共赢；推动大运河文化带文化遗产品牌 IP 与会展业、节庆业等传统服务业相融合，通过举办文化遗产品牌 IP 主题文化节（博览会）、主题民俗文化节等，自我推销大运河文化带文化遗产品牌 IP 并主动加强与境（文化带）内外的沟通交流，探索出文化遗产品牌 IP 利用的多元路径；推动大运河文化带文化遗产品牌 IP 与动漫、影视、网游等产业深度融合，不断深化融合机制，有效促进文化遗产品牌 IP 的多元化开发利用。

第六，做好高质量建设大运河文化带文化遗产品牌 IP 创意综合体研究。文化旅游已经成为当代城镇更新与转型升级的重要发展动力，“文化+旅游”作为当代旅游开发的新蓝海，正成为推动特色文旅小镇发展的重要契机。以大运河文化带文化遗产品牌 IP 为对象，建立大运河文化带文化遗产创意产业综合体——集聚商业、办公、居住、旅店、展览、餐饮、会议、文娱和交通等多种现代城市的关联功能业态，是一种 IP 主题创意化、环境景区化、产品休闲化、空间集聚化、服务社区化的全新生活方式载体，可以满足游客认知、体验大运河历史文化及娱乐的欲望。其综合价值在于活化文化遗产，推动文化传承与产业创新，减少政府投资，提高生活品质，拉动经济发展，改善城市形象，解决社会就业，联动区域城乡开发。

长期以来，扬州大学作为大运河文化、长江文化的研究重镇，从淮扬文化研究到大运河文化研究，从大运河文化带研究到大运河国家文化公园研究，从大运河文化研究再到长江文化、长江国家文化公园研究等，积累了丰富的研究成果，也锻炼了学术团队。2017 年 3 月，扬州大学整合校内外优势学术资源，与扬州市政府共建中国大运河研究院。同年 8 月，研究院被江苏省教育厅认定为江苏省高校哲学社会科学校外研究基地，是扬州大学实体性、智库类研究机构之一。中国大运河研究院把高质量服务大运河文化带建设作为学术研究和智库服务的“主战场”和“主阵地”。研究院自成立以来，聚焦运河遗产、运河文化、运河生态、运河经济、运河旅游、运河立法、世界运河等领域，为各级党委、政府、人大、政协等提供智库成果达 40 余份，其中转化为全国政协主席重点督办提案、江苏省政协主席重点督办提案及其他省市政协提案 8 份；承担国家社会科学基金、国家自然科学基金项目在内的各级大运河方面的课题 30 多项；在《文化遗产》《民族艺术》《经济地理》《地理研究》《光明日报》《经济要参》《零讯》等权威媒体（内参）上发表各类文章 100 余篇；主持、承担各级政府部门大运河领域的实施规划和实施方案 6 个；与世界运河历史文化城市合作组织联合主办“世界运河城市论坛立法保护分论坛”；积极配合省人大常委会出台国内首部促进大运河文化带建设的地方性法规。研究院接受央视、《人民日报》、新华社等媒体采访近百次，参与央视《远方的家·大运河》等各类大运河主题纪录片、宣传片拍摄近10部，开展大运河文化宣讲活动40多场，为传播大运河文化做了大量工作；与扬州市文物局合作，开展大运河沿线世界遗产全线巡查工作，撰写的巡查报告得到国家文物局的高度肯定和批示，为中国大运河保护成果获得联合国教科文组织的高度评价做出重要贡献；与社会科学文献出版社联合共建大运河文化数据库；等等。

近年来，中国大运河研究院将长三角大运河文化带文旅产业作为重点研究领域之一，组织团队开展专题研究。本书基于大运河、长江国家文化公园建设的国家战略，以两带交叠区域的文化和旅游融合品牌实践为研究对象，按照区域文化品牌类型，分为总体研究、文旅名城、文旅名镇（村）/示范区（带）、品牌创新与传播、国家文化公园、文博展会等门类，依门类选取典型实践热点案例进行深入研究。

本书具有鲜明的特点，主要体现在以下三个方面：

第一，聚焦国家战略。国家先后提出大运河文化带、长江经济带、大运河国家文化公园、长江国家文化公园等发展战略，江苏是建设的核心区、先导区。近年来，江苏先行先试建设大运河国家文化公园得到了中央的肯定，中共中央办公厅、国务院办公厅印发的《长城、大运河、长征国家文化公园建设方案》明确把大运河江苏段确立为大运河国家文化公园唯一的重点建设区。江苏在推动大运河国家文化公园建设方面做了大量基础性和探索性工作。本书正是基于国家战略，遴选长三角大运河文化带（含江苏、安徽、浙江）建设的典型实践案例进行研究，分析现状，总结经验，不仅为大运河文化带、长江文化带其他地区的建设提供借鉴，同时也为长城、长征、黄河等文化带建设提供经验参考。

第二，内容前沿性。本书系首部从品牌理论视角，呈现长三角大运河文化带文旅融合品牌建设最新案例研究成果的图书，研究领域、研究内容均具先进性和前沿性。

第三，语言通俗性。出版本书主要是为政府、企业等的发展提供智力支持，同时为旅游者及对长三角大运河文化带文旅融合感兴趣的读者提供有益的通俗读物。因此，本书的文字力求通俗，研究立足建设实际，能与现实密切结合，达到经世致用。

本书适用于政府管理部门、相关企事业单位等的领导和工作人员阅读，也可供高等院校文化学、旅游学、区域经济学、文化产业管理、新闻传播学等相关专业的师生及文化旅游爱好者、研究者等阅读参考，受众面广，具有较好的市场前景。

姚冠新

2022 年 10 月

目　录

总体研究

JIANG-YUN JIAOHUI

CHANG-SANJIAO

DAYUNHE WENHUADAI
WENLÜ RONGHE
PINPAI ANLI YANJIU(2022)

长三角大运河文化带 文旅融合建设总论

引 言

文化带建设是区域协同发展的有力抓手，文化对区域的联系作用突破了行政区划的约束，并有效补充了市场机制的作用，奠定了区域间合作协调的基础。自 1989 年魏学峰在学术论文《一条典型的文化带——褒斜道研究》中提出“文化带”一词至今，国内对文化带的相关研究已持续 30 多年，并且近几年其热度及关注度攀升较快。关于文化带的内涵，可以认为是在相似单位区域、在共同的自然地理环境影响下，人们在生活、生产、交流过程中逐渐形成的、具有独特的文化模式（或文化体系，或文化类型）的空间区域①。“文化带”与“文化区域”概念最大的区别应当就在于文化带空间区域具有的线性、带状特征，文化从文化源地向外传播、扩散的分布范围更广。文化带的形成离不开人们的相关活动，如因民族迁徙而形成的藏彝走廊、因商贸活动而形成的丝绸之路、因国家政治意图而形成的长城文化带和大运河文化带等。人们由于生产生活等各方面的需要而产生物质或非物质的往来互通，促进了多维度的思想、知识、精神等的跨地域传播、交流与融入，因此产生了文化带区域独特的文化及文化现象。

文旅融合是文化带建设的重要一环，文化与旅游具有天然的内在统一性②；文旅融合是产业高质量发展的需要，同时也是产业转型升级的必然结果。文化带的形成原本就基于人和物在区域间的互通，因此，要建设文化带、重新焕发文化带生机也应从此处着手。文旅融合发展不仅仅能平衡文化带文化

① 王艳红、秦宗财：《文化带传统文旅品牌的形象塑造与国际传播》，《安徽师范大学学报（人文社会科学版）》2020 年第 2 期。

② 朱季康：《在大运河文化带中实施文旅融合的价值与构想》，《江南论坛》2020 年第 7 期。

资源保护和开发利用之间的关系，兼顾文化带的区域整体性，更能进一步满足人们的消费需求，促进人和物的往来、文化和经济的互通。文旅融合是文化带建设兼顾社会效益与经济效益的发展路径，近年来政府出台的相关政策规划也体现了立足文化带建设推进文旅融合的整体思路，如 2014 年文化部（现文化和旅游部）、财政部发布的《藏羌彝文化产业走廊总体规划》，提出建设西部地区特色文化产业带应以优秀地方和民族特色文化资源保护传承和合理开发利用为核心，促进文化与旅游等产业深度融合；2015 年《中共北京市委关于制定北京市国民经济和社会发展第十三个五年规划建议》提出了北京北部长城文化带、东部运河文化带、西部西山文化带“三个文化带”的保护利用规划，以促进文化旅游产业发展；2019 年中共中央办公厅、国务院办公厅联合印发的《大运河文化保护传承利用规划纲要》提出了大运河“璀璨文化带、绿色生态带、缤纷旅游带”的基本功能定位，为大运河沿线城市发展提供了文旅融合的思路引领。

大运河沿线是我国文化和旅游业发展的战略脊梁带，大运河文化带文旅融合是两项国家战略的交集和叠化，推动大运河文化带文旅融合升级发展对于其他文化带的建设具有重要的示范意义。长三角大运河文化带是中国大运河文化带和长江文化带交叠的部分，主要包括大运河安徽段、江苏段、浙江段，沿线共 15 个城市。

大运河安徽段是隋唐大运河通济渠的重要组成部分，西起安徽省濉溪县与河南省永城市交界处，东至安徽省宿州市泗县与江苏省泗洪县交界处，流经淮北、宿州两市，全长约 180 千米。运河遗产形态主要为遗址，河道遗址长约 133 千米，基本与现国道 343（原省道 303）重合；泗县境内保存有一段长约 47 千米的运河故道，其中有 5.8 千米河道被列入世界文化遗产。大运河安徽段有 2 处遗产区（柳孜运河遗址、通济渠泗县段）、3 处点段（通济渠柳孜段、柳孜运河桥梁遗址、通济渠泗县段）被列入《世界遗产名录》，有不可移动文物 2253 处、馆藏文物 29897 件。

大运河江苏段是中国大运河全线开凿历史最早、沟通水系最多、覆盖地域最广、通航里程最长、城镇分布最密、文化积淀最厚、旅游发展最久的河段。大运河在江苏的干流依次串联起徐州、宿迁、淮安、扬州、镇江、常州、无锡、苏州 8 座城市，“地”跨中国南北地理分界线，“文”贯楚汉、淮扬、金陵、吴文化区，是“一带一路”、长江经济带、沿海开发、长三角大运河文化带一体化等国家战略实施的交汇点，是江苏省现代化综合交通体系建设的密集带，是中华文明走向世界的起锚地，也是南北文化交融互鉴的高地。沿线塑造了“吴韵汉风”“水韵书香”的人文特色，滋养了吴文化、淮扬文化、楚汉文化和金陵文化等多种区域文化，演绎出漕运文化、盐业文化、水工文化、工商文化、园林文化、水乡人居文化等各具特色的文化形态，拥有中国大运河全线历史最悠久、活态利用最好的河段。大运河江苏段沿线分布有2处世界文化遗产、10个人类非物质文化遗产代表作名录项目、215处全国重点文物保护单位、137项国家级非物质文化遗产代表性项目等，是中国大运河沿线文化和旅游资源分布规模最大、类型最全、密度最高的地区。目前，大运河江苏段沿线城市的面积和常住人口占江苏全省面积的76%和常住人口的83%，贡献了全省地区生产总值的92%，具备良好的发展基础与增长潜力，为大运河文旅融合发展提供了坚实支撑。

大运河浙江段由京杭大运河的江南运河段和浙东运河两段组成，主要分布在杭州、宁波、湖州、嘉兴、绍兴5市，涉及25个县（市、区），纳入《大运河文化保护传承利用规划纲要》的有18个县（市、区）。浙江省大运河文化遗产数量多、分量重，其中11个河段、13个遗产点被列入《世界遗产名录》，分别占大运河全部遗产段和遗产点的15%和22%；运河沿线省级以上文保单位99家。

大运河文化带江苏段作为全线历史最悠久、活态利用最好的河段，丰厚的文化旅游资源与繁荣的社会经济为文旅深度融合和产业升级发展提供了良好的基础。江苏作为大运河文化带建设的核心区、先导区，近年来先行先试建设的大运河国家文化公园得到了中央肯定，中共中央办公厅、国务院办公厅印发的《长城、大运河、长征国家文化公园建设方案》明确把大运河江苏段确立为大运河国家文化公园唯一的重点建设区。江苏省的文旅融合水平在大运河文化带各省、市中位居前列①，2022年江苏省大运河文化带和大运河长江国家文化公园建设工作领导小组印发的《世界级运河文化遗产旅游廊道建设实施方案》指出，将以大运河为主轴形成沿线文化旅游资源网络，建设文化和旅游产业融合发展示范区，旨在培育、打造富有“水+文化”魅力的世界级旅游景区、度

① 王秀伟：《大运河文化带文旅融合水平测度与发展态势分析》，《深圳大学学报（人文社会科学版）》2020年第3期。

假区。江苏在推动大运河国家文化公园建设方面做了大量基础性和探索性的工作。浙江、安徽也顺势而为，积极推动大运河文化带建设，取得了较好的成效。

一、长三角大运河文化带文旅融合建设的现状

（一）沿线文旅资源的区域差异

江苏、浙江与安徽三省地缘相近、文化相通，楚汉文化、淮扬文化、吴越文化、徽派文化在大运河的串联下相互渗透融合，从而形成各具特色的区域文化共同体。深厚的人文历史底蕴为各城市的文化旅游发展提供了资源基础，同时，文化的不同风韵与地理的不同风貌及区位也形成了文旅资源的区域差异。表 1 梳理了长三角大运河沿线各城市文化旅游品牌资源的绝对数量，就总量而言，资源最为丰富的城市分别是杭州、苏州、宁波，资源较少的城市是宿州和淮北。

表 1　长三角大运河沿线各市文化旅游资源类型及数量

个

省份	城市	国家 A 级景区			国家历史文化		非遗项目		博物馆、纪念馆	全国重点文物保护单位
		AAAAA	AAAA	AAA	名城	名镇	国家级	省级		
江苏	无锡	3	27	14	2（宜兴）	2	11	64	49	33
	徐州	1	19	29	1	0	9	69	18	9
	常州	3	10	11	1	1	13	53	27	11
	苏州	6	34	13	2（常熟）	14	32	131	41	63
	淮安	1	16	9	1	0	6	39	9	13
	扬州	1	14	29	2（高邮）	2	19	62	16	23
	镇江	2	7	12	1	0	9	39	14	13
	宿迁	0	9	26	0	0	2	27	8	7

续表

省份	城市	国家A级景区			国家历史文化		非遗项目		博物馆、纪念馆	全国重点文物保护单位
		AAAAA	AAAA	AAA	名城	名镇	国家级	省级		
浙江	杭州	3	35	35	1	1	45	184	63	50
	嘉兴	3	9	19	1	3	15	71	33	23
	湖州	1	21	53	1	2	10	50	32	30
	绍兴	1	18	34	1	3	24	86	24	31
	宁波	2	32	29	1	3	25	95	75	34
安徽	宿州	0	5	11	0	0	9	32	6	6
	淮北	0	3	10	0	0	2	11	12	3

注 国家历史文化名城、名镇，博物馆、纪念馆，全国重点文物保护单位数据来自国家文物局网站；A级景区数据分别来自江苏省文化和旅游厅、安徽省文化和旅游厅及浙江省各市文化和旅游局网站；非遗项目数据分别来自江苏非遗网站、浙江非遗网站、宿州市文化和旅游局网站、淮北市人民政府网站及在线咨询反馈

基于文化旅游资源的绝对数量，采用相对数量的比较可以更为直观地考查各城市的资源在长三角大运河文化带沿线的水平。在此，我们选取沿线各市文旅资源占15市整体区域总和的比重和各市文旅资源综合密度指数两个指标，通过对不同类型资源的统计，计算各市文化旅游资源在区域整体中的相对情况并进行比较。从表2中可以看到，文旅资源的绝对比重占据优势的杭州和宁波，在文旅资源综合密度上不及湖州、苏州等城市。某一城市在文旅资源绝对比重上占据优势，并不意味着其文旅资源的综合密度在城市群内的位次也同样如此。例如杭州AAA级以上景区的绝对数量比重超出苏州近39%，但二者文旅资源综合密度的差距不到0.6%；宁波非遗项目的绝对数量近乎湖州的两倍，湖州文旅资源的综合密度却高于宁波。

城市的文化旅游资源丰度是该地区文化旅游产业开发利用的基础，对这些基础资源的开发利用将会进一步推动文化旅游产业的发展，最直接的体现就是产业的增加值和经济收入水平。结合各市旅游业的收入水平可以发现：第一，地区旅游收入与文旅资源数量存在一定的正向关系，旅游收入水平较高的杭州、宁波、无锡，文旅资源的绝对数量也在区域内较靠前；第二，文旅资源的绝对数量和相对丰度并不完全代表地区收入水平的高低，这一情况在文旅资源

表 2　江苏、浙江、安徽部分城市文化旅游资源丰度（2019 年）

城市		各市文旅资源比重（绝对数量比重）					文旅资源综合密度指数（15 市平均为 100）				
		AAA 级以上景区	国家历史文化名城/名镇	国家与省级非遗项目	博物馆、纪念馆	国家重点文保单位	AAA 级以上景区	国家历史文化名城/名镇	国家与省级非遗项目	博物馆、纪念馆	国家重点文物保护单位
江苏	无锡	0.071	0.087	0.060	0.115	0.095	120.350	157.771	111.047	197.286	168.583
	徐州	0.079	0.022	0.063	0.042	0.026	72.642	21.378	62.595	39.280	24.920
	常州	0.039	0.043	0.053	0.063	0.032	79.673	95.743	118.604	131.940	68.203
	苏州	0.085	0.348	0.131	0.096	0.181	82.992	361.289	138.166	95.504	184.251
	淮安	0.042	0.022	0.036	0.021	0.037	55.839	30.970	52.316	28.452	52.146
	扬州	0.071	0.087	0.065	0.037	0.066	121.388	159.132	120.965	64.976	118.511
	镇江	0.034	0.022	0.039	0.033	0.037	90.448	62.109	111.911	88.759	104.575
	宿迁	0.056	0.000	0.023	0.019	0.020	81.495	0.000	36.552	27.420	30.442
浙江	杭州	0.118	0.043	0.184	0.148	0.143	83.464	32.975	141.731	106.029	106.771
	嘉兴	0.050	0.087	0.069	0.077	0.066	104.013	193.535	156.199	162.986	144.132
	湖州	0.121	0.065	0.048	0.075	0.086	269.196	155.276	116.577	179.070	201.112
	绍兴	0.085	0.087	0.088	0.056	0.089	123.736	134.665	139.017	82.478	135.173
	宁波	0.102	0.087	0.096	0.176	0.097	103.932	95.158	107.163	182.129	104.760
安徽	宿州	0.026	0.000	0.033	0.014	0.017	32.111	0.000	44.542	17.725	22.490
	淮北	0.021	0.000	0.010	0.028	0.009	78.723	0.000	42.614	106.966	33.930

注　文旅资源综合密度计算公式为：$De=\frac{M}{S\times P}$，其中 De 为综合密度，M 为文旅资源数量，S 为城市面积（万平方千米），P 为该市人口数量（千万人）（计算时选取的是常住人口数量）。其中，城市面积数据来自各市统计年鉴，2019 年年底常住人口数据来自各市国民经济和社会发展统计公报

和旅游收入处于中间段的城市中体现较为明显，如 2019 年扬州的文旅资源绝对数量和综合密度指数均高于镇江和常州，但旅游总收入略低于镇江和常州。

综合密度指数受城市规模的影响，与城市文旅资源的绝对数量和比重存在差异。如果将文旅资源数量的绝对丰度视为文旅产业开发的基础资源，代表文旅资源相对量的综合密度指数则排除了城市间人口数量和地域面积相差悬殊的影响，资源分布更加密集、丰度更高的地区文旅产业的发展就有更多的选择余地，也更有利于优化产业布局和拉动文旅消费。旅游总收入是文旅产业发展水平的直接体现，可以认为文旅产业与地区文旅资源存在这样的关系：一是文旅产业发展水平较高的城市文旅资源丰度较高，且对文旅资源的开发利用较好；二是文旅产业发展水平较差的城市，既可能缘于地区文旅资源相对不够丰富，也可能缘于对文旅资源的开发利用还不足；三是文旅产业的发展离不开消费的拉动，文旅资源的综合密度指数水平并不直接反映文旅产品和服务的消费数量。

（二）文化与旅游的相互渗透

“文因景成，景因文传”，自古以来文化与旅游就关系密切，人们游历、迁徙等行为本身创造了文化现象，文化也因人们的流动而传播得更广。大运河正因其流动的特性，由原本出于国家政治意图而建设的工程而成为资源、人口、生产、经济、艺术、文化等物质或非物质的交流、联通的载体，为沿线城市的繁荣与文明奠定了基础。长三角大运河文化带地区湖泊众多、水网稠密，大运河联通了江、淮、河、济等主要水系，发达的水上交通推动了运河主干城市的发展，城市在因运河而兴盛的过程中积淀了深厚的历史文化底蕴和丰富的人文景观资源。

大运河文化是“流动的文化”，大运河沿线各地域文化既包容并蓄，也特色鲜明。根据马林诺夫斯基对文化的定义，大运河文化具体可以分为三个层面：遗迹、遗产、建筑等属于物质层面的文化；手工技艺、民风民俗、节庆仪式等属于社会组织层面的文化；民族精神、思想智慧等属于精神层面的文化。最初的文化旅游正是基于现有的遗产遗迹、园林建筑等物质层面的文化而得到发展的，同时这些物质层面的文化也是旅游的具体吸引物和重要资源。改革开放 40 多年来，面对旅游的大市场，原有的由物质层面文化形成的旅游资源越来越难以满足游客对旅游更高质量和更丰富体验的需要，要实现美丽风景和美好生活的有机结合，应进一步推动文化和旅游的融合，挖掘具有更深层次文化内涵的旅游资源。近年来，长三角大运河文化带地区注重将大运河文化注入旅游的各环节之中，挖掘和体现社会组织层面及精神层面的文化，文化对旅游的渗透不仅仅体现在市场和产业的开发上，更体现在社会个体对文化的认同上。

1. 旅游六要素中文化内涵的体现

文化是旅游的灵魂。旅游全过程包括食、住、行、游、购、娱 6 个要素，对文化内涵的挖掘已经不仅仅局限于狭义的景区景点，对游客而言，文化旅游的体验也不仅仅局限于“游”这一个要素，而在于旅游的完整过程。独特的大运河文化进一步增强了长三角大运河文化带沿线城市的旅游吸引力，带动了相关产品的消费和相关产业的发展。

（1）在“食”方面，充分运用资源，打造品牌。长三角大运河文化带地区饮食文化资源丰富，苏、浙、徽菜在我国传统八大菜系中占据三席，沿线城市有中华老字号食品加工类企业近 70 家①，所拥有的国家非物质文化遗产项目涉及茶、酒、茶点等制作技艺。基于已有的文化资源，挖掘地区饮食文化并对其有效打造及宣传，长三角大运河文化带城市增加在地旅游吸引力的具体路径包括：一方面，积极打造区域饮食文化品牌，如江苏省扬州、淮安二市先后荣获联合国教科文组织创意城市网络的“美食之都”称号，浙江打造“百县千碗”美食品牌工程，等等；另一方面，加强产品服务的创新，推动饮食文化元素与旅游深入结合，如举办美食节庆活动，开发美食旅游线路（苏州好行美食专线），建设美食旅游景区（淮北凤凰山绿色食品旅游文化博览园），等等。

（2）在“住”方面，以文化的融入提升游客体验。文化主题酒店、特色民宿是文化在具体物质层面的体现，运河文化元素的融入为游客提供了更具地域文化特色的环境。文化融入“住”的主要方式包括：一是依托现有资源直接打造，如利用盐商宅园开发的园林主题酒店体现了盐商文化、园林文化；二是基于地理位置优势打造，如依水而建的渔家特色民宿体现了运河水乡文化；三是根据地区文化旅游投资建设的要求打造，如伴随风情小镇、特色小镇开发建设的特色酒店和民宿，其文化内涵的挖掘与小镇的文化品牌相一致。

（3）在“行”方面，发展水上游文化游览线路，优化交通服务设施，打造文化融合的空间。文化旅游与“行”的融合，一方面，体现在“行”这一方式本身上，大运河水上游直接将交通形式与文化旅游融合在同一维度，游客

① 数据整理来自商务部业务系统统一平台——中华老字号信息管理，http://zhlzh.mofcom.gov.cn/。

在出行的同时也在体验文化和旅游的内涵与乐趣；另一方面，在于“行”的空间打造，依托交通设施进行大运河文化元素融入，包括高速公路服务区、地铁站、列车车厢等，形成新的旅游吸引物，如网络知名度较高的阳澄湖服务区、杭州16号线特色地铁站吸引游客前往“打卡”，正是“行”的文化魅力的体现。

（4）在“游”方面，深入挖掘文化内涵，打造文旅融合新空间。长三角大运河文化带15座城市中有12座是国家历史文化名城，这些城市也是游客的主要目的地。城市的文化旅游资源是旅游业长期发展的基础，文化内涵的挖掘与文旅空间的打造是持续吸引游客的关键。文化与“游”的进一步融合主要体现为：一是现有景点、景区对文化的挖掘和与文化的结合，如扬州瘦西湖打造新景点“花溪”，苏州拙政园推出“荷花节”，等等；二是以大运河文化为线，将旅游景点和景区串联，如淮安里运河文化长廊的打造；三是打造文化资源的载体空间，将之培育成新的旅游吸引物，如大运河文化公园、非遗场馆等的建设。

（5）在“购”方面，从文化创意着手，让旅游纪念品变身为能够被游客“带走”的文化。具有地域文化特色的商品既满足了游客的需求、提升了客户的文化旅游体验，同时也拉动了消费，产生了较好的经济效益，因此，在文化旅游中逐渐被重视。各地区主要通过政策扶持、与高校合作、举办相关博览会等方式推动和探索文化创意对长三角大运河文化带的魅力加成：一方面，在传承中创新，充分运用老字号、传统品牌推出面向新消费群体的产品，推动大运河文化带老字号集聚区建设；另一方面，文化旅游景点积极开发独具文化特色的文创产品，如苏州博物馆开发的“秘色瓷莲花碗曲奇饼干”等。

（6）在“娱”方面，旨在丰富游客精神文化生活，使文化成为吸引游客、传播文化品牌的重要组成部分。“娱”的体验性能够给游客带来直观的感受，“娱”是文化展示与传播的有效途径，其主要形式包括：一是景点、景区活动与演艺，如扬州瘦西湖的“梦幻之夜”、大明寺的鉴真东渡禅茶秀等文化娱乐体验活动，苏州网师园的“游园今梦”、杭州西湖的“最忆是杭州”等文化演艺项目；二是具有地区文化特色的相关节庆活动，如无锡惠山庙会、杭州钱塘灯会、苏州“轧神仙”庙会等民俗文化娱乐活动，乌镇戏剧节、太湖迷笛音乐节等旅游演艺与地域文化相结合的节庆活动。

2. 文化价值与文创空间成为新的旅游动力

对于旅游目的地而言，旅游业的繁荣势必带动当地相关产品和服务的消费，从而促进当地经济的增长。对于游客而言，中国虽有丰富的自然景观和人文遗迹资源，但各地的旅游吸引物往往趋于同质化，特别是直接利用现有遗产遗迹、园林建筑等资源作为旅游吸引物的地区将越来越缺乏市场竞争力，单纯的观光旅游已经不能满足当下游客多元化、高质量的旅游需求。因此，提升旅游吸引物的核心竞争力是市场机制和区域经济发展的共同要求，提升的关键在于旅游产品和服务的更高价值与异质性，这样也会倒逼旅游业深挖文化价值和创意创新的机制。

文化价值意味着游客将会从旅游中获得更为丰富、深刻的体验，同时文化价值的存在使得这一旅游资源或产品区别于旅游市场中其他资源或产品。当然，文化价值的实现依托于消费，如果没有消费者的认同，那么文化价值就仅仅是一个概念。因此，文化价值对旅游的拉动在于文化内涵对旅游产品的内在价值有所加成，同时旅游产品的消费也是文化价值实现的必然途径。长三角大运河文化带沿线城市在共同的大运河文化基础上，都在以文化魅力建设地区的旅游品牌，如《浙江省 A 级旅游景区品质提升专项活动方案》中就提出要加快文化和文物活化转化，推动非遗文化元素植入，不断提升旅游景区文化内涵。

旅游产品及服务所包含的文化价值是吸引游客的关键，尤其是对于地理位置相邻、地域文化相近的城市而言，文化价值是旅游产品在竞争市场中保持独特性和高质量的保证。就本质而言，旅游产品所蕴含的文化价值实际上是文化的三个层面的有机结合：物质层面的文化，如建筑、碑刻、遗址等，需要进一步深入挖掘其社会组织层面与精神层面的文化；社会组织层面与精神层面的文化，如民风民俗、传统技艺、精神内核，则需要物质层面的文化载体。因此，文化价值不仅在于对现有旅游资源的文化的深层内涵的挖掘，要实现对游客的持续吸引力，还需要创新创意，让文化以新的形式呈现。文创空间正是文化创意的载体。文化以物质的形式在物理空间得以展示，从而形成具体的旅游吸引物，文化价值的集聚将促进地区新的文化旅游地标生成，如 2018 年“中国最佳旅游文创项目 Top20”中的木渎风物记、浙江外桐坞艺术村，就是依托文创空间赋能文化旅游经济的典型。

3. 长三角大运河文化带沿线推出的文化旅游品牌

千年运河串联起沿线城市，千年的运河文化也积淀于沿线城市的文化基因中，旅游资源正是通过同源、共享的大运河文化内核相连成线，文化价值对于这些资源的整合与打造形成了新的旅游空间、文化空间，从而提升了区域的整体文化价值和旅游吸引力。

江苏、浙江和安徽一直以来都有自身的旅游品牌，如“美好江苏”“诗画浙江”“锦绣安徽”。在大运河文化带建设中，基于对大运河文化的侧重与彰显，三省重新推出了城市运河文化旅游品牌：“千年运河·水韵江苏”之下，是扬州“千年胜境，精致运河”、淮安“漕运之都，奇观运河”、苏州“人间天堂，苏式运河”、徐州“大汉雄风，豪情运河”等运河城市文旅品牌；“千年运河·江南丝路”之下，浙江着力塑造杭州“最忆是杭州”、嘉兴“红船启梦，心游嘉兴”、湖州“东方莱茵，笔墨湖州”、宁波“书藏古今，港通天下”、绍兴“老绍兴，醉江南”等城市旅游子品牌；安徽省充分利用皖北地区唯一世界文化遗产资源系统推进“千年运河——汴河遗珍·传奇皖北”文化旅游品牌，结合淮北城市转型发展战略推出“汴河遗珍·水韵淮北”的地方名片，结合宿州辐射淮海与中原地区的经济区位优势，以“运河古城·云都宿州”品牌点明城市的古今特色。

文化旅游品牌作为城市的名片，既是对当地文化旅游资源的归纳整合，也代表了对城市文旅融合发展方向的规划引导，是代表性景点景区、精品线路、特色品牌活动项目和领军企业等共同形成的有机整体，其通过更高水平的供给来满足并拉动游客的消费需求。长三角大运河文化带沿线城市对本地整体文化旅游品牌的塑造主要基于具体品牌项目的建设，如江苏评选“百佳”特色旅游商品，浙江积极建设“百县千碗”美食品牌项目，安徽在旅游强省“五个一批”工程建设中大力推进非遗文化类项目，等等。各地的具体政策措施和项目也在积极推动现有文旅资源品牌的升级，包括但不限于加强旅游景点景区建设、引导非遗项目传承、积极申报国家级称号等。

（三）文化产业与旅游产业的发展水平

1. 总体经济发展水平

长三角大运河文化带地区经济社会发展一直走在全国前列，大运河文化带流经的江苏、浙江和安徽三省的经济总量与第三产业发展水平较高，具体情况见表3。其中，2019年三省的地区生产总值之和约占全国比重的20%，第三产

表 3　2017—2019 年全国和江苏、浙江、安徽国民经济与第三产业的增长情况

地区	国内生产总值（GDP）（亿元）			第三产业增加值（亿元）			第三产业增加值占 GDP 比重（%）		
	2017 年	2018 年	2019 年	2017 年	2018 年	2019 年	2017 年	2018 年	2019 年
江苏	85869.76	93207.55	99631.52	43169.73	46936.47	51064.73	50.27	50.36	51.25
浙江	51768.26	56197.15	62351.74	27602.26	30718.83	33687.76	53.32	54.66	54.03
安徽	27018.00	34010.91	37113.98	11597.45	17278.47	18860.38	42.92	50.80	50.82
全国	832035.9	919281.1	990865.1	438355.9	489700.8	534233.1	52.68	53.27	53.92

注 数据来自国家统计局，http://data.stats.gov.cn/index.htm

业增加值之和约占全国比重的 19.4%。就总体经济水平而言，在 2019 年全国各地区生产总值中，江苏排名第二，浙江排名第四，安徽排名第十一。

第三产业和消费的关系最为直接，同时，消费也是拉动经济增长的三驾马车中最主要的动力。因此，第三产业增加值的变化不仅表明了产业结构的变化，还体现了产业对经济增长的贡献的大小。三省的第三产业均逐年增长，从第三产业增加值占 GDP 比重这一指标来看，2017—2019 年浙江的比重均高于全国平均水平，江苏和安徽的比重略低于全国平均水平，但第三产业的比重在逐年增加，这一差异的原因主要在于江苏的第二产业、安徽的第一产业比重相对更大。

文化和旅游产业是第三产业的重要组成部分，同时第三产业的发展也能进一步推动文化和旅游产业的发展。由 2017—2019 年长三角大运河文化带江苏、浙江、安徽三省的第三产业经济水平来看，三省文化和旅游产业发展趋势较为良好。

2. 文化产业发展水平

我国文化产业发展迅速，2018 年全国文化及相关产业增加值为 41171 亿元，比 2017 年增长 11.6%，占国内生产总值的比重为 4.48%，比 2017 年提高 0.22 个百分点①。长三角大运河文化带地区资源丰富、交通便利、基础设施完善，经济产业发展一直处于全国较高水平，对国家经济的贡献也逐年增大。但在长三角大运河文化带之内，因资源禀赋、地理区位、企业规模等方面的差异，苏、浙、皖三省之间的文化和旅游产业发展水平也存在较为明显的区域差异。

近年来文化产业发展的主要指标可参考表 4。在居民人均文化娱乐消费支出、规模以上文化及相关产业企业的数量和营业收入三个指标方面，江苏领先于浙江；安徽水平较低，与浙江相关数据的差异较大，且人均文化娱乐消费支出低于全国平均水平。这说明安徽的文化产业发展有所欠缺，还需要借助长三角大运河文化带一体化与大运河文化带建设的契机进一步加强。

① 数据来自国家统计局网站：《2018 年全国文化及相关产业增加值占 GDP 比重为 4.48%》。

表4　文化产业发展相关指标

地区	居民人均文化娱乐消费支出（元）		规模以上文化及相关产业企业数量（个）		规模以上文化及相关产业企业营业收入（亿元）	
	2017年	2018年	2017年	2018年	2017年	2018年
江苏	1399.4	1100.2	7884	7687	14109.82	11887.20
浙江	1190.5	1258.9	4718	4789	7918.08	9187.99
安徽	544.0	552.6	2449	2453	2703.79	2668.33
全国	849.6	827.4	60251	60460	98198.82	96799.03

注 数据整理自《中国文化及相关产业统计年鉴2018》《中国文化及相关产业统计年鉴2019》

除区域水平的总体差异之外，还应注意到居民人均文化娱乐消费支出和规模以上文化企业的营业收入有随着时间下降的趋势，说明近年来文化产品服务对需求的满足和拉动稍有不足和减缓，其中：江苏的规模以上文化企业数量和营业收入下降最为明显，企业数量的减少主要在于规模以上文化服务企业数量的减少，营业收入的减少则是文化制造企业、文化批发零售企业和文化服务业收入都有所减少；浙江的指标均有所上涨，其规模以上文化制造企业的数量和营业收入略有减少，但减少幅度比文化批发零售企业和文化服务企业的数量和营业收入的上升幅度小；安徽规模以上文化及相关产业企业数量的增加幅度及营业收入的减少幅度都较小，值得注意的是，规模以上文化制造企业的数量变多没有带来营业收入的增长，规模以上文化服务企业数量的减少与营业收入的增加同时存在。

概括而言，苏、浙、皖三省的文化产业发展水平存在区域差异，江苏发展水平最高，浙江次之，安徽最后；同时，三省的文化产业结构仍在不断调整中，结构的变化导致产业发展增速的改变，江苏基数大，浙江发展快，安徽仍需要同时关注发展和结构调整。

3. 旅游产业发展水平

根据我国国民经济和社会发展统计公报，2019年我国国内旅游收入57251亿元，同比增长11.7%；江苏、浙江和安徽2019年旅游业总收入分别为14321.6亿元、10911亿元和8525.6亿元，省总和占全国旅游总收入一半以上。图1进一步说明了长三角大运河文化带15座城市的旅游产业发展水平，从中可以看出各市旅游收入均呈现逐年增长的趋势。其中，杭州、苏州、宁波、无锡的旅游产业发展水平位居长三角大运河文化带各城市最前列，淮安、宿迁、宿州和淮北处于较低水平，尤其是居于末位的淮北，其旅游总收入仅约为宿迁的1/3。值得注意的是，除了宿州、淮北、宿迁三市，2017—2019年其他城市的旅游收入增速也均有所减缓，说明旅游产业水平相对较落后的地区发展潜力也相对较大。旅游产业发展到一定水平后，再维持原有较高的增速较为不易，而产业水平相对落后的地区对于资源的开发利用还有更充裕的空间，因此其发展潜力也相对更大。

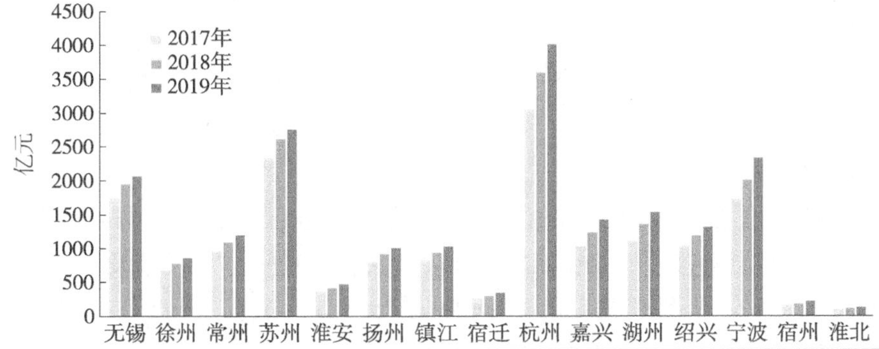

注 数据整理自各市国民经济和社会发展统计公报及统计年鉴。其中，淮北因未统计旅游总收入，可以以年度平均汇率计算旅游外汇收入折算为人民币后计算得出

图1　2017—2019年长三角大运河文化带沿线城市旅游总收入

这15座城市的旅游产业发展水平存在较大的区域空间差异，为更直观地反映这一差异，故选取变异系数作为衡量整体差异的指标。变异系数能够体现各城市旅游产业水平偏离平均水平的相对差距，2017—2019年的计算结果见表5。总体而言，15市之间的旅游总收入差异较大，但是随着时间的变化，变异系数在波动中出现减小的趋势，这表明各城市之间的旅游产业水平差异将随着地区旅游产业的发展逐渐缩小。

表5　2017—2019年长三角大运河文化带沿线15市旅游产业水平总体差异

年份	2017年	2018年	2019年
变异系数	0. 772845	0. 773045	0. 766832

（四）文旅融合的宏观政策环境

在新的时代背景下，文旅融合体现了正视我国社会主要矛盾变化、积极融入新发展格局的高质量发展趋势。因此，政府通过一系列的政策调控手段，自上而下做出了对文旅产业融合的支持。梳理国家2017—2019年的相关政策，其可分为以下几个方面：一是对文旅产业发展的支持，推动产业集聚，加强资金扶持，如对相关示范园区、示范基地的认定，对精品工程、优秀项目的评选和扶持等；二是对文旅创新业态的支持，鼓励文旅融合的多元化，如乡村文化、工业文化与旅游的融合，创新文旅融合的形式，如旅游演艺、文化公园等；三是对文旅市场环境的支持，包括出台相关的管理规定和办法、简化政务服务流程、建立公共服务平台等。

国家的政策引导为文化旅游产业的融合与升级指明了方向，在《长江三角洲区域一体化发展规划纲要》的基础上，长三角大运河文化带三省与上海市响应规划纲要提出的“推动文化旅游合作发展”的要求，结成了长三角文化和旅游联盟，近年来陆续合作签订了《长三角主要城市中心城区高质量发展联盟文化和旅游合作框架协议》《长三角文物市场一体化规范发展战略合作框架协议》《沪苏浙皖三省一市文化和旅游厅（局）共同推动长三角文化和旅游高质量发展战略合作框架协议》等。

一是在大运河文化带建设方面，对权责、管理和开发利用等行为做出规范，主要有《江苏省人民代表大会常务委员会关于促进大运河文化带建设的决定》《绍兴市大运河世界文化遗产保护条例》和《嘉兴市大运河世界文化遗产保护条例》等。

二是在促进文旅产业发展方面，除了三省发布的总体规划外，各省及所辖地市相关主管部门也纷纷推出相关政策文件。表6为三省及所辖地市从区域规划建设、资源保护利用、财政资金支持、人才管理培养、规范文旅市场、优化公共服务与推动产业融合等不同条线进行的全局统筹、细化管理，为文旅融合发展提供了良好的宏观环境、市场环境和产业环境。

三是在区域一体化发展方面，积极推进长三角大运河文化带文化和旅游一体化，强化地区之间文化和旅游合作交流，如湖州举办2019年长三角大运河文化带乡村文旅创客大会，镇江市文广新局与长三角大运河文化带文化产业发展联盟签订战略合作框架协议，等等。

表 6 长三角大运河文化带地区典型政策支持一览

支持类型	具体政策举例	
区域规划建设	省级	《安徽省人民政府关于促进全域旅游发展加快旅游强省建设的实施意见》（安徽） 《浙江省全域旅游示范县（市、区）创建工作指南》（浙江）
	市级	《淮北市加快发展现代服务业若干政策的通知》（淮北） 《苏州市乡村旅游民宿等级划分与评定办法（试行）》（苏州）
资源保护利用	省级	《关于促进文化和科技深度融合的实施意见》（江苏） 《关于加快推进文旅融合 IP 工程建设的实施意见》（浙江）
	市级	《杭州市文旅融合高质量发展的若干意见》（杭州） 《淮北市政府办公室关于加快发展健身休闲产业的实施意见》（淮北）
财政资金支持	省级	《浙江省省级非物质文化遗产代表性项目管理办法（试行）》（浙江）
	市级	《嘉兴市革命文物保护利用工程（2019—2022 年）实施方案》（嘉兴） 《无锡市文物保护工作三年行动计划（2018—2020 年）》（无锡）
人才管理培养	省级	《江苏省文化和旅游发展专项资金管理办法》（江苏）
	市级	《宁波市引导和扩大文化消费专项资金管理办法》（宁波） 《苏州市优秀新兴业态文化创意企业奖励办法》（苏州）
规范文旅市场	省级	《江苏省非物质文化遗产代表性传承人认定与管理办法》（江苏）
	市级	《关于开展宁波市非物质文化遗产“薪火计划”中青年传承人群培养工作的通知》（宁波） 《苏州市濒危非物质文化遗产代表性项目人才培养与管理办法》（苏州）
优化公共服务	省级	《江苏省文化和旅游市场“红名单”管理办法（试行）》（江苏）
	市级	《2019 年宿州市文化和旅游市场整治行动方案》（宿州） 《关于加强旅游市场信用体系建设的实施意见》（杭州）
推动产业融合	省级	《关于加快各级旅游产业综合管理和服务平台建设的通知》（江苏）
	市级	《关于加快推进我市公共文旅服务领域“最多跑一次”的实施意见》（嘉兴） 《关于加快构建现代公共文化服务体系的实施意见》（宿州）

注 资料来源：根据各省、市政府官方网站政策信息整理

（五）沿线文旅融合的程度及区域效果

文化资源可以通过旅游的开发以促进传播和消费，旅游资源可以通过挖掘文化内涵形成吸引力和竞争力，文化产业和旅游产业两个独立的系统之间存在相互依赖、相互协调、相互促进的动态关联。正是由于两个系统之间存在相互关联、相互影响的关系，因此，文旅产业融合可以借鉴系统耦合理论，以耦合度、耦合协调度衡量融合程度，以综合协调指数衡量融合发展的效果。

在文化和旅游产业的具体指标选取上，基于指标的代表性、可得性与科学性，并综合相关的文献研究，可以产业的规模和产业对经济的实际贡献作为衡量指标，具体见表7。表中，在文化和旅游两个产业系统内，综合发展水平由各具体指标对产业贡献度进行加总计算得出，并且基于文旅融合假设文化产业与旅游产业在经济中具有同等重要性。

表7　旅游产业和文化产业指标体系

系统	旅游产业指标		文化产业指标	
	旅游产业综合发展水平	U_1	文化产业综合发展水平	U_2
产业规模	国内旅游人数/万人	x_1	图书馆藏书量/万册	y_1
	入境旅游人数/人	x_2	图书馆数量/个	y_2
	限额以上住宿餐饮企业数/个	x_3	博物馆数量/个	y_3
	公路旅客周转量/万人每千米	x_4	规模以上文化及相关企业数量/个	y_4
经济水平	限额以上住宿餐饮企业营业收入/亿元	x_5	文化产业增加值/亿元	y_5
	国内旅游收入/亿元	x_6	城镇居民人均教育文化娱乐消费	y_6
	国际旅游收入/万美元	y_7	农村居民人均教育文化娱乐消费	y_7

注 以上指标的权重通过熵值赋权法进行估算，因指标之间计量单位不同，故采用极差标准化法处理指标数据，同时为避免0值在标准化处理后统一加0.01得到新数列进行计算

2018年长三角大运河文化带沿线各市的文旅融合情况见表8。从耦合度（C）来看，各市文化产业和旅游产业之间存在较强的关联，但应认识到耦合度不能反映二者的水平。耦合协调度（D）则弥补了这一点，这一指标能

够反映系统之间或系统内部要素相互作用与影响和谐一致的程度①，因此，可以显现出文化和旅游产业是在高水平上相互促进还是在低水平上相互制约。文旅综合协调指数（T）是对文化产业与旅游产业发展状况的综合计算，由于文化产业和旅游产业在经济和文旅融合中具有同等的重要性，参考前人研究，故二者的比重是相同的。文旅发展同步性（P）是基于文化产业和旅游产业发展水平的比较，当 $P \in [0.9, 1.1]$ 时，可以认为文旅产业发展较为同步。综合长三角大运河文化带沿线各市的文旅融合实证结果可以发现：

第一，沿线城市文旅融合程度的差异明显。各市的耦合度数值普遍较高，说明各市的文化产业与旅游产业发展水平大致相当；而在耦合协调度指标上，各市差距较大。杭州和宿州从耦合度的数值来看均属于水平最高的第一梯队，但二者的耦合协调度水平却呈现很大的差距。

第二，沿线城市文旅融合效果除极值外，其他城市差距较小。文旅融合效果最好的城市是杭州，其次是苏州，相对较差的城市是宿州、淮北，将这一效果与城市的文旅资源丰度结合来看，同样，资源丰度较高的是苏州、杭州，资源丰度较低的是宿州、淮北，说明资源丰度与融合效果之间存在一定的正向关联。但是这种关联并非必然的，融合效果相近的城市，如扬州和镇江的资源丰度就存在较大的差异。由此可知，资源禀赋确实是融合发展的基础，纵观全球著名的景区、胜地，无不以文化旅游资源的开发利用为前提条件，但是，融合效果还与产业发展的具体路径有关，也就是如何将文旅资源转化为满足人们需求的产品和服务。

第三，沿线城市的文化旅游产业多数发展不同步。文化和旅游产业的发展越同步，耦合度越好；耦合协调度则与文化和旅游产业的综合发展水平成正比。总体来看，文旅综合协调指数与耦合协调度的基本趋势相一致，因此，在推动文化和旅游产业发展时，应注意二者发展的同步性。由于文化和旅游产业系统天然的耦合性，产业升级发展到一定程度时必然会加深文旅融合。

① 常建霞、李君轶、李振亭，等：《秦巴山区旅游资源分布与旅游经济耦合研究》，《陕西师范大学学报（自然科学版）》2020 年第 1 期。

表 8　2018 年长三角大运河文化带沿线城市文旅融合情况

省份	城市	旅游产业综合发展水平（U_1）	文化产业综合发展水平（U_2）	耦合度（C）	文旅综合协调指数（T）	耦合协调度（D）	文旅发展同步性（P）
江苏	无锡	0.267	0.463	0.963	0.365	0.593（勉强协调）	0.576（旅游滞后型）
	徐州	0.123	0.209	0.966	0.166	0.400（濒临失调）	0.589（旅游滞后型）
	常州	0.146	0.346	0.913	0.246	0.474（濒临失调）	0.421（旅游滞后型）
	苏州	0.581	0.732	0.993	0.656	0.808（良好协调）	0.794（旅游滞后型）
	淮安	0.084	0.229	0.887	0.157	0.373（轻度失调）	0.367（旅游滞后型）
	扬州	0.110	0.250	0.922	0.180	0.408（濒临失调）	0.442（旅游滞后型）
	镇江	0.091	0.259	0.877	0.175	0.391（轻度失调）	0.350（旅游滞后型）
	宿迁	0.048	0.129	0.888	0.089	0.280（中度失调）	0.369（旅游滞后型）
浙江	杭州	0.989	0.959	1.000	0.974	0.987（优质协调）	1.032（同步发展型）
	嘉兴	0.169	0.286	0.966	0.227	0.469（濒临失调）	0.590（旅游滞后型）
	湖州	0.227	0.194	0.997	0.211	0.458（濒临失调）	1.172（文化滞后型）
	绍兴	0.147	0.275	0.953	0.211	0.448（濒临失调）	0.536（旅游滞后型）
	宁波	0.294	0.542	0.955	0.418	0.632（初级协调）	0.543（旅游滞后型）
安徽	宿州	0.035	0.045	0.993	0.040	0.200（中度失调）	0.784（旅游滞后型）
	淮北	0.011	0.038	0.822	0.024	0.142（严重失调）	0.274（旅游滞后型）

注 数据来自各省、市统计局，以及《安徽文化及相关产业统计概览》《浙江省文化及相关产业统计概览》。其中，需注意的：一是浙江省文化产业增加值统计口径与国家口径略有差异；二是因嘉兴、绍兴博物馆数量未在地区统计年鉴中体现，故以国家文物局网站的博物馆数据代替

二、长三角大运河文化带文化旅游融合建设内容

苏、浙、皖三省以大运河国家文化公园建设为统领，延续大运河历史文脉，弘扬中华优秀传统文化、革命文化和社会主义先进文化，协同推进大运河文化带生态治理，推动文化和旅游融合发展，明确了文化和旅游融合建设的目标，具体见表9。

表9　苏、浙、皖三省推动大运河文旅融合的阶段性建设目标

总目标	古韵今风的璀璨文化带、水清岸绿的绿色生态带、精彩纷呈的缤纷旅游带			
阶段性目标	完成时间	江苏段	浙江段	安徽段
	2025年	大运河江苏段文化和旅游融合发展成效显著，文化走廊、旅游走廊核心点段建设全面推进，成为沿线经济社会发展新亮点和区域协调高质量发展新动能。大运河江苏段文化和旅游资源普查全面完成，大运河题材文化艺术精品不断涌现，文化和旅游基础设施与公共服务体系日益完善，文旅融合领军企业不断发展壮大，国家级文旅创建示范项目领先全国，文旅产业成为沿线经济发展重要支撑，“千年运河·水韵江苏”品牌体系更加丰富，大运河主题的文化旅游精品线路逐步享誉全国、走向世界，大运河文化在引领风尚、教育人民、服务社会、推动发展方面的作用得到更好发挥	强化保护和科学利用阶段。完成核心区大运河文化遗产调查和认定、保护范围和建设控制地带划定，细化、完善管理规定，明确建设管控具体指标，全面实施运河保护发展八大工程，推进形成“一廊两片多组团”的空间格局。力争到2025年，大运河遗产监测覆盖率达到100%，文化遗产保护和传承利用水平国内领先；核心监控区内不符合规划的建设项目得到有效控制，不符合生态保护要求的建设项目全面禁止，运河省控断面水质达标率进一步提升；文化和旅游与相关产业深度融合，大运河文化保护传承利用协调机制和平台建成并运行良好，沿线五市文化及相关特色产业增加值力争达到5000亿元、年旅游产业增加值达到5300亿元、保护修复运河历史文化街区42个；运河绿色航运效能进一步提升，纳入长三角高等级航道网规划的高等级航道规划等级达标率达到100%	安徽省大运河文旅融合发展初见成效，大运河国家文化公园建设保护任务基本完成，成为皖北经济社会发展的新亮点。大运河文化艺术精品力作不断涌现，文化遗产得到有效保护利用，文化和旅游公共服务显著改善，文旅融合新业态不断涌现，文化旅游引领力和品牌影响力持续提升

续表

	完成时间	江苏段	浙江段	安徽段
阶段性目标	2035 年	高品位的文化长廊、高水平的旅游长廊全面建成，文化和旅游融合发展效益充分显现，为沿线经济社会发展做出重要贡献。沿线文化和旅游在更大范围、更广领域、更高层次上实现融合，大运河江苏段文旅融合特色城镇带蓬勃发展，文旅产业国际竞争力显著提高，社会效益和经济效益实现高度统一，“千年运河·水韵江苏”品牌国际知名	深化巩固和全面提升阶段。重点加强大运河文化保护传承利用的理念创新、规划创新、管理创新、技术创新和机制创新，促进大运河浙江段繁荣、可持续发展。力争到 2035 年，大运河浙江段文化遗产保护水平、生态保护水平、文化旅游融合发展水平、绿色智慧航运发展水平、沿河开放合作水平全面提升，彰显文化自信、展示文化内涵功能进一步增强，形成大运河沿线人、遗产、城镇、自然和谐共生的发展格局，树立世界文化遗产保护和开发的成功典范	安徽省大运河文化旅游业与相关产业融合发展成效显著，为沿线经济社会发展做出重要贡献。文化遗产实现整体性、系统性的保护利用，大运河文化价值和精神内涵得到深入挖掘和活态传承，文化事业、文化产业和旅游业实现高质量发展，知名度显著提升
	2050 年	文化和旅游实现和合共生，“千年运河·水韵江苏”品牌享誉中外，大运河江苏段成为宣传中国形象、展示中华文明、彰显文化自信的重要标识，成为中华优秀传统文化保护传承利用的样板地和中华文明交流传播的典范地，成为中华民族伟大复兴中的一幅绚丽画卷	大运河浙江段真正建成国际影响力广泛、遗产保护有效、功能价值突出、生态环境优越的中国大运河华彩段，成为文化浙江的“亮丽名片”和中华民族伟大复兴的文化标志性品牌	安徽省大运河文旅融合发展效益充分显现，“千年运河——汴河遗珍·传奇皖北”品牌享誉中外，展现安徽地域文化、展示中华文明亮丽名片的作用更加突出

注 资料来源：《江苏省大运河文化旅游融合发展规划（2020）》《安徽省大运河文化旅游融合发展规划（2021）》《浙江省大运河文化保护传承利用实施规划（2020）》

围绕上述目标，苏、浙、皖三省分别提出“千年运河·水韵江苏”“千年古韵·江南丝路·通江达海·运济天下”“千年运河——汴河遗珍·传奇皖北”的空间布局、建设内容和实施方案。

（一）江苏段：千年运河·水韵江苏

江苏省大运河文化带空间格局布局，以系统保护、永续传承、科学利用为目标，以大运河江苏段及沿岸区域为主轴，以古盐运河（老通扬运河）、通济渠（江苏段）为两翼廊道，中运河、淮扬运河和江南运河三区联动，突出扬州、淮安、苏州、徐州4个核心城市，构建“一轴二廊三区四核多节点”空间布局。

一轴，即大运河文旅融合发展轴。依托京杭大运河江苏段主轴，按照“河为线、城为珠、线串联、珠带面”的思路，有机整合水域、岸线及沿岸城镇，实现文化和旅游资源要素点带汇聚，构建水上观光、滨河休闲、离岸度假的文化和旅游体验空间格局，形成城河共兴、河湖相生、古今辉映的文旅融合发展主轴。

二廊，即古盐运河江海风情廊道（包括串场河、泰东河）、通济渠隋唐记忆廊道（包括泗洪、盱眙段）。推动两廊沿线文旅融合发展，提升大运河主轴辐射带动功能，形成南北主轴互动、东西两翼扩展的全域文旅融合发展格局。深入挖掘古盐运河盐工文化、盐运文化、盐税文化内涵，展现里下河、南黄海、江海交汇等区域独特的景观风貌和人文风俗，推进大运河文化与江海文化交融。再现通济渠隋唐历史文化记忆，引领带动沿线城乡联动发展，推动通济渠江苏段与安徽段、河南段的互动，促进大运河文化与黄河文化圆融。

三区，即以淮河与长江为界，划分中运河片区、淮扬运河片区和江南运河片区，三区错位发展、优势互补、功能衔接、协同推进。中运河片区重点展现“楚汉风云际会，文化刚柔并济”资源特质，打造以“楚汉文化、红色基因、自然山水、生态家园”为核心的特色文旅产品。淮扬运河片区重点展现由悠久历史文化和众多水工设施造就的“精彩故事、天下奇观”资源特质，打造以“漕运文化、水工科技、淮扬美食、运河古镇”为核心的特色文旅产品。江南运河片区重点展现“水韵天堂、诗意栖居”资源特质，打造以“江南文化、水乡古镇、私家园林、诗意生活”等为核心的特色文旅产品。

四核，即突出扬州、淮安、苏州、徐州4个核心城市的示范、引领和辐射作用，发挥运河沿线其他城市的资源优势，深挖文化内涵，延续文脉记忆，培育个性旅游形象，构建区域服务枢纽，再现运河繁华精彩盛景。

多节点，即将文旅融合作为沿线地区新型城镇化发展的重要驱动力，大力推进文旅融合导向型运河特色城镇建设，构建以区县为重点区域、乡镇为重要节点的文旅融合特色城镇带。完善提升沿线城镇文旅融合发展的组织、协调、服务功能，将文旅发展融入城镇建设和生态保护之中，达到水与岸、河流与聚落、设施与景观的和谐共生，实现水、岸、城一体推进，打造运河沿线的“颗颗明珠”，助力沿线城镇群高质量发展。

（二）浙江段：千年古韵·江南丝路·通江达海·运济天下

浙江段主线为江南运河（嘉兴—杭州段）—浙东运河，以世界文化遗产保护区域为核心，覆盖杭州、宁波、湖州、嘉兴、绍兴等行政区域。大运河浙江段是历代诗人寻迹江南的重要文化水脉，张志和《渔歌子·西塞山前白鹭飞》、白居易《忆江南·江南好》、柳永《望海潮·东南形胜》等名篇，均勾勒了江南古韵和丝路盛景。

浙江段依托大运河世界文化遗产展现水工科技、漕运文化、传统民居、河道风貌，以及良渚文化、河姆渡文化、古越文化、马家浜文化等历史遗迹，杭州、嘉兴、绍兴、塘栖、慈城、南浔、安昌等运河名城古镇，全面展现“一湾碧水枕千家”的诗路印象、“革命声传画舫中”的红船启航地形象，凸显大运河活态遗产独特的历史价值和时代价值。重点实施京杭大运河杭州段景区、大运河古镇群、南湖红色景区、浙东运河博物馆、浙江山水六旗国际度假区等一批重点项目，提升京杭大运河杭州段景区、太湖南岸古镇群景区、乌镇景区等现有千万亿级景区群发展，重点培育莫干山—下渚湖、兰亭—柯岩风景区、天一阁—月湖、太湖龙之梦乐园、太湖旅游度假区、鉴湖旅游度假区等成为千万级景区（集群）、度假区。

（三）安徽段：千年运河——汴河遗珍·传奇皖北

安徽段按照“运河为线，城镇为珠，串珠成链，以链带面，扩面促联”的思路，以系统保护、永续传承、科学利用为目标，按照运河开凿、运河发掘、运河重生的发展脉络，构建“一轴双核五区”的空间格局。

一轴。根据安徽省大运河区位特征、水系特点和沿线社会经济发展条件，发挥人文历史悠久、文化底蕴深厚、革命遗迹丰富的优势，以今泗（县）永（城）公路沿线的柳孜运河遗址和通济渠泗县段为核心，构筑安徽省大运河文旅融合发展主轴。

双核。强化淮北市和宿州市城市的载体功能，丰富城市运河文化内涵，加强文旅公共服务基础设施建设，塑造城市文化品牌和城市形象。引导运河文化旅游产业在城市集聚，提质提升城市文旅业态，增加游客流量与留量。打造运河文化和旅游中心城市，辐射带动区域文化和旅游融合发展。

五区。打造濉溪、泗县、淮北城区、埇灵、萧砀五大文化旅游区，五区错位发展、优势互补、功能衔接、协同推进。濉溪文化旅游区以濉溪县为核心，整合突出柳孜运河遗址、临涣城址、百善老街运河河道遗址、文昌宫淮海战役总前委和华东野战军指挥部旧址、口子酒窖池及建筑群等资源，开发遗产体验、红色研学等产品。泗县文化旅游区以泗县为核心，突出通济渠泗县段、泗县运河人家景区、泗县石龙湖国家湿地公园等资源，开发水工研学、生态休闲等产品。淮北城区文化旅游区以相山区、烈山区、杜集区为核心，利用隋唐大运河博物馆（淮北市博物馆）、隋唐运河古镇景区、相山风景区、南湖景区、四季榴园景区、烈山窑址等资源，开发城市休闲、工艺体验等产品。埇灵文化旅游区以埇桥区、灵璧县为核心，挖掘孝贤文化、白居易文化、楚汉文化、符离集烧鸡文化、钟馗酒文化、灵璧奇石文化等资源，开发文化创意、非遗展演等产品。萧砀文化旅游区以萧县、砀山县为核心，依托皇藏峪国家森林公园、砀山梨树王景区等资源，开发康养休闲、乡村度假等产品。

三、推进长三角大运河文化带文旅融合的方向与策略

（一）长三角大运河文化带文旅融合升级的内在机理

根据《大运河文化保护传承利用规划纲要》，新时代文化带建设的目标是“打造宣传中国形象、展示中华文明、彰显文化自信的亮丽名片”，打造具有特定开放空间的公共文化载体，从而形成中华文化重要标志，进一步增强民族文化自信。这便决定了我国文化带文旅融合的基本目标和主要方向。相应地，文化带文旅融合升级的内在机理可以具体分为三个层次（图 2）。

第一层次是文化意义层，即文化带历史文脉传承及其创造性转化的意指实践，承载着社会集体记忆和民族身份符号，是旅游者追寻集体记忆、寻找价值认同与身份认同的本源所在。长三角大运河文化带作为开放空间的公共文化载体，需要形成宣传国家形象、展示中华文明、彰显民族文化自信的“亮丽名片”，从而建构文化带的身份属性与集体记忆。

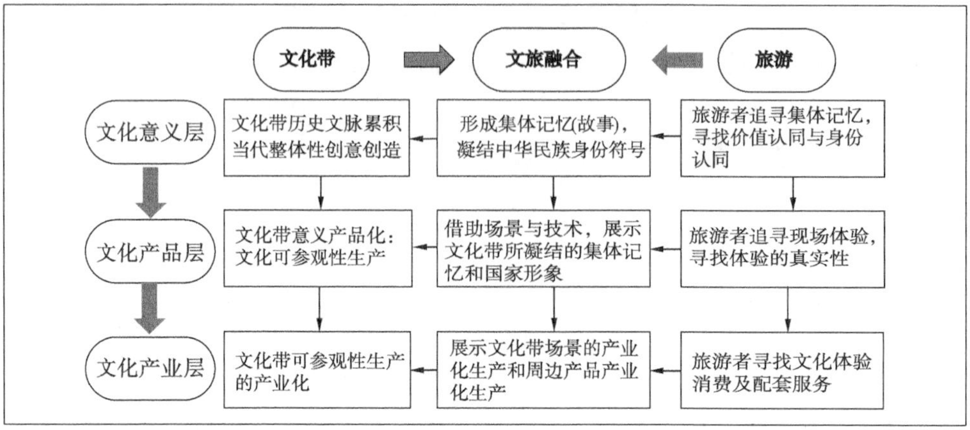

图 2　文化带文旅融合的内在机理

第二层次是文化产品层，即文化意义的符号化、产品化，借此能够实现文化的产品生产或服务，令旅游者在追寻现场体验中可触摸、可感知、可消费。文化带作为旅游体验的重要形态，需要增强可参观性生产的能力，从而提升文化意义面向国际国内的展示水平。

第三层次是文化产业层，即文化产品的产业化，为旅游者提供文化体验消费及配套服务的产业形态和运行体系。文化带作为统筹沿线区域社会经济发展的抓手，通过建立自洽的市场体制和机制，推动文化带场景的产业化生产和周边产品的产业化生产，延伸其文旅融合的价值链、产业链，从而不断增强其溢出效应。

通过对长三角大运河文化带文旅产业综合发展水平及文旅融合程度的深度调查，我们发现文化带文旅融合程度主要取决于文化带内不同区域的融合发展是否协调，文化带文旅融合的程度则受到文化产业和旅游产业综合发展水平及其同步性的影响。因此，推进文化带区域内的文旅深度融合，既要着力于推动地区文化产业和旅游产业综合水平的提高，也应加强文化带内各地区之间的协同合作，通过整合要素资源、调整产业规模结构、积极创新技术等途径推动区域产业协调发展。

（二）推进长三角大运河文化带文旅融合的方向

1. 赓续精神血脉

强化文化带历史文脉梳理与国家形象文化基因的提取，建立文化基因知识谱系，讲好文化带故事，唤醒旅游者的“集体记忆”，增进新时代人们对中华文化和国家形象的价值认同，由此增强中华民族共同体意识。这是文化带建设的基础性任务，为后期“产品层”和“产业层”奠定坚实的基础。

2. 突出价值向度

文化带文旅融合建设应以中华文化重要标志为导向，建设方向应由其价值与功能决定。一方面，要突出内向价值，面向中华民族内部的集体记忆、群体认同、国家认同形成文化软实力；另一方面，要突出外向价值，面向国际文化竞争与对话形成文化竞争力。

3. 重视当代转化

强化新时代语境下文化带江苏段文化意义的“符号化”与“产品化”，以特色鲜明、富有时代性的文创产品为载体，促进文化带内蕴的无形“意义”转化为有形产品。强化新时代语境下文化带文旅产品面向市场需求和规模化生产的“产业层”体系建设，既是提升文化带文旅融合软实力的有效路径，也是持续增强大运河文化带文旅市场国内国际双循环的必然选择。

（三）推进长三角大运河文化带文旅融合的策略建议

1. 打牢研究基础，深挖文化带内涵

通过政府搭台、项目支撑、各方参与，形成研究、阐释长三角大运河文化带历史记忆的集体行动机制，为“产品层”“产业层”提供内容和文化支撑。政府可以设立文化带文脉研究专项基金，引导专家学者强化对文化带文脉梳理和基因谱系的研究与阐释。着力筑牢中华民族共同体意识，提取文化带涵养社会主义核心价值观的重要内容，促进其创造性转化、创新性发展；着力倡导人类命运共同体意识，凝练文化带展现国家形象和人类共同价值的内容，促进文化带国际化推广与价值共享。

2. 发挥特色优势，树立文化带品牌形象

重视对游客和群众的品牌需求与认同的调研，完善区域顶层设计，建立统一的文化带文旅品牌。目前，长三角大运河文化带的做法是三省分别打造“千年运河 · 水韵江苏”“千年古韵 · 江南丝路 · 通江达海 · 运济天下”“千年运河——汴河遗珍 · 传奇皖北”的大运河形象品牌，引导沿线各市挖掘自身特色和优势。这一做法具有积极的推动作用，取得了良好的前期效果。后期，三省亟须进一步加强大运河文化带品牌战略协同，推进长三角大运河文化带统一品牌行动，在现有品牌体系的基础上，推出“长三角大运河文化带”城市文旅品牌系列，在长三角大运河文化母品牌下形成各具特色的城市文旅品牌矩阵。

3. 用好项目纽带，带动多方合作共建

一是立足承接国家战略重点项目建设，带动长三角大运河文化带文旅深度融合。以打造大运河国家文化公园“长三角一体化”为目标，借助重大、重点项目体系建设，促进政府、企业、科研单位多主体协同，加大对优质文旅资源一体化的开发利用。二是以项目立项推动阶段化建设。短期，以建设文化带资源数字化公共平台为方向，推进文化资源的数字化基础设施建设；中期，以文化带资源产业化为方向，推进文化资源向文化空间、消费空间集聚，打造文化带特色 IP；长期，以推进长三角大运河文化带文化资源一体发展为方向，实施文化带创意城市群文脉工程，建构文化带知识谱系，丰富文化带创意城市群的文化资本。三是以培育科技创新型文旅企业为目标，推进长三角大运河文化带资源整合、要素集聚，培育新业态，拓展新空间，实现文化产业和旅游产业的共同发展。

4. 注重人才建设，创新开放培引政策

一是推出文旅人才开放政策，加快文旅高端人才集聚。依托长三角大运河文化带苏、浙、皖三省和上海市的企事业单位，培养引进一批文化创意产业和精品旅游产业方面的创新创业、经营管理和技能领军人才。设立“名家工作室”，充分发挥文化行业内名家的“传帮带”作用，推动长三角大运河文化带文化和旅游高质量融合发展。建设文化和旅游高端智库，为文化和旅游融合高质量发展提供决策参考和智力支持。二是强化文旅人才培训工作，推进文旅产业创新融合。加强文化和旅游领域高层次人才后备队伍建设，促进青年专业技术人才加快成长。开展多层次文化和旅游人才培训。与长三角大运河文化带上的有关高校合作，不断提升文化和旅游行业从业人员的综合素质和能力。三是推动文旅人才平台建设，促进文旅人才柔性流动。依托长三角大运河文化带上的国家级文化和科技融合示范基地建设，积极推动校企合作、校企融合，建立学校教育与企业实践相结合的育人体系，培养懂科技、懂文化、懂旅游的复合型人才，加快形成、落地“产学研”结合的人才培养模式。定期通过线上人才交流网站和线下人才沟通平台双轮驱动，盘活人才互通交流路径，结合运用“共享用工”“灵活用工”新型用工方式，打破区域性人才壁垒。

5. 强化政策保障，促进经济效益与社会效益相统一

近年来，苏、浙、皖三省虽陆续出台了系列文件，在资源保护、资金支持、市场规范等方面强化了建设，但由于长三角大运河文化带各地区文旅产业发展水平和融合程度相异，因此，各地政府推出的细则、办法等应更加注重因地制宜。一是建设、完善公共服务平台与基础设施，紧密加强区域间的联系与协同，特别是文化带区域内共有的生态资源、文旅资源应做到共保、共建、共享。二是加强产业技术创新与人才引进培养，鼓励文旅企业运用新技术、开发新产品，以创新创意丰富和拓宽文旅融合的形式和载体渠道，增强文化带文旅产业的核心竞争力。三是规范市场主体行为，健全法规条例，在鼓励资源保护的基础上合理开发，促进文旅市场良性循环。

撰稿人　秦宗财
单　位　扬州大学新闻与传媒学院、长江文化研究院

文旅名城篇

JIANG-YUN JIAOHUI

C H A N G – S A N J I A O

DAYUNHE WENHUADAI
W E N L Ü R O N G H E
PINPAI ANLI YANJIU(2022)

扬州运河城市文旅深度融合的建设实践①

古城扬州是古运河的历史文化源头，是大运河申遗牵头城市。扬州通过发展世界运河历史文化城市合作组织，建设国家级夜间文旅消费集聚区，构建世界级文化遗产旅游廊道，以文塑旅、以旅彰文，致力于“打造大运河文化带建设、历史文化名城保护和精致传统生活体验的扬州样板”，助力古城传统文化的复兴，成为“让古运河重生”的有效实践，望能探索形成新时代具有全国示范价值和意义的运河城市文旅融合的“扬州模式”，让“诗和远方”交相辉映，扛起“让古运河重生”的使命。

一、扬州运河城市文旅融合的优势与机遇

古城扬州贯彻落实习近平总书记关于大运河文化带建设的指示精神，依托深厚的历史文化底蕴和资源禀赋，抢抓运河文旅融合时机，乘势而上走在大运河城市文旅融合的前头。

（一）运河原点，城市名片

扬州与大运河相依相生，扬州不仅是大运河的原点城市，也是大运河遗产保护和联合申遗的领头城市。大运河扬州段有 16 处列入《世界遗产名录》，数量位居运河沿线城市第一。大运河孕育了扬州的古代文明，运河漕运的畅通对扬州的经济发展起到了极大的促进效用，造就了城市的繁荣。在大运河申遗成功之后，扬州深入开展运河文化遗产的全面保护、活态传承与科学利用。扬州深挖运河文化底蕴，不断擦亮扬州“最美窗口”的城市名片，加强推进扬州文化、工业、生态、红色等多重文旅资源的开发和建设。大运河使得转运枢

① 基金项目：江苏省文化和旅游重点项目（22ZD08）、江苏高校哲学社会科学重大项目（2022SJZD027）。

纽上的扬州成为古代东方国际化大都市，奠定了扬州的历史地位，也成就了扬州的城市名片。

（二）文化昌盛，通史繁荣

扬州因其独特的地理位置和优越的自然环境经历了通史式的社会经济和文化繁荣。扬州历史上经历了三次经济繁荣，兴盛于汉，繁盛于唐，鼎盛于清，这三次繁荣都和运河漕运这一主流交通运输方式息息相关。古代大运河主要承担南北转运的重任，其对扬州的文化影响也至关重要，衍生出了扬州学派、八怪画派、淮扬菜系、扬派盆景、扬州清曲等地方文化基底，深度影响了扬州的过去，也深度影响着扬州的未来。大运河既是中华民族文化的缩影，展现中华文明包容万象、厚德载物的精神，也是落实新时代国家发展战略的重要载体，成为扬州与世界对话的重要窗口之一。扬州与大运河同生共长，休戚与共，在大运河建设方面一直勇于担当。扬州以大运河文化带建设为契机，以中华文明与世界文明对话交流为引领，实现城市发展的再次辉煌。

（三）资源富集，文旅兴旺

大运河扬州段文旅资源富集，扬州以丰厚的文化资源为载体引领文旅融合创新发展，全力打造并成为国际文化旅游名城。扬州拥有 1 家 AAAAA 级景区，即享有“园林之盛，甲于天下”盛誉的瘦西湖，并有大明寺、个园、何园等知名景点，还有东关街等中国历史文化街区，以及承载丰厚历史底蕴的古运河景区等旅游资源。扬州在几千年的发展过程中依赖其丰厚的文旅资源和非物质文化遗产，获得了“东亚文化之都”“世界美食之都”“世界运河之都”等称号；作为知名菜系“淮扬菜”的发源地，扬州包子、扬州炒饭等美食名扬中外。扬州依托并深入挖掘文旅资源，扩容、提档升级传统景区，对传统历史文化街区采取保护措施并有机更新，开发大型沉浸式夜游项目，建设国家级文旅消费集聚区等，持续放大“三都”的品牌效应。扬州遵循宜融则融、能融尽融的发展理念，在适度、合理、可持续的要求下深挖运河文化底蕴，盘活运河文旅资源。

（四）运河样板，政策支持

扬州作为大运河文化带建设的示范城市，颁布了一系列加强运河文化遗产保护的政策法规，推动文旅融合和产业发展，努力打造并争做大运河文化带上的“运河样板”。扬州注重运河精神的活态传承，整合运河沿线文旅资源，以文塑旅，构建世界级文化遗产旅游廊道，努力把扬州打造成为运河沿线文旅融合发展中最精彩的一段，成为运河文旅融合的样板城市①。扬州根据《大运河遗产保护管理办法》等相关法律法规并结合城市实际，出台并实施了《大运河扬州段世界文化遗产保护办法》等相关政策法规，深入推进对大运河全面保护、活态传承与科学利用，构建大运河生态保护、文化传承和活化利用的政策体系。

二、扬州运河城市文旅融合存在的问题与挑战

“运河之城”扬州拥有丰富的历史文化遗存和文旅资源，持续推进运河文旅融合发展，但在文旅资源的转化利用、文旅产品的更新迭代、运河城市的协同发展等方面仍存在问题。

（一）文旅资源转化难度较高，文化传承利用力度有待加强

扬州运河文旅资源丰富，但受到遗产保护、市场需求、资金投入等多方面因素的影响，文旅资源转化为文旅产品的难度较高。较多物质文化遗产资源在历史发展过程中遭受损毁，难现历史风貌，需要巨大的投入、精心修缮或重建。在考虑遗产原真性和完整性的前提下，只有符合遗产价值理念和环境承载要求，才有可能将其转化为旅游产品。文旅资源转化、活化难度较大，文化传承利用力度有待加强，尤其是运河沿线遗产活态传承载体和传播渠道还需进一步丰富。扬州运河非物质文化遗产的保护、传承和利用不足，少数非遗代表性项目存在濒危风险，缺乏系统、全面的文化保护和展示，这对大运河文化的创意利用和相关产品的创新开发形成了制约。运河承载的文化价值和精神内涵挖掘深度不够，缺乏创新性传承与创造性转化的有效路径与载体，运河主题艺术精品创作和文旅产品开发仍需加强。

（二）文旅产品迭代速度较快，文旅深度融合难度日益加大

旅游者需求的多样化和层次性催动旅游市场的持续升级和细分，文旅产品

① 王鹏、胡俭、居小春：《文旅融合乘“运”而兴》，《扬州日报》2022 年 6 月 26 日，第 A01 版。

要根据市场需求的升级做出产品迭代和推陈出新。随着全域旅游推动多产业的融合与发展，在运河文化与旅游融合发展过程中，精神享受和文化体验已成为旅游者的基本需求。旅游市场需求的快速变化和差异化，使得文旅产品的开发和打造要求更高，迭代速度也逐渐加快。扬州运河文化底蕴深厚，在资本、科技和创新需求的驱动下，景区内容得到了提升和景区产品质量实现了升级，扬州打造出了瘦西湖夜游、大运河博物馆、运河三湾夜市、北护城河文旅集聚区等系列运河文旅产品和示范区域。但由于旅游市场升级较快、需求多样、竞争激烈，迫使文旅产品供给不断丰富，迭代速度不断加快，因此，文旅深度融合的难度也日益加大。未来文旅产品的打造需加大文旅融合力度，不断创新以适应青年、老年和家庭旅游等细分市场需求的变化，推动文旅产业高质量发展。

（三）运河城市竞争日益激烈，区域协同发展格局亟待重视

自大运河申遗成功以来，各省、市陆续推出大运河保护条例，这在促进大运河沿线城市文化保护和文旅产业发展的同时，也加剧了运河城市在文旅产品开发、文旅产业发展等方面的竞争。2022 年，大运河沿线有 25 座城市入选中国百强城市，大运河沿线较多城市建成或提出建设和打造相关运河主题博物馆和文旅产品等，同质化严重。大运河城市文旅融合发展，既要充分发挥各地的比较优势，增强自身竞争力，也要注重区域差异化创新和协同发展。大运河沿线城市还存在运河整体环境风貌分割、生态岸线不足、亲水平台较少等现象，跨部门、跨区域协作机制和平台还需健全完善，部分地区配套公共服务设施有待完善、提升，水与岸、河道与建筑、设施与景观的协调之美彰显不够。因而，推动大运河文化带跨省、市，以及区域内部人才、交通、生态、运营等“共生单元”的建设和协同发展，是实现大运河沿线城市文旅产业融合发展、互利共赢的重要保障。

三、扬州运河城市文旅融合的路径与实践

（一）加强运河遗产保护，赋能文旅发展

大运河扬州段文化遗产形态多样、底蕴深厚，扬州将运河文化遗产保护与生态环境修复改善、沿线名城名镇保护更新相统一，高质量推进大运河文化带建设，赋能文旅产业发展。扬州是与大运河同生共长、见证中华文明繁荣复兴

的通史式城市，应发挥大运河遗产保护办公室等机构的影响和作用，系统性地开展运河文化和精神的研究。要依托扬州丰富的历史资源和精神财富，系统性地保护好扬州各个时期的历史文化遗产，进一步盘活城市资源、激发城市活力，持续提升扬州的城市影响力和综合竞争力。扬州多年来始终秉持“护其貌、美其颜、扬其韵、铸其魂”的思路，始终坚持规划引领、全面保护、审慎更新、文化为魂、民生为本，稳步推进古城保护与复兴，逐步走出一条极具地方文化特色的历史文化名城保护和有机更新之路①。

运河文化遗产保护、名城有机更新与文旅产业发展相统一。扬州在推进大运河文化带建设、统筹运河文化传承的同时，将东关街、仁丰里等扬州古城有代表性的历史文化街区纳入整体保护，推动古城在保护中传承、在传承中创新、在创新中复兴，在历史街区保护、古城有机更新、现代服务功能挖掘、居民生活改善等方面进行新探索、新实践，使扬州这座古城在新时代不断焕发出新的生机与活力②。其一，东关街是扬州最早开始改造更新的老街。这条街道采用政府投资规划修缮的方式进行保护和利用，不搞大拆大建，力求“修旧如旧”，探索出一条古城文旅融合发展、实现保护利用的成功之路。更新打造后的东关街进一步强化了扬州“世界名城”的城市名片，为全球各地的旅客提供探访和读懂扬州的方式；同时，让珍稀的文化瑰宝得以保存、融合和升华，成为历史文化街区的典范，为未来的城市更新改造项目提供了强有力的借鉴。其二，仁丰里是唐代扬州老城里坊制格局的重要遗存，街区内有大量废弃的老宅，因此，仁丰里选用“微更新改造”的理念，在不破坏街巷原有风貌的前提下，鼓励当地居民积极参与，创建出了筷子微型博物馆、奕间工坊、诗鱼书院等系列文旅项目，使仁丰里成为旅客感受扬州地方文化的新板块。扬州遵循“整体性保护、活态化更新、内涵式复兴”的理念，通过“小规模、渐进式”的方式，有序推进四大历史街区的保护，提升宜居品质，促进街区文旅融合发展，推动历史文化街区的持续保护与全面复兴③。

运河生态环境保护、人居环境提升和主客共享空间营造相统一。生态环境是大运河文化带的底色和基础，扬州深入实施以三湾片区等为代表的大运河环

① 邹平、玉菁：《站在新起点推进古城保护与更新，让扬州古城保护在全国更有分量》，《扬州日报》2022 年 7 月 12 日，第 A01 版。

② 吴涛、张孔生：《千年古城这样焕发新活力》，《扬州日报》2022 年 6 月 27 日，第 A01 版。

③ 张孔生：《江苏扬州：古城兴起来！老城靓起来！新城强起来！打造大运河文化带建设样板》，扬州网，2022 年 7 月 20 日，http：//www. yznews. com. cn/wap/2022—07/20/content_ 7429358. html，访问日期：2022 年 9 月 18 日。

境治理与规划建设。20 世纪五六十年代始，制药厂、农药厂等大批化工企业相继聚集在扬州古运河三湾区域内，在为经济发展做出贡献的同时，对生态环境造成了极大的损害。近年来，扬州以尊重、顺应、保护自然的生态文明理念，按照申遗标准对三湾片区进行保护、修复、还原，并考虑大运河文化活态遗产特性，在尊重沿线空间形态及当地群众生产、生活方式等前提下，在文旅融合大背景下，建成运河文旅产品标志性工程——中国大运河博物馆。即使受疫情影响，博物馆在开放不到一年的时间内也有 100 万的人流量，成为广大网友的打卡景点。后陆续配套建设的大运河非遗文化园，为本地居民和旅游者提供集展览、学习、活动、剧场、文创、餐饮于一体的“一站式”服务，致力于打造综合文化休闲空间，强化水岸联动、河城协同，中国大运河博物馆成为古运河旅游线中的重要节点和标志性项目①。扬州运河三湾生态中心是运河沿线城市生态修复、人居环境改善和主客共享空间营造的示范样板，使古运河焕发出新的生机与活力。

（二）传承运河文化，丰富文旅内涵

文物和文化遗产承载着中华民族的基因和血脉，是不可再生、不可替代的中华优秀文明资源②。大运河是祖先留下的宝贵财富，孕育了丰富的地域文化、饮食文化、戏剧文化、传统工艺文化等，是塑造城市品牌、推动经济发展的重要力量，也是传承发扬中华文明、促进东西方交流互鉴和构建人类命运共同体的重要廊道。扬州以运河文化赋能旅游发展，多层次、全方位深化对大运河文化内涵的认知，在保护和传承的基础上，积极推进运河文化与旅游的融合，丰富文旅内涵③，为物质文化遗产有形利用和非物质文化遗产活态传承提供了示范和样板。

推进园林、盐商等文化遗产与旅游融合，促进旅游产品的多元化和创意发展。其一，扬州园林资源丰富、底蕴深厚，是园林文化与旅游融合的典范。瘦西湖景区依托园林美景，合理设计陆上导览线路，积极开发水上游览项目，为游客提供园林观光、游船体验、生态休闲、康养娱乐等服务，让游客充分体验

① 肖洁、师小坤：《文旅融合对社会福祉的影响——以扬州为例》，《旅游学刊》2019 年第 7 期。
② 施雨岑、王鹏、徐壮：《守护文明根脉激扬自信力量——我国文物工作新进展综述》，《人民日报》2022 年 7 月 23 日，第 4 版。
③ 李泉：《发掘运河文化的丰富内涵》，《光明日报》2017 年 3 月 25 日，第 5 版。

瘦西湖园林文化。同时，瘦西湖景区引导扬州各园林景区交流互动、协同发展，加强个园、何园、茱萸湾与蜀冈—瘦西湖大景区的联系，促进资源联结、产业联合、区域联动，推动扬州全域旅游高质量发展。此外，瘦西湖景区依托自身园林资源优势，开发创新性文旅产品，为扬州园林文化与旅游融合发展贡献力量，致力于促进大运河扬州段的运河文化建设①。其二，扬州盐商文化是特有的、世界唯一的盐文化形态，留下众多的盐商文物和文化遗产。扬州充分挖掘盐文化遗产，丰富文旅融合内涵。位于南河下历史文化街区的贾氏盐商住宅是全国重点文物保护单位。自 2021 年以来，扬州按“修旧如旧”原则，恢复宅院的历史风貌，修缮贾氏盐商现存房屋，改造贾氏庭园，以及附近小学、四岸公所等区域，致力于打造大运河盐商文化旅游街区项目，旨在加强对盐商宅院的保护和传承利用，并通过修缮历史建筑、吸引相关业态，促进盐商文化与旅游、餐饮等产业的融合发展，打造具有扬州盐文化特色的旅游片区②。此外，为促进扬州盐商、运河文化的有形展示，扬州在个园举办“运河·盐商文化节”，通过曲艺展演，讲述扬州运河文化的千年底蕴，促进盐商文化、运河文化和旅游、演艺等业态的共同发展③。

活化利用运河沿线非物质文化遗产，促进非遗文化与旅游融合。扬州结合市场需求，推动非遗项目与生活、创意、市场、生产相衔接，并有机融入景区、度假区，建设非遗特色景区和非遗旅游体验基地，推动非遗的活态传承和文旅融合。位于扬州古城河边的 486 非遗集聚区，集工艺展示、文化体验、文创设计等多功能于一体，是扬州传统非遗文化的窗口和主阵地。集聚区以工作室形式邀请传承人免费进驻，进行传承展示和交流互动，拓展了非遗与旅游深度融合新路径。此外，扬州紧跟时代潮流，积极推进非遗文创产品的开发，依托非遗传统文化，融合现代时尚，推出具有特色性、实用性和文化底蕴的创意产品和纪念品。瘦西湖景区根据其特色，设计出“清二十四景”记事本、纸胶带、零钱包、雪糕等文创产品；扬州漆器通过与一汽红旗合作，为红旗品牌定做漆器非遗文创产品，拓宽了漆器文创的开发思路和销售渠道；谢馥春则通

① 汤卫华：《扬州景区：谱写“宜业宜游宜居”新篇章》，中国经济周刊网，2022 年 2 月 14 日，https：//baijiahao. baidu. com/s? id=1724719457198206504&wfr=spider&for=pc，访问日期：2022 年 4 月 7 日。

② 吴涛、张孔生：《千年古城这样焕发新活力》，《扬州日报》2022 年 6 月 27 日，第 A01 版。

③ 肖东：《国庆来扬州，感受运河与盐商的故事》，大运河传播网，2021 年 9 月 21 日，https：//baijiahao. baidu. com/s? id=1712220160069860493&wfr=spider&for=pc，访问日期：2022 年 4 月 7 日。

过与酒店洗沐行业合作，创新开发出护手霜、洗发膏、沐浴露等产品[①]。扬州非遗文创产品的开发不仅仅看重产品的使用、体验价值，更注重产品本身的文化价值和底蕴，突出扬州传统文化特色，传播扬州文化和城市品牌形象。

（三）高标准建设文博场馆，打造运河文旅集聚区

文博场馆具有保护文物、传承历史、科普教育、科学研究等价值，是国家文化产业的重要组成部分，有利于增强国民的文化自信、民族自信和国家自信，塑造国民文化认同和国家认同。扬州通过建好、管好、用好文博场馆，在保护、传承、利用好运河文化的同时，助推运河文旅产业高质量发展，增强运河文旅集聚区的品牌效应和示范作用。文旅消费集聚区相比于传统文化景区，能够将地方文化与城市相结合，丰富消费业态，吸引不同群体的消费者，是活化利用大运河文化和落实“让古运河重生”要求的重要举措，也是改善城市生态环境、优化城市公共设施、促进文旅融合、带动地方经济增长的重要项目。扬州中国大运河博物馆、中国扬州运河大剧院的高标准建设，北护城河文旅集聚区、三把刀特色步行街的高质量打造，是扬州在大运河文化带建设中争当表率、争做示范、走在前列的具体实践。

高标准建设扬州中国大运河博物馆、中国扬州运河大剧院等高等级文博场馆，打造彰显大运河文化理念的标志性、示范性工程。2021 年，中国大运河博物馆落地扬州，它是以运河文化为底蕴的专题性博物馆，集文物收藏、展览展示、科学研究、文化教育等功能于一体[②]，也是扬州文化旅游的主要景点之一。扬州中国大运河博物馆运用传统的陈列展览和现代虚拟技术手段，展示中国大运河的千年文化底蕴、历史价值、生态价值和科技价值，并以市场需求为导向，配套建设大运河非遗文化园，推出青少年文旅体验产品，吸引冶春餐饮等品牌入驻，为游客和居民提供“一站式”服务和高品质文旅休闲空间。中国扬州运河大剧院也于 2021 年投入使用，剧院已举办多场优质剧目演出和大型会议活动（如国家层面机制性论坛“2022 年世界运河城市论坛”在此举行），用艺术表达的方式呈现中国大运河的千年文化，是展示扬州历史文化名城魅力的重要窗口，也是不同层次、不同类型大运河文化主题实践活动举办

① 肖为：《“文化+创意”推动非遗时尚化转型》，《扬州日报》2021 年 12 月 15 日，第 A02 版。

② 龚良：《中国大运河博物馆的建设定位和发展要求》，中国大运河博物馆官网，2021 年 6 月 16 日，https：//canal-museum. net/news/60ca0e548be22a5018/，访问日期：2022 年 8 月 15 日。

地。剧院将运河文化与表演、展陈、纪念品相结合，不断创新、丰富运河文化产品供给，同时提升文化服务水平，成为扬州重要的文化惠民窗口、文化展示窗口、文化交流窗口和文化融合窗口。

高质量打造非遗文旅集聚区，促进非遗与创意产业融合发展。扬州以古城、古街为载体，融入非遗文化元素，打造具有文化味和烟火气的文旅消费集聚区。2021 年，扬州部署推进北护城河文旅集聚区建设，开发设计运河系列旅游产品，落实“古运河重生”“古城新生”的要求。2022 年 7 月，首发项目“红园 · 仙次元”改造完成，环冶春红桥工程顺利完工，继续推进文化与艺术、创意、旅游的融合，打造不同主题的集聚区①，涵盖演艺文化场馆、文创产品基地、休闲美食街区、夜间灯光展览等业态，致力于将北护城河文旅集聚区打造成为扬州城市文化的新地标。位于扬州长春路的三把刀特色步行街，以“步行街+市集”的模式，通过创意吸引商户入驻，从前期单一的后备厢集市发展成为一个集帐篷夜市、后备厢夜市为一体的市集，已有近百商户入驻，集聚美食、生活与艺术于一体②。2019 年，步行街被授予“江苏省省级高品位步行街试点街区”称号，随后步行街以文艺风、烟火气和扬州特色文化为主题，推出“双创”夜市活动，发展夜间经济，包括三把刀体验、三个特色展示馆、啤酒花园、“双创”商户经营等常态活动，打造新潮户外、非遗文化、酒吧文化、夜间跳动、世界美食五大主题。扬州三把刀特色步行街依托市集经济潮流和市场创意需求形成集群优势，已成为扬州夜间经济和非遗集聚发展的文化名片之一。

（四）推进“运河+”融合发展，开拓文旅融合新格局

基于大运河丰富的文旅资源，扬州通过举办运河美食节庆活动，打造运河夜游观光产品，开发运河文化创意产品，推出运河乡村特色项目等，培育不同的运河文旅业态产品，推动“运河+”融合发展，拓展了大运河文旅融合发展的路径和格局。

促进美食文化与旅游融合发展，放大扬州“世界美食之都”效应。八大

① 邹平、世春：《推进北护城河文化旅游集聚区建设，打造“好地方”文旅新亮点城市新名片》，《扬州日报》2021 年 4 月 17 日，第 A01 版。

② 屠明娟：《夜幕降临，到三把刀特色步行街品味夏日烟火气》，扬州网，2022 年 6 月 30 日，http：//news. yznews. com. cn/2022—06/30/content_ 7421702. htm，访问日期：2022 年 7 月 12 日。

菜系之一的“淮扬菜”，依运河而生，获运河滋养，扬州将淮扬美食与运河文化相结合，推进美食文化、运河文化与旅游融合发展。因时因地选择当季当地新鲜食材，是淮扬菜的一个重要特点，而淮扬美食的新鲜食材正是依运河而生，有些食材更是直接来源于运河。2020 年，扬州成功创建“世界美食之都”，是中国第四个获此荣誉的城市。凭借这一具有世界影响力的称号，依托运河丰富的食材，扬州举办了“早茶文化节”“果蔬采摘节”“淮扬菜美食节”“瓜洲江鲜美食节”等以美食为主题的节庆活动。扬州“运河+美食”的融合创新，有助于对扬州传统饮食文化的保护创新、传承传播；有助于打造扬州特色美食品牌，促进扬州餐饮行业发展，推动扬州文旅产业高质量发展；有助于增强美食旅游的吸引力和体验性，提升扬州文化名城的旅游形象。

推进“运河+夜游”融合发展，开发运河夜游文旅产品。随着夜间经济的日益繁荣，扬州大力推动运河文化与夜游产品的融合，打造沉浸式夜游、后备厢市集等夜游项目，以文旅项目助推夜游发展。2021 年，扬州顺应消费趋势、推陈出新，打造了“二分明月忆扬州”瘦西湖大型沉浸式夜游项目，获得“水韵江苏最美夜游网红打卡地”的称号。该夜游项目以唐诗为主题，运用全息风扇等现代科技手段呈现诗人群像，营造梦幻多彩的光影效果，以精彩的人文表演再现大唐盛景和唐风唐韵，深受广大游客和本地市民的喜爱。除瘦西湖沉浸式夜游产品外，扬州还聚焦夜经济特点，融合当下火爆的帐篷经济和露营潮流，打造集文旅、餐饮、休闲、娱乐、购物于一体的夜间文化旅游街区，营造充满艺术氛围、时尚气息、有趣元素的晚间市集。例如，位于里运河旁的韵河湾市集是扬州城夜晚后备厢摊位数量最多的市集，有各种类型的美食、手工艺品、欢乐游戏、亲子交流活动等①，吸引了大量的客源。后备厢夜市拉动了夜间经济的增长，促进了运河夜游文旅产品的开发，推动了运河文化与旅游的进一步融合。

（五）塑造运河城市品牌，加强文明交流互鉴

中国大运河是世界文化遗产，也是中国和中国运河沿线城市的文化名片，应通过不同的文化交流平台，传播中国大运河的千年历史文化、现代文化价值

① 孙炎、屠明娟：《打开“后备箱”点亮“夜经济”吸引更多年轻人来“赶集”》，扬州网，2022 年 7 月 7 日，http：//news. yznews. com. cn/2022—07/07/content_ 7424398. htm，访问日期：2022 年 8 月 15 日。

和国际性意义，促进东西方不同文明和运河沿线城市不同文化的交流互鉴。扬州作为大运河原点城市和申遗牵头城市，建设城市公园，出台政策文件，创建运河文化交流平台，致力于打造主客共享的运河城市，在运河品牌塑造和中外文明交流方面发挥了示范作用。

践行新发展理念，塑造运河城市品牌。运河之城扬州拥有“世界运河之都”“世界美食之都”“东亚文化之都”称号，为进一步擦亮这三张城市名片，扬州通过举办运河、美食、文化等相关主题的节庆活动，促进运河文化、美食文化和城市文化的融合发展和传播，致力于打造“世界的扬州”，塑造运河城市品牌。此外，扬州一直以来坚持将生态作为发展的底色，大力推进公园体系建设，不断优化绿色空间形态，不仅有效改善了生态环境、提升了民生福利，还将城市公园打造成为城市的“绿色名片”。2020 年，扬州出台公园体系建设项目规划，进一步对公园进行改造升级，同时积极推进城市道路绿化和河道改造工程，提升道路、河道的生态环境和人文景观品质。在优化城市服务设施的基础上，扬州大力促进现代旅游的发展，自 2017 年起连续出台“3 号文件”，聚焦外来旅游者的食、住、行、游、购、娱六要素及旅游过程中的合法权益，优化城市旅游生态环境，向游客展现扬州历史文化名城和文化旅游胜地的独特魅力①。

发挥世界运河城市论坛的平台作用，加强中外文明和区域文化的交流互鉴。2007 年，扬州市牵头国内外 30 多个运河城市，首次举办世界运河城市论坛，是国内唯一以运河文化为主题的国际性论坛。截至 2022 年 6 月，扬州已经连续成功举办 15 届世界运河城市论坛。论坛立足新定位、新使命、新要求，成为国际上传播运河文化、讲述运河故事，以及促进各国运河沿线城市交流合作、分享经验、互利共赢、文化联结的重要平台，有助于推动中国大运河遗产的保护、传承和利用，促进东西方不同文化和文明的交流互鉴，深化全球运河文化认同和共同的身份认同②。2022 年世界运河城市论坛会议共有 60 多个运河城市参加，会议上联合国授予扬州“运河城市实施联合国 2030 可持续发展议程样板城市”称号，肯定了扬州在运河可持续发展方面所做的努力，提升

① 居小春：《扬州“3 号文件”发布，统筹疫情防控和旅游业发展——12 方面举措助力国际文旅名城建设》，《扬州日报》2020 年 3 月 17 日，第 A01 版。

② 苏雁、张运：《运河泱泱，文脉绵长——2022 世界运河城市论坛综述》，《光明日报》2022 年 6 月 30 日，第 10 版。

和扩大了扬州运河城市品牌的知名度和影响力。扬州市依托独特的运河资源优势，积极塑造特色运河城市品牌，提升运河城市的美誉度，为进一步加强区域协同合作、发挥城市联动效应、打造具有形象标识的大运河特色文旅品牌奠定了坚实基础。

撰稿人 余凤龙、徐留倩、陈悦
单　位 扬州大学旅游烹饪学院

南京运河数字文旅消费建设实践①

大运河文化带南京段由胥河、官溪河、秦淮河等大大小小的38条运河相连而成，贯通南北，串起了丰厚的历史文化遗存和广阔的城乡地域，全长120余千米，是大运河江苏段的重要支流，更是南京与国家“一带一路”倡议、长江经济带和长三角一体化发展战略等对接的重要通道。南京市作为长三角一体化国家战略中的“战略支点”“创新引擎”和“门户枢纽”，2016年入选国家文化消费首批试点城市，2020年入选首批国家文化和旅游消费示范城市，2022年再次入选文化产业和旅游产业工作督查激励地方名单。在国家大力发展国家文化公园建设和数字文旅融合的大背景下，南京紧紧联系大运河文化带和国家文化公园发展战略的总体要求，围绕文化消费需求，运用互联网这一载体，将数字技术应用于文旅产业链上各个不同环节，扩大消费供给，建设消费场景，赋能消费主体，提升消费能级，形成运河数字文旅的新模式新业态，以高质量数字文旅供给增强了旅游者的获得感和体验感②。本文试图从南京运河数字文旅消费的总体发展生态、建设指导框架、创新实践探索，以及不足与对策等方面进行深入探讨，以期在总结南京运河数字文旅消费模式建设实践的经验教训的同时，也为其他城市的数字文旅实践提供有益的探索路径与经验启示。

一、背景：南京运河数字文旅消费的发展生态

（一）国家顶层设计形成运河数字文旅原生力

自党的十九大以来，在党中央、国务院颁发的《关于进一步激发文化和

① 本文系2020年度教育部人文社会科学研究青年基金项目“中国戏曲类非遗的动漫化开发评价体系构建及产品化应用研究（20YJC760016）”的阶段性成果。

② 徐菲菲、何云梦：《数字文旅创新发展新机遇、新挑战与新思路》，《旅游学刊》2021年第7期。

旅游消费潜力的意见》（国办发〔2019〕41号）等政策指导下，《大运河文化保护传承利用规划纲要》（中办发〔2019〕10号）、《长城、大运河、长征国家文化公园建设方案》（中办发〔2019〕205号），以及《江苏省大运河文化遗产保护传承规划》《江苏省大运河国家文化公园建设保护规划》等纷纷出台，这是贯彻落实习近平总书记重要指示精神的重大举措。积极统筹大运河文化带南京段和大运河国家文化公园（南京段）建设，挖掘南京与大运河文化的历史渊源，保护、传承、利用好南京水系承载的大运河文化遗产，可以进一步推动南京在都市圈中发挥“承东启西”的作用，促进沿线区域的统筹、协调、绿色发展，打造具有国际影响力的运河名城，同时也是助力江苏省高质量发展、推进南京市高起点、高标准建设的重要支撑。

（二）文化消费升级形成运河数字文旅助推器

数字文旅可以将数字技术与文旅产业进行深度融合，实现居民的文化旅游活动向沉浸式、体验型消费升级。2020年《中国青年报》调查发现，近年来年轻人“文化消费”有升级现象①，文化需求提升说明社会整体文化消费升级，也体现了民众对于更多符合大众审美的优质文化产品的需要。但与此同时，我国文化产业又面临着重要问题：多样化、多层次的技术变革和文化消费需求，与单一化、同质化的文化产品供给之间存在极大的不平衡，相当程度上制约了我国文化产业的发展；特大城市与发展相对落后的城市、城市与乡村的文化产业发展水平和文化消费水平差距较大，区域的两极分化也造成了文化产业活力无法充分释放。因此，为了充分解决这些矛盾，我们必须重视文化产业的高质量供给，只有不断推动文化产业走实、创新，才能持续迎合日益增长的文化消费需求，形成二者良性互动局面，为我国文化产业生产提供源源不断的创造力与生命力②。

（三）数字技术支撑实现产业价值链提升

以5G、大数据、AI等为代表的新兴技术以其高速率、低时延、万物互联等特性，与文旅产业形成天然的亲和性，能快速捕捉、分析消费行为、习惯、

① 杜园春、洪静澜：《87.5%受访青年表示“文化消费”升级了》，《中国青年报》2020年12月24日，第10版。

② 张苏缘、刘柏阳：《“十四五”时期怎样培育文化消费新增长极？——以江苏省为例》，《文化产业研究》2020年第4期。

趋势和喜好等，并及时将这些信息以数据形式反馈给供给者，帮助其构建产消者交互网络闭环，从而更有效地促进产业转型与升级，为数字文旅产业的发展提供良好的创新平台与发展机遇。数字文旅不受空间、时间限制，具有便捷性、互动性和灵活性等优势，能够创新文化产业业态，提供符合大众文旅消费要求的高质量文旅产品及服务，并通过技术及信息的外溢作用于文旅产业链的前后端及其相关产业，最终实现整个文旅产业的高质量发展，从而倒逼文旅消费的增长。①

（四）消费者特征变化推动运河数字消费创新

当下，旅游消费人群相对于团队游时代发生了巨大变化，“Z世代”（新青年）、中老年、亲子等群体共同构成了文旅消费主力军。这三类人群中，“Z世代”与中老年消费群体正在不断向两端扩张，为旅游供需两侧的改革发展都提供了更大驱动力。识别这两类群体文旅消费需求特征之间的区别与联系，了解他们的消费倾向，是建设数字文旅消费模式的重要前提条件。一方面，“Z世代”是1995—2009年出生，在中国经济腾飞和互联网、智能手机等数字技术飞速发展的大环境中成长起来的一代“网络原住民”。他们拥有更开放、平等的国际化视野和先进、超前的文化消费意识，在父母的支持下也拥有足够的消费能力。他们作为互联网上最活跃的群体，在文旅产业的数字化转型中起到了极其重要的承接作用。另一方面，中老年群体在新媒体思维的影响下，吸纳、学习与运用数字化产品的能力日益提升，外加老年人社会参与诉求较大，且拥有比较多的空闲时间，因而他们在数字技术旅游参与过程中体验时间较长、体验度较深。可见，面对我国文旅消费需求的个性化、多样化、品质化，我们必须推动传统文旅产业顺应环境和市场的变化需求，进一步拓宽数字文旅产业的发展路经，拓展旅游的时空意义，形成线下与线上互嵌的文旅消费新模式。

二、规划：南京运河数字文旅消费的建设框架

在国家统一部署和江苏省统筹安排下，南京市政府依据《大运河文化保

① 孙九霞：《文旅新消费的特征与趋势》，《人民论坛》2022年第5期。

护传承利用规划纲要》《江苏省大运河文化遗产保护传承规划》《江苏省大运河国家文化公园建设保护规划》，以及相关规划和法律法规政策等，将大运河文化带南京段建设规划和大运河国家文化公园（南京段）建设规划两规合一，于2020年11月制定出《大运河文化带南京段保护传承利用实施规划》。这一规划的实施期为2020—2035年，展望至2050年。截至2022年8月，南京运河数字文旅消费的建设基本在此规划的总体意见指导下进行具体实施和落实。

（一）挖掘统筹兼容并蓄的运河文化渊源

大运河文化带南京段是联系沿线地区文化、生态和产业的重要水脉，充分发挥“一山两水一城墙”核心资源优势，以文促旅，以旅彰文，互促共荣，为加强南京都市圈文化旅游发展提供协作空间，对传播中国优秀文化、展示大运河文化带南京段美丽古都名片、扩大南京影响力发挥了重要支撑与促进作用。要坚持以文化和旅游融合发展为关键，以六朝文化和明文化为核心，推动大运河文化、长江文化与时代元素相结合，使大运河文化带焕发全新的生命力，为新时期中华优秀传统文化保护传承提供有力支撑。

（二）转型激发开放多元的运河业态活力

大运河文化带南京段发挥资源优势，突出文化特色，引导、鼓励文旅企业转型发展、主动研发并推出适应市场需求的产品，这已经成为当前运河文旅行业面临的重大课题。其主要表现为：形成主题展示区、文旅融合区、传统利用区、管控保护区4类主体功能区和运河名城名镇名村游、红色革命文化主题游、运河文化故事特色游等6条文化旅游线路，依托主题展示区形成“一园两带十二点”的空间结构；引导创新发展旅行社及其他市场主体，鼓励在国家等级旅游景区（度假区）内开发露营营地、旅游演艺、主题游乐、数字旅游、夜游等新产品，开展城市乡村旅游、微旅游、红色旅游、研学旅游、旅游直播等新业务，鼓励创作思想、内容和制作水平俱佳的运河文旅作品。注重促转型、丰富业态激发文旅行业内生活力，加强引导、释放运河文旅消费潜力。

（三）科技赋能数据互联的智慧旅游建设

南京推动科技链与产业链有机结合，以科技促进运河文化和旅游生产、体验、服务方式及管理模式的创新，推进南京运河文化旅游向品质化转型升级，实现数据互联共享，为南京运河文旅产业发展提挡加速。南京制定了数字文化、智慧旅游建设标准，完善在线预约、客流监测、智能导览等功能，有序推进文旅场所“多码合一”、数据互联共享，南京的等级景区全部实现预约入园。全国和全省的运河数字文旅市场频现“南京力量”。

三、创新：南京运河数字文旅消费的实践模式探索

（一）智慧协同模式：数字文旅平台整合输出运河文化产品

近年来，“智慧文旅”理念逐渐显现，智慧文旅以文化为内涵，以观光为载体，以技术为驱动，融合通信与信息资源，分析与发掘文化旅游资源，并最终将智慧文旅产品渗透到用户出行服务全场景。南京各类智慧文旅产品呈现方式包括应用产品（如移动 App、小程序和网站）、服务产品（如线上线下展示和个性化景区服务）和衍生产品（如文创产品），为线上线下参观提供了多元运河文化数字体验①。

1. 牵头大运河博物馆联盟，提升文化资源的数字转化效率

大运河文化带南京段文化保护、传承和利用进一步增强了南京都市圈“承东启西”的核心作用，推动了沿线地区的统筹发展、和谐发展与绿色发展。2021 年 11 月，由大运河沿线 32 家博物馆共同签署成立的“大运河博物馆联盟”在南京正式启动。大运河博物馆联盟由南京博物院与中国大运河博物馆联合发起，旨在通过理念创新、信息互通、资源互换、机制互联等方式突破地缘阻隔，用展览、文创、教育和数字化体验等方式推动运河沿线文物的合理开发利用，发掘、创新文物“活起来”的合作路径，建设若干大运河国家文化园区核心展示馆和特色展示点，以提升大运河的国际影响力。联盟依托扬州中国大运河博物馆开展了一系列线上线下一体化的数字化展览、文化教育、在线讲堂及体验式游戏等活动，游客可以通过扬州中国大运河博物馆的微信公众号进行线上参观预约、浏览数字版展馆介绍，通过 VR 等数字化体验方式对“因运而生——大运河街肆印象棏”“大运河中国的世界文化遗产”“运河上的舟楫”“大运河非物质文化遗产”等常设展览进行三维空间探索；“线上研学”模块开设了“运河 52 课”“运河 C+Steam 课程”“运河思政”“运河安全课”

① 朱蓓琳：《“数字人文+”智慧文旅应用产品的功能展望》，《图书情报工作》2021 年第 24 期。

等一系列集知识性、思想性和趣味性于一身的线上课程，并结合多条线下研学路线，为青少年打造出全方位的运河研学体验。

2. 联合数字化云平台，增补线下运河游览体验

南京通过云旅游、云展览、云直播等促使“无预约无出行”更加普及化，带动线上线下文旅产品覆盖范围扩大、渗透率提高。2020 年“国家博物馆日”期间，抖音平台联合南京博物院等多家博物馆推出了“在家云游博物馆”复合型、沉浸式艺术体验活动，“实景直播+科普讲座+文物解密+互动卖货”的模式，使线上用户通过讲解员生动有趣的叙述理解文物鲜活的过去及器物的玄机；用户也可通过语音、图文，甚至 AR、VR 等虚拟技术来了解文物的历史渊源及其文创设计理念并直播购物等，这在一定程度上属于运河文博、游戏、教育等多领域、多要素的全面融合。未来虚拟技术将会进一步深耕运河文旅产业链，构建线上线下虚拟景点、虚拟数字人和虚拟导游导览演播厅等，为文旅企业提供全新发展路径。

3. 打造运河非遗旅游专线，发展农文旅一体化智慧旅游

在乡村振兴、特色村落等战略全面实施的大背景下，南京近几年积极推进各类“涉农+非遗”运河旅游项目建设，打造具有地域特色的旅游线路，促进当地文旅经济的发展。2022 年“文化和自然遗产日”期间，南京推出 6 条运河非遗旅游专线，覆盖南京 6 个涉农区及 10 个区县。与往常不同的是，这些乡村充分搭配了特色农产品和代表性非遗项目，比如栖霞的金箔锻制技艺、高淳的羽毛扇制作技艺、溧水的玉带糕制作技艺、浦口的星甸清真（烤鸭、五香牛肉）制作技艺、六合的农民画等，消费者直接通过“南京文旅”推出的“预约南京”—“乡村旅游直通车”等平台在线预约。这些活动已成功举办过多次，并在全国范围内形成了具有一定影响力的乡村运河非遗直通车品牌。

（二）“沉浸式”场景模式：构建多维运河数字消费体验

2021 年，《“十四五”文化产业发展规划》对沉浸式体验与城市综合体、公共空间、旅游景区的融合正式提出要求，这代表沉浸式体验已成为我国大力扶持的一种新兴业态及行业。南京正致力于与数字化技术所产生的红利相结合，研发更加凸显运河城市文化与生活美学的沉浸式、体验式文旅新消费场景与新品牌，从而吸引更多新的消费群体。

1. 运河人文景观、实景表演与数字技术融合升级

在以往的运河人文景观中，实景表演与游客通常是“观演分离”的主客体泾渭分明的角色。以沉浸式文旅为驱动，伴随着多媒体技术、LED 高清大屏幕、旋转三棱柱、摇臂、吊篮等装备、技术的升级换代，加之虚拟现实（VR）、增强现实（AR）、混合现实（MR）、三维实景、人工智能（AI）等新兴虚拟技术层出不穷，运河旅游景点将固态景观转变为活态景观，将传统舞台实景转换为场景舞台表演，旅游者可以全身心投入对文化、审美及象征意味等的深层体验之中，达到沉浸式体验的目的。① 南京对运河人文景观进行了技术化升级，通过投影、模型等技术将 AR 全息数字沙盘与传统沙盘结合起来，实现了视频展示、三维数字沙盘、幻影成像等多种交互式体验。游客可以通过互动设备进入虚拟场景；运河景区通过史料图文、语音故事、视频讲解及 VR 场景导览等形式向游客介绍景区相关信息，游客可通过手机或平板电脑等移动终端实时播放。同时，为了增强节目的趣味性和互动性，景区借助社交平台与游客进行互动，从而达到更好的宣传效果。

2. 沉浸式手游融入运河文旅消费空间

沉浸式手游是运河流域文化传播的新媒介，它通过对运河城市传统文化元素的聚合、浓缩和改造，建构成虚实结合的特殊叙事空间，让玩家在感受游戏场景和情节流变的同时，深切感受到大运河之于城市历史、现在与未来的文化与精神影响。由南京大报恩寺景区与椰岛游戏合作制作的《江南百景图》手游就是一款“能在游戏中实现建造古镇体验”的爆款模拟经营游戏。在经过考古专家核实的珍贵历史资料的虚拟化场景中，玩家可以操作体验真实的搭建琉璃塔的全过程。游戏从上线以来，数日荣登苹果应用下载免费榜榜首，同时，景区也将手游中的人物、音乐、场景等热门元素以网友热门打卡点的形式融入景区的实体场景中，吸引了大批包括游戏玩家的年轻人前来打卡互动，真正实现了线上线下联动的沉浸式体验模式。

（三）运河内容 IP 再生产模式：吸引多元消费人群

南京文化旅游行业充分运用最新的科技手段和传播方式，开展了许多积极

① 钟晟、代晴：《文旅融合背景下旅游演艺沉浸体验的演化趋势》，《文化软实力研究》2021 年第 5 期。

有益的探索，让每一个运河流域鲜活的历史人物、民间故事、非遗技艺都有机会成为一个 IP，让传统文化真正活起来、火起来，同时也激活了消费市场，吸引了更多元的消费人群。

1. 传统运河 IP 结合国潮理念契合现代消费逻辑

南京作为我国重要的文旅产业聚集地之一，其物质与非物质文化遗产的留存与运河流域的文化内核息息相关，也逐渐成为潮流品牌溢价的重要来源。“人类非遗”南京云锦历史悠久，但随着时代的变迁与竞争加剧，传统云锦品牌如“吉祥”已逐渐被人们遗忘。为响应商务部提出的打造“中华老字号”战略，南京云锦研究所有限公司（以下简称“南京云锦研究所”）于 2017 年发布了其云锦奢侈品牌——“元先”，率先在电商平台天猫上开了“元先”旗舰店，凭借“云锦+科技”的国潮理念与更多品牌合作，设计推出了极具跨界特色的现代生活类高端产品，覆盖各个年龄层的消费者。此外，南京云锦研究所还与热门换装手游联动，吸引年轻群体。在游戏中，玩家选择南京云锦研究所设计的汉服进行变装的同时，也能够了解到云锦背后悠久的历史与丰富的文化内涵。同时，线下的南京云锦博物馆也以云锦 IP 的二次元形象设计、数字化教育产品开发、智能引导机器人、VR 织锦体验等数字化形式，共同实现了南京运河文化资源——云锦的数字化创造性转化与创新性发展。

2. 运河“数字+”IP 进军元宇宙凸显“二次元”属性

当前，数字藏品与数字虚拟人已呈现出数字文旅产业“元宇宙弄潮儿”的“二次元”性质。数字藏品基于区块链技术，具备永久存储性、唯一性、稀缺性和可确权等特点，同时也能够满足当代消费者对文化内涵的需求，数字资产的管理可通过区块链来实现。2022 年 4 月 27 日，南京第一批数字非遗藏品“雨花石风景系列”在阿里拍卖数字非遗板块正式上线交易，以动画和三维数字技术为主要表现形式，通过数字化技术创新实现对大运河非物质文化遗产的活化利用与传播推广。[①] 2022 年 7 月 1 日，艺元科技携手智慧科技打造了“十二生肖”系列数字藏品，以传承和弘扬南京剪纸文化为使命（图 1）。[②] 在运河数字文旅产业中，数字藏品还应发挥自身文化内核优势，发展出“圈地

① 李子俊：《首批数字非遗藏品“雨花石风景系列”售罄》，《南京日报》2022 年 5 月 9 日，第 A04 版。

② 《艺元科技携手全线智慧发布非遗红色文化数字产品》，新华报业网，2022 年 6 月 28 日，http：//www. xhby. net/fc/dcyx/202206/t20220628_-7598968. shtml，访问日期：2022 年 8 月 15 日。

自萌”式的社交性、生命力、故事性与落地性等。

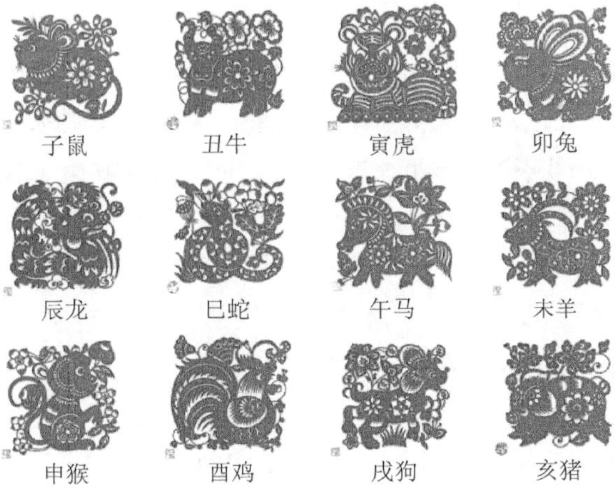

图 1 “十二生肖”南京剪纸非遗数字藏品

伴随着 5G、元宇宙、Web3.0 和人工智能等技术开发和应用步伐的加快，数字娱乐等数字经济新兴业态迅速兴起，数字虚拟人商业化应用领域不断扩大，如虚拟主播、虚拟偶像等，其形象在产品设计上具有更强的可塑性。当年轻用户开始逐渐占据消费市场主导地位时，虚拟偶像这一备受年轻用户青睐的 IP 便成为一种新型流量载体，这加速了一个崭新“元宇宙”的到来。由南京硅基智能科技股份有限公司研发的具有 AI 感知能力的数字人驱动算法已经被成功运用到复刻人物的设计中，通过“南京+文化+AI”模式，将虚拟人引入运河数字文旅领域的多个落地场景当中。南京大屠杀罹难同胞纪念馆里“复制”出张纯如数字人的形象，请“她”陪伴游客一起游览并讲述那一段段值得纪念的金陵历史；“莫愁女”、虚拟偶像“爱夏”等数字偶像的诞生，为南京运河文化产业在线化、数字化和智能化带来新视角。数字化虚拟人的发展潜力巨大，为未来的数字运河文旅行业发展和推广服务搭建了一个良好的市场环境。

（四）营销互动模式：拓展运河消费渠道和社交场景

随着“数字在线文旅”时代的到来，以及移动互联网与社交媒体平台的快速发展，越来越多的企业通过建立在线文旅空间销售自己的产品或服务，从而丰富了线上的内容与营销渠道，促进了线上的运河文旅消费。随着大数据、人工智能技术与短视频、直播等新兴渠道的应用，在线文旅营销成为一种新型业态形态，逐渐构建线上与线下联动的运河文化消费与社交新空间。①

1. “线上+线下”拓宽交易售后渠道

“十三五”时期，南京市政府为使文化消费与日常生活相融合，推出了多项激励政策，南京文化建设取得了丰硕成果，全市的文明水平不断提升，人们的精神和文化需要不断得到满足，文化事业的发展也取得了较好的成绩。2017年年初，南京投入1500万元设立专项资金，政府利用平台公共智能化服务进行实时大数据统计分析，筛选出政府补贴的口碑剧目，扶持演出市场发展。通过微信公众号或者手机小程序“南京文化生活指南（文客）”等方式，消费者参加展会、戏剧演出等公益活动，文博场馆购票和文博游学研学报名，近期全部列入政府补贴项目中预约购票，均可获得直接补贴及积分补贴。这样的“南京模式”带来南京全市文化演出剧目票房每年30%以上的增长，不仅仅引导越来越多的消费者走进剧场，更带来文化市场的繁荣。文旅消费季与热门旅游垂直App合作推出的消费券②等也极大地提高了数字化购票和付费的便捷性，增加了渠道的多元性，为市民提供了更加便捷的出行选择、更大范围内的消费场景，以及更优质高效的服务体验。同时，“南京特色文旅商品实体店无理由退货联盟”搭建的无理由退货服务队伍等，实现了消费者与联盟商家的直接交流，完善了异地退换货等流程③，也完善了运河城市文旅特色商品产业售后服务，改善了南京市放心消费的文旅市场环境，切实提升了消费者的安全感、获得感和幸福感。

2. “家国记忆”与“潮玩历史”主题策划与话题引导

每座城市都有自己最独特、最有代表性的历史文化遗存，那么如何将承载着家国记忆的历史文化载体与当代鲜活的感受相结合呢？上榜2021大运河沿线“水韵江苏·网红打卡地”的“南京城墙中华门”，就通过有效的主题策划和话题引导来进行线上营销互动，以展示运河旅游目的地的形象定位和历史文化软实力。在“南京城墙夜色潮玩节”“潮玩明城墙，点亮夜金陵”“台城夜游”“2020中国南京国际儿童时装周”“一砖之见·学习城砖知识”等一系列活动期间，活动志愿者通过官方抖音和微博公众号等不间断发布有关明城墙的

① 于秋阳：《在线文旅新空间的消费特征与建构机制》，《旅游学刊》2021年第7期。

② 徐昇：《文旅夜消费点亮极美南京新“夜”态》，《扬子晚报》2022年6月2日，第A09版。

③ 徐昇：《南京特色文旅商品无理由退货服务再升级“线下+线上”同步发力》，新浪网财经头条，2021年12月7日，https：//cj. sina. com. cn/articles/view/1653603955/628ffe730200/7×20，访问日期：2022年6月13日。

故事，通过在线抽奖、#话题、小知识分享、春节征集对联等方式，对市民、游客进行南京明城墙相关知识的普及，调动线上用户的兴趣。如今，在虚拟现实设备的加持之下，明城墙数字化体验方式比传统的“到此一游”现场旅游模式更方便、更具趣味性和游戏性，这些都可以成为社交平台上进行运河文旅网红景点主题策划和话题引导的重点切入口。①

3. 运河IP再生产催生新消费场景，强化口碑传播效应

新消费人群的不断扩大催生了运河文旅新消费渠道和新场景，国漫、国风、国创、国乐、国艺等大批中国文化数字内容IP为互联网时代微平台、传统电商、短视频、IP产业、网络直播带货和众筹等的强交互性和“产消者”角色互置的信息流动模式所驱使，消费者的IP再生产功能显得更为重要。越来越多的数字用户参与到国潮IP的文创产品设计、构思、创作当中，并自发形成对于文创IP的情绪传染与口碑传播效应，重振线上线下联动产生的二次甚至多次消费。比如南京数字化文创产品《南京明城墙》动画宣传片，以南京城墙的“兴—衰—重建—现在的盛世”为创作思路，取午门、神策门、仪凤门等城门作为动画场景，动静结合，体现了南京城墙浓厚的历史价值，用互联网思维推动数字化文旅产品的线上营销影响力。② 又如在朋友圈刷屏的“牛首山雪糕”，以佛顶宫、佛顶塔、莲花等为造型并分为三种口味，吃完后雪糕棒还会变成一根“专属盲签”。这样，游客在加深对旅游景点记忆的同时，容易产生极强的个性化旅游体验，从而形成口碑传播效应。

四、不足与对策：南京运河数字文旅消费建设的提升路径

（一）存在的不足

1. 政策制定：顶层设计与具体落实不平衡，运河数字产权政策有待完善

第一，尽管南京市从国家、地区、行业、市场的不同层面，就完善和改进数字文旅行业发展专项规划、数字创意消费激励行动计划、数字创意人才培育激励，以及数字创意金融支持的顶层设计与战略布局，推出了多项政策措施并做了大量工作，但是仍然存在一些问题，例如新基建与区域发展不协调、帮扶

① 管晨蓉：《“微”平台下南京明城墙历史与文化的文旅融合实践创新探究》，《当代旅游》2021年第18期。
② 李雪：《浅析历史名人元素在文创产品中的再创作——以南京城墙为例》，《文物鉴定与鉴赏》2022年第6期。

政策落实难、政府引导资金投入力度不够、社会资本参与程度低、缺少相应的法律保障机制、市场交易机制不健全，以及缺乏对运河数字文旅企业的风险投资机制等。第二，运河 IP 产权保护意识尚薄弱，全产业链版权运作机制亟待完善。目前，全国数字文旅产业普遍存在知识产权侵权多发、举证难、周期长、成本高、赔偿低等难题。如何提升知识产权保护社会满意度水平，加大知识产权侵权行为的惩戒力度；如何通过全产业链数字化手段对商业秘密、数据和技术等进行有效保护，以保证运河数字文旅企业的知识产权保护环境，引导全社会提升知识产权意识，完善文旅 IP 的知识产权保障体系及版权运作机制，也是亟待解决的问题。第三，目前政府对于南京运河文旅产业层出不穷的新媒体呈现形态及其突发事件所可能产生的舆论危机对应能力不足，对通过互联网舆论所产生的危及城市形象乃至更大区域形象的行为进行惩治的网络综合治理体系不够完善，对运河数字文旅所产生的多样化新媒体形态的监管方面缺乏相关的措施，对消费者权益进行保护的体系不够健全。

2. 场景建构：科技赋能尚不成熟，对运河遗产的数字化呈现力度不够

首先，从数字技术基础建设角度来看，基础领域的研发和支持投入才刚刚起步。热门数字技术在运河文旅产业中如何实现科技赋能，以及深度的创意开发与整合仍有巨大发展空间。其次，对南京运河遗产（包括物质与非物质文化遗产）的数字化场景呈现力度不够，传承手段单一，数字化、市场化运营水平较低。对于运河数字文旅消费新场景的新兴消费者的场景体验偏好把握不足；对于运河数字文旅消费的建构思维模式还习惯性地从运河文旅场景建设主体的角度出发，较少地从消费者的体验角度入手；对于运河数字文旅消费者的海量数据足迹还没有更精细化地深入分析，导致很多运河遗产的沉浸式体验项目供需不平衡，数字化场景体验的满意度不高。

3. 内容 IP 再生产：追求流量与浅层效应，缺乏运河创意扩散的业态整合

第一，运河数字文旅产品和服务虽然有很好的发展势头，但仍存在创意优质内容匮乏、内容同质化、表达形式模式化和审美格调快餐化，以及单纯追求数据流量值、忽略文化内容质感与深层次情感共鸣、文化格局狭窄、缺乏世界眼光等问题，这些都不利于运河数字文旅消费的层次提升。以运河历史人物形象为基础开发的数字化文创产品为例，其就存在大量雷同化、浅层化现象，往往以流量和吸引眼球为目的，对历史人物解读不准确，甚至有悖历史，缺乏反

思和建构，没有真正将人物背后蕴含的深刻文化内涵挖掘出来。第二，从运河IP扩散的业态复合化呈现角度来看，推动人才、资金、信息等高效流动的机制仍不够完善，技术、场景、数据等层面仍应进一步升级。如何在运河文旅IP创意价值传播过程中实现各业态协同转换思路，如何强化生产者与消费者之间的交互性、共享性、多元化、产融化及生态化，这些已成为当前亟待解决和发展的问题。

4. 互动运营：智慧平台建设不均衡，营销不足与过度营销并存

第一，数字文旅消费者需求呈现个性化、专业化的趋势，圈层化特点明显。目前，南京在细化运河数字文旅消费者市场方面还比较薄弱，与多业态平台融合做出垂直化、多场景的运河数字文旅的实践还有待加强。第二，就目前来看，依托国家或市政府构建的平台如“南京文旅消费智能服务平台”等发挥了较好的公共服务智能和沟通交流功能，但很多小型的、乡村的、不成规模的景区在运河智慧旅游建设方面还存在较大落差。比如我们在考察远离市中心的高淳慢城旅游景区时发现，除了公共配套设施不完善和环境污染严重外，还存在动态景区触摸导航电子屏等数字化设备未被启用，景区官方微博功能单一，不能实时发布相关的新闻、活动和动态，景区内饭店以“农家乐”形式为主，扫码点单、滴滴打车等服务不够便捷等问题。这些都将影响南京运河乡村文化旅游的发展和消费者的数字化旅游体验。① 第三，利用数字泛娱乐平台的营销不足或过度营销。一方面，在过度的自媒体营销下，消费者容易被拟态环境中呈现出的景区“光晕”蒙蔽双眼，陷入“跟风”或“尝鲜”的美好想象当中。当现实与想象出现较大偏差时，消费者的消费体验、忠诚度及重游率会受到极大影响，更有可能在互联网平台上出现负面的口碑效应。另一方面，数字化营销经验不足也是一大问题。比如在南京博物院直播中，很多主播只能正常的讲解，不能适应直播的快节奏和语言的幽默化，不能及时调整信息密集度和互动方向，等等，显示出直播团队的“力不从心”；在运河乡村旅游中，景区农产品大多采用特产专卖店或摆摊形式销售，一些特产专卖店出现无人经营或关门状况，少数年轻经营者采用微店、淘宝店等方式售卖，但通过抖音短视频或小红书等数字化社交平台直播售卖或短视频传播售卖的比较少且效果不尽如人意，

① 史婷婷、雒娅汝、王怡菲，等：《“互联网+”背景下乡村农文旅融合模式发展现状及优化探究——基于对“南京高淳国际慢城旅游度假区”的调查》，《农村经济与科技》2021 年第 5 期。

没有形成一定的口碑效应。如何把握好数字营销的度，如何对旅游目的地进行客观而理性的认知引导，都是南京运河数字文旅营销中需要注意的问题。

（二）建议与对策

在新时代背景情境下，数字经济显然已经成为最具发展活力的领域，驱动经济社会发展转型升级，而运河文旅产业数字内容和创意经济的发展无疑是其中最有影响力的重要组成部分。为了解决南京运河数字文旅消费建设中的问题，促进运河文旅创意内容提质扩容，需要以促进运河文化数字消费为导向构建政策体系，以数字技术为触点重构运河沉浸体验场景，以内容 IP 扩散为逻辑重塑运河数字产业生态，以数字平台协同为逻辑创新运河文旅商业运营，从而来实现经济效益和社会文化层面的双重提升。

1. 以促进运河文化数字消费为导向构建政策体系

第一，明确发展目标和重点领域，以新基建为引领，坚持规划先行，完善、保障文化、技术、金融、人才等要素流动的政策体系，为数字文旅主体提供数字技术创新、文化 IP 生产制作、知识产权管理、风险控制等专业化创意创业支持服务。明确政府和企业边界，整合多方资源共同实现数字转型计划战略目标，在战略编制和实施过程中强调发挥多方合力，汇聚创意资源，形成多方共同参与制定政策的有效机制。第二，强化产权保护，健全知识产权保障体系。加大对专利、著作权、数字技术、数据和商业信息等知识产权侵权行为的惩戒力度，促使知识产权保护和知识内容付费观念深入人心。第三，保障数字消费安全，优化网络综合治理体系。对文旅新媒体网站论坛、短视频、网络直播、微信公众账号、微博、小程序等交易机制、网络舆论等互联网信息服务活动予以规范，促进互联网消费者权益保护体系逐步完善。

2. 以数字技术为触点重构运河沉浸体验场景

第一，要依托数字技术，准确把握数字文旅消费特征。相关政府部门和企事业单位需更精细化过滤与处理消费者行为数据，更精准地定位其需求特征，深入分析消费者的文化品位、旅游喜好、审美偏好等，充分描绘内容可视化信息图谱，以数字技术创新协调供需双方的适配度，提升服务效率和质量。第二，加大对基础领域数字技术研发的支持力度，鼓励开展技术攻关、改造，支持数字文旅企业组织工艺联合攻关，进行技术创新。用数字技术对旅游及其衍射行业如制造业、数字内容产业等进行科技赋能，使其更具有文化内涵和附加价值。将更多实体经济、生活场景与数字流量入口（滴滴打车、饿了么外卖、淘宝购物、抖音直播等）、人工智能、虚拟现实、全息投影、区块链、视频音频技术等对接，能够进一步推动生产生活智能化水平的提升，沉浸式消费体验将会成为文旅消费升级的潜在驱动力。

3. 以内容IP扩散为逻辑重塑运河数字产业生态

第一，创新高品质创意内容，重塑创意价值创造逻辑。面对目前创意内容同质化、缺乏文化内容质感和深层次情感共鸣等问题，要注意结合消费者的文化品位和审美特征，不应该仅仅从“网红”效应、流量数据的角度进行数字文旅内容创作，而是需要结合文化IP的本质特征，挖掘创意源的文化价值内涵，融合数字技术的创新表达，兼顾消费情感体验与审美诉求。第二，推动多元业态整合，重塑创意价值实现模式。加强创意协同、技术升级与场景转化，整合数字文旅产业链上下游企业，完善共享经济下的共赢模式，拓展多元化的内容平台渠道，追求全域文旅服务的商业模式创新，以促进数字创意消费的全面升级。第三，注重文旅知识产权人才的培养。鼓励本土劳动力和民间技能回流，着力培养创新型、科技型数字文旅综合人才，深化政府、高校、企业的通力合作，加强旅游人才培养基地的建设，支持旅游人才定向培养。

4. 以数字平台协同为逻辑创新运河文旅商业运营

第一，实现个性化垂直平台深耕。运河数字文旅企业应该结合自身技术、创意、组织等优势对垂直市场进行深耕，运营模式应由泛化全面布局转为深度下沉聚焦，如针对社交平台、动漫番剧平台、游戏直播、网络阅读、在线教育等某领域做大做强，与运河数字文旅细分市场群体深度匹配和链接，利用社群运营模式、私域流量变现等方式实现收益升级。第二，健全公共服务平台建设。加强政府与企业之间的合作关系，以市场为导向，整合各类资源，建立和健全多元化运河数字文旅投资主体并存的投融资体系，共同参与运河公共网络文化服务体系建设项目；收集运河景区内各个项目的运营管理数据，并运用“互联网+大数据”等技术手段对旅游者进行准确分析，以有助于管理部门直观地掌握运河景区内实时、准确的运营管理数据，从而制定更为合理的管理策略。第三，形成基于数字化泛娱乐平台的理性营销范式。从运河IP创意源的概念开发，到IP影视、动漫、游戏、音乐等衍生品全产业链运营，再到平台分销传播及资本运作，展开泛娱乐全产业链布局、垂直本土化运营与社会化营销联动，共同实现运河数字文旅 IP 自身价值最大化。但在这一过程中，一定要注意建立符合游客期望的运河文旅品牌，形成良性体验的动态循环，要充分考虑到地方生态、社会、文化等各方面的承载能力，最大限度地保障旅游消费者的权益，促进运河数字文旅产业的良性发展，推动社区居民的利益共享。

结　语

近年来，南京作为国家文化消费首批试点城市之一，在运河数字文旅消费建设方面形成了很多值得借鉴的政策规划与经验教训，让更多旅游者通过线上线下融合的方式与大运河建立起深厚的情感联系，进而产生深层的运河文化体验和情感共鸣。从总体发展生态来看，国家对大运河文化带与大运河国家文化公园发展战略的顶层设计、整体文化消费升级、数字技术支撑，以及消费者特征变化都给南京运河数字文旅消费提供了优越的发展基础。为进一步适应宏观政策与市场环境的变化，南京在挖掘文化内涵、激发转型活力、科技赋能品质等实施框架下进行了智慧协同、“沉浸式”场景、内容 IP 再生产及商业运营等创新消费的实践模式探索。当然，在政策制定层面，南京依然存在顶层设计与具体落实不平衡、运河数字产权政策有待完善等问题；在场景建构层面，运河文旅科技赋能尚不成熟，对细分消费者的数字场景偏好把握不足；在内容 IP 再生产层面，缺乏运河创意扩散的业态整合，过分追求流量与浅层效应；在数字平台协同的商业运营层面，存在数字化智慧平台建设不均衡，营销不足与过度营销并存等现象。本文在总结南京运河数字文旅消费模式建设实践经验教训的同时，也从以促进运河文化数字消费为导向构建政策体系、以数字技术为触点重构运河沉浸体验场景、以内容 IP 创意扩散为逻辑重塑运河数字产业生态、以数字平台协同为逻辑创新运河文旅商业运营 4 个层面提出了解决对策与发展路径。未来，我们期望在南京的示范与辐射作用下，其他地区都能够充分发挥自身文化资源和技术优势，在积极建设大运河文化带和国家文化公园的整体框架下，吸引经验教训，努力拉动运河数字文旅消费的整体水平，形成整体性消费增长的连锁聚合效应。

撰稿人　邓天白、王丹园
单　位　扬州大学新闻与传媒学院、中国大运河研究院运河文化品牌传播研究中心

大运河文化带文旅融合建设无锡实践

大运河世界文化遗产无锡段起于惠山区玉祁五牧，经城区南流，至西南沙墩港出境，斜贯无锡市区全境，全长40.14千米。大运河无锡段主干道通航里程39.3千米，北控长江，西倚太湖，是江南运河的主干道和核心区。大运河曾是无锡经济的命脉，推动无锡从明清时期到近现代发展成为全国经济最为繁荣的地区之一。大运河是厚积无锡数千年文化的彩带，众多有形、无形的文化皆因运河商贸、文化交流而形成、发展，伴随人们的生活延续至今。大运河无锡段以其历史悠久、遗存众多的特色，成为京杭大运河精华荟萃之地。深入挖掘和丰富大运河无锡段文化内涵，有利于保护、传承、利用其宝贵遗产，高质量推进大运河国家文化公园无锡建设保护区建设，凸显大运河无锡段特色优势，擦亮“江南水弄堂·运河绝版地”名片，传承江南文脉，增强文化自信，推动“强富美高”新无锡高质量发展。2022年6月，无锡市发布《世界级运河文化遗产（无锡段）旅游廊道建设实施方案》，勾勒出大运河建设“无锡金名片”的具体样貌：京杭大运河无锡段将着力打造黄金水带、生活秀带、城市绿带、人文纽带、产业示范带；到2025年，以建设无锡市大运河文化带和国家文化公园为统领，全面推进世界级运河文化遗产（无锡段）旅游廊道建设，使运河文化价值得到深入挖掘、阐释、弘扬，使运河特色文旅业态产品供给更加丰富，让运河之水真正滋润无锡百姓生活。本文根据无锡市先后出台的《无锡市大运河文化保护传承利用实施规划》、《大运河（无锡段）遗产保护规划》（2010—2030）、《无锡市古运河风光带沿线城市设计》和《世界级运河文化遗产（无锡段）旅游廊道建设实施方案》等相关内容，探讨无锡市推动大运河文化带文旅融合的建设实践。

一、建设基础

（一）运河历史底蕴深厚

3200年前，泰伯奔吴，率民众兴修水利，开凿伯渎，后人称之为“泰伯渎”（或“太伯渎”）今称伯渎河。2500年前，吴王夫差开通了古江南运河（史称“古吴故水道”）。西汉初年，无锡先民在“运河西、梁溪东”兴建无锡城。2200年前，无锡先民依古运河、梁溪河兴建无锡城。1100多年前，因城池扩建，古运河演变为穿城而过，后演变为抱城而绕，形成了“千里运河·独此一环”的奇景。100多年前，近代民族工商业在无锡运河两岸兴起，业勤纱厂拉开了无锡民族工商业发展的序幕，无锡因此成为中国近代民族工商业的发祥地。大运河塑造了无锡老城的“龟背形”空间格局，以及运河两岸寺、塔、河、街、桥、窑、宅、坊有机结合的江南民居建筑风格，线性呈现农耕文明向现代工业文明转型的全景式风貌，承载了吴文化、江南文化、工商文化等文化的深厚底蕴。

（二）运河文化遗存丰富

大运河无锡段两岸遍布历史文化建筑、古遗址、名人故居等文化遗产。其中，运河无锡城区段被列入世界遗产河道，清名桥历史文化街区被列为大运河世界遗产点。运河无锡城区段沿线共有国保单位34处，省保单位74处，市保单位359处，分布以清名桥、惠山古镇为代表的历史文化街区、历史文化名镇，以仙蠡墩、彭祖墩为代表的古文化遗址，以茂新面粉厂旧址为代表的各级文物保护单位，其中跨塘桥至清名桥1.5千米长的古运河段在2006年被全国政协“大运河保护与申遗考察团”认定为“最具原生态风貌的古运河文化绝版之地”。此外，大运河无锡段还孕育出了以惠山泥人、锡剧、精微绣、留青竹刻为代表的各类非物质文化遗产。

（三）运河航道功能健全

古往今来，大运河无锡段在航运、防洪、排涝、景观等功能上持续发挥作用，连通长江与太湖，历史上商贾云集、船乘不绝，是漕运、商旅、物资调配的重要通道，由此助推无锡发展出历史上著名的“四大码头”（米码头、丝码头、布码头、钱码头），无锡也成为全国“四大米市”中唯一的大运河沿线米市。大运河无锡段是长三角高等级航道网和江苏省干线航道网规划的关键航道，千吨级船舶畅通无阻，在综合运输体系中发挥着不可替代的重要作用。

（四）配套政策逐项推进

作为大运河江苏段的重要标识性城市，无锡历来高度重视保护、传承和利用大运河沿线优秀传统文化资源的相关工作，多维度地展示大运河文化带非遗文化的活力，创新非遗产业消费场景，推动文化和旅游市场加快复苏。结合“十四五”规划，无锡出台了《无锡市大运河文化保护传承利用实施规划》；结合国土空间规划修编，完善了《大运河（无锡段）遗产保护规划》（2010—2030）和《无锡市古运河风光带沿线城市设计》，发布了《世界级运河文化遗产（无锡段）旅游廊道建设实施方案》等。通过扎实推进各项规划，无锡文化资源被不断挖掘，文化遗产保护范围不断扩大，运河沿线文化资源得到有效整合。无锡在江苏省内率先全面建立“河长制”体系，积极整治航道、提升航道等级，持续改善运河水质。通过划定环境控制区和开凿新运河，无锡实现了保护古运河沿岸文化遗产、焕新运河风貌与提升运河通航能力、发挥黄金水道功能的有机统一。

二、建设的定位和目标

（一）建设定位

建设传古扬今的文化带。充分把握大运河无锡段文化遗产的历史价值和空间肌理，充分挖掘吴文化、江南文化、工商文化等文化内涵，使之成为无锡显著的文化标识。整合运河沿线文化资源，构建运河文化多元展示平台，力争打造“江南运河文化展示传播示范区”，使大运河无锡段成为中国大运河遗产保护最周密、保存最完整、元素最丰富、文化最鲜活的区域之一。

建设绿色宜居的生态带。贯彻新发展理念，严守生态底线，加强环境综合整治和生态空间管控，建设运河沿线绿色走廊，打造传承乡土记忆的特色田园乡村和承载水乡风貌的美丽城镇，建设绿色宜居的运河城市和水清岸绿的文化公园。提升运河水质，发展绿色航运，增强运河活力，展现黄金水道的绿色魅力。加强运河水体与长江、太湖、城市河道的关联，共同构筑无锡河湖水网的绿色发展新格局。

建设享誉中外的旅游带。优化文化旅游资源基础设施和要素配置，打造全域旅游示范区和运河重要旅游目的地，培育一批体现文化特色、弘扬文化价值的精品文旅路线和核心文旅品牌，讲好无锡运河故事，让“江南水弄堂·运河绝版地”蜚声中外。集聚大运河无锡段沿线关键资源要素，积极发展特色文旅产业，推动“文化+”“创意”“智慧+”文旅深度融合发展，全链条展示大运河无锡段人文生态优势。

（二）阶段性目标

到 2025 年，大运河无锡段保护传承利用格局全面形成，核心点、段建设全面推进，大运河国家文化公园无锡建设保护区建成并运营；文化遗产资源全面保护，分级分类展示体系初步形成；生态保护格局全面形成，核心监控区内主要污染源和违法建设项目彻底整治，劣Ⅴ类水体全部消除，沿线水清岸绿风貌初步形成；水系综合利用水平进一步提高，输水灌溉、防洪排涝、高等级航运等多种功能更加完善，绿色宜居的生态空间初步形成；文化旅游基础设施条件有效提升，文化旅游与相关产业深度融合，运河精品旅游线路建设完成。

到 2035 年，传古扬今的文化带、绿色宜居的生态带、享誉中外的旅游带全面建成；大运河文化价值得到深入挖掘，现代化展示体系全面建成；生态网络全面形成，美丽运河与绿色家园和谐共生；文化旅游品牌魅力彰显，新产业新业态融合发展；文化价值、生态价值、社会价值、经济价值高度统一。

到 2050 年，文化遗产焕发新的生机活力，生态环境和谐统一，文旅品牌蜚声中外；无锡运河文化全景展现、运河资源全民共享、运河故事广为传颂、运河精神有力弘扬，无锡建成闻名海内外的江南运河名城。

三、空间布局

依托资源优势，运河南北两端差异化发展，系统化推进魅力河道的联动建设。北端惠山区加快江南运河文化公园建设，深入挖掘大运河水文化、阳山桃文化、村前与礼社历史文化、钱桥舜文化、西漳船文化、前洲国学文化、洛社运河文化等资源，打造运河北端“门户”。南端则发挥大运河毗邻太湖湾科创带的优势，沟通大运河、望虞河、太湖湾，串联运河沿岸高新园区、科创带、生态廊，做足滨水文章。同时，加快大运河科技生态公园建设，突出科技与生态相融合的运河主题，衔接沿太湖湿地、贡湖湾湿地，打造运河南段苏锡“门户”。

区域划分。大运河文化带无锡段划分为核心区和拓展区两个区域。核心区主要指大运河主河道及重要支流流经的市（县）区，包括典型河道段落和重要遗产点，是孕育形成大运河文化的主要空间，也是大运河文化带的关键区域，包括梁溪区、惠山区、滨湖区、新吴区和无锡经济开发区；拓展区主要指大运河文化向外逐步拓展与沿线地域文化融合的交汇地带，包括江阴市、宜兴市、锡山区在内的无锡全市域范围。

空间布局。紧扣无锡市域文化特征、资源禀赋和发展趋势，构建“一核彰显、一脉引领，三水通江达湖”的大运河无锡段市域空间布局。即以大运河国家文化公园无锡建设保护区为核心，以大运河及沿岸区域为主轴，包含伯渎港、锡澄运河、环太湖区域等重要支流及其沿线区域，联结无锡、江阴、宜兴三个历史文化名城，集中体现无锡运河抱城而流、支流密集的特征。

“一核”即大运河国家文化公园无锡建设保护区。保护区是集中展现大运河文化内涵、实施公园化管理运营，集保护传承利用、文化教育、公共服务、旅游观光、休闲娱乐、科学研究功能于一体的核心区域，具体包括 2 个核心展示园、3 个集中展示带和 15 个特色展示点。

“一脉”即京杭大运河文化发展脉络（包括梁溪河）。京杭大运河（包括梁溪河）是引领市域大运河文化带建设的主体，依托运河两岸的文化遗产、水域和岸线资源形成大运河文化精华脉络。

“三水”即伯渎港、锡澄运河、环太湖三条人文线路。伯渎港吴文化线路依托伯渎港这一无锡重要的水工遗产，串联清名桥古运河历史文化街区、荡口历史文化名镇、西仓和大坊桥古村、泰伯庙和泰伯墓等，着重体现无锡作为吴文化发源地的璀璨光辉。锡澄运河工商文化线路是指依托锡澄运河，串联江阴历史城区、北大街历史文化街区、忠义街历史文化街区等，形成运河文化带向北发展的文化路线，着重凸显锡澄地区的工商文化特色和无锡水域的治理历程。环太湖山水人文线路依托环太湖自然山水特色，串联无锡至宜兴太湖沿线的宜兴历史文化名城、丁蜀历史城区、月城街历史文化街区、周铁历史文化名镇、荣巷历史文化街区、阖闾城遗址等，形成运河文化带向西发展的文化路线，体现无锡优美的自然山水和悠久的历史人文。

三、主要举措

根据已出台的系列政策和规划，无锡将按照世界文化遗产保护管理标准，真实、完整保护文化遗产资源，明确了“保护好生生不息的运河水体、独具特色的空间格局、水乡人家的生活风貌，保护好与运河相伴相生的辉煌历史、与运河密切相关的文化遗存”的行动路径。加强大遗址保护和利用，推动运河非遗融入现代生活，生动展现世界级非遗品牌，统筹推进运河沿线具有代表性的文物遗迹、古镇古村、工商业遗存、名人故居的开发，呈现功能复合的运河遗产文化展示与体验空间。

（一）坚持规划引领

无锡市加强系统谋划、做好科学规划，以统筹保护好、传承好、利用好大运河文化为主线，带动沿线经济、社会、生态等各领域建设，先后推出《无锡市大运河文化保护传承利用实施规划》《世界级运河文化遗产（无锡段）旅游廊道建设实施方案》等系列规划和方案，优化整体设计，科学规划布局大运河文化带建设，提出致力于打造文脉赓续的人文运河、水清岸绿的美丽运河、朝气蓬勃的活力运河。强化与相关规划的协同衔接，谋划一批标志性项目，积极与省级以上主管部门沟通对接，争取在省级以上规划中融入更多无锡元素、编排更多无锡项目。

（二）重视项目抓手

以项目为抓手，促进文旅融合的规划落地。如在大运河文化活化方面，推出惠山古镇联合申遗项目，启动“百宅百院”活化利用工程项目，谋划打造一批高品位、深内涵、年轻态、国际化的拳头产品，构建“两园三带十五点”国家文化公园展示体系，建设美术馆、文化艺术中心、交响音乐厅等重点项目。以大运河世界文化遗产为基础，集成运河沿线街市繁华景象、市民生活习俗等优质旅游资源，积极推进文旅、健康、体育协同，打造一批运河主题文旅融合区，培育文旅消费新业态新产品新模式，发展健身休闲产业和体育活动赛事，打造一批精品文旅线路品牌，如运河绝版地主题游、工商业发祥地主题游、太湖山水文化游、运河名镇名村游、运河吴韵文化游、名人文化游、禅佛文化游、夜色运河游和主题公园游等项目。

（三）赓续历史文脉

一是挖掘大运河无锡段的丰厚文化内涵。如利用以先秦时期吴越遗迹、清名桥历史文化街区为代表的旧址遗存，以及以惠山古镇与寄畅园为代表的古镇园林等，重塑儒雅精致的江南水乡文化；依托以杨氏集团、周氏集团、荣氏集团、薛氏集团、唐蔡集团、唐程集团等六大民族资本集团为代表的民族工商业历史文化资源，再现实业兴国的工商文化；依托太湖流域以塘浦圩田、河沟畦田为代表的治水文化、农耕文化和渔业文化，传承流淌伴生的民俗文化；依托泰伯庙、泰伯墓、东林书院、无锡国学专门学院等历史遗存，阐释尚德重礼、兼容并蓄的吴文化特质，丰富新时代无锡文化内涵。挖掘一批红色革命文化资源，建立健全爱国主义教育基地联盟，传承红色文化基因，弘扬追求国家统一、民族兴盛的家国情怀，激发广大群众的爱国热情。

二是激活大运河无锡段文化遗产传承活力。如立足文化传承与公益教育，以大运河国家文化公园无锡建设保护区建设为统领，依托现有清名桥历史文化街区、惠山古镇、运河公园等景观资源及无锡博物院等场馆资源，统筹规划、合理布局，分级分类建设大运河文化博物馆或展览馆，探索建设大运河文化主题场馆，形成富有无锡文化特色的大运河文化综合展示体系。运用现代科技手段多维度展示大运河文化，积极探索线上展览和虚拟平台辅助策展技术应用，利用虚拟现实、全息投影等科技手段，推动历史文化遗迹与非物质文化遗产的活态展示。

三是强化大运河无锡段的社会教育引导。提炼大运河时代精神内涵，通过教育引导、舆论宣传、文化熏陶、实践养成、制度保障等途径将其融入人民生产生活，涵养社会主义核心价值观。积极开展研学实践教育，推动大运河文化元素进社区、进校园、进企业，鼓励有条件的学校结合区域文化特色开展大运河主题教育。编撰符合中小学生特点、富有无锡地方特色的大运河主题读物。依托传统节日、文化和自然遗产日、江南文脉论坛及吴文化惠民月等活动，开展非物质文化遗产主题展示与普及活动。鼓励利用博物馆、图书馆、文化馆站、非物质文化遗产（展示）馆等公共文化服务设施，持续、有序地开展非物质文化遗产的活态展示、普及教育及研学传承活动。加大非遗宣传展示力度，推进非遗融入无锡百姓生活，鼓励社会各界参与运河文化推广和服务活动。

四是弘扬大运河无锡段文化时代价值。如加强文脉整理研究，挖掘和弘扬大运河千年文化的当代价值和时代特色。开展文化挖掘、内容搜集、故事整理等工作，举办理论研讨活动，推出一批具有广泛影响的研究成果。策划推出运河文化系列丛书，提升大运河书香氛围，推进全民阅读。实施运河主题文艺精品创作工程，依托以锡剧、评弹、滑稽戏为代表的地方曲艺，以及影视剧、舞剧、歌剧、话剧、小说、诗歌、书法、绘画、雕塑等多种表现形式，创作一批反映无锡运河沿线居民生活风貌的文艺作品，推出一批反映无锡运河文化传统的文艺活动，依规举办运河文化艺术节、运河主题音乐会、戏曲会演、工艺美术展、文化博览会等系列文化活动，打造无锡运河文化艺术品牌。依托无锡国家数字电影产业园推出运河主题影视作品。加大对运河商贸、历史名人、传统技艺、民间戏曲等的阐释力度，深入挖掘优秀传统文化，突出商贸、农耕、饮食、曲艺等主题，依托书籍出版、展览展示、旅游解说、网络游戏等，讲好无锡运河故事。拓展文化宣传途径和方式，深化全社会对大运河文化的认知，切实增强文化自信。发挥运河文化教育联盟作用，开展运河文化教育系列活动。加强大运河文化国际交流，组织开展以运河保护与开发为主题的国际研讨和对外交流合作，扩大无锡运河文化的国际影响力。

（四）强化生态保护

根据“文旅融合”的原则导向，无锡市逐步完善“两园三带十五点”布局，推进环城古运河环境文化提升工程，沿大运河建设直湖港湿地公园、江南运河文化公园、雅西社区公园、北尖公园、双河尖公园、运河公园、惠山古镇三期、运河湾、梁溪河口公园、太湖广场、南尖公园、大运河科技生态公园等新“运河十二景”，打造一批独具运河韵味和多元体验的生态、文化、科创景观。

无锡市开展“美丽河湖”行动，将绿色发展理念融入大运河规划、建设、管理全过程。截至 2022 年 6 月，无锡市梁溪区国省考断面 100%达到Ⅲ类水标准，内塘河、伯渎河等 17 条河道完成岸线靓丽工程，滨水空间的景观性、体验感持续提升。2022 年，无锡市实施推进了潘步桥河、杨湾河等 6 条河道的水质提升工程，高品质建设大运河沿线的步道、跑道、自行车道，打造水清、岸绿、景美的大运河水系。

惠山区完成了大运河绿化段低效用地腾退、六龙段码头整治等重点项目，自2022年开始推进惠山、青龙山、阳山、西高山的“显山透绿”工程，通过实施岸坡覆绿、硬质护岸改造、滨水空间重构，美化滨水岸线，拓展绿地空间。新吴区启动了京杭大运河整治工程，专项整治入河排污；实施总投资15亿元的伯渎河生态环境治理工程，2022年高标准完成了一期工程西区段建设，高起点启动二期江溪段建设，着力打造新一代滨河生活方式的文化休闲水岸。

（五）推进文旅融合

结合全域旅游，激活文化创意资源，大力发展影视、文化旅游、创意设计、数字文化、文化娱乐、文化高端制造等重点文化产业，推进文旅融合新业态，培育文旅融合新优势，将无锡打造成为“中国大运河的江南文化客厅”。

一是构筑运河全景旅游新格局。通过精心设计大运河文化旅游精品线路，打造精品文旅线路。加大宣传推介力度，提升无锡运河影响力。完善旅游基础设施建设，提升现代文旅服务水平。广泛运用现代信息技术，发展智慧旅游体系。

二是培育产业融合发展新业态。通过丰富“文旅+农业”“文旅+工业”“文旅+体育”“文旅+康养”“文旅+教育”“文旅+商业”等业态，推进传统产业转型升级，实现文旅融合新业态的培育。

三是构筑文旅产业发展新优势。发展影视传媒、数字创意、文化演艺、数字文化、文化高端装备等新业态，打造文商旅深度融合“全产业链”。开发建设数字运河，拓展和增强游客畅游古运河的数字场景体验。

四是做强文化产业重点品牌。提升文化产业园区集聚发展水平，培育文创小镇、文创楼宇、众创空间等新兴载体，形成多层次的文化产业发展体系。优化文化产业布局，做大做强文化产业园区，形成布局合理、特色鲜明、优势互补的文化产业发展新格局。推动无锡文博会、无锡市文化创意设计大赛、太湖影视文化产业投资峰会等活动提档升级，建成国际知名、国内一流的优势品牌。

（六）完善制度机制

一是建立工作协调机制，即构建以无锡市大运河文化带建设工作领导小组作为组织、领导各市（县）区和无锡经济开发区作为责任主体的工作模式，扎实推进各项工作任务落实。

二是建立信息共享机制，即建设大运河无锡段大数据平台，同时推动有关行业管理系统、平台逐步实现互联互通，推动跨部门跨层级信息共享，形成共同推进大运河文化保护传承利用的工作合力。

三是建立交流合作机制，即加强国际运河城市间的交流互鉴，加强与国内运河城市间的互联互通，发挥运河文化教育联盟的纽带作用，积极开展大运河文化保护传承利用的宣传推广，鼓励媒体开辟大运河文化带建设的专题专栏，利用新媒体开展主题鲜明、形式多样的宣传报道等，联合开展大运河无锡段的宣传推广。

四是建立督查评估机制，即从体制机制建设、项目推进等方面强化责任意识，健全监督检查工作机制，完善统计监测制度，严格执行法律法规，强化执法力量建设等，推进大运河无锡段建设的督查评估。

撰稿人　王艳红
单　位　扬州大学马克思主义学院

苏州市大运河文化带文旅融合建设路径

一、大运河苏州段文旅融合建设的背景

（一）建设意义

2019年，为使中国形象能以更昂扬的姿态屹立于世界之林，国务院出台了《大运河文化保护传承利用规划纲要》，将大运河作为中华民族的重要文化品牌进行打造，彰显了重建大运河文化带的重要性。大运河苏州段堪称熠熠生辉的吴地明珠，作为京杭大运河的重要的一环，自古以来就在农田水利、水运物流、生态环境诸多方面做出不小的贡献。如今将目光聚焦于如何复苏这个古老的文化旅游品牌，不仅仅是为了避免文化遗产的消亡，更是希冀其能发挥更大的潜在能量，促进苏州市的飞跃成长。

1. 助跑长江经济带的加速发展

大运河苏州段衔接了长江三角洲附近诸多商富之地，水流运输源源不断，是目前运流条件最好、货流量最大的三级绿色航运示范带，其每天通过的船只多达6000艘，货流密度高达1.3亿吨每年。如此得天独厚的航运资源带来的是沿线区域的协同发展，商业圈得以逐步建立、巩固、扩大。繁荣的市场进一步吸引着高端人才，精英的扎根让这片土地不再满足于基层制造——开始尝试走创新之路，摆脱陈旧的商业模式，产业不断转型升级，从第一、第二产业渐渐过渡至第三产业，为全国高新区的长足发展起到了示范带头作用，由区带动带，由带带动域，由域辐射至全国。

2. 助力苏州城河路网的合理规划

大运河苏州段由浒墅关起，往东南至枫桥镇，沿护城河南下至盘门，经宝带桥往嘉兴，全长80多千米，沟通了望虞河、吴淞江、太浦河等多个河道，串联了太湖、阳澄湖、独墅湖等多个湖泊田塘，构成了苏州市周圈协而

不同的完整水域体系。自古城河共生，一座城市的发展想要得到长远的助推，陆路、水路都必须建设完善。苏州本就水域众多，依水而生的古城古镇也是多如繁星，本着自身已拥有的巨大优势，苏州更应合理利用充足的水资源的便利条件助推城市的成长，高质量构建“水陆双棋盘”的格局，充分发扬苏州小桥流水人家的水韵风貌，从而打造一套至善至美的城河路网体系。

3. 助兴吴区文化的国际化进程

苏州古来就有“上有天堂，下有苏杭”的美誉，水乡水镇、古典园林、名寺古刹、人文博物场所不计其数，大运河苏州段作为其中不可忽略的水利工程，是苏州众多的文化资源之一。以大运河苏州段为轴，串联起周边的特色文化资源，以文化为向心力聚集起苏州的物质、非物质文化遗产精神，从而最终融创出一个以“苏州”为名的城市品牌、国家品牌，让吴区文化能走出国门、走向世界，可以说大运河苏州段提供了一个文化交流的平台。

（二）建设基础

响应中央号召，江苏省大力倡导把运河建设成“文化带”“生态带”“旅游带”，苏州市政府制定了许多相关政策，积极部署了详细的发展计划。截至2022年，这些治理任务都取得了一定的阶段成果，在原有文旅遗产和后天整治结果的基础上，大运河苏州段文旅融合建设拥有着极为丰富的资源库后盾和独一无二的特色优势。

1. 城河共生，水乡水城

苏州各地各部门联手治理运河沿线的相关产业，被历史烟尘埋没的大运河已然在苏州市上上下下的协作努力中复苏，成为一条苏州市民眼中的“幸福河”“致富河”。

2019年，《长三角生态绿色一体化发展示范区总体方案》发布，运浦湾沿岸河道开始清理、重建。在多级部门的协同治理下，2019—2021年整整三年时间里，太浦河的整治项目已完成80%的进度，238家沿岸住户房屋治理完成，26.91万平方米的建筑物被清理，包含67.28万平方米的平整地块，遣散了207只住家船，取而代之的是干净整洁的绿化带、规划合理的河岸公园、精致小巧的制作工坊，以及环保高质量产业链的运营模式。

土壤肥沃的运河畔望亭镇抓住农家乐兴起的契机，大力拥抱新兴农业运营模式，开创了与众不同的农产品品牌。通过合理规划土地种植品类、栽培绿化带改善生态环境，开放果园、种植地，开辟集休憩卧房、聊天茶室、安静书房为一体的农舍、民宿，创新运营模式，把旅游、文化、休闲、农作融为一体，望亭镇形成了独树一帜的旅游产业。

2. 百园百馆，东方韵美

运河哺育的苏州“假山假水城中园，真山真水园中城”，市井之间都氤氲着诗情画意。大运河穿城而过，一步一景，水陆双行，形成“醉后不知天在水，满船清梦压星河”的奇景。

热闹的城市中心坐落着沧浪亭、狮子林、拙政园、留园、网师园、怡园等多处园林，古人的智慧凝练在草木深处、洞石之间，每处都是小型的山水之境，亭台楼阁，错落别致，禅房花木，曲径通幽，依稀可以忆起文人雅士的墨香徜徉，久久不能忘怀能工巧匠的鬼斧神工。如今苏州致力于将线下美景通过VR 技术、网络直播、纪录摄影等多种方式搭建线上全方位观赏的云平台。疫情期间无法出门？三维技术一比一还原的数字园林等你探索发现。关心园林绿化问题的后续解决措施？网络慢直播以全透明、公开化的展现方式期待你的监督。想透过时光流逝感受老苏州情怀？纪录片将从科学、人文的角度带你走进岁月里的苏式记忆。

沿着河道可以游走穿行岸边的各种古街道，山塘街、望亭老街、平江路、横塘驿站、吴江古纤道，热闹的店铺，如织的游人。夜晚，华灯初上，漫步于此，感受古街今景的交融，扑面而来的烟火气息，波光粼粼处自有清泉叮咚作响。

除却沿岸的城中美景，烟雨迷蒙的江南山水之间还坐落着无数的湖泊山丘、庙堂寺宇：阳澄湖、太湖、独墅湖、金鸡湖，东山、西山、穹窿山，云岩寺、慈云寺、耕乐堂……如今，开阔的山水格局引入了“数字经济”这一新引擎，比如太湖度假区合力打造了太湖科技产业园、太湖湾总部经济园、太湖湾数字科技园“三大科技平台”，尝试建立完备的科技生态圈。

3. 人文底蕴，精神风雅

大运河苏州段沿岸的非物质文化资源丰富，吴语作为吴越地界的语言活化石，细长绵软、情意绵绵的腔调一语三转，娓娓而来。苏州评弹是吴音为基础的评话和弹词的合称，整体以幽默逗趣为主线，混合以琵琶、越戏的音乐性，让听众在感受江南特有的小调的同时，体验民俗风情。如今苏州对这些非物质文化遗产越来越重视，小至开设吴语课堂、评弹培训班，大至将它们作为优秀的民族文化通过电影、纪录片等影音作品这一载体向世界传播。苏州的吴越文化经过历史沉淀，已然形成独特的地理文明，这里自古崇文重教，名人雅迹多如牛毛，古有“状元之乡”、今有“院士之城”的称号，人文气息馥郁浓厚，既有古代人文大师如白居易、范仲淹、唐寅、顾炎武等，也是许多现当代自然、人文学者大家的故乡如贝聿铭、叶圣陶、费孝通等。在如此具有书卷气的氛围中，苏州开设了不少具有现代气息的文化馆廊，旨在使古今文艺气息相互交融，形成高标准的国际化大都市。

2021 年，江苏省推出《江苏省“十四五”文化和旅游发展规划》《江苏省“十四五”文物事业发展规划》，其中的任务之一就是打造“水+文化”的特色文旅空间。苏州响应号召，近年来不间断地搭建大运河交流平台，文旅产融合合作论坛、文旅博览会、法治文化长廊、文化采风活动等项目应运而生，开展得如火如荼。

二、大运河苏州段文旅融合建设的定位、布局和目标

（一）战略定位

2022 年，江苏省大运河文化带建设工作领导小组制定了《世界级运河文化遗产旅游廊道建设实施方案》，进一步表明了把大运河建设为“水韵江苏”的标准品牌的决心。苏州在该文件的指导下，进一步切实加强了当下大运河苏州段的建设，以“把苏州段建设成大运河文化带中‘最精彩的一段’，建设成世界运河文化中‘最璀璨的明珠’”为战略总目标，将大运河苏州段沿岸分别按照“文化长廊”“生态长廊”“旅游长廊”三种定位进行规划。

1. 打造独一无二的文化长廊，诉说吴越底色的江南故事

合理利用苏州多样化的文化资源，以保护物质性文化遗产、抢救非物质性文化遗产、传承文化精神为主线，系统、深入地探究大运河苏州段沿岸的文化特色，充分挖掘吴地文化的韵味并尽最大可能展示其魅力，抓紧建设大运河国

家文化公园（苏州段），将其打造成展示运河精神的重要窗口，书写苏州深层次的文化内涵。

2. 打造水路双行的生态长廊，践行绿水青山就是金山银山

生态文明的建设，要从大运河苏州段的水资源治理做起，本着“复兴水文化”的战略目标，清理河面，净化水源，划分水域，形成系统的水系空间，能亲水用水观赏水。沿岸则秉持建设“生态航线、生态岸线、生态步行线”等多线合一的格局，推动大运河苏州段沿线的生态发展，从而和水系治理形成“水陆双行，蓝绿交织”的未来总蓝图，打造城河共生、水乡水韵的东方水城，使其走出国门，走向世界。

3. 打造文旅融合的旅游长廊，舞动千年运河的魅力风姿

大运河苏州段的旅游长廊建设，以“千年运河”为品牌，串联沿线的物质文化遗产、非物质文化遗产，融入姑苏的文化内涵，展现苏州新时代的风貌、江南古水乡的风情，规划别具一格的运河旅游路线，促进特色化、精致化、国际化的文旅融合建设，将“水韵江南”的招牌擦亮，将“大美江苏”的口号喊响，将“千年运河”的品牌做强。

（二）总体布局

以“云带串珠”的构想进行布局，以河为线，城镇为珠，以线串珠，珠在线中，构成大运河苏州段文旅建设的线路图，形成“一核一轴、双区五段、十湖十镇、百园百馆”的总格局。以古城区为核心，以大运河为轴，苏州分为两个城区——东方水城区和江南水乡区，按照文旅建设的要求划分为产旅交融文旅生态段（望亭五七桥—寒山桥）、古今辉映文旅生态段（含护城河、山塘河、上塘河和胥江）、都市休闲文旅生态段（寒山桥—东进路）、产城融合文旅生态段（东进路—八圻大桥），以及水乡古镇文旅生态段（八圻大桥以南），串联沿线十大湖泊（太湖、阳澄湖、虎丘湿地公园、金鸡湖、独墅湖、澄湖、石湖、同里湖、汾湖、莺脰湖等）和沿岸十大城镇（望亭镇、浒墅关镇、木渎镇、角直镇、同里镇、黎里镇、平望镇、盛泽镇、震泽镇、桃源镇等），最后利用星罗棋布的文化园和博物馆展现大运河苏州段的文化精神（图 1）。

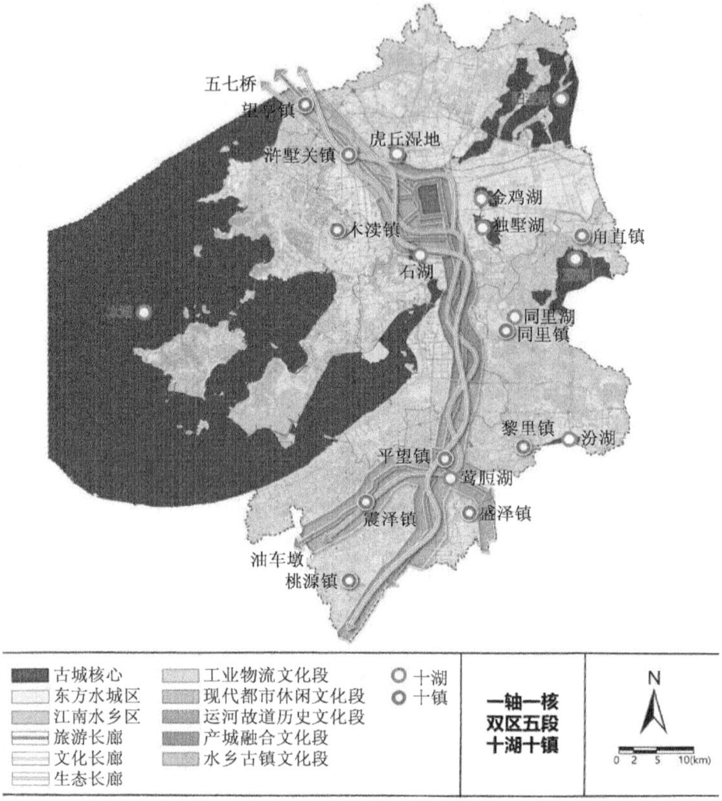

图 1　大运河苏州段文化空间布局规划图

注 图片来源：《苏州市大运河文化保护传承利用实施规划》

（三）主要目标

2019 年到 2025 年，大运河苏州段沿线重要节点的专项整治和拆迁任务基本完成，恢复沿线的绿色河道，绿色现代航运示范区基本建成，大运河沿线的文化遗产保护利用格局完善，大运河国家文化公园建设完成。2026 年到 2035 年，文化长廊、生态长廊、旅游长廊全面建成，文化产业发展至国家级别，竞争力达到国家一流水准，大运河苏州段的品牌享誉国内外，沿线绿化水平进一步优化，努力构建现代化集装箱智慧码头，加快部署、优化物流中心的功能建设，促进产业化升级，优化服务质量，争取建成区域性货物集散示范区。2036 年至 2050 年，将大运河苏州段变成集农田水利、水运物流、生态环境、文化旅游等功效于一体的“世界顶级的遗产水岸、国际时尚的文创水岸、诗韵江南的文旅水岸、蓝绿交织的生态水岸、水陆并行的黄金水岸”，使其成为新时代中国特色文化遗产中的标杆，使东方水都的名号响彻中外。

三、大运河苏州段文旅融合建设的路径

按照把苏州段建设成为大运河文化带中“最精彩的一段”，建设成为世界运河文化中“最璀璨的明珠”的总体定位，系统构建精致文化长廊、精美生态长廊、精彩旅游长廊，推进大运河国家文化公园（苏州段）建设，通过文化内涵的焕新之路、文化长廊的建设之路、水乡水韵的活化之路、文旅融合的创新之路和组织建设的协同之路五类建设路径，加快实现“运河明珠新天堂”的战略目标。

（一）文化内涵的焕新之路

文化内涵扎根于形态各异的各类文化遗产，想要大运河苏州段的文化内涵表达出新时代特色，必须多层次、多角度地保护这些资源，才可以从焕然一新的资源中提取新的时代内涵。

1. 保护物质文化遗产

对于物质文化遗产而言，要做的就是加强保护力度，稳固好文化内涵扎根的土壤。

第一，在妥善安置好遗产真迹的同时，对其整体进行文物完好度评估，记录、完善相应的数据和指标后，召开关于如何保护相关文物的研讨会，邀请研究古文物的考古专家、地质专家等对其修缮给出指导意见，在还原文物原汁原味的古典美的同时，根据需要对其损坏部分尽可能地仿古重修。

第二，尽可能形成文旅聚落。沿线遗迹按类型大致划分为三类：以河道、码头、古驿站、古桥湾为主的水文化类遗产；以古楼、古寺庙、古园林为主的建筑类遗迹；以形成规模的古巷建筑群为主的古城、古镇遗迹。进一步规划三套设计方案，对水文化为主的遗产资源，水上方面可辅以现代化的水利工程技术，在防洪防涝的同时，疏通河道中的淤泥洪沙；岸上方面则需大力清理废弃物排放工厂，遣散大部分船户人家，尽量拆除遮挡河岸风景的沿线的建筑群，清理完善后修建水边公园、人工跑道，以及具有周边城镇特色的工业区或者绿

色加工区。对古建筑为主的遗迹，重要的是如何使其与周边的现代化都市背景合理相融而不突兀。需要在建筑周围规划完整的景区范围，形成能够让人由闹至静的环境氛围，构建由周边至中心的观赏区体系，让游客步步游近风味江南，寸寸感知魅力苏州。对于古城、古镇遗迹而言，最重要的就是着重解决这些景点给周围邻家带来的生活问题，比如交通出行的不便、喇叭噪音的吵闹、夜晚灯光的影响等，这些既需要政府部门发布相应的管理条例，也需要周遭乡亲从人文角度，真心欢迎游客朋友的到来，相互包容谅解。

第三，对于日常的文物维修和实时监测，相关部门要做到责任在肩、责任在心。可以利用“互联网+”的策略，创新化表达，使枯燥的过程充满趣味。比如利用线上直播的方式来一场治愈人心的慢直播，“游客”在监督常态化修缮的同时，可以体味文物资源随着时代变化的成长，聆听其历史回响，感受匠人匠心。

2. 传承非物质文化遗产

对于非物质文化遗产而言，需要做的是良性循环地传承，给文化内涵以充足养分。

首先，拓展即将消失的古老手艺的生存空间。新时代信息的爆炸式发展，让人们对新兴事物应接不暇，许多旧事物被遗忘，需要加大对古老的非物质文化遗产的宣传力度和推广力度，让其能走出小众范围，走向大众视野。建立完备的非遗保护数据库，充分运用数字技术强化对濒危非物质文化遗产项目的抢救性保护，设立非遗文献资料库、音像视频库、道具物品库等。

其次，赋予非物质文化遗产新时代新文化内涵，让其通过各种创新方式走出古板的条条框框。比如对于农耕文化，可以不再拘泥于默默付出的固有化耕种模式，而是开辟新型经营方式，通过农家乐、新桃源等多种乡村文化形式吸引快节奏的都市旅人来此感受独特的运河农家生活。再比如苏绣等手工业技艺，可以运用到现代的服饰、艺术品中，通过古艺今造的方式，创造性地让其继续发光发热。

最后，寻找技艺传承人。建立非遗传承人的资助制度，助其传承的技艺有足够的生存空间；对于濒危的非物质文化遗产，要抓紧打造运河文化工作室，通过开设小型的非遗培训课堂，吸引众多对非遗技艺感兴趣的朋友前往学习、实践，从中挑选有天赋的学员深入学习古老技艺，实施“以师带徒”的策略，避免后继无人的遗憾。同时，在救援非遗项目的基础上，对接职业技术学院，学院开设相关课程，助力非遗的发扬光大。

3. 利用文化精神

创新文化内涵的重中之重是利用文化资源传承下来的文化精神，这需要建立在大力推进运河文化研究、文化宣传、文化创作的基础之上。

文化研究需要加大和各研究所、高校的合作，长期举办运河文化的研讨会、座谈会，定期开展运河文化论坛，交流各方心得；文化宣传必须依赖各大平台，线下的教育、科普平台及线上的公共互联网服务平台都可以为大众提供讲述运河故事的机会。文化创作则必须秉持以运河为主题，展现吴区特色，刻画时代风貌。

在以上问题都相应解决的基础上，方可开始规划如何利用好运河的文化精神。其最大的难点就在于如何创新性地表达时代新声，这需要不断地总结并挖掘运河文明对人民精神风貌的影响。首先，要把握好运河崛起背后是国强民富的象征，在党中央的指导下，人民的自信心、自豪感、幸福感得到极高的提升，应利用好运河品牌展现新时代的中国风貌、江苏风貌、苏州风貌。其次，沿岸的文化各有千秋、百花齐放，这正是中国文化特有的包容性的表现，要利用好这一和谐共生、海纳百川的格局，为中国不断向他国学习优点从而奋立于世界之林提供精神源泉。最后，运河以水为媒，上善若水，水利万物而不争，应利用好这份大国担当的气概。

（二）文化长廊的建设之路

1. 全方位拓展文化产业链

运河沿线的文化必须清晰、合理、创新化地展现给旅客，要建设一条具有影响力的文化长廊，必须全面延伸文化产业链，这可以从两方面入手。

第一，以运河为核心 IP，发展“文化+创新”的产业结构。将运河对大众的影响力这一抽象性的概念具象化为有生命力的、有情感寄托的某一形象，以各类影视作品、小说典籍、有声书漫画集等为载体进行推广。比如运河十景中的“枫桥夜泊”便是由古诗意境营造而来，它挖掘了“水上”“岸上”双路线：“水上”以“江枫”为背景，以“钟声”为媒介，以“客船”为载体，建设具有极强体验性的“船上民宿”；“岸上”完善现代化的休闲度假区，规划好图书馆、茶楼、美术馆等。以此为例，对运河沿岸进一步开发，可以挖掘更多的“打卡胜地”。将运河 IP 转化为巨大的文创生产力，联合各大设计品牌、设计师进行周边开发。每逢佳节，推出众多以姑苏运河为主题的文创产品进行参展销售，紧抓“Z 世代”的消费心理，拉动新型经济的快速发展，挖掘姑苏老手艺中的文化价值，对文化技艺、文化产品和商业模式进行创新。打造一批具有一定实力的网络知名产品和品牌，优先对老字号品牌进行保护抢救，带动整体产业做大做强。

第二，运用最新的科学技术，打造数字经济、数字产业（表 1）。以拥抱创新型技术为基础，如人工智能、AR、VR、AI 等技术，建设大运河苏州段沿线旅游的基础设施和文化宣传平台，加紧建设以运河文化为主题的博物馆集成区，运用现代化的技术，将物质化的运河遗产和非物质化的苏州遗产相结合，开启一场又一场的运河数字线上游，从不同的文艺角度发掘运河之美、苏州之美、江苏之美。加大福利政策投入，吸引高科技人才，形成良性循环的发展环境。完善文化体系建设，对于运河的长远发展，需要搭建一系列的文化产业基地进行各种理论的实践试验。此外，需要举办各类博览会，以及城市学术交流活动。

表 1　苏州市大运河数字平台建设工程

项目	内容
（一）大运河苏州段监测预警平台	1. 大运河苏州段遗产预防性保护平台 2. 大运河苏州段监测预警平台 3. 大运河苏州段监测预警指标分析
（二）大运河非遗数据库建设	陆续完善大运河相关非遗项目数据库内容建设，每年计划完成5个项目
（三）大运河史料数据库建设	基于《苏州大运河史》的研究，收集整理大运河苏州段相关史料素材，通过档案缩微拍摄与数字化作业，最大化保存大运河苏州段历史文献资料
注《苏州市大运河文化保护传承利用实施规划》	

2. 高水平建设国家文化公园

以《大运河国家文化公园（江苏段）建设保护规划》为纲要，以沿线的资源分布、生态环境、人口数量、土地状况为参考标准，可以将大运河文化公园划分出管控保护、主题展示、文旅融合、传统利用4类主体功能区。

文物保护单位及世界文化遗产共计18处被纳入大运河国家文化公园（苏州段）管控保护区，文物保护单位包括下津桥、上津桥、吴门桥、觅渡桥、三里桥、安民桥、安德桥、十里亭、觅渡桥水文观测站、云岩寺塔、横塘驿站和寒山寺，世界文化遗产包含江南运河苏州段、盘门、宝带桥、山塘街历史文化街区、平江历史文化街区及吴江古纤道。以保护文物为核心，定期定点巡检、修缮，努力打造遗产保护示范区。

将文化公园的主题展示区按照“三园、四带、三十六景”的格局分别进行针对化建设。平江、山塘和盘门3处核心展示园，彰显苏州水韵水乡的特色底蕴；环古城河、七里山塘、上塘河和宝带桥—吴江古纤道集中展示带，集中彰显了大运河苏州段沿岸的秀丽风光；与运河密切相关的许多物质文化遗产及非物质文化遗产组成的36个特色展示点，则从运河精神的层面展示了当代苏州天人合一的时代新声。

大运河国家文化公园（苏州段）的文旅融合区（表2）建立在主题展示区的基础上，进一步将沿岸文化和生态环境结合起来，规划出不同主题的文化旅游路线。

表2 大运河国家文化公园（苏州段）建设工程

项目	内容
（一）“水韵古城”国家文化公园项目	以古城为中心，集中打造平江核心展示园、山塘核心展示园、盘门核心展示园，环古城河集中展示带、七里山塘集中展示带、上塘河集中展示带，以及云岩寺塔、盘门、吴门桥、皇亭三碑、全晋会馆、觅渡桥及水文站、苏纶纱厂旧址、桃花坞等特色展示点
（二）江南水乡古镇国家文化公园项目	结合江南水乡古镇申遗，全面反映与运河相关的江南水乡古镇文化遗产和生态保护成果，同时进一步提升周庄、同里、角直、黎里、震泽、沙溪、锦溪等申遗古镇的环境风貌，加强对河湖、古桥、船埠、傍水民居的保护，传承独特的“塘浦圩田”地形系统，发展具有水乡特色的水文化、稻田文化、丝绸文化等文化景观，将自然生态资源与历史人文资源融于一体，实现自然、环境、文化、历史、建筑、景观的有机融合，打造大运河（苏州段）江南水乡文化旅游新亮点

续表

项目	内容
(三)宝带桥—澹台湖国家文化公园项目	以宝带桥文化遗产、澹台湖公园和吴文化博物馆为核心，打造参观游览和文化体验为主要内容的主题展示区，设置苏州名人雕塑群像。筹建国家方志馆江南分馆（苏州大运河文化带建设综合展示馆），计划设置江南人文展示区、临展区、史料贮藏区、苏州方志地情展示中心、文化休闲服务区等功能区；大运河文化带建设综合展示馆，呈现以苏州为核心的大运河文化、生态、旅游建设综合成就，建立大运河文化数据资源中心，建立可视化信息查询及监测预警系统；建立信息共享服务、公众服务系统；建立三维实景地理信息系统、虚拟现实互动可视化系统、多媒体融合系统
注《苏州市大运河文化保护传承利用实施规划》	

传统利用区包括山塘街历史文化街区、阊门历史文化街区、平江历史文化街区、木渎历史文化街区、角直历史文化街区、同里三桥历史文化街区、黎里历史文化街区和震泽历史文化街区，以保护传统生态为核心，在文旅融合建设中合理利用开发。

（三）水乡水韵的活化之路

水城的打造必须将水陆建设和陆路建设融为一体。

1. 复兴城河共生的水文化

城河共生的战略必须建立在系统性规划城河片区的基础上，因此必须将整条运河按照沿岸都市的发展状况进行分段化，大体可以将大运河看作一条轴线，将古城区看作该线路的核心，把轴线划分成两个城区：东方水城区和江南水乡区。

古城区因为地处古苏州中心，三步一景五步一林，物质文化遗产和非物质文化遗产众多，其规划重点在于如何最大化地合理利用地理空间将古城文化与运河文化结合起来，在加大核心区的运河文化建设力度的同时，进一步深化古城区本土文化在运河新载体中展现的新内涵。

东方水城区地处苏州市内，有着便捷的交通和高质量的绿化带。东方水城区由于陆路极为发达，可以构成水陆双星盘的格局，既要注重陆路的日常修缮，也要把水路的河道疏通常态化。沿岸的风景区能体现古城风情的建筑要适当保留，荒废的屋舍要进行重建，且要保留各城区的人文特色，使游客一路游玩的同时感受不同类型的人文情怀。对于高质量的绿化公园，可以联合“运河十景”构成大面积的休闲带，既保护生态，又为城区居民带来绿色心情。

江南水乡区位于苏州郊区。自古江南便是鱼米之乡，其地土壤肥沃，周遭的活水众多，因此，该地建设规模性的农家休闲区具有一定优势，休闲区再串成休闲带，协同发展，便可以构成具有国际竞争力的大型农场品牌。

2. 打造诗韵淡雅的古镇风貌

苏州的水乡古镇多种多样，要保护好水乡古镇的传统风貌，循环开发独具民俗风情的遗产资源，打造水乡古镇联盟体系。以高水准的保护措施对水乡古镇进行修缮，深入挖掘江南水乡古镇群在传统贸易、水网环境、建筑景观等方面的价值，重新划分区域，网格化管理，延展开发更多的相关产业，沟通江南水乡古镇之间的水系，以震泽镇和莺脰湖为重要节点，以大运河和江南水网湖链为纽带，发展水上休闲交通，串联周庄、角直、惠山、乌镇、西塘、朱家角镇等 30 多个沿线及支线古镇。以强带弱，以同一区域中最具旅游优势的古镇带动相邻地界的其他古镇，辐射性地拓展整个产业规模，形成大面积的“1+N”的江南水乡古镇联盟体系，系统打造“诗画江南、水乡古镇”吴文化高地，实现水乡地域空间景观一体化、水上休闲交通一体化及产购销特色农副产业一体化，培育各具特色的文化小镇集群。

（四）文旅融合的创新之路

文化旅游建设的重点在于因时而新、因地制宜。

1. 打造融合创新的“旅游+”项目

“运河旅游+产旅交融文化生态画廊”（望亭五七桥—寒山桥）。利用浒关蚕种场、吴县印刷厂、江南丝厂、红叶造纸厂等工业遗存，引进非物质文化遗产，通过非遗主题表演复原传统制作、演艺场景，创新一批以非遗为基础、具有鲜明地域特色的工业旅游产品。鼓励望亭物流园、高新区科技产业园、江苏苏钢集团工厂、望亭发电厂等产业园区及现代工厂开放生产车间，设立用户体验中心。

“运河旅游+古今辉映文化生态画廊”（含护城河、山塘河、上塘河和胥江）。依托平江历史文化街区，打造人文与自然相融、历史与现代交辉的苏式生活体验区；依托山塘街历史文化街区，打造与虎丘衔接、与大运河相融的苏式水街生活体验区；依托阊门历史文化街区，打造民国特色的民宿展示区。

“运河旅游+都市休闲文化生态画廊”（寒山桥—东进路）。发挥西靠上方山、南面石湖、东接苏州古城的区位优势，结合周边寒山寺、西园寺、灵岩寺等古寺资源，串联苏州市运河体育公园、生活艺术·法国公园、澹台湖公园等城市公共空间，发展“运河旅游+都市休闲文化生态”发展新业态。

“运河旅游+产城融合文化生态画廊”（东进路—八坼大桥）。以吴中工业区、吴江经济技术开发区为主导，围绕运河文化带建设，整体提升沿岸产业能级，形成具有智慧物流、文创、科研、IT 产业特征的景观风貌。

“运河旅游+水乡古镇文化生态画廊”（八坼大桥以南）。保护开发利用同里、震泽、黎里等水乡古镇历史遗产，整体谋划统筹布局塘浦圩田、桑基鱼塘系统，以推动农业提档升级为目标，突出发展科技型、功能型、生态型、服务型创意农业，培育一批以绿乐生态科技园、震泽新申农庄为代表的主题创意农园。

融合创新的大运河苏州段“旅游+”精品项目见表 3。

表 3　大运河（苏州段）文旅融合精品塑造工程

项目	内容
（一）渔家村文化旅游项目	项目位于石湖风景区内，占地面积 21.2625 万平方米，拟建总建筑面积约 12.2 万平方米（含博物馆），其中地上建筑面积约 7.2 万平方米、地下建筑面积约 5 万平方米。工程内容主要包括新建新郭老街、渔家水乡、考古博物馆、儒商新驿、艺术聚落五大功能片区
（二）盘门传统文化亲子主题文旅综合体项目	以“寓教于乐”为核心，打造传播中华传统文化的亲子文旅综合体，主要面向亲子家庭和研学游两大市场客群。内容包括实景演出、研学基地、非遗文创等
（三）苏州国际设计周项目	苏州国际设计周由苏州市政府主办，市委宣传部、市商务局、市文化广电和旅游局、市政府外事办公室、姑苏区人民政府联合承办。每年以不同的主题活动，在大运河沿线的桃花坞历史文化片区，通过举办展览、论坛及沙龙、设计活动等形式，多维度地展示并传播苏州独特的创新创意及城市文化；立体呈现苏州在城市复兴、产业升级、民生改善、文化传承等领域运用创新设计思维所取得的成效，以及苏州立足于长三角放眼世界的国际格局，向世界展示苏州城市新形象

续表

项目	内容
（四）大运河吴中段文旅产业项目	运河小镇总部产业园；横泾农旅特色田园乡村；古镇三期东市历史街区保护性改造项目
（五）昆曲《浮生六记》升级提升项目	在原有园林版昆曲《浮生六记》项目的基础上，进一步提档升级，继续优化浸入式节目内容，同时打造厅堂版昆曲《浮生六记》，大力展示姑苏运河人家的独特风情和苏式生活方式
（六）盘门综合提升工程	盘门城墙研究性保护、环古城河码头提升、新能源游船改造新建、环古城河与金鸡湖北线联动、苏州文旅花筑万年桥精品酒店项目（二期）
（七）蚕里街区建设项目和浒关大码头运河文化广场项目	对原浒关蚕种场 5 栋民国时期保留建筑进行修缮保护和新建 4 栋新建筑，通过发掘浒关运河文化、蚕桑文化和市井文化，打造具有浒关运河古镇特色的文旅特色街区
（八）陆慕老街改造工程	以修复老街，营造历史文化韵味为主旨，打造最具情趣与格调的精致慢生活之旅，营造传统水乡空间，与周边金砖博物馆等结合，共同打造陆慕文旅街区
（九）平望通运康养小镇建设	东起新运河、南至頔塘河，西抵大龙荡，北接太浦河，区域面积 10 平方千米，核心启动区面积约 3 平方千米。一期项目包括规划建设大龙荡生态体育公园、运河文体中心等
（十）桃源国际文旅度假区建设	依托沪苏杭城市群中心点的黄金区位、水乡森林的自然文化禀赋，与乌镇、南浔国际旅游景区协同发展，整合会展、康养、文旅、文化四大产业资源，打造 13 平方千米集田园风光、商务会奖、野奢度假、康养疗愈、国际艺术、亲子休闲、自然教育等于一体的国际生态文旅度假区
注《苏州市大运河文化保护传承利用实施规划》	

2. 合理构建因地制宜的交通体系

为使游人尽可能地对运河产生不舍感、意犹未尽感，诸多景点需功能齐全、风光宜人、设施完备，相关部门应对沿线生态深入翔实调研，做出系统规划，以美化环境为前提，以强化基础设施建设为基础，构建完备、便利的交通体系。可以根据沿河的不同地势形态制定不同的策略（表 4），沿岸的生态景点旁可以设置靠岸码头，供游人上岸观赏；为避免造成交通堵塞，可以借鉴观景台的建设拓展该段河路，增多泊船点，不影响其他船只的行驶。休闲度假区旁可以设立类似公交站台的游船站台，按照时间间隔设立不同站点的班船，实施上船售票制。此外，船头船尾可以开设售卖周边商品、休闲食品等的小补给站，为游人提供快捷便利的服务。

表4 大运河苏州段文化旅游重要线路规划

项目	内容
古今运河科技文化游	依托大运河世界遗产中的水工文化遗产，展现苏州段在全线独一无二的古今航运与水工科技成就。以大运河苏州段为主线，串联护城河、盘门、宝带桥、吴江运河古纤道、安民桥等古桥梁
漕运经济制度文化游	依托古代大运河漕运、盐运、织造和驿站管理机构及设施遗存，展现中国大运河世界独有的国家治理文化，突出苏州丰富的漕运文化，串联织造署旧址、关税务司署、横塘驿站、丰备义仓、浒墅关遗址。运河名城名镇名村游：以苏州古城为核心，串联大运河苏州段沿线角直、周庄、同里等18个历史文化名镇，以及明月湾村、陆巷村、杨湾村等5个历史文化明村，展现因运河而生、因运河而兴的苏州特色人居环境和历史文化遗存
运河故事特色主题游	依托大运河苏州段丰厚的历史文化遗产，设计特色专题游线路。康乾南巡线路游——以康熙、乾隆南巡路线串联旅游经典，讲述南巡历史故事和传闻逸事，展示大运河苏州段特色文化及其历史地位。诗画名人天堂游——以运河沿线园林建筑、名人故居、墓葬、祠庙等风景名胜为线索，讲述名人轶事、美食、曲艺、祭祀仪典、典籍著作、传说故事等，展示苏州重教尚文的诗礼文化和诗意栖居的人居文化。鱼米之乡体验游——以美丽乡村、特色村镇为主线，展示苏州丰富多彩的农耕文化、饮食文化、曲艺文化、民俗文化和手工技艺。重点打造平望和浒关运河小镇及盛泽丝绸小镇体验游
环古城河游	以古城环城河为核心，串联沿线文化遗产景点，打造护城河特色旅游路线。苏州水上旅游码头—枫桥景区—寒山寺—山塘街—虎丘—狮子林—拙政园—耦园—盘门—水上旅游码头。
姑苏繁华游	以姑苏古城生活文化为核心，串联沿线景区，展现特色民风民俗和节事活动，再现姑苏繁华景象。虎丘—山塘街—枫桥景区—寒山寺—木渎镇—灵岩山。江南水乡游：以水韵江南、天堂苏州为核心，串联苏州具有江南水乡特色的景点及古镇，打造江南特色旅游路线。苏州水上旅游码头—盘门景区—宝带桥—同里—周庄；虎丘景区—桃花坞—阊门—胥门—盘门—宝带桥—同里—周庄
注《苏州市大运河文化保护传承利用实施规划》	

3. 革旧创新因时而变的文旅战略

受疫情影响，旅游业发展缓慢，旅游业改革势在必行。应建立易接触、易下载、易使用的平台，如移动端 App、微信小程序、电脑端应用软件等；构建完善化、多功能的程序，进行产品前期测试，免费请游客进行体验，获取游客的游玩观感和改进意见，对程序做出进一步修改和更新。想要长远发展，可以建立完备的收费制度，总结高热度游戏和应用程序等的运营特质，找出共有规律，构建特色化、精致化的线上文旅平台。

（五）组织建设的协同之路

为贯彻党中央、国务院关于保护好、传承好、利用好大运河的重大决策，苏州市应努力响应党的号召，抓好大运河苏州段沿线重点项目的开发建设，埋头苦干，勇争先锋，乘风而起，打造一个属于中华民族的强大品牌。苏州市大运河文化带应通过建立统一管理平台，统筹沿线区域合作，形成多层次、多形式的沟通渠道。应推动各行业管理系统、平台互联互通，形成共同推进大运河文化保护传承利用的强大合力。应完善大运河苏州段综合督导执法协调机制，建立大运河苏州段旅游市场综合监管平台；旅游市场监管责任应落至实处，完善高效、快速的信息公开透明机制、违法行为查处机制、公众投诉处理机制、责任考核机制、惩戒机制等。

撰稿人　刘笑寒
单　位　扬州大学新闻与传媒学院

南通市大运河红色文化旅游融合建设策略

文化是旅游的灵魂，旅游是文化的载体，将文化与旅游两大产业进行融合不仅可以提升各自的发展空间，同时也将赋予旅游产业文化价值内涵，推动文旅产业的共同发展。2020年，江苏省文化和旅游厅印发《江苏省大运河文化旅游融合发展规划》，提出要以文化为引领，深入挖掘大运河文化遗产的深厚内涵，将文化和旅游进行双向赋能，实现文旅融合，促进文旅产业共同发展。在丰厚的大运河文化遗产中，红色文化即使历经岁月的更替依然熠熠生辉，红色旅游受到社会的广泛关注。《2004—2010年全国红色旅游发展规划纲要》指出，红色旅游主要是指以中国共产党领导中国人民在革命和战争时期建树丰功伟绩所形成的纪念地、标志物为载体，以其所承载的革命历史、革命事迹和革命精神为内涵，组织接待旅游者开展缅怀学习、参观游览的主题性旅游活动。[①] 因此，深入挖掘大运河沿线城市的红色文化资源，探讨红色文化旅游融合建设策略，不仅有利于将红色故事、红色精神进行创新性传承，同时也将促进红色文旅的高质量发展。新四军在抗日战争时期曾在南通市开辟了抗日根据地，南通市拥有生生不息的红色文化。研究南通市大运河红色文旅融合建设情况并提出改进策略，对于大运河沿线其他红色文化资源丰富的城市发展其红色文旅产业具有积极的借鉴意义。

一、南通市大运河红色文化旅游融合现状分析

（一）南通市大运河红色文化资源分布现状

1. 红色文化资源丰富

南通，这座中国近代第一城见证了：奠定红色文化产生前提的近代先进文

① 中共中央文献研究室：《十六大以来重要文献选编》，北京：中央文献出版社，2006年，第506页。

化的引入；中共南通独立支部中青年志士的觉醒；震撼大江南北的“五一暴动”；中国工农红军第十四军的诞生；抗日战争中南通军民的浴血奋战；解放战争时期苏中战役七战七捷的恢弘气势。新中国成立以来，南通红色文化建设硕果累累。南通拥有革命遗址、遗迹和纪念设施 300 多处，拥有具有代表性的红色教育基地 13 个，其中既有综合反映南通革命历程的南通革命纪念馆，也有不同形式的纪念碑、纪念馆、遗址、烈士陵园等。这些红色文化资源是大革命时期、土地革命战争时期、抗日战争时期、解放战争时期中国共产党人带领南通人民勇于反抗、谋求解放的见证，是大运河红色文旅进行融合的产业基础。

2. 红色文化资源分布均匀

南通市的红色文化资源并不是集中地分布在一个区域，而是分布在不同的市辖区、县、县级市，例如崇川区的南通烈士陵园、中国共产党南通独立支部纪念地等，海门区的通东革命红色记忆馆等，如东县的革命烈士陵园、马塘革命烈士纪念馆等，海安市的韩公馆、苏中七战七捷纪念馆、角斜红旗民兵团陈列馆、新四军联抗烈士陵园等，如皋市的中国工农红军第十四军纪念馆、中共江苏省第二代用师范支部旧址等，启东市的烈士陵园、苏北抗大九分校旧址等。深入挖掘这些分布在不同区域的红色文化资源，形成一批代表南通地域特色的红色文化品牌，有利于进一步放大南通运河红色文化品牌优势，使之成为全省乃至全国的运河红色文化精品。

（二）南通市大运河红色文旅产业建设现状

1. 构建大运河国家文化公园红色文化特色展示点

南通市的运河空间布局是：以老通扬运河为主轴，一脉传承；以古代盐文化及近代民族工商业文化为内核，彰显两大核心文化特色；以栟茶运河、串场河北支、串场河南支三大运河支流为依托，延续其流经地区的文化记忆；以其间流经的特色展区为节点，打造系列标志性文化品牌。南通市的运河红色文旅产业建设主要是以各地的红色文化资源为依托，深入挖掘具有地方特色的红色文化内涵，梳理红色文化故事，结合各区域的红色文化主题，增加教育、休闲等功能，从而构建大运河国家公园特色展示点。其中，包括海门区的通东革命老区红色记忆馆、海安市的苏中七战七捷纪念馆、如皋市的中国工农红军第十四军纪念馆。

2. 形成红色文化遗产综合展陈体系

在已有特色展示点的基础之上，南通市将首先基于红色文化遗产等有形资源，通过系统梳理、保护、修缮大运河南通段沿线的历史文化遗址遗迹，进一步提升红色文化遗产的物质性呈现；其次，深入挖掘分布在不同区域的红色文化遗产所蕴含的文化意义，与当代文化进行创新性结合；再其次，利用各种媒介平台，将内隐的文化意义通过媒介传播外化成公众普遍认同的共享价值，从而构建红色文化遗产的综合展陈体系，提升文化遗产展示水平。① 例如，海安市将进一步修缮、改造红色线路，推进红色文化遗产的展陈升级，打造沿“新四军联抗纪念馆—苏中七战七捷纪念馆—韩国钧故居—角斜红旗民兵团”红色旅游线路；海门区也正基于盐垦文化、红色文化、运河文化等历史根脉，修缮运河沿线红色遗址遗迹，打造运河两侧绿色生态文化长廊，完善通东革命老区红色记忆馆建设项目。

（三）南通市大运河红色文旅产业运营现状

1. 政府政策支持，促进红色文旅产业发展

2020 年，《南通市大运河文化保护传承利用实施规划》明确提出要认真落实习近平总书记关于大运河文化带的重要指示精神，挖掘南通运河中的历史文化内涵，展现生生不息的红色文化，弘扬大运河南通段杰出英雄的爱国精神。由此，南通打造了一批红色主题的特色展示点；构建了一套趋于完善的红色文化遗产展陈体系；推出了一系列红色旅游精品路线；提升了将红色文化、运河文化、盐垦文化有效结合的记忆馆项目；将推进能够体现红色革命文化的融创文旅城项目。

2021 年，南通市委办公室印发了《关于开展全市红色资源调研普查工作的实施方案》，通过进一步摸清全市红色资源分布情况，系统梳理大运河南通段的历史遗迹遗址，从而丰富相关党史史料，完善大运河国家文化公园的建设基础。南通市文广旅局、南通旅游服务中心为满足公众红色旅游的需求，制定了“鱼米之乡，革命情怀”“魅力苏北，红色遗迹”“红壤热土，长寿之乡”

① 秦宗财：《大运河国家文化公园系统性建设的五个维度》，《南京社会科学》2022 年第 3 期。

“黄海之滨，抗大精神”“扶海之洲，革命故地”5条红色精品旅游线路，追寻红色印记。

2022年，《南通市“十四五”文化和旅游发展规划》提出培育“红色文化+旅游”融合产品，通过挖掘全市红色文化资源，以红色革命遗址遗迹为载体，将新四军的“铁军精神”融入红色旅游线路设计之中，打造红色主题旅游精品线路。这些利好政策的出台，既是大运河南通段国家文化公园制度规范体系层面的建设，同时也是南通市发展大运河红色文旅产业的制度基础。

2. 基础设施渐趋完善，实现红色文旅产业初步融合

南通市已有基础设施建设完善的苏中战役七战七捷纪念馆、中国工农红军第十四军纪念馆、通东革命老区红色记忆馆等红色文旅建设。苏中七战七捷纪念馆曾开展庆祝中国共产党建党100周年书画展系列活动，且被选为“建党百年红色旅游百条精品线路”之一的“致敬新四军·不忘革命路”线路中的红色主题展示点。在“旅游与文化”战略下，旅游产业与文化元素融合的浅层次阶段先是在旅游场所增添静态文化符号，继而在旅游场所使用现代高科技获得动态的文化元素，进行文艺表演。因此，南通市的红色文旅产业已经实现了浅层次的红色文旅初步融合，将进一步探索沉浸式体验的文旅深度融合产品。

3. 积极推进红色文化传承游，文化普及初见成效

为了使通东红色基因得以传承，2021年海门正余镇政府筹备建设了通东革命老区红色记忆馆。记忆馆以时间为线索，通过深入挖掘通东地区的盐垦文化、红色文化、运河文化，设立了“盐垦自立江海情”“星火燎原盐河畔”“中流砥柱挽狂澜”“江海烽火迎曙光”等7个展示部分，以历史实物呈现、图文结合介绍、情景互动等多种表达形式，将历史著名事件、杰出英雄壮举栩栩如生地再现。记忆馆自落成开放以来，不仅迎来机关部门、基层政府众多党员干部参观学习，而且与当地海门中学签约，成为学生社会实践基地。记忆馆的建成使社会各界人士能够通过蕴含大运河红色文化的精神意义符号，建构起属于受众自身的大运河红色文化集体记忆与身份认同，将大运河文化和时代元素相结合，从而对大运河红色文化进行创新性传承。

二、南通市大运河红色文旅融合建设的特色与内涵

将文化与旅游两大具有差异性的产业进行融合，既不能理解为“文化+旅

游”的简单拼接，也并不是两大产业的“全体合并”，而是建构旅游者主体与文化旅游客体之间的互动关系。① 这层互动关系基于旅游者主体的文化身份认同，由此文旅两大产业才能够相交。因此，南通市在建设大运河红色文旅产业时积极探索了能够创造民族身份及国家认同的多重文化内涵。

（一）生生不息的红色文化，浴血奋战的抗战精神

南通素有“红色土地、英雄土地”之称，在这片革命土地上，有诸多英烈在面对生与死的考验时临危不惧，前赴后继地为战争奉献出自己宝贵的生命。在大革命时期有英勇就义的如皋县委书记汤士伦；在土地革命时期有面对敌人枪林弹雨从容不迫的中国工农红军第十四军将士；在抗日战争时期有3800多名新四军战士与日军进行殊死搏斗，热血洒满扬子江畔；在抗美援朝战争时期有1500多名南通籍英雄儿女义无反顾地加入中国人民志愿军，一步步击退侵略者的进攻。从大革命时期到抗美援朝战争时期，不断赓续的红色血脉，凝结成了生生不息的红色文化及浴血奋战的抗战精神。

因此，南通的大运河红色文旅产业应在提升人文生态系统建设的基础之上，将这些南通红色文化承载的价值意义及精神内涵全面展现；应充分挖掘整理当地的历史文献、文学作品，以及纪念地、做出卓越贡献的历史人物和重要历史事件中的精神文化、民族传统、价值理念形成符号系统。旅游者在旅游过程中可将这些能够引起身份认同的符号转化成旅游体裁之间的价值符号，形成旅游者与旅游体裁之间的价值连接，由此成为文化与旅游融合的外在形式。当旅游者参观含有国家和族群记忆的文化遗产及历史场景时，可“穿越时空”追溯集体记忆并获得身份认同，从而赋予旅游积极的意义。例如通东革命老区红色记忆馆，可在讲述通东旅沪志士仁人如何上下求索、播火种于家乡故土之时，采用原景重现及原物展现的方式，唤起受众对通东革命历史的记忆或认同，从而激起受众的民族文化认同感。

（二）地域积淀的运河文化，勇于开垦的奋斗精神

大运河的文化价值与精神内涵是基于大运河而生的，因此，文化传播与精神传承必然依托于运河的流动。南通市大运河红色文旅产业除了要以红色文化

① 傅才武：《论文化和旅游融合的内在逻辑》，《武汉大学学报（哲学社会科学版）》2022年第2期。

为引领外，更离不开运河文化作为其宣传与弘扬的助推器。将南通基于历史沉淀的运河文化与红色文化交织融合，有助于形成地域性文化品牌特色。

积淀了深厚的历史文化的老通扬运河、串场河为大运河的重要支流。老通扬运河西起扬州茱萸湾，延伸至南通九圩港进入崇川区，全长212千米。与老通扬运河共生的串场河，分布在南通各区、县，串联着南通人的民情风俗、价值观念。老通扬运河与串场河相伴相生，共同构筑了南通的海盐运输网，将海盐源源不断地输送到全国各地。在这片饱含智慧和汗水的运河沿线地之上，除了有历代筑堤捍海、屏蔽盐灶，更有近代实业家张謇带领通东人民“废灶兴垦”、振兴实业。在张謇先生的组织鼓动之下，南通等沿海地区开始修筑海堤、垦牧植棉，掀起了一股垦牧开发的热潮。流淌的运河除了见证了范仲淹、狄遵礼、沈起等人捍海抗潮，张謇胸怀天下兴起近代工商业，还孕育出沿线南通人民煮海为盐、伐荆作柴的坚苦自立、坚韧不屈的精神。

南通的星星之火是在潮起潮落的运盐河之中逐渐燃起的，在运河沿岸共产党人以血肉之躯，夜攻八索镇，奇袭四甲坝，三打汤家苴，在黑暗中探寻燎原之路。因为有历史积淀的运河文化、敢于开垦的奋斗精神在这片盐碱之地上流转，中国共产党才能够带领南通人民书写荡气回肠的红色篇章。通东革命老区红色记忆馆在讲述红色血脉如何泼洒运河沿畔时，首先介绍的便是运河通东史。大运河文化之中包含着融合共生的多种文化内涵，因此，南通市红色文旅建设需以红色文化为核心内涵，同时探寻运河文化所形成的多种精神内涵，建设多维的精神文化体系。

（三）承载岁月的丰富遗产，兼容并蓄的文化交汇

大运河南通段拥有众多的历史文化遗存，除了生生不息的红色文化、地域积淀的运河文化之外，还有以物为基础的其他文化，例如以大生纱厂为核心的实业文化、以精湛手工制造而闻名的土布文化、争相斗艳的曲艺文化、见证丝绸之路的海丝文化。这些丰富的历史遗存在大运河的涓涓细流中交汇相融，升华成了南通人民的文化精髓，同时承载着前人的理想信念、情感性格。

文化与旅游能够融合的前提是文化具有旅游吸引力，这些交融并蓄的文化不仅仅能够创造集体记忆的智慧结晶，更是被赋予了优秀道德品格的精神传承。增强文化旅游吸引力的关键是强化文化的身份符号意义，因此，南通这些

承载岁月以物为基础的文化交汇将进一步强化旅游者的文化身份符号。在运河红色文旅融合建设过程之中，不同形式的文化建构成旅游吸引物之时，受众都将进一步产生归属感与认同感，从而能够强化旅游吸引物的文化魅力，形成在旅游过程之中的一系列集体记忆的实践①。

三、南通市大运河红色文化旅游融合存在的问题

（一）红色文化知识普及需求扩大，人才培养机制亟待完善

发展红色旅游要把准方向，核心是进行红色教育、传承红色基因②。因此，进行红色文化知识普及、传承优秀的文化精神是红色文旅建设的核心所在。近年来，南通市积极推进红色教育活动，例如苏中七战七捷纪念馆配合海门师范附属小学学生举行云寻访活动，通东革命老区红色记忆馆与海门中学签约成为学生实践基地，红色文化知识普及的需求进一步扩大。然而，南通红色文旅建设缺乏具有专业素养的红色文化解说员及满足旅游散客需求的个人解说设施，旅游者只是在走马观花式的浏览中知晓历史事实，缺乏对于红色文化的深入理解。在红色旅游过程中，红色文化因具有岁月积淀的历史感及蕴含的深厚精神内涵，所以需要红色文化解说员通过层层剖开历史，以饱含激情、富有个性的方式带领旅游者穿越时空，身临其境地感受不同时期共产党人与人民在实践过程中创造出来的各种物质和精神财富。因此，红色文旅人才培养机制亟须完善。

（二）红色文旅产业链割裂，后续设施配备缺乏时效性

虽然南通市的红色文化资源分布均匀，各市辖区、县、县级市都有遗址遗迹，但是有些遗址遗迹处于尚未开发的状态。除了海安市设计了红色精品线路，其他各区域的红色景区均处在各自为政的状态，没有与周边产业进行联合的意识；在配套设施层面也有拘泥于现状、缺乏时效性的问题。例如通东革命老区红色记忆馆建在海门区余东镇，离繁华区域较遥远，周围没有与文旅融合建设相配备的食、住、行、游、购、娱等服务设施。游客往往会因为周边缺少

① 张朝枝、朱敏敏：《文化和旅游融合：多层次关系内涵、挑战与践行路径》，《旅游学刊》2020 年第 3 期。
② 蒋励佳、李秋正、徐金海：《习近平关于红色旅游的重要论述与实践指引》，《黑龙江社会科学》2020 年第 4 期。

满足食、住、行等基本需求的设施无奈而返，同时也会因为配套设施的缺陷而对红色旅游产生顾虑。由此看来，南通市的运河红色文旅建设只停留在浅层次的融合上，尚未达到深融合、广融合。

（三）红色文化挖掘深度欠缺，文旅融合意识较为薄弱

南通市的红色文化资源并不缺乏，且运河沿线的红色资源分布也较为均匀，但是纪念馆、记忆馆等仅停留于流于表面的介绍，局限于历史遗迹的简单展陈等较为单一的呈现形式。红色文化的介绍也只是以时间为线索，对重要历史事件及人物进行简要的图文解说。除此之外，红色历史遗址与遗迹不同于其他一般的展品，具备其他文化吸引物所不具备的带给游客的独特体验感，因此，在文化传播过程中这类文化遗产是十分重要的物质载体。将其中所蕴含的无形文化意义引入具有创意的有形文旅产品之中，可使旅游者即使身处异地，依然能够维系着文化吸引物与文化体验之间的联系。南通市运河红色文旅融合建设中缺乏文旅融合之中文旅消费的中介渠道，从而无法进一步促进红色文旅融合产业的经济发展。

（四）红色文旅传播模式陈旧，缺乏宣传力度

根据中国互联网信息中心（China Internet Network Information Center，简称 CNNIC）发布的第 50 次《中国互联网发展状况统计报告》，截至 2022 年 6 月，我国网民的规模已达 10.51 亿，互联网普及率达到 74.4%。因此，红色文旅需要借助互联网的传播阵地，让受众感受多种形式的红色文化普及，传承红色文化精神。但是南通市的红色文旅网站建设尚停留在线下展品的照搬介绍层次，网页设计及主题、板块设置也缺乏新意；在新媒体平台中也尚未形成传播矩阵，宣传方式仅停留在组织红色教育活动通过新闻报道进行宣传，未有借助新媒体平台宣传文旅融合产品的意识。在数字化时代，微信、微博等新媒体平台已成为受众传受信息的主阵地，图片、文字、短视频等多种传播形式已成为受众接受信息的主要方式。南通市的红色文旅传播模式尚处在受众被动接受阶段，不适应具有能动性的受众，因此，需要改变传播模式，借助互联网对南通市红色文旅建设中的红色精神、红色文物、红色故事进行数字化宣传。

四、南通市大运河红色文化旅游融合的优化策略

（一）推动红色文化教育普及，加强人才队伍建设

红色文化教育不仅是高校思想政治教育的重要组成部分，同时也是红色文旅建设中不可或缺的存在。南通市应发挥红色文化资源富足的优势，在红色教育基地积极开展红色文化理论教育与实践教育相结合的一体化课程，与学校定期展开合作，将红色文化教育由课堂延伸至旅游之中，摆脱红色文化刻板式地普及教育，让师生在以文促旅、以旅彰文的互动关系之中深入学习红色文化中的精神内涵。同时，也需定期邀请红色文化领域的专家进行专题讲座，根据文旅建设的运营情况开展定期培训，从而提升解说员的专业素养，培养基层从业人员的道德情操，在深入了解红色文化的基础之上，将红色精神、红色故事以诗歌、民谣、快板等多种创新性的讲解方式呈现，使红色文化更具生动性、形象化。

（二）加强红色文旅产业链一体化，完善基础设施建设

江苏省为打造“水韵江苏”的红色旅游品牌，推出了南通市“低碳滨海，红色摇篮”红色旅游精品线路，南通市也应在精品线路游的整合之下完善产业链，在各个相隔甚远的红色文旅景区景点之间增添红色文化作品展演厅、红色电影播放室等红色产业一体化配套设施，增强对周边设施的开发规划能力，满足游客多层次的红色文旅需求；同时，也应根据红色文化资源的分布特点落实《2016—2020 年全国红色旅游发展规划纲要》所要求的以红色旅游发展为龙头，引领带动绿色、古色旅游快速发展，不仅仅实现“旅游+红色文化”的融合，更要加强“文旅+生态”的深度融合，完善食、住、行、娱等全方位的基础设施建设，形成以红色文旅为引领、多领域融合发展的南通红色文旅品牌。例如通东革命老区红色记忆馆应弥补自身地域偏远的劣势，开发周围的乡村绿野及历史悠久的余东古镇，将红色旅游与绿色旅游、乡村旅游进行深度融合，形成红色旅游的差异化发展。

（三）深入探寻文化的内涵底蕴，推出红色文创产品

文旅融合的深层次阶段是旅游者通过沉浸式、体验式的“旅游+文化”的

融合产品，感受文化的魅力，接受文化的熏陶，从而内化成自己的文化素养，因此，南通市应筹备建设利用 VR、AR、5G 等技术改造的红色文化体验馆项目。随着社会经济发展及技术革命的不断深入推进，旅游者的需求也将进一步扩大，沉浸式的文化体验将帮助游客深入挖掘红色文化中的爱国爱民、艰苦奋斗、不畏牺牲等多重文化内涵。通过模拟历史场景，旅客可深入“具体实际”之中，身临其境地感受共产党人带领人民一路走来的艰辛与不易，沉浸式的文化体验能够提升红色文化学习的趣味性及可感性。

2021 年国家《关于进一步推动文化文物单位文化创意产品开发的若干措施》等有关文创产品文件的相继出台，点燃了文物文化单位文创产品的开发热情，同时也成为红色旅游产业发展的新引擎、新热点。不同形式的物质载体被赋予红色文化内涵，同时结合了现代创意设计理念，红色文创产品推动了从浅层次的文化观光游到深度的个性体验游的转变。当下，南通市的红色文旅融合首先需要突破红色文创产品的从无到有；其次，要摆脱简单的文字设计及图案创作，将红色文化精神、红色故事中的精华进行提炼，与当下流行文化接轨，制作出符合并适应当下消费者审美及精神需求的文创产品。同时，要避免产品同质化的现象，例如苏中七战七捷战役纪念馆可围绕“运动防御，保卫海安”中的艰苦奋战精神及粟裕“奇袭李堡，攻其不备”的智谋之策展开红色文创产品的设计。南通市各区域的红色文旅建设应明确自身红色文化特色，将兼容并蓄的文化内涵融入红色文创产品的设计之中，进一步激活红色文化的审美价值及人文价值。

（四）培育红色文旅“互联网+”思维，探寻线上与线下相结合的宣传模式

南通市的革命遗迹遗址及纪念设施有 300 多处，如果仅通过传统的纪念馆等形式开展红色文化的宣传，并不能充分挖掘红色文化资源的价值。2022 年 5 月，中共中央办公厅、国务院办公厅印发《关于推进实施国家文化数字化战略意见》，明确提出到“十四五”时期末，基本建成文化数字化基础设施和服务平台，形成线上线下融合互动、立体覆盖的文化服务供给体系。因此，南通的红色文旅建设应积极响应国家的号召，将红色文化进行数字化变革，整合尚未深入挖掘的红色故事、红色建筑、红色文物，通过电视端、网站、客户端、微信、微博等多平台进行传输，设计主题板块，充分运用多媒体、VR、线上

图书馆等方式实现红色文化资源的线上共享。例如，云南省红色基因电视端上线之后，海量的馆藏文物均可通过扫描体验，在电视端及移动端实行了大屏小屏的跨屏互动，推动了红色文旅的线上融合发展。此外，对于大量红色文化资源地理位置偏僻且宣传力度欠缺的问题，南通市的红色文旅建设应设立自主运营的新媒体账号，在举行红色文旅活动之际，进行周期性的活动宣传并联合传统媒体进行新闻报道，形成线上与线下相结合的宣传模式。

结　语

大运河之中蕴藏着丰厚的文化遗产，而其中流淌着的生生不息的红色文化汇聚成共产党人带领人民所创造的一部部红色经典，凝结着历代中国人的身份认同及民族记忆。因此，在当今不断深化文旅融合的大背景之下，南通市应充分利用好红色文化资源富足及地域分配均匀的优势，普及红色文化教育，加强红色文旅人才队伍建设，加强红色文旅一体化建设，完善相匹配的基础设施建设，深入挖掘红色文化、运河文化的内涵底蕴，将南通兼容并蓄的文化特色融入红色文旅建设中，培育红色文旅“互联网+”思维，从而推动南通市大运河红色文旅的高质量发展，为加快建设“强富美高”的新江苏添上浓墨重彩的一笔。

撰稿人　徐怡
单　位　扬州大学新闻与传媒学院

“千年运河——汴河遗珍·传奇皖北”文旅品牌建设实践

2014年6月22日，中国大运河被列入正式《世界遗产名录》。2021年，《大运河文化保护传承利用“十四五”实施方案》《大运河国家文化公园建设保护规划》等大运河文化自然遗产保护和大运河国家文化公园建设的指导文件相继出台，保护大运河是运河沿线所有地区的共同责任。

安徽省应以习近平新时代中国特色社会主义思想为指导，深入贯彻党的精神，全面落实习近平总书记考察安徽重要讲话指示，以及保护好、传承好、利用好大运河的重要批示，坚定文化自信与文化强国的战略，牢牢把握高质量发展要求，立足新发展阶段，贯彻新发展理念，构建新发展格局，坚持以人民为中心，坚持保护性开发原则，坚持绿色发展方向，以安徽省大运河主题明确、内涵清晰、影响突出的文物和文化资源为主干，深入挖掘大运河承载的深厚文化价值和精神内涵，推进沿线地区文化和旅游全方位、深层次、宽领域融合，形成文化、旅游和经济社会共生共荣的一体化发展格局，为谱写新时代皖北更加出彩的绚丽篇章奠定坚实基础，使安徽省大运河成为新时代宣传安徽形象、彰显安徽灿烂历史文化的亮点，着力打造皖北城市文化旅游名片。

一、安徽大运河文化旅游品牌建设背景与环境

（一）大运河安徽段文化旅游可利用资源分析

习近平总书记曾指出：“大运河是祖先留给我们的宝贵遗产，是流动的文化，要统筹保护好、传承好、利用好。”大运河作为文化符号，融通沿线多元文化区域，沿线区、县相互吸收，相互借鉴。

大运河文化具体可以分为物质文化和非物质文化两个方面：一方面是遗迹、遗产、建筑等以一定物质形态存在于环境之中的物质层面的文化；另一方面是手工技艺、民风民俗、当地人文精神等无形的遗产，存在于人类精神领域

的非物质文化层面。

1. 物质文化资源

大运河安徽段物质文化资源情况见表1。

表1 大运河安徽段文旅品牌建设资源——物质文化资源

项目	内容
（一）大运河安徽段的“一点”“一段”，即柳孜运河遗址和通济渠泗县段	柳孜运河遗址——柳孜运河遗址位于安徽省濉溪县百善镇柳孜村。柳孜原是隋唐大运河通济渠上的一个镇，因运河的开通而繁荣
	通济渠泗县段——隋大业元年（605年）开凿古运河，泗县段为通济渠的一段。古汴河在泗县境内全长44.8千米，古汴河是隋唐大运河在安徽仅存的一段河道
（二）大运河安徽段贯穿的水域	中国大运河安徽段属于古通济渠。通济渠在洛阳城西引谷水、洛水入黄河，再引黄河水入汴河，经今河南开封东南入淮河

柳孜运河遗址是隋唐大运河水工设施遗址的首次发现，包括宋代河堤、虹桥遗址、木岸狭河、金代驿道等重要遗迹，被评为1999年“全国十大考古新发现”之一。通济渠泗县段是隋唐大运河现存为数不多的活态遗址，该段也是保存较为完好、资源较为丰富的河段之一，已成为研究隋唐大运河的重要“活化石”。柳孜运河遗址、通济渠泗县段均被列入《世界遗产名录》。大运河安徽段沿线现有各类文化遗存近2000处，其中全国重点文物保护单位9处、省级文物保护单位33处、国家级非物质文化遗产10项、省级非物质文化遗产34项。大运河安徽段不仅是探寻隋唐大运河的重要轴线，也是多种类型遗产聚集的典型地区。

大运河安徽段沿线包含历史遗迹、自然景观、民俗风情等类型多样的文化和旅游资源。淮北、宿州两市拥有世界文化遗产1处、全国红色旅游经典景区3处、AAAA级旅游景区9处、AAA级旅游景区25处、国家级抗战纪念设施/遗址1处、全国特色景观旅游名镇名村2处、国家级水利风景区1处、国家森林公园2处、国家湿地公园2处、国家地质公园1处、省级自然保护区6处，拥有博物馆16个、图书馆11个、文化馆11个、文化站123个。优良的自然生态图景、深厚的历史人文底蕴、丰富的文物古迹等文旅资源是“美好安徽 迎客天下”的重要支撑。

2. 非物质文化资源

大运河安徽段沿线地区融汇了中原、淮扬、齐鲁、楚汉等地域文化，聚集了水利文化、漕运文化、商事文化、饮食文化等文化形态，大运河既是传播符号，同时其本身作为传播内容也促进了沿线地区多元文化的碰撞和融合，形成了开放、包容、淳朴、多元交汇的区域本土文化。

大运河沿线地区的史前文化、孝贤文化、楚汉文化、红色文化、农耕文化、工业文化等特色文旅资源，对文旅资源的开发和利用有着重要的现实意义：一是保护和弘扬地方区域优秀文化遗产的重要手段，以保护第一的原则原始化保留遗存，在实现文化传承的同时促进品牌国际化——进入国际交流平台，以地方特色文化为载体将大运河文旅品牌推向国际化；二来可以有效激发民众的文化自觉意识，其文化符号和品牌文化形象有助于增强地域认同和本地品牌自豪感；三是有利于本地文化产业发展，使其能够获得较为显著的经济价值和社会价值，同时能够促进大量劳动力转向服务业，响应国家“旅游扶贫奔小康”战略。

表 2 反映了大运河安徽段文旅品牌非物质资源中的淮宿地方特色文化。

表 2　大运河安徽段文旅品牌非物质资源——淮宿地方特色文化

文旅资源	淮北	宿州
史前文化	新石器时代淮北地区先后演绎了石山子文化时期、大汶口文化时期、龙山文化时期 3 期古文化。石山子文化以渔猎经济为主且属于原始农业阶段；大汶口文化已从原始农业发展为锄耕农业；龙山文化则发展成为以农耕为主的生业经济模式①	史前文化在宿州的代表性遗址是小山口和古台寺遗址。遗址处于史前“淮河文化大系”中的源头地位，2013 年 5 月，这两处遗址被列为国家级重点文物保护单位
孝贤文化	以孝行闻名于后世的蔡顺（西汉末年人，生卒年不详）为中国历史上二十四孝子之一，生平事迹如拾葚异器（也称拾葚供亲）、噬指弃薪等，历来流传甚广。目前，淮北市烈山区烈山镇人一直认为此地为蔡顺故里，至今还有以“蔡里”命名的村庄②	闵子骞，孔子弟子，七十二贤之一，其孝行是中华二十四孝之一，宿州有闵祠、闵墓。马皇后，归德府宿州闵子乡人，人称“马大脚”“大脚马皇后”，明太祖朱元璋原配夫人，一代贤后。宿州建造了孝贤文化广场，竖立起了闵子骞和马皇后的雕塑

① 吴立、李娇旸、王心源：《安徽淮北平原史前文化遗址 Thiessen 多边形分析》，《地域研究与开发》2017 年第 5 期。

② 张明：《闵子骞与皖北孝道文化》，淮北：淮北师范大学硕士学位论文，2018 年。

续表

文旅资源	淮北	宿州
楚汉文化	淮北古称相城，春秋时期宋国国都，东汉属沛国，是我国汉画像石产地之一，出土的画像石数量多、内容丰富，具有重要历史、艺术和科学价值，最引人注目的是部分画像石采用立体透视法制作，开近世美学之先河	高祖刘邦与楚王项羽在楚汉相争之时，曾二次兵败藏匿于宿州萧县的皇藏峪之地。皇藏峪位于宿州市萧县境内
红色文化	淮北拥有淮海战役总前委旧址文昌宫、淮海战役双堆集烈士陵园、淮海战役总前委旧址小李家纪念馆、小朱庄战斗烈士陵园、四眼井纪念馆、朱务平烈士纪念馆等十多处红色教育基地，为开展党史学习教育筑牢了“堡垒阵地”	1. 宿州红色文化以豫皖苏抗日根据地和淮海战役为主要内容 2. 雪枫公园原名雪枫烈士陵园，是为了纪念彭雪枫将军而建的烈士陵园 3. 萧县蔡洼红色旅游景区位于宿州市萧县县城西南 15 千米的丁里镇胜利村；江上青纪念园位于泗县刘圩镇江上青烈士殉难地小湾，为纪念全国人民英模、皖东北民主革命根据地奠基者江上青同志所建
农耕文化	赵瓦房传统村落、赵集二级扬水站、程村古堡、榴园乡土文化建筑赵庄及石榴文化博物馆、段园大庄葡萄博物馆、梨树王及梨博物馆、埇桥现代农业主题公园、灵璧现代农业博览园、泗县石龙湖田园综合体、泗城镇泗州农艺博览园、大刘生态采摘园、大庄小宋梨园、屏山花卉基地	

（二）安徽大运河文化旅游品牌建设环境分析

1. 政策环境：政策助力可持续发展

《安徽省“十三五”时期文化发展改革规划纲要》（以下简称《规划纲要》）中制定了安徽省文化发展改革方面的主要指标：到 2020 年，现代公共文化体系基本建成、文化产业成为国民经济支柱产业、文化小康目标全面实现；全省公民素质和社会文明程度显著提高，文化影响力、竞争力和整体实力明显增强，创新型文化强省建设取得决定性进展。

《规划纲要》提出实施“十个重大工程”，即哲学社会科学创新工程、公民道德建设工程、媒体融合发展工程、网络舆论阵地建设工程、文化品牌打造工程、公共文化服务体系建设工程、文化产业项目带动工程、文化遗产保护传承工程、对外传播能力建设工程和宣传文化人才培育工程。

“千年运河——汴河遗珍·传奇皖北”作为安徽的对外推广名片能够对省域内文旅资源进行整合，差异化展示资源。打造文旅品牌名片是展示“重要文旅窗口”的具体举措。应深入挖掘现有的文旅资源，打造更多的品牌名片。应聚焦于独特的自然资源，根植于历史文化底蕴，有重点地打造一批文旅 IP，培育更多的亮色十足的品牌名片。应在规划建制上对文旅品牌项目进行重点倾斜，予以资金和人力物力各方面的扶持与协助。

2. 市场环境：后疫情时代释放旅游需求

自 2020 年新冠疫情暴发以来，旅游行业遭受巨大冲击，国内疫情呈现零星散发的状态，部分省份和城市进一步收紧了跨省游政策；2021 年 11 月末，“奥密克戎”快速传播，引发全球多国相继关闭国境。疫情进入常态化防控阶段后，旅游需求逐渐释放，这部分具有旅游需求人群倾向于本地游和短期游。以享受户外风光、休闲放松为核心的“本地游、周边游”持续升温，成为广受市民青睐的新型度假方式。

欧洲学者也提出了“邻近旅游”的概念，并在理论和实证上做了初步探索。学者们认为即使在地理邻近的环境中，依旧可以体验到旅游的新奇感，因此，需要重新思考如何通过领域化和认同感赋予日常环境以意义①。“邻近旅游”与国内一般意义上的当地游和本地游的概念接近。周边游也可称为短途旅游，一定意义上可概括为以大城市或省会城市作为中心，出发当日能够到达访问地，并覆盖其周边的旅游市场。周边游是建立在安全基础上的假期休闲放松活动。针对国内的疫情防控措施，当前的旅游趋势主要集中于本地游和周边游，“千年运河——汴河遗珍·传奇皖北”在进行品牌建设的同时，需落地具体项目，根据旅游市场动向调整品牌产品，注重本地化，短期性发展小“井喷”的旅游项目。皖北地区人口数量在全省所占比重高，为安徽省大运河文化和旅游融合发展提供了广阔的内生市场。合肥都市圈、淮海经济区、中原经济区、长江三角洲地区等为安徽省大运河文化和旅游融合发展提供了广阔的潜在客源市场。

3. 文化环境：文化传承品牌化凸显民族符号

人类是符号化的动物，而符号是由人建构出来的，正如马克斯·韦伯所

① 张歆梅：《家与旅游空间：从分离到融合——兼论本地游研究理论发展契机》，《旅游学刊》2021 年第 11 期。

言，“人是悬在由自己所编织的意义之网的动物”。符号本身不具备什么意义，而是符号所指代的具有传递价值的意义。符号让文化有了可指代性的视觉符号，但是符号化不能完全替代符号背后的文化意义，因此，在品牌化的同时需要兼顾品牌符号表征概念与文化的深层次所指，要通过加工更新整合话语框架，形成内在统一、相互联系的概念体系。①

安徽大运河文化旅游品牌在建设过程中需要将文化价值符号化，在打造符号化品牌的同时也需要使内含的文化因素通过消费者的切身感受得以外显，让符号与更深层次的家国情怀产生链接，深化品牌符号意义，不仅仅是让品牌被看见，更多的是让品牌被“看清”“看懂”。应借助现代科技手段及社交营销方式将品牌符号视觉化，以消费者喜闻乐见的方式传播大运河品牌概念，借助社交媒体上的意见领袖进行营销推广；在发展过程中也要自建门户，打造大运河品牌 IP 账号，赋予品牌文化内涵，借品牌彰显大运河文化。

二、安徽大运河文化旅游品牌建设实践

（一）以淮、宿为主体，构建大运河品牌多维展示格局

淮北、宿州两市地处苏鲁豫皖四省交界，素有安徽省北大门之称，是中原城市群、淮河生态经济带的重要城市。淮北结合城市转型发展战略，着力打响“汴河遗珍 · 水韵淮北”运河文化旅游地方品牌；宿州具有位于淮海经济区与中原经济区交叉辐射区的优势，应擦亮“运河古城 · 云都宿州”这一亮丽的名片。安徽大运河文旅品牌建设应以淮北、宿州为主体，搭建多维展示格局。

在非物质文化遗产传承创新方面，安徽省围绕国家非遗名录、安徽代表性非遗项目，建设非遗传习馆，激发非物质文化遗产的旅游活力。综合利用现有博物馆、展览馆等场馆，建设淮北市、宿州市非遗展示中心，建立大运河沿岸非遗展示体系；依托民间文学、曲艺、民俗、传统技艺、音乐、工艺、美术、舞蹈、戏剧等非遗项目，丰富大运河沿线旅游产品内容，加强大运河非遗创意开发；开展灵璧古庙会、萧县伏羊宴习俗、白龙庙会等当地人世代相沿的节日民俗等活动，举办具有地方特色、资源优势突出、群众参与性和体验性强的大型主题旅游活动。推动非遗项目进景区；鼓励大运河传统工艺美术大师工作

① 秦宗财、杨郑一：《中国大运河文化表征与传播创新研究》，《中原文化研究》2021 年第 3 期。

室、非遗体验工坊入驻运河沿线旅游景区，深度开发具有运河文化特色的非遗衍生品；建设运河沿线非遗创意基地和非遗技艺体验基地；开发代表本地特色的非遗旅游商品，设立旅游景区非遗商品展销专柜，进一步拓展旅游商品的销售渠道。

在展示点建设方面，重点建设柳孜运河遗址、通济渠泗县段核心展示园，柳孜—百善、铁佛—临涣、埇桥—灵璧、泗城镇—通海村集中展示带，柳孜文化园、烈山窑遗址、宿州汴河博物馆等特色展示点，形成“以园展带、辐射多点”的多维展示格局。

在场馆建设等方面，改造提升主题场馆，如改造提升隋唐大运河博物馆（淮北市博物馆）、宿州博物馆、泗县隋唐大运河博物馆、中国古鞋博物馆、宿州美术馆等。推进“三馆一中心”（文化馆、图书馆、博物馆、展示中心）展示展览提档升级。同时，新建主题场馆，如新建烈山窑遗址博物馆、宿州运河博物馆、淮北非遗展示中心、宿州非遗展示中心、隋唐运河民俗票证博物馆、钟馗酒文化博物馆等。

安徽大运河文旅品牌通过遗产传承、场馆建设等多方面展示，充分挖掘地方资源，在保护式开发中进行创新建设，助力品牌的持续性建设和发展。

（二）建设品牌体系，塑造大运河安徽段文旅品牌“八个一”工程

实施品牌塑造“八个一”工程，即制作一部形象宣传片，拍摄一部公益广告，创作一首主题歌曲，发行一本旅游指南，绘制一套旅游地图，推出一张大运河旅游一卡通，编写一套文化书籍，开发一个官方微信公众号、小程序（表3）。

表3　大运河安徽段文旅品牌“八个一”工程

“八个一”工程	
一部形象宣传片	城市形象宣传片是以一座城市的自然风光、历史古迹、人文底蕴、民俗风情、营商环境等为基点，通过挖掘具有城市特色的地域特征，为城市量身打造的专属影像视频，具有强烈的视觉冲击力和影像震撼力，被称作城市宣传的视觉名片
一部公益广告	公益广告在城市的发展中扮演着不可或缺的角色，公益广告的发展是城市发展的重要体现，它体现了一个城市未来发展的蓝图，体现了城市发展的精神。大运河宣传广告承担着城市对外传播的重要角色作用，是外界认识大运河城市的窗口

续表

一首主题歌曲	通过征集策划的方式制作出可供市民传唱的歌曲，大运河主题歌曲代表所在城市的精神、大运河文化和精神。打造传播大运河品牌，彰显安徽特色、大运河特质和人文魅力的歌曲
一本旅游指南	相比较信息密集型的指南书，大运河旅游指南可借鉴杂志的方式，贴近年轻化的受众群体，可将旅游地图电子化，为电子版旅游指南用户提供离线下载服务，为每一个旅行者提供多元化的旅行定制方案
一套旅游地图	旅游地图主要是为了消除旅行者对异地的陌生感，明确自身的位置和行将游览的方向和目的。可借助电子技术和多媒体技术形成智能电子导游图，提供图文声像导游服务，完善大运河旅游地图的服务功能
一张大运河旅游一卡通	旅行一卡通是一张多功能门票，以 **IC** 卡为载体，结合计算机、网络和 **IC** 卡等现代化科技手段，使用方便，操作便捷，精美超值，实现“一卡在手，玩转景区”。利用一卡通实现全域的智慧旅游
一套文化书籍	一套城市书籍能够起到宣传城市文化、提高城市知名度、推动城市文明发展的作用，一方面可以增强本域居民对城市的认可度和关注度，另一方面是外域居民认识安徽城市的方式，能够建立城市品牌，构建城市理念，保留城市记忆和记录城市发展
一个微信公众号/小程序	通过公众号和小程序的运营，建立大运河安徽段正面品牌形象，不定时策划活动，进行文化宣传推广，提高粉丝关注度，以线上线下结合的方式宣传大运河文化。小程序是一种无需下载安装即可使用的应用，实现了应用“触手可及”的梦想，安徽大运河品牌建设可以利用小程序多方位展现自己的内容，并且利用小程序的商城功能实现大运河文化产品或周边的售卖，实现价值转换

大运河安徽段文旅品牌“八个一”工程，以轻量化的方式满足移动状态下人们的服务需求和知识诉求，以书籍、宣传片、广告、主题歌曲等形式提升大运河品牌知名度，借助网络意见领袖进行平台推广，带动素人的体验分享，形成网络知名打卡地，激发用户对于大运河文化的求知欲，以及通过拍照打卡等行为满足打卡人群的社交分享欲。通过旅游地图、旅游指南及旅游一卡通等方式最大限度地消除游客异地旅游的陌生感，利用新媒体技术将纸质旅游指南电子化，满足游客轻装旅游的诉求，提升游客旅游服务体验。品牌体系建设需要借助多种传播载体，以多样化方式传播、多平台矩阵式传播，拓宽品牌传播路径。

（三）落地文旅品牌，设计大运河文旅品牌 10 条线

文旅品牌最终需要在实践之中进行具体落实，应根据旅游地区的节点资源

设计线路，根据游客的期望值和游客类型确定具体的旅游资源及线路规划。文旅部门应通过综合考虑合理分流，控制游客数量，在保护大运河旅游资源的基础之上，进行相应的旅游线路开发。表 4 是根据安徽省域范围内大运河文旅资源及不同旅游主题进行的统筹规划设计出的 10 条经典线路。

表 4　大运河安徽段文旅品牌建设 10 条经典线路

序号	运河文旅品牌培育工程	运河文化旅游经典品牌线
1	世界文化遗产研学之旅	柳孜运河遗址公园→临涣运河古镇→隋唐大运河博物馆→烈山窑址博物馆→宿州运河博物馆→泗县运河人家景区→泗县运河遗址公园
2	华夏历史文化运河历史文明探源之旅	临涣城址→古城汉墓→石山孜遗址→金寨遗址→小山口遗址→古台寺遗址
3	运河古镇古村记忆之旅	柳孜村→临涣镇→百善镇→大泽乡镇→符离镇→灵城镇皇庙社区→灵璧县虞姬乡虞姬村→渔沟镇
4	运河水工科技研学之旅	郑州引黄入汴的“汴口”水源工程→开封“木岸狭河”工程淮北大堤→商丘古城南关码头遗址→百善大沟大运河断面→宿州东与灵璧县大店镇之间的隋堤→“两闸一河”工程→新汴河治理工程
5	运河红色文化传承之旅	淮海战役双堆集烈士陵园→小李家淮海战役总前委旧址→文昌宫淮海战役总前委和华东野战军指挥部旧址→蔡洼淮海战役总前委旧址和华东野战军指挥部旧址→泗县江上青纪念馆
6	稽古创新运河古典曲艺鉴赏之旅	淮北市非遗展示中心→淮北市歌舞剧院→隋唐运河古镇→宿州非遗展示中心→宿州大运河艺术中心
7	运河美食香飘千里之旅	百善老街→隋唐运河古镇→四季榴园景区→砀山梨树王景区→段园葡萄小镇旅游景区→宿州南翔云集文化商业街
8	运河乡村画卷寻韵之旅	濉溪县柳孜村→烈山区榴园村→砀山县良梨镇良梨村→萧县丁里镇胜利村→灵璧县虞姬乡虞姬村→泗县大路口乡龙湖村
9	运河缤纷多彩陶瓷之旅	隋唐大运河博物馆（运河瓷器）→烈山窑址→萧窑（白土镇窑）→宿州市博物馆（明清遗韵）
10	运河生态观光度假之旅	相山风景区→南湖景区→古黄河省级森林公园→皇藏峪国家森林公园→磬云山国家地质公园→泗县石龙湖国家湿地公园

大运河安徽段文旅品牌建设 10 条经典线路将品牌旅游线路主题化，每一条线路都有特定的主题，将大运河沿线文旅资源细分，标签化地方资源。这样一方面，明确目标线路，满足一部分旅客追求的旅有所得、旅有所学的获得感；另一方面，一次主题旅游的良好体验感受可激发旅游者的二次旅游行为。同时，在进行线路设计的同时，可定期举行主题推广活动，激发社交分享欲，借助互联网传播效应，突破固有传播圈层，提升大运河文旅知名度。

三、安徽大运河文化旅游品牌建设实践的不足之处

（一）资源交错，品牌创新性展示尚不足

大运河是历史的“活化石”。大运河的开凿肇始于公元前 5 世纪的春秋时期，在隋代完成了第一次全线贯通，形成了隋唐宋时期以洛阳为中心、沟通中国南北方的大运河。由于元代中国政治中心的迁移，大运河改线为直接沟通北京与南方地区，形成了元明清时期的第二次大沟通。大运河的变迁主要集中在三个时期：一是春秋战国时期（公元前 5 世纪至公元前 3 世纪），各诸侯国出于战争和运输的需要竞相开凿运河。二是隋炀帝时期（7 世纪初），为了连通南方经济中心和满足对北方的军事需要，隋朝政府统一规划、建设和管理下，先后开凿了通济渠、永济渠，并重修了江南运河和疏通了浙东航道，从而将前一时期的各条地方性运河连接起来，形成了以东都洛阳为中心，北抵涿郡、南达宁波的大运河体系，完成了中国大运河的第一次全线贯通，并使大运河在唐代和宋代得到了维系和发展。三是元朝时期（13 世纪后期），由于中国的政治中心从关中地区迁移到北京，忽必烈组织开凿了会通河、通惠河等河道，从而将大运河改造为直接沟通北京与江南地区的内陆运输水道，形成了中国大运河的第二次南北大沟通。明清两朝维系了大运河的这一基本格局，并进行了多次大规模的维护与修缮，使大运河一直发挥着漕粮北运、维系国家稳定繁荣等重要功能。①

安徽大运河品牌建设及实体场馆的展示过程没有着重梳理各个时代的文化资源，文化资源的时间线较为模糊，不同时期的运河文化资源相互叠加交错，难以进行系统性梳理，考察难度较大，耗费的人力物力较多。从已有资源方面

① 姜师立：《中国大运河百问》，北京：电子工业出版社，2008 年，第 20-23 页。

看，现有大运河文化遗产可视性、观赏性欠佳，系统性、全方位遗产保护和文化展示先天不足，制约了大运河文化创造性转化和创新性发展。

（二）传播方式单一，新媒体创新理念待更新

安徽大运河文化旅游品牌在建设中依旧只有展示性的模式，比如建场馆展示大运河的历史发展过程，这样可能只单单收取文化景观的门票费用作为大运河建设的相关收入。然而大运河博物馆是以教育、研究和欣赏为目的，收藏、保护并向公众展示人类活动和自然环境的见证物，是非营利性组织，服务公众。这反映出大运河文化旅游产业发展模式单一，产业链短，附加值低；文旅融合缺少科技赋能，文旅融合新业态、标志性新项目发展动力不足；缺乏对体制内人员相应的奖励制度，与推陈出新所承担的风险相比，体制内人员更愿意将自身置于安稳的状态之中，规避风险，长此以往则禁锢了人员的创新意识和创新思维。行政化虽然带来了规范，但丧失了效率和灵活，各类决策要层层上报，限制了品牌建设过程中品牌创新的空间。

在互联网的冲击之下，安徽大运河文旅品牌在现阶段面临着内忧外患：一方面，内部模式单一，急需科技赋能和熟悉互联网规律的人员涌入品牌建设中；另一方面，在互联网商业媒体的冲击之下，大运河文旅品牌建设进程缓慢，无法抓住互联网风口进行大运河文化推广和系统品牌建设。

（三）环境退化，生态资源修护问题亟待解决

关于大运河文化旅游品牌的开发和利用，究其根本应当是对于运河资源本身的保护，切莫本末倒置地将保护运河资源与打造运河品牌人为割裂开来。大运河安徽段是非常重要的交通线，在打造大运安徽段河文化带过程中，环境方面有两个问题亟待解决。

第一，大运河本身的自净能力差。大运河是古代人工开凿用于航运的河道，既没有源头也没有入海口。一方面，大运河监管措施没有落实，废弃物质未经处理就排入大运河之中，长此以往藻类植物繁生，大运河流域富氧化严重；另一方面，没有活水注入，大运河中的水无法进行水循环，缺乏自净能力，导致流域中的水越来越脏。

第二，大运河与淮河的交叉感染。淮河是东西走向，而大运河是南北走向，淮河与大运河在洪泽湖处交汇，淮河的水质在相当程度上会影响大运河的

水质。因此，大运河流域的水治理并不是单单治理本流域的水，还必须和与其交叉的河流、湖泊同时进行水治理。

原有的大运河本体资源急需人力物力财力加以恢复，同时城镇化建设的加速进行使得城乡建设挤占河湖的生态空间，大运河河道不断被淹没，原有的运河河道破碎化、零散化，生态恢复的难度大，从而导致以运河资源为载体的沿线文化和旅游发展缺乏支撑力。

（四）缺乏系统管理，品牌体制机制需完善

大运河贯穿多个地方，大运河安徽段沿线区、县发展缺乏统筹布局和有效协调，区、县之间的协调工作难以顺利开展，存在多头管理的难题，管理体制机制不够健全，配套政策不够完善，政府部门、文博机构、文旅企业、社会组织和公众参与保护利用的长效运营机制不够灵活。

在网络时代，大运河品牌管理建设存在弊端。面对新媒体，管理人员的使用技巧生疏，对互联网品牌传播规律缺乏了解，原有的管理制度和管理理念遇到了网络化的挑战。在大运河品牌实践中，大运河全领域的统筹管理部门缺失，部门与部门之间协作难度大，缺乏灵活性；同时，在面对新媒体挑战时，由于考核机制不完善，对相关人才的激励政策不完善，长期积累的工作经验无法应对互联网环境的挑战，因此，管理人员难免陷入“本领恐慌”的境地。

四、安徽大运河文化旅游品牌建设的方向

（一）品牌系统化建设，打造省域名片

国家发改委在《大运河文化保护传承利用规划纲要》中提出要整体打造具有国际影响力的“千年运河”文化旅游品牌体系，重点培育运河城市旅游、运河旅游产品、运河旅游节庆。

1. 品牌理念化，打造一体化品牌形象

品牌的打造涉及标识设计、核心内容、活动创意、执行质量、动员效果、评价反馈等。品牌理念化，坚持“用市场逻辑谋事、资本力量做事、平台思维成事”，统筹利用省级文化和旅游资金、文物保护专项资金，探索以市场化方式设立安徽省大运河文化旅游发展基金，加大对文旅融合类项目建设、文化

遗产保护利用、文旅宣传推广等的支持力度，支持有关“512”重点项目建设；鼓励股债联动、投贷结合等投资方式创新，支持沿线各地设立文化旅游专项基金；充分发挥全省文旅产业投融资平台联盟的作用，促进重点文旅企业与金融、投资等机构合作；鼓励各类企业、非营利组织以兴办实体、资助项目、提供服务、捐赠物资等方式参与大运河文旅融合发展。

2. 品牌产品化，建立文化传承体系

产品是与市场相连接的，应以产品为载体将品牌推向市场。相比较广告宣传式的灌输品牌观念，品牌产品化的过程更容易为消费者所接受。文创产品即文艺创作产品，依靠设计者的智慧、技能和天赋，借助于现代科技手段对文化资源、文化用品进行创造和提升，通过对知识产权的开发和利用产出高附加值产品，从而产生较好的市场口碑。

品牌产品化，从品牌本身而言就是能够将品牌理念实体化，既让抽象的品牌概念走进生活、融入生活，又能释放产品本身的趣味性，消费者得以在消费过程中留下美好的、难得的、独一无二的消费体验。在大多数情况下，文创产品以旅游纪念品的方式进入市场。所以，在产品中融入本地文化、深挖地域文化，能够让文创产品具有空间纪念价值和时过境迁的分享趣味。

正所谓“形以体神，器以载道”，安徽大运河文旅品牌在品牌意义的基础之上，仍需要由创意设计者根据品牌概念设计出相应的文创产品，将中华民族源远流长的文化元素通过文创产品彰显，让大运河文旅衍生品实现“华丽转身”，成为大众喜闻乐见的文化产品。

（二）创新传播方式，扩大品牌知名度

1. 品牌场景化，丰富文化旅游体验

场景化是针对现实场景消费者所具有的心理状态和需求进行相应信息的推送和服务的供给，如果仅仅考量“时间+空间+用户行为”，显然已经不能满足用户的更高需求，用户在不同的场景之中会产生不同的情绪，这就要求“千年运河”文旅品牌在基本场景化需求的基础之上链接到用户情感及情感传递这一层面，在进行场景体验的过程中激发社交分享行为。

“千年运河”文旅品牌建设，应当在场景化展示中融入用户体验，例如“5G+VR”的形式能够将游客带入沉浸式体验环境之中，既贴合游客对于体验

感的需求，又满足游客对于文化获得感的诉求。在大运河文化旅游品牌建设过程中，应将技术落地，让技术融入大运河文化体验中。

2. 品牌故事化，助力品牌链接情感

品牌故事，顾名思义是关于品牌的故事，从内容划分上来看，又分为广义和狭义两种。广义的品牌故事，包括与企业品牌相关的全部渠道中的全部叙事内容，至少应该包含以下要素：基本的故事单元（母题）为结构基础，设定叙事框架；强烈的情感或心理暗示渲染气氛，确定商业宣传主题；故事情景与企业精神、品牌功能、消费者利益点密切相关，即明确的故事主体——品牌或品牌代言人演绎情节。以“千年运河”文旅品牌为例（表 5）。

表 5　大运河安徽段文旅品牌叙事框架

故事要素	内容	大运河文旅品牌
结构基础	叙述框架	“用户+场景+问题+解决方案+采取行动+获得成功”，建立品牌联想
宣传主题	强烈的情感或心理渲染氛围	沉浸化品牌体验感受
故事主题	品牌或品牌代言人	旅游推广大使

狭义的品牌故事，指与品牌相关的某一件具体的故事，主要内容包括历史（起源）、文化（理念）、价值、技术、人物等。品牌故事化包含两个方面：一是品牌内涵通过故事彰显；二是品牌故事的形式表达。

品牌故事的内涵在于将人、事、物理念化，即用户在参与到具体场景之中时能够有良好的体验。这种体验是美好的、难得的，既不可复制也不可转移，品牌因此也能通过用户体验感受获得良好的口碑，进而为品牌赋值，提供积极正面的传播效应。品牌故事化就是在这一基础目的之上通过故事这一手段展示品牌价值。大运河文旅品牌故事化的重要性不言而喻，对内凝聚共识，聚合目标，推动品牌持续化建设发展；对外传播品牌形象，拓展市场，通过大运河文旅品牌故事化，将大运河文旅品牌、用户体验者、文旅品牌开创者通过故事纽带链接起来，同时也能赋予其品牌更丰富的精神内涵。

品牌故事特别是在视频化时代，可利用文字、图片、视频、AR 等方式实现多媒体传播。索绪尔的符号学理论指出，人际传播的符号分为语言和非语言两类，视频作为非语言符号能够打破地域与地域、国家与国家的文化隔阂，让拥有不同文化背景的观众无障碍地欣赏大运河风景并深入洞悉运河文化，在情感层次上增强对大运河文化的欣赏和喜爱。

（三）合理利用，保护性开发运河资源

应对大运河文旅资源合理利用，保护性开发运河资源，严格落实国家、省对各级各类文物和文化资源的保护方针和要求，把保护好大运河文化作为首要任务。在保持遗产真实性、完整性和延续性的基础上科学合理利用，构建遗产保护传承利用与文旅融合发展协调并进新格局。

1. 保护优先，建设“生态运河”

大运河保护在城镇化、工业化过程中过于强调“规模效益”和“经济增长”，忽视了文化遗产保护和生态环境保护的重要性。大运河面临着水域缩小、水质污染等亟待解决的生态环境问题，改善大运河水生态环境状况，充分发挥大运河的景观作用，要坚持人水和谐、绿色发展的建设理念。建设“生态运河”需要政府和运河管理部门、企业和公众多方协同发挥作用：安徽省政府及大运河管理部门应当明确自身职责，宣传运河保护理念，预防为主，共建运河良好生态环境，重视对于运河的规划统筹，明确大运河的绿色发展之路；当地企业如水泥厂、造纸厂等需进行污水排放的企业要增强责任意识，在技术处理后再排放污水；要增强企业绿色发展意识；同时公众应加强自身的主人翁意识，将运河保护意识贯彻到行动中，保护运河水资源不受污染，可定期组织运河环保宣讲，促使运河保护的责任落实到每一个公众的肩上。

“道阻且长，行则将至”，大运河治理并非一朝一夕之事，打造“生态运河”也并不是阶段性口号，应在多方主体的协同作用之下，强化顶层设计，建立运河可持续发展方案，设立阶段性目标，明确大运河保护的基本方案，实现多元保护目标的协调。

2. 多维建设，打造“智慧运河”

大运河流域需加强水生态保护和修复，加强南水北调输水通道水源保护，保障河湖生态需水，恢复大运河沿线生态绿色生机，建设生态大运河，净化河道环境。同时，需加强人力物力财力修复大运河本底资源，发挥大运河功能，统筹协调防洪与输水、航运、河道整治与文化遗产保护的关系。

通过卫星地图、大数据、物联网等现代化技术手段，打造大运河联网监管

系统，对实时数据进行分析，加强对大运河水质、水域和大运河沿线生态的感知能力，强化大运河水安全防控，基于实时数据建立大运河数据库，将运河数据资源进行汇集和管理，打造智慧运河数据库，实现数据的查看、检索、下载和导出等多项功能，为管理人员和专家学者提供数据支撑，构建起“智慧运河”系统。①

（四）加强品牌管理，释放品牌效能

1. 引进人才，持续品牌创新

人才是第一资源，互联网日新月异，面对新媒体及市场环境的变化，在积极融入新媒体环境中的同时，要大力培养全媒体人才，实行更加积极、有效的人才培养政策，提高文旅品牌团队的综合内驱动力。要不断优化人才队伍结构，保持团队持续创新能力，完善文旅品牌团队考核机制，把更多优秀人才匹配到关键岗位上去，充分释放人才活力。

品牌建设以内容产品为核心，拥有优秀的人才配备才能在已有的条件基础上不断推陈出新、探索前行。安徽大运河文旅品牌在建设过程中，可利用工作室制度激励改革创新。对于品牌牵头人而言，工作室制度下其在人员招聘和筛选上将拥有更大的话语权，并且工作室制度在完成阶段性品牌建设的过程中可以对现有团队人员重新洗牌，保证团队创新质量，最大化地发挥集体的力量。这样，工作室在一定程度上能拥有相当的“开放权”，可以围绕品牌建设任务对团队核心人员进行动态调整，人员的调动取决于个人能力和团队的协调。打造品牌工作室是寻求体制与市场之间的平衡，让品牌创新者的意志在工作室保持相对的自由，让品牌工作室成为“众创空间”。

2. 跨界合作，延伸品牌链条

跨界指的是不同属性的事物或行为主体相互融合、渗透，创作出具有生命力的新业务、新模式、新产业等。跨界合作能促进安徽大运河文旅品牌更高质量的发展，为其赢得广阔的发展空间。在跨界合作的品牌推广过程中，需要品牌牵头团队以开放的状态和广博的胸怀接纳一切有利于品牌发展的元素，并且借助互联网技术多样化呈现品牌产品。可将技术设计性的工作外包给专业广告

① 李原园、黄火键、杨晓茹，等：《大运河河道水系治理管护思路与对策》，《中国水利》2020 年第 22 期。

公司，由其设计出市场青睐的文旅品牌形象，并可借助网络意见领袖将品牌产品进行社交推广。内部人员的专业和外部人员对于市场动向把握的结合才能充分地为品牌赋能。

安徽大运河文旅品牌在推广过程之中，应与外部机构进行跨界合作，特别是在 5G 时代，要利用移动数字技术打造互联网运河文化。一是建立矩阵式传播渠道。在多个平台建设大运河文化品牌账号，打造个性化、垂直细分的品牌账号，多个账号联动形成扳机效应。二是利用数字媒体技术活化大运河。在互联网终端中以视频、图片、文字等多种形式对大运河进行呈现，特别是在视频化时代，应利用长、短视频结合的方式：长视频侧重于对运河的知识性普及，打造大运河知识传播体系；短视频通过短小精悍的视觉代入，展现运河图景，并且短视频可链接到长视频，以满足互联网用户对大运河深度了解的需求。三是调动用户参与。互联网用户的喜好通过评论、点赞和转发的形式得以体现，在流量至上的互联网环境中，这样的“鼠标投票”也是运河品牌推广的重要参考数据。

撰稿人　顾琴
单　位　扬州大学新闻与传媒学院

文旅名镇（村）/示范区（带）篇

JIANG-YUN JIAOHUI

C H A N G - S A N J I A O

DAYUNHE WENHUADAI

W E N L Ü R O N G H E

PINPAI ANLI YANJIU(2022)

运河旅游地的文化表征及其场域审视
——以十二圩古镇为例①

在大运河文化带和国家文化公园建设背景下，运河旅游地的文旅融合发展成为理论和实践层面关注的焦点。运河文化是运河旅游地的核心文化资源，如何通过旅游发展促进运河文化的保护传承利用？旅游在运河文化活化保护中应当发挥什么样的作用？文旅融合应当通过何种路径实现有机统一？旅游场域在地方文化生产中应处于何种地位？这些都是运河旅游地在实践过程中普遍面临的问题。文化表征作为审视文化内涵和表现形态的经典理论，为运河文化研究提供了适切的理论框架②。因此，为积极响应上述学术关切和现实问题，本文以十二圩古镇为例，从文化表征理论视角分析其现阶段运河文旅实践和未来规划中的表征形式、内容及场域结构，并归纳其中的转变规律，进而从小城镇尺度视角为旅游赋能地方运河文化的有效路径做出有益探索，同时为运河旅游地文旅融合发展提供理论基础和实践参考。

一、十二圩古镇概况

十二圩古镇位于扬州市仪征东南部，处于长江与大运河的坐标交点，地理位置优越。据 2017 年年底统计数据，其辖 2 个国营场圃、9 个行政村、1 个社区、3 个居委会，区域 63 平方千米（含江滩），共 229 个村民小组、31650 余人，区域内流动人口 2.5 万左右③。

十二圩其名源于清同治十二年（1873 年）淮盐总栈的官署设立在当地第十二个圩中。同年，十二圩开埠，两淮盐务总栈落户，地图上始有十二圩之地名。作为清末大运河沿岸最年轻的市镇，在短短几年间里十二圩就建起了 30

① 基金项目：国家自然科学基金项目“线性文化遗产旅游空间生产的过程、效应与机制研究”（编号：41771146）。
② 郭文、朱竑：《社会文化地理知识生产的表征与非表征维度》，《地理科学》2020 年第 7 期。
③ 数据来源：十二圩工作局提供。

多个专用码头，供2000多条江船、驳船装卸淮盐，淮盐运销湖南、湖北、江西、安徽4省，十二圩成为运河沿线的重点城镇，是清末中国最大的食盐中转运销之地。彼时拥有专卖执照的各路盐商蜂拥而至，十二圩钱庄、典当、酒店、百货、木行等商号不下400家。一盐称盛、百业俱兴的磁场效应，加上运河与长江带来的交通优势，各地移民纷纷集聚于此。扬州乃至江北地区最早的电报局、最早的发电厂、最早的邮电局、最早的照相馆、最早的江轮船码头都在此率先兴起。方圆不到2平方千米的弹丸之地迅速演变、膨胀成沿江18帮、15万人谋生、淘金的“梦工场”和让外界高看一眼的“经济特区”。良好的区位条件也促使不同文化在十二圩碰撞交融，演绎出了具有地域色彩的运河文化、盐文化和饮食文化等。直到20世纪30年代，盐业制度改革，“两淮盐务总栈”撤销，承载60多年繁荣的十二圩也迅速走向没落。

中华人民共和国成立后，十二圩建制经历多次调整，2020年6月十二圩工作局成立，统筹十二圩经济社会发展。如今的十二圩（图1），华丽转身为仪征城市东区建设的主阵地和沿江开发的主战场，在大运河国家文化公园和长江经济带建设的战略背景下，正在积极探索运河文旅发展的新模式。

图1　十二圩古镇遥感影像

注 图片来源：十二圩工作局提供

二、当下实践中的十二圩古镇文化表征

（一）表征形式与内容："微展示馆群"模式主导的地方性知识生产

十二圩因河而"形"，因盐而兴，在历史积淀中形成了以运河文化和盐文化为核心的多元文化，包括长江文化、盐文化、红色文化、饮食文化和乡村文化等。对于文化生产及表征方式，现阶段十二圩的旅游实践中，主要通过打造"微展示馆群"模式，基于视觉体验的符号建构，以陈列、展览等方式将多元文化的历史变迁图景再现给游客。此类表征构筑了历时性演绎的文化空间，将影像资料、地图、历史文物等物象作为十二圩相关文化历史起源与发展历程的具象符号和表征客体，构成一系列知识集，以此通过记忆叙事向游客传达地方文化历史，是典型的以展示馆为表征场域的知识生产①，其主要知识生产内容有以下几类。

1. 运河文化与盐文化：以江上盐都盐运文化展示馆为代表的符号载体

缘于其连接大运河和长江的地理经纬，十二圩盐文化是运河文化的衍生，清朝时十二圩依托水运之便发展盐运，由此萌发盐文化并盛极一时。十二圩盐栈是淮盐的集散地，淮盐总栈、盐场（盐仓）、盐码头、盐船等是其最重要的物质形态。其盐文化特点主要涉及储运方面，包括盐业制度、储运技术、盐栈运转等，从广义来说也涵盖了与此相关的盐商、盐工、船主、船工的衣食住行、文化娱乐、宗教信仰、乡风民俗等：既有清末民国的盐业制度，又有食盐储运的运作过程；既有盐栈、盐码头、盐船这些物质文化，又有盐商盐工的生活文化；既有盐业历史，又有受盐文化影响的地方文化；既有传统文化，又有近代文化。

因此，为做好运河文化与盐文化的保护与传承工作，十二圩进行了一系列遗迹修复和场所建设，这些是文化表征的物质载体。如修复两淮盐务总栈（市级文物保护单位，截至 2018 年 12 月修复 5 间）、复原两淮盐运码头遗址、建设江上盐都盐运文化展示馆、恢复盐宗庙和杨泗庙等。其中，江上盐都盐运文化展示馆是盐文化表征的核心建筑，于 2019 年 5 月正式开馆，场馆占地面

① 宋厚鹏：《论当代博物馆文化表征的视觉建构——关于空间展示中两种视觉性的对立与融合》，《天府新论》2021 年第 6 期。

积1334平方米，场馆展陈古代至新中国时期的两淮盐运相关文物600余件。该馆全部展陈分为“淮盐转运，源远流长”“东南盐都，利浦尽美”“华丽转身，继往开来”“人杰地灵，遗泽流芳”四大板块，从历史脉络、地方发展和名人传记等维度构建十二圩盐文化历史的知识框架，向游客传递地方历史知识，生动唱响了“一部淮盐史关系百家咸淡，万年扬子江书写千载春秋”的淮盐百味史歌。两淮盐运码头遗址则通过修复的方式将旧时盐运流程中的核心建筑复现，这是基于景观叙事的知识生产。盐宗庙供奉的是三位盐业始祖的雕像，即夙沙、胶鬲和管仲，分别是中国古代制盐、贩盐和盐政的创始人，庙内也展示了三人的主要事迹。该文化表征手法主要是形象叙事下的盐文化知识生产，即通过具体人物形象的讲解介绍向游客传递表征内容。这些以江上盐都盐运文化展示馆为代表的运河文化和盐文化表征载体，以遗址修复、文史展陈、塑像设置等不同的视觉建构方式，将十二圩盐运历史再现于旅游场域中，从而实现盐文化知识叙事。

2. 红色文化：以中共仪征党组织诞生地纪念馆为代表的符号载体

十二圩红色文化优势明显，仪征地区最早的中国共产党支部便是在十二圩成立的，革命先烈江上青同志也曾在十二圩扬子初级中学以教书为掩护开展党的地下工作。为响应红色教育和党史学习教育，发展红色旅游，十二圩以此作为红色文化的主要表征内容，建立了中共仪征党组织诞生地纪念馆和江上青史迹陈列馆。前者建于原古镇钱庄三行办事处旧址，于2019年10月开始进行主体修复，2021年5月20日开始布展，同年6月20日完成全部展陈，是集党史学习教育、党史资料查询于一体的红色革命文化场馆。馆内展陈分为“盐都火种”“扬子风云”“群英流芳”“扬帆远航”四大板块，共展出革命历史文物原件与复印件100件，浓缩了仪征最早的党组织的奋斗历程。后者选址于江上青曾经工作过的十二圩扬子初级中学，设立于江上青诞辰100周年之际。江上青原名江世侯，1911年4月出生于江苏省江都县，曾被国民党当局以学运骨干分子为名逮捕入狱，出狱后改名江上青。在仪征十二圩扬子初级中学工作期间，江上青以一位共产党人的高度责任感，大力传播先进的马克思主义思想，积极发动广大群众投身共产主义革命洪流，留下了许多革命的印记和足迹。1939年8月29日，年仅28岁的江上青壮烈牺牲。

以上两座红色馆建以红色历史的时序演进为主线，通过图文资料和复刻物件等文字、形象叙事方式，构建了地方红色文化空间，表征了中国共产党在十二圩地区的斗争和发展全景，向游客表述其红色文化的历史脉络，主要服务于党建和党史学习教育等工作，是红色主题场景下基于视觉建构的地方性知识生产。

3. 乡村教育文化：黄质夫纪念馆

黄质夫出生于江苏仪征，在 20 世纪 20 年代投身于乡村师范教育事业，是中国乡村教育先驱之一。他先后创办主持了江苏界首、南京栖霞、浙江湘湖的学校，以及国立贵州师范学校，力倡“生活教育”理论，提出“乡村学校化，学校乡村化”的主张，建立了独特的乡村师范教育体系、系统的教育方略和富于实践意义的教学模式，在中国教育发展史特别是中国乡村教育发展史上发挥了积极的倡导和示范作用。因此，为宣传乡村教育的重要性，纪念与弘扬黄质夫先生的教育主张和实践精神，十二圩积极备建黄质夫纪念馆。纪念馆以黄质夫先生的先进事迹为主要表征内容，以文字图像资料为表征形式，是以教育文化为主题的知识生产，其主线仍是基于历史脉络的记忆叙事。

4. 乡风民俗文化：十二圩乡愁记忆馆

十二圩乡愁记忆馆位于两淮盐务总栈旧址东侧，是十二圩乡风民俗变迁的表征场所。馆内首先以故事线形式，用关键词展现了近代以来十二圩的重大事件；其次以胶卷式样的旧影相片呈现十二圩从无到有、由盛及衰的片段缩影，并由此展开十二圩在历史演进中的乡村文化嬗变，主要有饮食流变、民俗变迁等方面，包括“江洲八样”和“长江三鲜”的由来，以及相关非遗如“二度梅的故事”“十二圩民歌”等的传承保护。

从文化表征视角看，十二圩乡愁记忆馆通过对文字影像的编码与解码，以类似“逐帧”式的点集序列建构起十二圩日常记忆的叙事框架，将其过去流逝的景观记忆再现于特定的空间场景中，并反馈于游客的视觉感官，反映的是乡村文化的知识生产过程。

综上，十二圩文化表征多集中于“展示馆”空间，运河文化、盐文化、饮食文化、红色文化和乡村文化等是其再现的重点内容；在手法方面，主要依赖历时性的记忆叙事，将各类历史物象符号作为表征媒介向游客传达其独特的地方性知识。

（二）场域审视

1. 游客凝视下的静态场域

十二圩“微展示馆群”模式的地方性知识生产，是视觉建构导向的文化表征。表征客体是诸如文字、影像、物件等固定的、静态的传播媒介；而表征主体，即游客，在此场域中面对该表征客体，主要通过对这类静止符号的“凝视”获取地方性知识。在这一过程中，文化表征的主客体均处于静止状态，地方文化的知识内容隐喻于静态的符号载体中，游客在停留时的旅游凝视中被动地接受知识生产。因此，“凝视型景观”构成了这里的文化表征①，而其所处场域也自然是静态的。

在凝视下的静态场域中，游客对运河旅游地的感知主要来源于机械式的知识生产，缺乏与运河旅游地的体验互动，使得游客对运河旅游地的地理想象停留在历史建构层面，而尚未生成实质意义的地方感。换言之，静态场域下的文化表征割裂了地方想象的时空性，只侧重于历时性的记忆叙事，而忽视了运河旅游地空间上的表征及空间转向地方的意义建构②，造成了地方意义的空洞表达③。现实层面，“微展示馆群”承载着十二圩多元文化的丰富内涵，但其表征形式和场域不足以将其生动再现。游客的旅游行为仅发生在展示馆空间内，且旅游行为只包括静态旅游凝视，就如同观看了一部地方文化史的纪录片，限制了游客自身的能动性，旅游体验的维度过于单调。体验缺席下的单一运河旅游模式难以激发游客兴趣，也无法形成可持续性的旅游发展。

2. 主位缺失与日常情境脱域

包含地方性知识的地域文化是人地互动的产物，人地关系构成了地域文化的核心要素，也是其文化生产与再生产的动力来源。以此对比，进一步考察十二圩文化表征的场域结构，发现其缺少了地方文化生产的主位，即当地居民身份缺席。“微展示馆群”模式注重以物象表征地方文化，但这些展示馆空间并不能展现十二圩多元文化的全部内容，诸如运河文化和饮食文化流变至今的乡村风俗等是展示馆知识生产所无法触及和表征的，需要居民的在场来进行实景“演绎”。因为，当地居民身份的参与，才是地方文化生产的形象写照与活态表征。

① 王泓砚、谢彦君、王俊亮：《凝视性景观与互动性景观——旅游场景观类型对游客地方感的结构性影响》，《旅游学刊》2021 年第 11 期。

② 安宁、朱竑：《他者，权力与地方建构：想象地理的研究进展与展望》，《人文地理》2013 年第 1 期。

③ 刘婷婷、马凌、保继刚：《旅游中的地方营造：缘起、内涵及应用》，《人文地理》2022 年第 2 期。

居民在旅游场域中的参与，主要通过其日常实践的嵌入而实现。因此，主位缺失引发的更是日常情境的缺失。十二圩旅游场域主要发生于展示馆空间内，是相对虚拟的、建构的并带有“表演”属性的，游客与当地非旅游的、日常的真实生活情景在一定程度上是隔绝的。当地居民的日常生活是地方文化的生动再现，居民在日常中的居住空间、休闲空间、休闲偏好、仪式风俗、饮食习惯，以及使用的方言、与游客的互动等，都构成了日常实践的具体内容。如十二圩知名的“江洲八样”与“长江三鲜”等美食，是其临近长江，再叠加上运河漕运与盐运带来的各地人口的频繁往来，当地打渔人的三餐习惯便演化、交融形成了独具特色的江河美食。但十二圩日常情境与旅游场域的脱离，造成了其地方性无法匹配恰当的表达媒介，甚至是无从表达。从游客角度，他们选择运河旅游地，不只是期望了解其历史脉络，更希望在旅游过程中具身性地体验和感受“生活化的”地方文化。当地居民的身份缺席和日常情境的脱域，使得游客难以接触并深刻体验到十二圩真实的、生活化的多元文化内涵，与当地无法达成良性旅游互动，对其地方文化的感知和体悟难以形成立体化框架。

三、未来文旅规划中的十二圩古镇文化表征转变

针对运河文旅实践中显现出的欠缺之处，十二圩也在不断探索寻求优化和改进方案。在近期规划中，为提升游客在旅游场域中的体验获得感，将日常生活叙事融入旅游场域，加强主客间互动，十二圩新增了多个运河文旅项目，包括盐文化主题酒店、“九街十八巷”特色历史街区、盐山、盐海漂浮浴场等（表1），实现了十二圩文化表征在形式、内容和场域上的转向与深化。

表1　十二圩规划中拟建文旅项目

序号	拟建项目	内容说明
1	世界舰船展示馆	展示古代造船工艺的同时开辟舰船模型大厅，展示中外舰船模型。打造航模、船模制作基地，每年举办全国性的航模、船模大赛。开辟红色教育区，介绍十二圩船民抗英、抗日历史，以及中国海战历史、中国海军成长史、渡江战斗史等影像资料，开展 VR 体验活动

续表

序号	拟建项目	内容说明
2	“九街十八巷”旅游商圈	结合十二圩盐运老街（鱼骨街）历史，以老建筑为核心，修葺、恢复清末街区老字号门市，如官盐店、典当行、布店、官酱园、木行、文化用品店等，同时引进古琴、漆器、剪纸、玉雕、刺绣、灯彩、髹饰技艺、雕版印刷、“三把刀”等扬州非物质文化遗产，重新打造“九街十八巷”历史文化特色街区，穿插扬州评话、扬州清曲、传统戏剧木偶戏、扬州戏剧表演等旅游内容以吸引游客，并重现十二圩古镇的繁华景象。与此同时，进一步挖掘十二圩特色餐饮文化，将盐帮菜与十二圩特有的江鲜食材相融合，打造别具风味的盐帮菜，如“长江三鲜”、“江洲八样”、鱼汤面、蒸饺、荠菜羹、香干等。同时，引进淮北、自贡、巴蜀等地的盐帮菜系特色餐饮，打造“中国盐帮菜第一街”
3	中国盐文化主题酒店	在酒店的装潢、装饰过程中突出盐文化特色，建设中国第一所盐文化主题酒店，供游客休闲住宿
4	沿江湿地公园	利用现有的长江湿地资源，建设大江风情长江湿地公园，供游客垂钓休闲，采摘江鲜野菜。培育“长江四鲜”“百亩桃园”“百亩樱桃”“百亩葡萄”等游客采摘项目
5	盐海漂浮浴场	利用饱和盐卤水建立室内恒温漂浮池，一年四季水温都保持在28℃左右，游客躺在热气缭绕的池中，身体如浮萍般荡漾，神奇的浮力将游客轻轻载起
6	盐疗养生中心和盐泥体验区	建设盐屋、盐疗池、盐泥体验区。利用海泥及富含钾、钠、氯等丰富矿物成分的卤水来美容，建成以盐疗为主的现代化养生馆，设有盐疗护理区、水疗区、顾客休息区、专业盐疗咨询区等，让每位客人在这里都能享受到独一无二的全新体验和特有的理疗效果
7	盐滩娱乐、盐雕、盐画体验区	铺设盐滩，供游客互动娱乐，体会亲近大自然的美妙感受。用盐制作各种人物、动物及各种盐文化传说盐雕，形成鲜明特色的文化盐雕群。开辟可供游客制作盐雕和盐画的互动专区。游客可根据自己的属相，制作十二生肖盐雕，中小学生可以根据自己的爱好制作盐画
8	盐文化创意园和购物区	以“盐文化”创客中心为载体，引进世界各地和全国各大盐业集团的盐文化创意科研机构和盐文化创意产品，形成盐文化创意园，打造永久性盐文化创意产品博览会、世界盐业之窗展馆，以及盐文化产品网上、线下交易平台。同时，开辟盐文化创意产品购物区，供游客采购，使游客在挑选盐文化创意产品的同时，感受悠久的盐文化历史内涵
9	长江湿地休闲基地	利用现有长江湿地资源，建设大江风情长江湿地公园，供游客垂钓休闲，采摘江鲜野菜

注 十二圩工作局提供

（一）表征形式：凝视型转向体验型

从表 1 可看出，十二圩规划新增的文旅项目多是体验型的。如盐文化相关的盐海漂浮浴场、盐画体验区等，在原有视觉建构的表征基础上充分调动了游客的触觉、听觉等感官，给其带来沉浸式的旅游体验，而不仅仅局限于简单的旅游凝视。即便是同样以地方性知识生产为主的世界舰船展示馆，也开辟了航模制作板块和 VR 体验区，表征形式更多元，不单单是凝视型的、生硬刻板的被动接收。

凝视型向体验型转向的过程，其本质是原有的知识生产向体验生产的转变，也伴随着由地理认知向地理想象的转变。游客在十二圩游览，就像是作为主角之一在演绎一部古今交织的情景剧，其获得的不仅仅是历史地理知识，更是在体验中建构了对十二圩独特的意象，促成了地理想象的形成和深化。十二圩于游客心中将不再只是地图认知上的地名，而生动的运河旅游地的立体形象。

（二）表征内容：记忆表征转向社会表征

在表征内容方面，原本“微展示馆群”式以记忆叙事为主的表征手法也转向了社会层面的集体表征。可以理解为，“微展示馆群”模式下的十二圩文化表征主要是向游客传递其历史地理知识，将过去发生的事通过各类载体投射至展示馆空间，地方记忆是主要内容，也就是历史文化的记忆叙事。而社会表征所指的是其表征内容覆盖了地方的整个社会结构，既包括地方记忆，也包括当下的社会关系和日常生活；表征载体也由展示馆空间拓展至整个社会层面，如居民的日常行为也可以是地方文化的表征符号，相当于是表征载体的抽象化。因此，该表征转变也伴随着历时性转为共时性的过程，由线性的历史记忆叙事转向“即时”和“在地”的地方空间叙事①。

具体到十二圩的文旅规划，以“九街十八巷”旅游商圈为例，其拟将十二圩多条街道串联成片，并引入老字号、非遗项目等，以此打造集聚式的特色旅游圈。这些街道原本与十二圩旅游场域并无交集，是居民日常的生活和休闲场所，经文旅开发后而嵌入旅游场域。但这并不意味着原有日常情境的淡出，

① 何永成：《地方文化遗产的话语意义建构——以温州市蒲州老街为例》，《温州大学学报（社会科学版）》2019 年第 1 期。

而是两者共生于同一空间。居民的住宅、街上的理发店和小吃店等大部分仍予以保留，不是“去生活化”的旅游开发，这些场所也成了十二圩文化表征的符号。游客在这些街道漫步时，不仅能在特色店铺中体验地方文化，还可以在与本地居民的互动中感受十二圩的文化风俗。

（三）场域延拓：居民融入与日常情境嵌入

随着记忆表征向社会表征的转向，十二圩旅游场域也得到了延伸和拓展，表现为居民身份的在场及由此带来的地方日常情境嵌入，从而使得十二圩旅游场域并不只封闭于各类展示馆空间之内，而是扩散弥漫至整个地方社会。原来场域中的静态展示馆知识生产，叠加进了居民与日常情境，使得场域构成更为丰富多元，文化表征的符号载体和表达形式也达成了“物—地—人”的依次递进，反过来又形成了“人—地—物”的意义连接。因此，游客在十二圩的景点选择也更多样，可以在展示馆获取地方历史知识，在盐文化漂浮浴场沉浸式体验盐文化和盐知识的乐趣，在特色街区与居民交流互动。总之，旅游场域延拓后的十二圩文旅模式，可以让游客在充满地方烟火气息的旅游氛围中感受十二圩的文化风俗，实现了地方文化的活化保护传承和利用。

四、结论与启示

本文以文化表征作为理论基础，对十二圩古镇现阶段的文旅实践及规划拟建项目进行分析解读，认为十二圩在历史演进中形成了以运河文化和盐文化为核心，包括饮食文化、红色文化、乡村文化等构成的多元文化内涵。其当下以“微展示馆群”为主的文旅模式旨在以江上盐都盐运文化展示馆等文博纪念场所作为表征载体展现地方文化，本质上是地方性知识生产过程。接着，文章从场域视角对“微展示馆群”模式加以审视，发现其欠缺之处在于：一是该模式侧重于视觉建构为主的静态凝视，未关注到游客互动体验的生成；二是该模式旅游空间与当地日常生活空间相对隔绝，造成了本地居民身份在旅游场域中的缺席及日常情境的脱离，由此导致的“去生活化”的文旅模式使得游客难以真正融入当地氛围并建立地方感。基于以上不足，十二圩在未来规划中探索了优化方案，通过开发一系列体验型文旅项目，加上居民日常生活情境与旅游场域的融合，实现了文化表征形式由凝视型转向体验型、表征内容由记忆表征转向社会表征的转变。

结合大运河文化带和国家文化公园建设背景，本文的案例研究结论也为运河旅游地文旅融合模式带来了几点启示。首先，要厘清自身文化禀赋和图谱，全面梳理和整合地方运河文化资源。其次，在此基础上，一方面，可以建立展示馆、纪念馆等保护运河文化资源，以知识生产方式叙述地方运河文化的历史嬗变过程；另一方面，要注重运河文化的体验生产维度，做到“知识化”与“生活化”并重。具体地，可在文旅项目中增加文化体验及与本地居民的互动，把运河文化贯穿于旅游过程的多维感官体验中，并将地方烟火气息融入旅游场域，以“生活化”“沉浸式”“互动体验”的旅游形式促进地方运河文化的活化保护传承利用，打造具有地域特色的运河旅游地品牌①。

撰稿人　金阳、侯兵
单　位　扬州大学旅游烹饪学院、中国大运河研究院

① 薛芮、余吉安：《基于地方品牌建构的乡村文化旅游活化路径》，《经济地理》2022 年第 6 期。

大运河沿线小城镇文旅融合发展研究
——以杭州市塘栖江南运河名镇为例

大运河是中国劳动人民改造自然的伟大壮举，推动了经济发展、文化传播、城镇繁荣，孕育出璀璨的运河文化。大运河沿线的城镇水脉相济、文脉相亲，沿线形成的众多聚落（城镇、街区、村落等）与运河的开凿、修筑、治理等密切相关。作为运河文化的集中承载空间，沿线的著名城镇、文化街区、传统村落等空间范围内保存着丰富多样的物质与非物质文化遗产，镌刻着历史和地域的鲜明印记，也创造着独特的现代化价值。目前，学界、政界关于大运河与沿线聚落的研究往往以沿运河的大、中城市为主，缺少对中、小城镇的关注①，特别是对大运河沿线典型小城镇文化遗产的旅游利用研究更是稀少。文化是小城镇的灵魂，文化根植、孕育于小城镇的社会发展、社会群体记忆之中。小城镇文化是地方形成、变迁和发展中具有传承价值的历史足迹，是地方性魅力的基石。在大众旅游时代，特色文旅小城镇的热度居高不下，然而旅游发展导向下的运河沿线历史文化名城名镇逐渐出现了个性缺失、产品同质化严重等一系列问题②，运河沿线典型小城镇的文化遗产保护、利用与传承亟待引起重视。

文化和旅游业是大运河国家文化公园系统性建设的重点内容③。“以文塑旅，以旅彰文”是文旅融合发展的理念，文化和旅游产业融合是文旅融合发展为核心内容，产业融合的关键在于产业价值链的融通，寻求和匹配文化产业和旅游产业价值链的契合点和融合点，则有利于充分发挥文化和旅游在产业发展中的相互作用及在整个社会经济中的推动作用④。作为产业的新型空间组织形式，特色小城镇可有效推动新型城镇化，助力产城融合。特色小城镇坚持产

① 李永乐、孙婷、华桂宏：《大运河聚落文化遗产生成与分布规律研究》，《江苏社会科学》2021 年第 2 期。

② 竹丽凡、丁占勇、钱振澜，等：《“需求—适应”视野下文旅小城镇人居环境营建策略——基于杭州市胥口镇的研究》，《建筑与文化》2020 年第 9 期。

③ 秦宗财：《大运河国家文化公园系统性建设的五个维度》，《南京社会科学》2022 年第 3 期。

④ 范周：《文旅融合的理论与实践》，《人民论坛 · 学术前沿》2019 年第 11 期。

业、文化、旅游三位一体和生产、生活、生态融合发展，是一个具有明确产业定位、文化内涵、旅游和一定社区功能的发展空间。以旅游业为主导的第三产业是特色小镇的一种重要类型，是以旅游发展为依托并结合地方特色产业培育的小城镇。

杭州是大运河的重要起点城市，塘栖是杭州的水上门户（北大门），是傍着运河航道发展开来的。塘栖始建于北宋，明、清时曾被誉为“江南十大名镇”之首，在历史上是名副其实的鱼米之乡、花果之地、丝绸之府，直至当代其江南水乡文化与运河文化仍极具特色。塘栖依托水系的通达，发展成为江南地区的商埠，而繁荣的延续又形成独特的人文底蕴。运河商业是塘栖历史上从小渔村发展成繁荣市镇的主要原因。作为江南运河商贸重镇，塘栖历史上因水而生，因商而长，因文而名，因运河经济而发展繁荣。生态环境、经济发展、社会建设协同发展，是塘栖江南名镇发展的重要脉络。塘栖镇先后获全国综合实力千强镇、全国文明镇、浙江省首批历史文化名镇等诸多荣誉称号。作为浙江省级小城市培育试点之一，塘栖积极推进中心镇向小城市转变，并在发展和建设城镇的过程中充分利用自身的资源禀赋、运河文化遗产特色、区位优势等，注重差异化发展，避免区内项目重复、产品同质等，突出塘栖地方“特点”，即“个性”，在功能定位、产品谱系、业态创新、项目建设等方面错位发展，打响了“千里大运河最靓在塘栖”城市品牌，形成了“以线串点（大运河串联镇域文旅资源节点）、以线带面（发挥运河连线织网的促进作用，助推全镇域旅游发展）”的小城镇文旅发展新模式。本文总结和剖析塘栖文旅建设的典型实践案例，以期为大运河沿线小城镇建设提供经验参考。

一、丰富运河名镇以文塑旅内涵

生态是塘栖的底色，文化是塘栖的特色。作为水乡集市的活态传承地，塘栖生态环境优美，文化底蕴深厚，文物遗产众多。塘栖因历史文化要素和人文生态风貌独具特色而被列入浙江省首批旅游风情小镇创建名单。因此，梳理塘栖文化和旅游资源的现状，提炼“以文化生态资源保护为前提”的文化和旅游资源利用的实践体系，势在必行。

塘栖镇资源优势明显，主要文化和旅游资源为广济桥、水利通判厅遗址、乾隆御碑、“三条半弄”等物质文化资源，以及特色民俗、戏曲、歌谣、美食、老字号、传统工艺等非物质文化遗产，这些资源是具有较高历史价值、文化价值的旅游资源实体。塘栖江南运河名镇人文生态条件侧重于生态资源保护与物质载体建设，具体包括：一是构成名镇的自然生态空间；二是名镇的物理空间，以及在历史中形成的物质文化资源；三是名镇物理空间中具有的丰富多彩的非物质文化遗产。

（一）自然和人文生态条件

塘栖古镇周边原生水系景观特色鲜明，河道纵横，呈现出“出门即是桥，人家尽枕河”的整体风貌，京杭运河杭州段贯穿整个镇域，镇中心又有市河、东小河、西小河、北小河与运河相通，整个地形如“出水荷花，比比墩阜，非桥莫通”，充分展现了塘栖典型的江南水乡特征。此外，山岳景观——超山，因超然突起于皋亭、黄鹤之外，故名。超山风景区以“十里梅花香雪海”为特色，是江南探梅胜地。

（二）文物和历史文化资源

塘栖古镇拥有包括广济桥（建于明弘治年间，系大运河上唯一的七孔石拱桥，是运河历史水工技艺的体现）、乾隆御碑（浙江省境内最大的石碑之一，证实了塘栖是重要的漕运中转站）、明清古建筑群（秉承明代造型，形成秩序井然的三合院或四合院模式）、“三条半弄”（国内罕见的一种弄堂墙门建筑，以独特方式展现江南特有的里弄风情）、大纶丝厂（建于清光绪年间，系历史上杭州丝绸之府美誉所留实证，开启了我国民族资本工业的先河）、谷仓博物馆、何思敬纪念馆、临平方志馆等景点 12 处，直接呈现了塘栖的历史文化风貌。自古以来塘栖物产丰富，百年汇昌、姚致和堂、鼎昌绸布、长春药店、泰丰米厂等一批百年名店、知名老字号和当代文化主题酒店已成为塘栖文化的重要组成部分。

二、构建塘栖江南运河名镇文旅产品谱系

塘栖江南运河名镇自身历史悠久、文化深厚、交通便利、景观类型多样。随着中国大运河成功入选《世界遗产名录》，塘栖的文化和生态价值不断凸显，文化和旅游业的发展也逐渐步入正轨。当前，塘栖坚持高质量发展的文化

和旅游深度融合理念，深挖古镇文化基因，关注旅游业态的新发展趋势，推进休闲、乡村、节庆、红色、研学、康养、文创、非遗等文旅产品深度开发，构建塘栖江南运河名镇文旅产品谱系。

（一）培育彰显运河名镇魅力的旅游产品

大运河旅游具有线路长、景区/景点多、文化背景丰富多样等特点，在融合开发运河旅游产品时，要注重运河物质文化遗产和非物质文化遗产的交相辉映，并根据特色文化衍生创新符合现代消费者需要的体现江南名镇魅力的特色旅游产品，具体包括：展示式旅游、体验式旅游、购物式旅游、运河“水上+岸上”游等。

1. 展示式旅游

新建系列特色主题文化展馆。例如，打造塘栖红色文化新地标——何思敬纪念馆，该馆由塘栖人何思敬（1896—1968，我国第一部宪法的重要起草人之一）的老宅改造而成，陈列和收藏了何思敬生前影像、手稿等重要实物资料，是集法治教育和爱国主义教育于一体的综合性教育基地。建设运河谷仓博物馆，该馆是一座以谷仓为主题的全代史博物馆，通过深入挖掘运河漕运文化和谷仓之间的关系，运用农耕文化和仓储文化的信息和元素，营造兼具传统文化内涵和时代精神的文化旅游场所。

2. 体验式旅游

植入旅游新要素，增添发展新生机。在旅游住宿方面，依托古镇原有建筑，通过对传统建筑内部空间的改造，推进精品民宿创建，涌现出一批特色文化主题酒店。例如，位于塘栖古镇景区的雷迪森庄园，是大运河边首家博物馆型精品庄园度假酒店，地面三幢主体建筑由 1979 年塘栖粮站保留下来的粮食仓库改建而来，因运河谷仓博物馆创建在先，故命名为谷仓庄园。该酒店围绕谷仓文化特色主题，在总体策划功能布局中，除酒店常规住宿、会务接待、餐饮服务等功能外，还设置了农耕体验区、谷仓历史文化展陈区。此外，酒店还通过推出特色主题活动，提供深度文化休闲体验，展示产品差异性，从而使文化主题更加鲜明，增强酒店产品的识别度。在旅游餐饮方面，发行“塘栖美食个性化邮票”，扩大塘栖特色餐饮知名度。该套邮票将塘栖传统美食中最具代表性的枇杷花茶、细沙羊尾等 12 种美食融入方寸之间，经浙江省邮票局审核并报国家邮政部门批准发行，对传承江南运河水乡餐饮文化、促进塘栖文旅发展具有积极意义。

3. 购物式旅游

举办特色节事活动，发挥好塘栖文化资源优势，积极开展各类文体活动，进一步打响枇杷节、梅花节、开运节、年味节“四大节庆”旅游品牌。特别是已连续举办20余年的中国杭州塘栖枇杷节，擦亮了“枇杷之乡”招牌，成为塘栖古镇一张响当当的金名片。塘栖特产——枇杷，为中国国家地理标志产品，是浙江省乃至全国享有盛名的传统特色果品。依托特色农产品，深挖枇杷食用、药用和养生等价值，塘栖相继开发出枇杷酒、枇杷干、枇杷膏、枇杷蜂蜜、枇杷花茶和枇杷美容产品等，做好枇杷全产业链产品开发，发展枇杷节庆经济活动，并推出枇杷采摘、农家乐、民俗文化体验等现代休闲旅游项目，着力构建业态丰富、功能多样、链条完整、联结紧密的产业融合发展体系，擦亮塘栖农旅融合“金名片”，带动塘栖及周边乡村旅游发展。

4. 运河“水上+岸上”游

开发特色水上旅游线路，做优做强运河精品游览线，开通水上运河巴士（漕舫船）。杭州—塘栖段的水上巴士游线是塘栖旅游线路的重要组成部分，古镇围绕巴士游线创新开展富有特色的船上活动；整合水上交通系统、串联散布的文旅资源点，推进古镇景区带动镇域的发展模式，以“综合体”的形式从景区中心向外围辐射，形成“点—面—区—全域”的带动效应，从而促进全域旅游和人居环境品质的提升。

（二）“非遗+旅游”为文旅融合注入新动力

完善非物质文化遗产保护机制，做好非物质文化遗产的资源保护与传承。非物质文化遗产是人类劳动和智慧的结晶，包含着丰富的表演艺术、口头文学、生活习俗、服饰礼仪、传统工艺，其历史悠久、种类繁多，展示着人类社会的生活风貌、文化心理、艺术创造力和审美趣味。非物质文化遗产的价值是多方面的，应积极探索“在保护中突出利用，在传承中注重创新”的新路子，努力实现保护与利用互促共进、良性循环，让珍贵的塘栖非物质文化遗产留下来、活起来，推动非物质文化遗产创造性转化与创新性发展。

推进非物质文化遗产的活态传承，举办非遗传统技艺大展。例如，建设塘栖非遗体验基地——江楠糕版艺术馆、非遗皮影戏展陈馆等，为非遗活态传承提供了更加广阔开放的平台。培育和推进“乡村旅游+非遗”项目，让非遗文化辐射各类乡村旅游项目，提升乡村旅游文化内涵，创造非遗文化体验新场景，唤醒游客和当地居民心中对传统文化、民间文学、乡土生态的记忆和认同。

构建非遗文创系列品牌，研发多元化的旅游产品，例如塘栖非遗旅游商品——法根糕点（李法根食品厂）、国家非遗——余杭清水丝绵制作技艺、世界非遗——中国蚕桑丝织传统技艺等，创新“赏非遗”“学非遗”“吃非遗”“玩非遗”“购非遗”等模式。与此同时，文旅赋能之下的塘栖把非遗融于田间地头，根据不同季节特性布局乡村景观空间，打造美丽田野观光园，让游客体验皮影、蚕桑丝织技艺的同时，也参与种植、采摘等农事体验，为乡村旅游持续发展注入了源源不断的文化生机。

三、大运河文化助推小城镇全域旅游发展的模式

大众旅游时代，人们对旅游的需求从单纯观光向休闲、度假转变，全域旅游应时而生。实施全域旅游是大势所趋，浙江省以“旅游+”多产业融合为发展动力，以万村千镇百城景区化、旅游风情小镇建设、高品质景区打造等为抓手，走出了一条政府市场齐发力、共同探索全域旅游发展的道路①。大运河文化是助推小城镇全域旅游发展的重要动力，运河沿线特色小城镇坚持生产、生活、生态和产业、文化、旅游三位一体融合发展：通过完善文旅公共服务、旅游交通网络、公共休憩等基础设施和服务，营造主客共享运河小城镇文旅空间；结合杭州大运河国家文化公园建设，积极推进运河沿线小城镇文旅创建工作，以创促建，以建提质，以质升品。

（一）营造主客共享运河小城镇文旅空间

1. 文旅小城镇人居环境营建——“打扫干净屋子再请客”

启动小城镇环境综合整治，将小城镇环境综合整治和区域发展结合起来，

① 浙江新闻：《发展全域旅游建设诗画浙江》，2019 年 11 月 21 日，https：//zj. zjol. com. cn/news. html? id=1332315，访问日期：2022 年 6 月 13 日。

具体包括三个方面。（1）坚持拆整结合。拆除违法建筑和城中村改造、小城镇环境综合整治、河道治理、消防安全隐患整治、安全生产整治、出租房安全管理、食品安全管理等工作结合起来，开展专项行动。（2）坚持拆用结合。把拆违还路、拆违治脏、拆违增绿、拆违添景、拆违建设公共设施等有机结合起来，利用拆后的土地和拆出的空间，加快建设停车场、绿化带、公共活动场所等，让群众真切感受到环境的变化。（3）坚持拆引结合。一方面，通过小城镇环境综合整治工作，淘汰"低小散"落后产能，提升整体环境面貌；另一方面，推进招商引资，大力引进并发展新产业新业态，以产业促整治，以整治引产业，合力推动经济提质增效升级，真正让老百姓增收受益。随着小城镇环境综合整治工作的深入推进，城镇环境质量和城镇服务管理水平得到了提升，为塘栖旅游、居住、创业提供了更好的环境，塘栖镇并被评为 2019 年度小城镇环境综合整治省级样板镇。

2. 文旅小城镇空间发展规划——"规划导向下空间功能置换"

近年来，塘栖镇明确了"申遗样板、运河名镇、国际旅游综合体"的总体目标。休闲旅游规划导向下的商业空间特征明显，呈现出由商业空间向旅游商业空间转变的态势。古镇区老商业中心转化为以旅游者为重要服务对象的旅游文化商业中心，面向城镇居民生活服务的现代商业中心和文化中心则向城镇南侧、东侧发展。多中心结构下的商业空间呈现出新、旧商业空间结构。古镇区保留了传统线型空间整体结构，完成危房改造、历史街区保护和恢复工程，以及部分配套设施建设工程。修复了水北街运河沿线清代、民国时期的民居建筑，建筑内部空间则多利用进深并根据现代商业经营需求进行空间改造。随着近年来旅游业的发展，传统混合型的商住民居空间格局正逐渐转变为现代商业空间，并出现了新的商业态空间。广济路是塘栖镇整体商业空间的核心主动脉，政府规划设计了广济路步行街段作为塘栖古镇景区的引景空间，并使之成为老镇区商业流、交通流和人流的重要线性门户区①。

3. 文旅小城镇风景绿道优化——"线串珠而珠带面"

塘栖镇全面提升绿化水平，重点通过风景绿道建设，提高绿化覆盖率、人均公园绿地面积和公园步行可达性，在不破坏自然景观前提下充分利用和改造

① 范文艺、岳子全：《多中心规划下的旅游小城镇商业空间规划思考——以塘栖镇规划实践为例》，《持续发展 理性规划——2017 中国城市规划年会论文集》，2017 年。

原有历史路径，通过运河历史文化与绿道规划进行结合，利用绿道将与运河水乡风貌、江南古镇风景、民俗文化风情相关的各个历史文化遗产节点和自然旅游景点串联，积极推出塘栖古镇游、超山风景游、乡村休闲游、枇杷采摘游、蚕桑文化游等特色旅游线路。打造水上古道和乡村旅游步道——“塘超小径”，形成原生态滨水步道和山林步道，极大提升区域环境品质和社区人居环境质量。

（二）建设大运河国家文化公园文旅融合示范区

根据大运河沿线文化资源的整体布局、禀赋差异及周边人居环境、自然条件、配套设施等情况，重点建设大运河国家文化公园管控保护区、主题展示区、文旅融合区、传承利用区等4类功能区。其中，文旅融合区是大运河国家文化公园的价值延展空间，由主题展示区及其周边自然生态、历史文化、文旅资源组成。《杭州大运河国家文化公园规划》明确指出，“建设将重点围绕塘栖江南运河名镇等10个核心展示园”。规划中，塘栖江南运河名镇核心展示园的展示主题包含望山见水的运河古镇风貌格局、风俗浓厚的水乡风情体验、桑蚕丝织创新传承等内容①。围绕上述内容，塘栖镇积极响应，以“生态高颜值、文化高品位、经济高水平”为特色，推进主题鲜明的文旅导向型城镇化高质量发展。目前，塘栖镇统筹推进大运河国家文化公园文旅融合示范区的创建工作，致力于打造大运河国家文化公园样板地，具体内容如下。

第一，繁荣大运河文化，高水平推进“全域美丽”生产、生活、生态空间建设。公共空间是居民进行日常生活与公共活动的空间，也是促进邻里、居民与游客交往的场所，更是展示特色风俗与塑造文化认同的良好契机。塘栖镇加大硬件设施投入，加快推进城乡文化配套设施建设；坚持建设风景家园，有序推进美丽乡村全域覆盖；全力推进“靓城行动”，加快建设塘栖水乡风韵线环境提升项目，提升塘栖小城镇人居环境品质。

第二，传承地域文脉，塑造名镇文化地标，强化各类地标在文化展示和文化旅游中的灯塔作用。建立“桥、山、街、镇”等文化地标的相互眺望关系，形成系统、独特、关联的地标景观体系。塘栖区域内大运河沿线的桥地标包括

① 杭州市规划和自然资源局：《杭州大运河国家文化公园规划》，杭州市人民政府官网，2022年3月7日，http：//ghzy. hangzhou. gov. cn/art/2022/3/7/art_ 1228968051_ 36141. html，访问日期：2022年9月8日。

广济桥等；山地标包括超山等；街地标包括水北、水南、市河东街等；镇地标包含塘栖古镇景区、塘栖生态岛、水北蚕茧仓库、重要展馆等。

第三，打造文化性、地域性、真实性兼具的旅游体验吸引物，创建示范性文旅项目。加强历史文化名镇、街区、名居、遗址、古建筑和特色水乡文化资源挖掘与文化生态的整体保护，注重保护乡村独特的民俗风情、民间演艺、传统体育和节庆文化，尤其是加强运河文化、沿河古渡文化、区域渔文化等的保护与传承，努力通过文脉保护和旅游植入推动古镇保护与旅游利用的再开发。整合优质文旅资源和特色商业资源，推动重点文旅场馆项目建设，以运河谷仓博物馆、临平方志馆为核心，串联塘栖村农耕文化馆、河西埭村皮影戏馆、柴家坞村蜜饯制作技艺馆，助力文化商业导向的谷仓博物馆等文化业态空间的生产。

第四，加快文旅深度融合发展，探索全域发展示范路径。文旅融合的层次由低到高包括文化要素和旅游要素的相互渗透、市场主体和项目的相互融合、产业要素融合，以及文化产业、文化事业和旅游业的有机融合。培育壮大文旅市场主体，研发“文旅+”业态产品，发展文旅新业态和新模式是实现文旅有机融合的重要路径。在运河沿线小城镇的建设中，应结合地方特色文化，精准自身定位，使“景区化”建设传承地域文脉，维护地方特色，做到处处美丽可游，同时处处有差异、处处皆文化。具体而言，应坚持全域发展和镇域文旅融合发展为导向，统筹全域旅游的创建与发展，以“水脉”为主线、主轴，梳理塘栖“山、水、林、田、湖”及“城、镇、村、景、路”，彩带串珠，以线串点、以线带面，串联沿线关键节点的文旅景区景点，促进小城镇全域旅游联动发展，构建“点—线—面”文旅空间布局，打造景点旅游向全域旅游转型的典型示范。积极创建与培育一批宜居、宜业、宜游的新型景区古镇、塘栖运河文化村等大运河国家文化公园文旅融合精品示范区，发挥大运河在镇域空间内连线织网与融汇交流的重要作用。

撰稿人　于鹏
单　位　扬州大学旅游烹饪学院

淮安大运河“百里画廊”示范区建设研究

淮安，古称“淮阴”，地处苏北，是国家历史文化名城、著名的“运河之都”。魏晋南北朝时期，置淮安县，淮安之名，始见史册。拥有2200多年建城史的淮安境内河湖交错，水网密布，南有入江水道，中有苏北灌溉总渠、淮河入海水道，北有黄河故道，西有淮河干流，5条主要河道横贯东西，二河、淮沭新河贯穿南北，沟通了江、淮、沂、沭、泗几大水系。控扼着淮河、大运河等多条重要水道的区域现实，成就了淮安“南船北马、九省通衢”及“运河之都”的美誉。现如今，淮安大运河“百里画廊”[①]示范区建设赓续着千年运河的文化传承实践，旨在彰显淮安风采、体现淮安担当、打造淮安样板，发挥出“千秋淮扬”文化高地的引领作用。紧紧围绕“江苏大运河文化带精华空间、美丽淮安高质量建设示范区、大运河沿线最美旅游目的地”[②]的发展定位，大运河“百里画廊”示范区建设按照文兴、水清、岸绿、业盛、人和思路，在初步构建大运河“百里画廊”的大致轮廓上取得了相应的积极进展。

一、大运河“百里画廊”示范区的历史源起与建设背景

历史上大运河淮安段最早始于春秋末年吴王夫差开凿的邗沟，邗沟引江水入淮，北至今淮安城古末口，南至今扬州市西北的蜀岗尾闾邗城，利用江、淮之间天然水道和湖泊加以人工沟通，实现了长江与淮河的连通。时间推至东汉末年，广陵太守陈登因邗沟淤塞，加之运道迂回曲折，乃改凿邗沟西道，将原本弯曲的水道拉直，使江、淮之间的联系更为便捷，千年来经过多次拓宽疏浚一直沿用至今，基本形成今日淮扬之间的运河南北主航道。到了隋唐时期，隋炀帝在各地原有自然水系和人工运河的基础上进行疏浚和沟通，修筑通济渠、

① 张莎沙、葛高华、袁坤：《淮安匠心擘画大运河百里画廊长卷》，《新华日报》2022年1月8日，第1版。
② 王向红：《打造文化强市　彰显“运河之都”魅力》，《群众》2022年第9期。

邗沟、永济渠、江南运河，实现了大运河的第一次全线贯通。至唐代，关中地区粮物需求剧增，漕运功能逐渐发展成熟，逐步形成了“漕运咽喉”的格局，大运河淮安段发展为漕粮仓储转运的水上要道。宋代，大运河淮安段虽一度成为当时大运河全国漕运体系的咽喉要道，但元代粮赋主要依托海运，大运河淮安段仍旧险峻难行，直到明代才重新确立了以运河为主的漕运制度。明清时期，由于王朝统治者高度重视漕运，而大运河淮安段地处黄、淮、运治理之关键，漕运总督、河道总督长期驻节于此，因此，淮安成为统揽全国漕运事务的漕运中枢。清末民初，受铁路运输兴起和商品经济发展等多重因素的影响，大运河淮安段漕运功能逐渐废止，仅作地方性短途通航。新中国成立以后，京杭运河扩建，开淮沭新河、二河、苏北灌溉总渠，以及里运河淮安绕城段等。此后，20 世纪 80 年代京杭运河进行全面规划综合治理，2000 年前后新建淮河入海水道、淮安水利枢纽工程，形成了今日所见大运河淮安段的面貌①。

淮安段大运河的曲折发展史不仅包含了对中华民族历史的典型叙事，也验证了中华运河文化的源远流长。“大运河是祖先留给我们的宝贵遗产，是流动的文化，要统筹保护好、传承好、利用好”②，大运河文化带的建设始终是习近平总书记最为关切的事项之一，习近平总书记曾在多个重要场合就保护好、传承好、利用好大运河文化作出许多重要的相关指示和批示：“千百年来，运河滋养两岸城市和人民，是运河两岸人民的致富河、幸福河。”③ 大运河文化带建设是国之大者、千年大计，淮安是大运河文化带重要标志性城市，国家规划纲要十余次提及淮安，将淮安定位为“千秋淮扬”文化高地。为了充分践行新时代的运河文化保护和传承，贯彻落实习近平总书记关于保护好、传承好、利用好大运河的重要指示批示精神，实现文化自信与文化强国的战略目标。2022 年1 月6 日，淮安举办大运河“百里画廊”项目开工仪式。按照规划，淮安大运河“百里画廊”东起淮安船闸，南至老子山镇龟山村，沿水域长约 125 千米，规划面积约 10030 平方千米。其中，核心区包括清江浦区、淮安区、淮阴区、洪泽区、盱眙县，拓展区包括涟水县、金湖县④。纵观大运河淮安段，“百里画廊”沿线拥有隋唐大运河、洪泽湖、京杭大运河、里运河等

① 胡梦飞：《辉煌与没落　明清京杭大运河漕运的兴衰》，《国学》2013 年第 5 期。

② 张环宙：《让大运河文化在新时代绽放出璀璨光彩》，《人民日报》2022 年 12 月 6 日，第 9 版。

③ 《贯彻新发展理念构建新发展格局　推动经济社会高质量发展可持续发展》，《人民日报》2020 年 11 月 15 日，第 1 版。

④ 《淮安市大运河“百里画布”战略规划》（内部资料），2021 年 9 月。

独特密集的资源禀赋，是淮安大运河文化带和大运河国家文化公园建设的纲和目。

二、大运河“百里画廊”示范区建设的机遇与优势

（一）宏观政策环境提供的发展机遇

良好生态环境是实现中华民族永续发展的内在要求，是增进民生福祉的优先领域。党的十八大以来，以习近平同志为核心的党中央把生态文明建设提升到国家发展战略的高度①。党的十九大作出“坚定文化自信，推动社会主义文化繁荣兴盛”② 的重大部署。这些战略决策与重大部署为将大运河打造成为中华民族伟大复兴的标志性文化品牌提供了宝贵的发展机遇。2019 年，中共中央办公厅、国务院办公厅先后印发《大运河文化保护传承利用规划纲要》与《长城、大运河、长征国家文化公园建设方案》；2020 年 11 月，习近平总书记在江苏扬州考察时指出，要把大运河文化遗产保护同生态环境保护提升、沿线名城名镇保护修复、文化旅游融合发展、运河航运转型提升统一起来，为大运河沿线区域经济与社会发展、人民生活改善创造有利条件③。淮安大运河“百里画廊”示范区建设既是对生态环境保护国策的有力践行，也是对文化传承的持续推动，是时代发展的必然结果，是实施环境保护和文化传承等多重目标在内的强国利民的重要举措。可以说国家战略决策的锚定为淮安大运河“百里画廊”示范区建设提供了强有力的制度保障和发展的窗口机遇，如何把握住这个宝贵的历史发展机遇，讲好中国发展故事，传承中华传统文化，实现文化自信，这才是摆在全体中华儿女面前的重要问题。

（二）自身独特的区域、文化与航运优势

首先，大运河淮安段自古以来区域地位举足轻重。淮安地处中国南北地理

① 《中共中央　国务院关于全面加强生态环境保护　坚决打好污染防治攻坚战的意见》，中华人民共和国中央人民政府网，2018 年 6 月 24 日，http：//www. gov. cn/zhengce/2018—06/24/content_ 5300953. htm，访问日期：2022 年 2 月 18 日。

② 习近平：《决胜全面建成小康社会　夺取新时代中国特色社会主义伟大胜利——在中国共产党第十九次全国代表大会上的报告》，共产党员网，2017 年 10 月 27 日，https：//www. 12371. cn/2017/10/27/ARTI1509103656574313. shtml，访问日期：2022 年 2 月 18 日。

③ 光明日报调研组：《古运河　新使命——江苏扬州贯彻落实习近平总书记关于保护好大运河重要指示精神的探索》，《光明日报》2022 年 1 月 24 日，第 5 版。

分界线，位于大运河中段，是大运河连接长江、淮河、黄河的枢纽城市[1]。大运河淮安段是大运河全线历史最早、延续最久、变迁最复杂的河段。自古以来，淮安就在大运河沿线区域中地位突出，是大运河沿线地区地位显赫的政治要地、保障漕运的军事驻地、事关国脉的经济重地。清代，以漕运总督、河道总督同时驻节为标志，淮安成为漕运指挥中心、河道治理中心、漕船制造中心、漕粮转输中心和淮盐集散中心。其次，文化遗产丰富多样。淮安市大运河文化资源丰富，遗产数量繁多、类型多样，在大运河沿线城市中名列前茅。公开资料显示，淮安拥有世界文化遗产区 2 处、河道 1 段、遗产点 5 处，遗产区面积 39.79 平方千米，缓冲区面积 62.89 平方千米，约占大运河世界文化遗产总面积的七分之一[2]。尤其是 2014 年新发现的板闸遗址，保存完好，形制独特，是大运河申遗成功后最重要的大运河文化遗产发现之一。再其次，大运河淮安段历来水运发达、交通便捷、商贸繁盛，始终发挥着重要的航运、水利、生态和经济功能。新中国成立后，淮河下游水利工程经过数次大规模治理，先后建设了苏北灌溉总渠、淮河入海水道和淮安水利枢纽等水利工程设施。如今，大运河淮安段继续承担着苏北航运黄金水道和南水北调东线工程的重要职责，是沿线城乡发展的安全保障。应该说千年运河与千年古城的文化底蕴为“百里画廊”示范区建设提供了强有力的背书；淮安自身所具有的独特的区域、文化与航运优势为实施“百里画廊”示范区建设既提供了丰厚的历史文化资源，又提供了借“运”崛起的良机。

三、大运河“百里画廊”示范区建设的价值意义

大运河文化价值和精神内涵因大运河而生，随历史变迁而逐步形成、发展和升华。大运河“百里画廊”示范区建设立足于大运河淮安段的历史发展。大运河淮安段富含优秀的历史文化、革命文化与社会主义先进文化，如何将其充分挖掘和弘扬，这不仅是实践问题也是认识问题。淮安大运河“百里画廊”示范区的建设正是在立足地方历史的基础上进行的具有积极意义的

① 江苏省政府办公厅：《大型网络系列发布·江苏改革开放进行时——淮安专场：“运河之都”的发展之路》，江苏省人民政府网，2018 年 11 月 15 日，http：//www.jiangsu.gov.cn/art/2018/11/15/art_64748_7881140.html，访问日期：2022 年 2 月 18 日。

② 刘烨烨：《淮安：千年古河换新颜》，《民生周刊》2021 年第 16 期。

探索。总体而言，大运河“百里画廊”示范区建设具有区域和国家的双重乃至多重意义；对于地方而言，它是展示地方形象的重要契机和窗口；对于国家发展战略而言，它是有力的衔接和推动，同时也是布局“走出去”战略的重要一环。

（一）对运河文化精神的弘扬和传承

首先，“百里画廊”示范区建设有利于弘扬运河文化精神，引领淮安地方文化的高质量发展，包括提升地方的物质文化遗产与非物质文化遗产的保护水平，提升大运河文化遗产的传承质量，改善运河城市、城镇的风貌环境，在文化与生态等多重角度对运河精神进行弘扬和传承。其次，“百里画廊”示范区建设有利于丰富本地文化资源，做优做强文化产业，推进内外文化交流，打造特色文旅品牌，发挥运河文化的影响力。再其次，“百里画廊”示范区建设有利于贯彻新发展理念，推动高质量发展，满足人民群众日益增长的美好生活的需要，实现和发挥淮安示范作用，在建设淮扬文化高地支点城市等方面具有积极的作用。它对于进一步增强地方历史自豪感和文化自信，实现文化自信与文化强市、强省、强国都大有裨益。

（二）对国家发展战略的衔接和推动

绿色发展、协调发展、创新发展是新时代的发展要求，“百里画廊”示范区建设是衔接国家发展战略、提升淮安区域协调发展水平实现绿色发展的有力抓手。“百里画廊”示范区建设致力于发挥淮安市大运河文物和文化资源集聚优势，积极推进“一带一路”建设，对接长三角区域一体化等国家发展战略，统筹各级各类资源整体有序开发，更高层次推动淮安区域协调发展。将淮安大运河“百里画廊”示范区建设成为产城融合、镇村繁荣、河湖共生、人景和谐的生态画廊、文化画廊、旅游画廊、产业画廊，打响“运河之都·百里画廊”的淮安城市形象品牌①，这对践行以人民为中心、为人民谋福利的发展思想具有积极的帮助。为此，要发挥大运河文化带建设的政策优势，坚持以人民为中心，注重保障和改善民生，合理布局城市公共空间，做好城乡绿化美化，

① 叶顺亮、龚建军：《江苏淮安：打造“百里画廊”，描绘古今辉映美丽画卷》，澎湃新闻网，2022 年 6 月 7 日，https://www.thepaper.cn/newsDetail_forward_18457360，访问日期：2022 年 9 月 18 日。

完善公共服务体系，推动城乡基础设施互联互通，实施乡村振兴，增进人民福祉。

（三）对讲好中国运河品牌故事的践行与探索

大运河文化是中华民族优秀传统文化的代表，蕴藏着丰厚的中国智慧、中国精神、中国力量①。大运河记录了中国历史文化写不尽的厚重、壮美和辉煌，见证了中华文明的源远流长和中华民族的勤劳智慧。淮安大运河“百里画廊”示范区的建设对于塑造中国运河品牌文化，积极探索中国运河文化新模式，向世界讲好“中国故事”、展现“中国之治”等，具有重要的对外传播意义和现实意义②。它的出现对于如何保护好、利用好、把握好大运河文化资源的使用及强化运河品牌故事传播、弘扬社会主义核心文化，以及更好地构筑中国价值、中国力量及中国精神，强化国家文化软实力等都具有积极的效能。不止于此，“百里画廊”示范区的建设对于践行文化强国及实现中华民族伟大复兴的中国梦同样能够提供相应的助力。

四、大运河“百里画廊”示范区建设的实现路径

（一）做好文化遗产的保护与传承

“百里画廊”示范区建设项目的实施与落地离不开对本地运河文化遗产的保护与传承。要摸清淮安运河文化家底，对非物质文化遗产要强化保护工作，实施分类分级的非物质文化遗产保护制度，积极推动和完善非物质文化遗产的收录与传承工作。具体举措包括：建设非物质文化遗产馆和非物质文化遗产大师（传承人）工作坊，进一步扩大传承人群，提高传承实践能力；保护与运河相关的古河名、古地名等文化元素，传承历史记忆；加强对非物质文化遗产周边自然、人文环境和遗产集聚区域的整体性保护，推进洪泽湖渔文化生态保护实验区、白马湖民间歌舞文化生态保护实验区建设；加大对淮安文楼等中华老字号传承发展的支持力度，振兴文楼汤包、楚州长鱼和湖鱼锅贴等淮扬菜烹饪技艺；保护历史文化风貌，加强对大运河历史文化聚落的整体保护，强化对

① 王暄文：《依托运河文化　讲好中国故事——例谈大运河文化国际影响力的提升》，《文化月刊》2022 年第 4 期。
② 中共中央办公厅　国务院办公厅：《大运河文化保护传承利用规划纲要》，中华人民共和国中央人民政府网，2019 年 5 月 9 号，http：//www. gov. cn/zhengce/2019—05/09/content_ 5390046. htm，访问日期：2022 年 2 月 18 日。

淮安古城、河下古镇、清江浦、马头镇、龟山村等地区的保护，按照相关保护规划的要求，科学合理地确定修缮内容和规模，鼓励多元主体共同参与，延续传统格局，展现传统风貌。

（二）开展多种形式的运河文化传扬活动

分级分类建设大运河文化专题展示场所，对中国水工科技馆、古堰水工文化展示馆、板闸遗址展示馆、大运河浅铺河工文化传承交流中心、泗州城遗址展示馆、中国漕运博物馆、淮安运河博物馆等相关展示场所进行功能提升和展陈优化，形成以淮安大运河为主题的系列文化展示场馆。建设综合性的淮安非物质文化遗产（民俗）馆，拓展民间文学、传统音乐、传统舞蹈、传统戏剧等文化展示空间。结合大运河考古研究加强大遗址保护，推动板闸遗址公园、泗州城遗址公园建设。联合济宁—淮安段大运河沿线城市，编制大运河遗产线路建设试点方案，完善遗产线路展示体现、标识系统和相关配套设施。创作运河题材文艺作品，组织相关赛事评选活动，进行影视创作传播，组织开展运河主题活动。充分利用数字语音、全景影像、虚拟现实等技术手段，创新展示清口水利枢纽遗址、板闸遗址、泗州城遗址蕴含的漕运和水工文化。结合微信、微博等网络平台，加强对淮安大运河文化带建设成果的宣传。以河下古镇、里运河文化长廊、洪泽湖大堤等区域的环境提升为重点，积极利用运河沿岸开敞空间增设活动场所，系统构建运河主题文化展示空间体系。推动大运河文化元素进社区、进校园、进企业，开展实践体验活动。

（三）积极构建国家文化公园展示体系

努力打造核心展示园，核心展示园是国家文化公园展示体系的核心。清口枢纽核心展示园、清江大闸核心展示园、总督漕运公署核心展示园、洪泽湖大堤核心展示园、泗州城遗址核心展示园五园建设应成为大运河淮安段构建国家文化公园展示体系的重要核心。五园建设要因地制宜，分类处理，与国家文化公园系统相吻合。要积极推进清口枢纽核心展示园建设，启动遗址考古调查和规划编制工作，实施运河古村落展示工程，打造现代运河特色田园乡村，建设中草药科普大道；推进清江大闸核心展示园建设，启动御码头美食街提升改造工程和商铺招租；推进洪泽湖大堤核心展示园建设，实施洪泽湖大堤北入口文化景观打造，启动生态廊道建设工程，建设筑堤治水景观雕塑群；推进总督漕运公署核心展示园建设，加快实施竹巷西街改造工程，完成尚庐书院主体建设工程并启动布展；推进泗州城遗址核心展示园建设，全年常态化做好泗州城遗址本体保护，加快淮河大桥左半幅桥面施工。

积极构建集中展示带，集中展示带依托大运河，以及与大运河密切相关的河道，串联沿线文物和文化资源，具有典型的线性特征。高家堰集中展示带、里运河集中展示带、通济渠淮河口集中展示带构成大运河淮安段建设国家公园展示体系的核心。要加快建设高家堰集中展示带，完成大运河“百里画廊”概念性规划编制工作，启动实施生态修复工程。依托洪泽湖大堤沿线资源特点、城镇区位和景观风貌，打造“高堰段”主题段落，展示二河自然风光及治水捍淮精神等。加快建设里运河集中展示带，完成大运河、里运河城区段市管水利设施景观提升工程和里运河慢行系统监控工程等。加快建设通济渠淮河口集中展示带，修复街区生态环境，完善基础设施建设，实施甘泉山景区道路提升和特色小镇提升工程等。

大力建设特色展示点，特色展示点是位于核心展示园、集中展示带以外，展现大运河淮安段文化内涵特色，并与大运河紧密相关的重要文化展示节点。大运河淮安段文化景点丰富，可供开发的空间广阔，如明祖陵、黄花塘新四军军部纪念馆等特色展示点。要积极完善明祖陵景区配套设施，实施景观提升工程。统筹推进老子山镇观湖温泉度假村、“上善若水”特色文化街区等文旅项目。完成淮阴区文化馆提升工程，建设专业展厅、多功能厅、江淮书场等；完善提升涟水曲艺馆，打造文旅融合大运河文化带服务节点。推进古淮河文化生态公园特色展示点建设，按照“三中心一平台”的架构，推动古淮河景区全域旅游集散中心提档升级。建设好大运河国家文化公园钵池山特色展示点，实施可持续活力营造和管理创新项目等，以此形成全方位、多层次、立体式的景点展示格局。

（四）稳步推进文旅事业的融合与发展

要充分挖掘大运河淮安段文旅资源，加快基础设施建设和相关配套服务的完善，努力打造一批具有典型代表的文旅路线和相关产业。结合高速铁路及高铁站、高速公路、公路客运站等对外交通枢纽的建设，构建快速交通网络，推进交通旅游融合发展，促进旅游联程联运。统筹推进大运河风景路建设，加快干线公路与运河风景路之间的交通衔接，建设运河水陆游览专线，串联重要景区景点，形成水陆旅游环线。依托文化旅游精品线路，构建三级旅游服务体系。精心打造运河城市旅游、运河旅游产品、运河旅游节庆、运河旅游服务企业等一系列子品牌，挖掘特色，差异化发展。成立大运河淮安段旅游营销联盟，开展大运河旅游产品品牌塑造和推广营销活动，合理打造大运河淮安段旅游黄金区。串联相关资源点，打造国家治理文化、水工科技文化、淮扬文化、城河共生文化和革命文化 5 条“千年运河”文化旅游精品线路，打造淮扬风情游，展示大运河淮安段文化价值与特色，推动大运河从分散的地理资源空间转变为具有文化符号意义的线性公共文化空间。围绕“运河之都、水城淮安”的旅游品牌，挖掘淮安大运河历史文化，提炼文化要素，活化历史资源，塑造韩信、潘季驯等大运河淮安段独有的文化 IP 形象。打造文化创意空间，培育创新融合业态。充分发挥大运河文化带建设研究院淮安分院的重要作用，依托淮安现有科研院所及相关行业的技术力量，开展大运河文化带建设基础研究和应用研究，不断挖掘大运河淮安段的当代价值和时代特色。

（五）努力加强生态环境的保护与修复

首先，坚持保护优先、绿色发展，强化空间管控利用，严格防控环境风险，提升河湖水环境质量，在保护滨河生态系统、各类文化和自然遗产、人文景观风貌的基础上，推动生态廊道构建、生态空间保护和环境污染治理。在构建生态廊道上，要实行正面清单准入管理，在严格保护耕地的基础上，实施滨河防护林生态屏障工程，在沿河两岸集中连片植树造林，加强植被绿化。完善严格的自然环境资源保护制度，落实生态保护红线管控要求；在生态空间保护上，对大运河河道两岸和森林、湖泊、湿地等生态功能重要区域细化分类分区管控措施，明确管理目标，严格落实生态保护的管理措施，着力改善地区的生态系统的不良面貌。其次，要加强重要生态空间统筹治理，推进自然保护区、森林公园、地质公园、湿地公园、饮用水源保护区等重要生态空间的生物多样性保护。在环境污染治理上，要加大森林、湖泊、湿地等自然生态系统的修复治理力度，注重自然修复与工程治理相结合，定期开展重要水体水质监测和生态系统保护修复工作，针对运河相关水系和重要生态区域采取河岸带水生态保护与修复、植被恢复、生态补水等措施，增强湖泊、湿地生态功能和自然净化能力，科学开展江河湖库水系连通工作，保障重要河湖基本生态用水；在生态环境检测和预防上，建立动态的监测评价体系，丰富与完善监测的技术手段，对评价指标要实施科学化的论证，进一步强化监测预警机制。加强对生态系统状况、环境质量变化、生态文明制度执行情况等方面的动态评价，开展常态化流域生态健康调查与评估。建立健全大运河水体污染防治机制，分级分类实施全流域、控制区、控制单元治理，筛选大运河淮安段流域范围内优先控制单元，综合运用水污染治理、水资源调配、水生态保护等措施，提高污染防治的科学性、系统性和针对性。

（六）强化工作的推进与组织实施的有效

加强组织协调，建立健全工作机制，统筹实施重大事项，协调解决跨区域跨部门难点问题，审议重大政策、重大问题和年度工作安排，督促检查重要任务落实情况，以此确保工作推进的进度和效率；强化政策支持，梳理专项扶持政策，切实支持大运河文化保护传承利用各方面的工作。统筹做好重点项目的财政资金保障，把条件成熟的项目纳入年度预算安排。按照“政府引导、市场主导、社会参与”的原则，多渠道筹措资金；健全法律保障，在既有法律法规的基础上，完善立法与执法，加强对“百里画廊”示范区沿线建设行为的严格管束，严格落实国家对大运河文化遗产的保护规定，积极推进运河法制文化长廊建设；实施重大项目遴选机制，建立健全项目库建设，尤其是在重点工程与重大工程层面上要及时更新项目选取与项目储备，与此同时，还需加强事中事后的监管。邀请高水平设计单位对具体项目展开规划设计，落实具体建设要求；严格督查评估，开展各阶段规划实施的评估，评估结果向社会公布，提高规划评估的客观公正性。明确各级监管主体及相应监督及检查责任。完善统计监测制度，动态跟踪重大事项、重点工程进展情况。充分发挥监察审计的功效，确保工作实施的效率和进展，采用专项或联合的方式定期或不定期地督查工作进展情况，完善社会监督评价体系确保工作的有效性。

五、大运河“百里画廊”示范区建设存在的问题

首先，文化遗产保护压力大，大运河淮安段遗产点规模大、数量多、分布散，且存在大量尚未发掘的地下、水下遗产，保护难度大，这对“百里画廊”

示范区建设的推进造成了严重的阻碍。清口枢纽等水利水工遗产和百姓生产生活设施互相交织，遗产保护和城市发展矛盾突出。受到现代生活方式的影响，大运河淮安段非物质文化遗产面临活态传承动力不足、多元投入机制尚未建立等问题。

其次，传承利用质量有待提高，“不患寡而患不均”，大运河“百里画廊”示范区建设呈现出的有关文化遗产的活态展示水平依然存在参差不齐的现象，在宣传平台打造与宣扬推广的力度上仍有相应的短板存在，诸如，清口枢纽和总督漕运公署等重要文化资源的社会知名度较低。大运河淮安段大运河文化挖掘、研究、阐释有待深化，在文化与产业深度融合的层面上，“百里画廊”示范区现有的举措仍不能满足快速的产业发展需求，尤其是在文旅资源的活化利用上，单一且狭窄的形式和途径并不能满足现代社会生活的需要。

再其次，生态资源环境状况欠佳，大运河淮安段水网密集、人口稠密，生态资源本底较为敏感脆弱。沿线城镇建设较多，部分城镇建设挤占河湖生态空间。居民生活垃圾和农业面源污染问题较为突出，沿线城区雨污分流不彻底，汛期涝水排放影响河道水质。沿线部分河道绿化建设有待加强，生态资源状况欠佳。

此外，长效保障机制尚不完善，大运河遗产保护与城镇化发展的统筹机制建设不够到位，缺乏有效的遗产保护政策。遗产保护与管理存在条块分割和碎片化问题，缺乏统筹联动机制。各类规划的协调和实施尚需统筹，各县、区对大运河保护的认识存在差异，管理考核问责等长效机制尚不完善。

结　语

大运河文化带建设是国之大者、千年大计，是以习近平同志为核心的党中央赋予运河沿线地区的光荣使命。“建设大运河文化带和国家文化公园，是以习近平同志为核心的党中央作出的重大决策部署，也是江苏的重大历史机遇。”① 淮安大运河“百里画廊”示范区建设事关千秋功业，如何把握好、建设好大运河“百里画廊”示范区，考验的更是当代国人的智慧。人类一

① 刘亢、凌军辉、蒋芳：《千年运河“苏”醒重生》，《瞭望》2021 年第 46 期。

切优秀的社会实践终将以文化积淀的形式呈现，大运河文化带的保护与建设不仅仅是对中国千年运河历史的追忆和复现，更是将千年运河的文化积攒释放出其应有的活力，以此滋养华夏子孙，努力实现文化强国的战略目标，丰富人类社会的文化遗产。淮安大运河“百里画廊”示范区建设作为中国大运河文化带建设上的重要环节，既是对千年运河文化的挖掘和保护，又是一种积极的尝试，它试图将过去、现在和将来进行有效的衔接，将沉淀许久的物质文化和非物质文化展现在当代人的面前，同时也为后代子孙保留下了宝贵的遗产，充分体现了“功在当代利在千秋”。让千年运河留下鲜明的时代华章和淮安烙印，为传承中华文脉、复兴中华文化贡献淮安智慧和力量，此为共同奋进的目标。

撰稿人　高尚
单　位　扬州大学马克思主义学院

常州大运河工业遗产活化利用的实践与探索

一、常州“工业明星城”

常州既是一座因运河而兴的国家历史文化名城，也是一座因运河而生的“工业明星城”，走出了一条独具特色的工业化道路，常州近代工业依托运河而崛起。明清时期，常州传统商业因运河而兴旺发达，形成了“豆、木、钱、典”四大行业。20 世纪初，常州一些商人群体开始投资于近代工业企业，主要集中于纺织工业。20 世纪二三十年代，常州纺织工业一枝独秀，纺织企业成为常州走向近代化的主要标志，知名企业有大成纺织染有限公司和民丰纱厂。机器制造业有厚生制造机器厂和由上海迁至戚墅堰的吴淞机厂（后更名为戚墅堰机厂，简称“戚机厂”）；电力行业有戚墅堰发电厂（简称“戚电厂”）。新中国成立前，常州工业除戚机厂和戚电厂比较正规外，大多数企业是纺织厂和粮食加工厂。当时常州有纺织厂 135 家、粮食加工厂 52 家，工业经济结构仍然以纺织和粮食加工为主。

新中国成立后，尤其是从 20 世纪 50 年代末至 80 年代中期，经过近 30 年的实干创业，常州工业许多经济指标不仅达到历史最高水平，而且在国内同类城市中遥遥领先，成为我国社会主义工业化道路上“第一个崛起的城市”。从 1962 年通过固定协作关系建立的灯芯绒“一条龙”生产线，到 1975 年“八条龙”“十六条龙”生产线的建立，常州形成了比较完整的工业产业体系，涌现出了常柴厂（后更名为常州柴油机厂，简称“常柴厂”）、戚机厂、国营常州第一棉纺厂（简称“国棉一厂”）等龙头企业和一批拳头产品。20 世纪 80 年代，常州大力发展乡镇企业，取得了骄人的经济业绩，被誉为“苏南模式”的发源地。常州一跃成为全国工业明星城市，是全国中小城市经济发展的

“样板”，“中小城市学常州” 成为当时的流行语[①]。

二、常州大运河工业遗产基本情况

常州老工业企业大部分集中在靠近城市近郊的大运河两岸。进入21世纪，随着改革开放、新一代科技和产业变革等因素的影响，老厂房、老工业设备已不再适应现代智能制造业发展。同时，随着城市化进程的快速发展，城市基本建设用地需求压力巨大。在新一轮改革大潮中，因企业改制、转产、停产、搬迁等因素，不少老厂房地块成为地产商竞相逐利的目标。

工业遗产的抢救和保护引起了常州市委、市政府和文物部门的高度重视，当时形成了两种主要意见：一是老厂房土地进入资本市场，为企业改制和发展多快好省地获取新的发展资金；二是选择有代表性的老工厂进行整体保护，并赋予其新的业态和功能，使之重获新生。最后，基本形成的共识是：要保护常州这座城市珍贵的文化遗产，传承和合理利用工业遗产，延续工业文明。[②]

在第三次全国文物普查中，常州首次将工业遗产纳入普查对象；其后又开展了工业遗产资源的专项调查。根据相关调查数据，常州地区现存主要工业遗产有38处，涵盖纺织印染、机械冶金、电子工业、粮食加工等类型，见证了常州各个时期的工业发展成就，是常州“工业明星城”的有力明证。为巩固工业遗产调查成果，文物部门将一批有代表性、对常州工业发展有典型意义的工业遗产纳入文物保护名录，如原国棉一厂的刘国钧办公楼、生产车间及园林，大明纱厂的生产车间、仓库、办公楼、职工宿舍，恒源畅厂（即后来的常州第五毛纺厂）的生产车间、锅炉房、水塔、女工宿舍，戚机厂的老机车厂房、机车联合厂房、轧钢车间、动力车间、冷轮南北露天跨、老三楼、武装起义纪念碑厂等。目前，常州有15处工业遗产被纳入各级文物保护名录，其中江苏省文物保护单位3处、常州市文物保护单位5处、一般文物7处。另外，恒源畅厂、大明纱厂、戚机厂入选国家工业遗产名录。

① 沈建钢：《常州工业明星城市透视》，《龙城春秋》2021年第4期。

② 邵志强、邵璐：《大运河工业文明遗产保护传承利用的探索——以常州市的实践为例》，《龙城春秋》2021年第3期。

三、工业遗产利用初试牛刀

常州工业遗产利用首先是从常州梳篦厂、常州第五毛纺厂（恒源畅厂）开始的。2006 年，常州工贸公司（今常州市产业投资集团）和常州文物界一批有识之士开始对老梳篦厂的整体保护进行大胆探索。

常州梳篦厂位于钟楼区勤业路 17 号。常州梳篦过去有“宫梳名篦”之称，是常州著名的特产和国家级非物质文化遗产。过去常州梳篦制作多为家庭手工作坊，1951 年 7 月，梳篦生产合作社组建，后来经过多次合并调整，1970 年成立常州梳篦厂。常州梳篦选材精细、工艺精湛、造型美观，融实用与观赏为一体，具有独特的文化性和地方性。

常州工贸公司在老梳篦厂的基础上，引入留青竹刻和乱针绣 2 项国家级非遗项目，建立了国家级非遗“常州三宝”博物馆，老梳篦厂成为集生产、展示、收藏、销售、旅游参观于一体的江苏省工业旅游区。通过修缮老厂房、植入本土非遗元素、建立特色博物馆、恢复老构建等措施，老梳篦厂成为常州热门旅游打卡点。如今，常州梳篦厂作为常州梳篦非遗项目的保护单位，成为常州梳篦生产、销售、技艺活态传承和培训基地，肩负起常州梳篦技艺传承的使命。多年来，常州梳篦在传承中创新发展，不断出新，产品更为丰富、精致，形成了实用、工艺欣赏、艺术收藏等系列产品，长期占有梳篦类产品全国市场份额的 70%，产品远销海内外，实现了生产销售与活态传承的良性发展。

常州梳篦厂的成功转型让常州工贸公司信心大增。紧接着，常州工贸公司又开始对常州第五毛纺厂进行整体保护和利用。常州第五毛纺厂前身是 1932 年创办的三和布厂，位于古运河南侧的三堡街上，是常州早期机器织布厂之一。1933 年，布店老板毛锡章接手三和布厂，更名“恒源布厂”，后定名“恒源畅染织股份有限公司”。新中国成立后，工厂重获新生，1955 年公私合营，1966 年转为国营性质的第五棉纺厂，1980 年转产毛纺织产品，更名为第五毛纺厂。当时生产的童鹰牌毛毯，在常州及周边地区可谓家喻户晓，成为当时常州年轻人结婚的必备大件。20 世纪 90 年代末，随着产业结构调整，曾经辉煌一时的第五毛纺厂陷入发展困境，2007 年停产。

2008 年，在文物部门的指导下，常州工贸公司按照“保护、利用、再生”

的理念，对第五毛纺厂进行改造更新，打造“实施完善、功能齐全、氛围独特”的文创产业发展平台，成为运河沿线城市工业遗产活化利用的一个成功案例。首要的是保留文保建筑，常州工贸公司按照“不改变文物原状”和“最小干预”的原则，对老办公楼、锯齿形老厂房等文物本体进行整体保护修缮，最大限度地保护了文物建筑的真实性、原真性和完整性，得到了省、市文物部门的充分肯定。2011 年，恒源畅厂旧址被公布为江苏省文物保护单位。恒源畅厂旧址整体保留了老厂区工业遗产历史风貌，如老厂房、红砖墙、锅炉、水塔、烟囱、老机器、老设备等工业遗产活化利用的物质载体和文化元素都被保留了下来。

古老的大运河畔一个占地 3.6 万平方米的“运河五号”创意街区已然形成。老厂区内办公楼变身恒源畅书坊；最早的老厂房成为常州画派艺术馆；机修车间成为五号剧场；染色和印花车间成为五号美术馆；锅炉房改造成时尚酒吧；部分老厂房相继改造为常州工商档案展览中心、恒源畅厂厂史馆、大运河记忆馆等文化设施；工厂食堂变身现代餐厅；原来的地下室改造成红酒坊。一批文化创意和艺术设计企业相继入驻，这里成为青年才俊的创业平台。工厂专用码头改造成游船码头，开辟了大运河水上旅游线路（运河五号——东坡公园）；厂区大道铺装成城市工业记忆大道，记载了一百多年来常州运河两岸百余家工业企业的创办信息。

经过十多年的发展壮大，目前街区已形成“运河记忆”“工业遗存”“创意产业”“常台合作”四大主题和特色的创意文化街区，成为青年文化人才聚集之地。每年这里主办、承办的青年主题活动近百场，吸引近 90 家文创类工作室和公司入驻，主要涉及设计工坊、艺文展览、美学手作、音乐书吧、餐饮轻食，平均每年吸引 70 多万名游客参观。值得一提的是，“运河五号”创意街区带来的外溢效应，直接带动了所在区域三堡街文化和服务业的兴起，周边居民纷纷加入创业队伍，大运河畔三堡街夜市火爆，三堡街也被称为常州运河小外滩。

从“古运河畔老工厂”到“常州文化新码头”，常州市产业投资集团先行先试，将“运河五号”打造成大运河边的文旅主力军。目前，街区享有国家 AAA 级旅游景区、国家级工业遗产、两岸文创产业合作试验示范基地、江苏省工业旅游区、长三角优秀文化产业集聚区、中国创意产业最佳园区、江苏省工业旅游示范区、江苏省现代服务业集聚区、江苏省重点文化产业区等殊荣，成为江苏最美运河地标、运河工业遗产活化的“常州模式”[①]。常州梳篦厂、常州第五毛纺厂活化利用的成功案例，发挥了良好的示范引领作用，推动了常州其他类型工业遗产的保护利用，在省内外引起了强烈反响，为常州工业遗产的活化利用开辟了一条光明之路。

四、打造大运河工业遗产活化利用的“常州样板”

国内外工业遗产利用模式可归纳为4类：博物馆保护模式、景观公园改造模式、综合物业开发模式、创意园区（街区）利用模式[②]。以常州实践言之，常州工业遗产活化利用主要以创意园区、博物馆两种模式为主。针对不同现状的各类工业遗产，常州经过十几年的探索，逐渐总结出一条具有常州自身特色的工业遗产活化利用之路。

（一）博物馆（展览馆）模式

常州有不少百年或接近百年的工业企业，产品生产一直在延续，主打产品一直未变，企业非常重视自身文化的挖掘和工艺技艺的传承。该类型工业遗产主要以建设博物馆、展览展示馆为利用形式。常州代表性的企业——常州梳篦厂和戚机厂，都重视企业生产和技艺传承的融合发展。

戚机厂前身是创办于1905年的上海吴淞机厂。1936年，工厂搬迁至常州戚墅堰大运河边，更名为戚墅堰机厂；2007年，更名为中车戚墅堰机车有限公司，现隶属于国资委下属的中国南车股份有限公司。戚机厂旧址包括总成车间、民国办公楼、解放初期办公楼、武装起义纪念碑等建筑遗迹及老机器设备，见证了中国近现代铁路事业的发展历程。在近120年的发展历程中，它始终与国家铁路事业紧密相连，一代代造车人用执着和坚韧、智慧和汗水，为振兴中国铁路事业、服务国家和地方经济建设做出了积极贡献。从这里驶出的一台台东风系列内燃机车，引领了中国铁路前五次大提速；在这里研制的“雪域神舟”号机车，在青藏铁路“第一牵”试运行中成功翻越海拔5072米的唐古拉山，顺利到达世界最高火车站——唐古拉站，创造了中国内燃机车的又一奇迹。

① 常州市文化广电和旅游局：《常州工业遗产保护利用》（内部刊物），2021年，第102页、154页。
② 常州市文物保护管理中心：《常州大运河文化带建设内涵研究》，北京：文物出版社，2020年，第193页。

为传承近代工业文明，发扬戚机厂优秀文化传统，中车戚墅堰机车有限公司建设有 3 处工业展示馆，分别为常州大运河工业遗产展示馆、劳模工匠传习馆、中车戚墅堰机车有限公司陈列馆。

常州大运河工业遗产展示馆以“致敬工业百年　仰止智造龙城”为主题，通过立体化、系统化和形象化的展览形式，集中展现常州近百年来一大批因运河而兴的老工厂，以及厂房建筑风貌和生产车间图片、厂志、机器、名优产品等老物件，配以催人奋进的口述史和感人事迹，再与影像等有机融合，旨在弘扬常州“经世致用”的工业精神和“事事争当第一流”的城市品格，充分展现了常州大运河工业遗产深厚的文化底蕴，构建出一个记录城市记忆的现代公共文化空间。

劳模工匠传习馆依托戚机厂老办公楼而建立，以江苏工匠杨福才示范性劳模（工匠）创新工作室为平台，通过拓展工作室的功能，集劳模工匠党建工作、攻关创新、技艺传承、培训教学、精神弘扬于一体，展示企业不同时期劳模工匠的成长印记、传承故事，新时期劳模工匠的匠心工艺、创新成果；介绍中车常州公司落实产改工作、弘扬中国高铁工人精神的工作举措和工作成果。

中车戚墅堰机车有限公司陈列馆，陈列了“大白鲨”“蓝箭”“中原之星”“中华之星”等曾经为中国动车组技术提升做出积极探索的展品。陈列馆共分两层，一楼放置了公司研制的多款国内外内燃机车模型，包括推动中国铁路事业发展的东风系列、和谐系列机车，以及出口肯尼亚、阿根廷、泰国等 20 多个国家的机车；二楼通过展板的方式，展示了公司的发展历史、文化理念、产品构成、科研能力等。放置在展厅中央的沙盘，展示了公司的整体布局。

此外，大运河畔还有依托大成三厂老厂房建成的常州纺织博物馆、桑麻名人纪念馆。两馆相邻而建，主题都与纺织工业相关，但又各有侧重。常州纺织博物馆建筑面积达 6000 平方米，展示了古今中外纺织历史文明及优秀纺织艺术精品服饰，特别是航空航天类纺织品吸引了青少年们的关注——自豪之感油然而生。桑麻名人纪念馆通过展板、实物等方式，全面展示了刘国钧、查济民夫妇生平事迹及中国纺织业的早期发展成就；工业建筑的独特风格也让观众对常州纺织工业有了更加亲切生动的体验。

（二）创意园区（街区）模式

此种模式往往把以前的旧厂房、车间、仓库、办公楼等遗存改造成创意产业园，对于企业而言，这样既可以物业出租、招商引进新的业态，又可以实现企业经营多元发展战略；同时也有利于推动工业城市的转型升级，对于促进经济发展具有积极作用。这也是国内主要工业城市在城市更新和工业遗产改造利用中的首选模式。该模式在常州应用较广泛，如“运河五号”创意街区、国光 1937 科技文化创意园、天虹大明 1921 创意园、五星智造园、博济 · 新博智汇谷等。

清潭路上的国光 1937 科技文化创意园是由常州第二无线电厂旧址活化利用而来的。常州第二无线电厂旧址是共和国信息产业之父王诤将军亲自规划布点的一个电子工业基地，也是常州市唯一的电子工业遗存建成区，曾为我国第一颗原子弹爆炸成功和第一颗人造卫星上天做出了重大贡献。园内现存的工业遗产主要有原子弹金属滤网生产车间、运载火箭屏蔽室生产车间（含协进浆纱厂拆建建筑）、第一台国产计算机科研楼、国产第一台铜网织机及绵阳核基地铜网屏蔽室。2011 年，为缓解城市中心交通压力和基于国光厂自身转型发展的需要，国光公司生产车间整体搬迁至钟楼开发区国光信息工业园。2014 年 1 月 1 日，国光 1937 科技文化创意园开园，蜕变后的“国光 1937”经过创新活化，开始释放新的发展动能。园内汇聚文化娱乐、创意设计、餐饮轻食等文化企业，园区工业遗存则是市民日常休闲、拍摄、观光的集中地，而且全年免费开放，是“民国风下午茶”的网络名人打卡地。

园内设立王诤将军纪念馆。王诤将军是常州人，是江苏唯一的开国中将，其“半部电台起家，一生征战为民”的革命生涯极富传奇色彩。他曾任中共中央委员、中央军委委员、解放军副总参谋长、第四机械工业部首任部长，是新中国“电子信息产业之父”，也是我军隐蔽战线的著名领导人之一。馆内设立“辉煌记忆长廊”，通过完整丰富的影像视听资料、珍贵的历史图片和模拟互动方式，展示王诤将军一生卓越功勋和共产党人的优秀品质。

大明纱厂前身为创立于 1921 年的利民纱厂，曾是常州早期四大国有棉纺织厂之一，现为常州天虹纺织有限公司。现存民国建筑有生产车间、水塔、试验室、办公室、会议室、陈列室等，建筑面积 5800 平方米。大明厂旧址既是中国近代纺织工业发展的见证，也是传承宣传中国纺织产业文化和历史、续写纺织产业新辉煌的重要载体。2016 年 6 月，天虹集团在大明厂旧址上设立天虹大明 1921 创意园，按照“科学规划、修旧如旧、保护优先、合理利用”的原则，对园区现有老旧建筑和工业遗存实施修缮。天虹大明 1921 创意园紧扣纺织特色和大运河文化，打造大运河畔常州工业旅游名片、中华纺织历史文化展示宣传基地、教育科普基地和纺织时尚文创产业及新业态孵化基地。过去的员工宿舍、大礼堂、职工浴室，被改造成了纱线、坯布、面料服装办公中心、产品展示厅、服装打样车间、历史文物陈列中心、员工健身房、咖啡厅等，老建筑被赋予了新的使命。作为集研发、经贸、文化等功能于一体的产业平台，创意园极大地推动了产业链多元化整合和员工归属感提升，增强了企业核心竞争力与发展凝聚力。

常州合成纤维厂工业遗产主要为20世纪60年代至70年代建筑，包括民族工商业主建造的办公楼，以及原厂区内的传达室、销售部、长丝车间、短丝车间、辅助车间、拉链车间、食堂、职工教育基地等。20世纪90年代，随着时代的发展和人们生活水平的提高，不透气、不吸汗的“的确良”面料消费市场逐渐萎缩。经过一系列改制，2000年常州合成纤维厂（简称“合纤厂”）成为上海华源股份的全资分公司，后因合成面料大行情不好，合纤厂最终走向衰落。常州汇智创业孵化管理有限公司于2015年启动了对整个厂区的改造，采用“修旧如旧”的方式保留了原厂风貌，调整了楼宇的功能，增加了休闲区、咖啡吧、超市、餐厅等生活配套设施。2016年5月20日，常州五星智造园正式开园。截至2019年，园区入驻企业达200家，形成了以文化传媒、影视动画、设计摄影等创意型企业为主，以电子商务互联网等科技型企业为辅，文创与智慧科技融合发展的产业园区。

常州矿山机械厂位于运河路和新庆路交汇处的大运河畔。工厂始建于1964年，总占地面积约110亩，建筑面积约5万平方米。厂区内大部分建筑建于20世纪80年代初，以混凝土和钢排架结构为主。其热处理车间、总装重间、齿轮车间和桁车桁道保护较好，其中三开间的总装重间最具代表性，适于保护再利用。矿山机械厂自2016年年底开始改造，2017年5月转型为新博智汇谷。在现有业态的基础上，园区重点引入智慧科技产业（电子信息、新材料、新能源、医疗器械、智能智造等）并结合集装箱创意办公，为企业提供金融平台、创业辅导平台、大数据平台、产业平台“四大平台”。园区累计引进企业近200家，其中科技企业占比70%以上，2020年年底税收2000多万元、产值8个亿，带动1500人就业。企业入驻期间，园区提供人才、资金、政策、资源、信息等全方位的增值服务。为帮助企业解决各类创业问题，园区举办了如博济大讲堂、博济成长杯、火炬海纳计划、博济企业家沙龙、高校招聘会、银企对接、企业门诊等几十场创新创业活动，助力企业快速成长。园区被评为江苏省众创空间、江苏省中小企业星级公共服务示范平台、江苏省科技企业孵化器、江苏省大众创业万众创新示范基地、江苏省小微企业创新创业基地、常州市大学生创业园、常州市五星级青年众创空间、中国百强特色空间、国家级科技企业孵化器等。

（三）其他模式

南港码头地块是原常州市交运南港装卸储运公司所在地，曾为近代常州大运河沿线重要装卸储运码头，保留有 5 栋红砖仓库房和装卸机械等具有码头特色的工业遗存。该地块位于大运河北侧，占地面积约 4 万平方米，周边文化资源丰富，东有东坡公园、九华禅寺，北有红梅公园、文笔塔，具有良好的文化氛围。南港码头地块改造中注重与周边环境融合衔接，如今的南港运河文化休闲街区成为大运河畔一处公共文化空间，深受运河沿岸市民的喜爱。

平桥石坝位于天目湖上游，始建于 1974 年 12 月，竣工于 1979 年 8 月，为小型水库。其主要枢纽建筑物有浆砌石连拱坝、左岸浆砌石重力坝和供水钢管等。平桥石坝造型独特，坝体没有采用钢筋混凝土结构，而是全部用石条堆砌而成。平桥石坝是江苏省内唯一的浆砌块石连拱石坝，也是目前中国最高的浆砌石拱坝。平桥石坝周围山区，山清水秀，风光秀美，空气清新，无工业污染，保持着良好的原始生态，平桥石坝现为溧阳市著名的旅游景点。

此外，为进一步提高常州大运河工业遗产活化利用的知名度，常州积极推广串点成线连片的工业旅游。2019 年，常州经济开发区推出首批 4 条工业旅游线路，“寻找废弃的垃圾”“钢铁是怎样炼成的”“穿越历史的火车”“老工业区的华丽转型”，取得了一定的社会认知度，社会效果非常好①。

常州工业遗产活化利用的成功实践现已成为常州一张靓丽的城市名片。早在 2006 年，常州就启动了工业遗产保护活化计划，十多年来硕果累累：“运河五号”创意街区、国光 1937 科技文化创意园等 11 个企业成功创成省级工业旅游区，天虹大明 1921 创意园、五星智造园、新博智汇谷、天宁竞园设计谷等一批科技文化创意园区相继落成。常州大运河畔一处处工业遗存华丽变身为文

① 常州市文物保护管理中心：《常州大运河文化带建设内涵研究》，北京：文物出版社，2020 年，第 204 页。

旅融合发展的“运河秀带”“生活秀带”，直接带动城市文化产业的高质量发展和城市产业的转型升级，这对于传承工业文明、留存历史文脉也有着积极的现实意义。当前，常州正依托航海仪器厂、黑牡丹集团老厂房，推进“电影时光”文创园、“南城脚—牡丹里”文化创意产业园建设。常州大运河工业遗产活化利用的实践与探索仍在进行中，期待形成更多可复制、可更新、可推广、可利用的“常州样板”。

撰稿人　吴冬冬
单　位　常州市文物保护管理中心

文旅深融：泰州古盐运河文化资源的发掘与利用

泰州地处长江下游北岸、长江三角洲北翼，与南岸江阴、张家港隔江相望。泰州周朝时称海阳，战国时期楚国曾置海阳邑，西汉置海陵县，“以其地傍海而高，故曰海陵”（《大清一统志》卷六十七）。吴王刘濞时，在古泰州辖区的黄海边“煮海水为盐”。这里同时也是重要的粮食产地，吴王刘濞的太仓——海陵仓就建于此。为了外运海陵仓的粮食和淮南场的海盐，吴王刘濞组织开凿了一条西起扬州茱萸湾、东通海陵仓及如皋蟠溪（今如皋市陈汤家湾）的沟河。这也是中国最早的盐运河。因其与邗沟相通，所以也称为邗沟支道、盐运河、运盐河、吴王沟、南运河、南官河等。自刘濞之后，此河经历代统治者不断向东南新涨海滩延伸，最终到达南通，与长江相通。清宣统元年（1909年）改称此河为通扬运河，全长150多千米。泰州成为古泰州盐场海盐的集散地，四方商贾云集，极尽繁华昌盛之貌。

通扬运河是盐运和漕粮运输的主要通道，历代王朝几未间断对其疏浚治理。有研究者指出，通扬运河与接纳“上江”漕船的仪（征）扬（州）运河，实为左右两翼，故此，通扬运河遗产属于大运河遗产不可或缺的组成部分；毋庸置疑，泰州，也属于运河名城①。

一、古盐运河的特征及其文化价值

古盐运河作为我国最早的运盐运河，运行2000多年至今未曾发生过显著改道，培育出了相对独特而又魅力十足的泰州盐税文化。重新发掘古盐运河的文化价值，对于推动新时期泰州高质量发展具有重要意义。

① 荀德麟：《泰州、通扬运河与大运河遗产》，《江苏地方志》2018年第5期。

（一）古盐运河的特征

古盐运河的开凿极大地推动了里下河地区城镇聚落的形成与发展，孕育了运河沿线的聚落群，亦形成了丰富的文化资源。

1. 空间特征独特

古盐运河流经线路位于江淮分界线，运河之南属长江水系，运河之北属淮河水系，古盐运河成为两岸联系的重要纽带。泰州历代盐运线路均以古盐运河为核心，逐渐形成密集的盐运历史河道网络，仅有据可查的就达 31 条之多。泰州城依水而建、街河并行，古盐运河与凤城河共同构成了泰州最为重要的内河水系。运河横贯西东、衔接南北，成为连接泰州城的重要的人文景观河。

2. 资源禀赋丰富

泰州地区历史文化底蕴深厚，有泰州、兴化两座历史文化名城，沙沟镇、溱潼镇、黄桥镇三座中国历史文化名镇，以及多个历史文化街区和古镇古村。据统计，古盐运河周边有不可移动文物共计 681 处，其中全国重点文物保护单位 8 处；非物质文化遗产 14 项，其中国家级 4 项。另有各类水工遗存 166 项，当代水利设施 170 处。这里也是中国人民解放军海军诞生地，沿线地区分布有 52 处革命文化资源。泰州水网稠密，湿地公园、风景名胜区、水利风景区、水源保护地等资源众多。运河周边有各类 A 级旅游景区共 33 处，包括溱湖 AAAAA 级景区旅游景区、凤城河风景区、古罗塘旅游文化景区、李中水上森林景区等知名景点。

（二）古盐运河文化资源的当代价值

深入挖掘古盐运河文化内涵和文化价值，弘扬大运河精神，已被泰州各界视为一项重要的文化使命。

1. 融入中国大运河文化体系

大运河文化带的建设是泰州走向世界的一座桥梁。泰州地处长江经济带、扬子江城市群，是江苏里下河核心腹地，生态资源丰富，对古盐运河的保护、传承、利用是探索生态经济示范区建设的重要抓手，有利于推动城市经济发展，提升城市活力。

2. 推动泰州文化高质量发展

运河生则城市生，运河兴则城市兴。以国家及江苏省大运河文化带建设为契机，树立正确保护理念，实现文化遗产整体保护，探索具体实施路径，可以推动泰州文化高质量发展。

二、古盐运河保护利用的困境

虽然古盐运河是中国大运河的重要组成部分，沿线各类资源也非常丰富，但因其并不在主航道上，故未被纳入《世界遗产名录》，造成有关方面对其重要性的认知不足，因此，在保护与开发利用方面还有待加强。

（一）古盐运河文化影响力衰落

由于数百年的黄河夺淮，加之陇海铁路建成通车，泰州地区得天独厚的滩涂资源和舟楫之利优势不复存在。1912 年，张謇被邀出任南京政府实业总长兼两淮盐政总理后，调整淮南产盐区域结构，泰州完全退出海盐生产的历史舞台①。失去盐运功能后，古盐运河从一条区域性的“黄金”河道逐步蜕变为一条普通的内部河道，河道的综合功能逐渐退化，亦导致沿岸历史风貌的消失。

（二）文化遗产保护传承压力大

古盐运河文化遗产构成相对较为复杂。由于目前古盐运河及其相关资源保护等级较低，不少文化遗产年久失修，因而面临着较为严重的人为和自然破坏的威胁。运河沿线存在水体环境污染、河岸垃圾堆积及小码头等侵占河道现象，受资金渠道、认识水平的限制，部分文化遗产亟须开展抢救性保护。部分物质和非物质文化遗产流落民间，亟须加快搜集整理、建立载体、妥善保存。有关大运河文化的资源调查、认定和研究有待加强，遗产清单和数据库尚未建立，需要制订大运河文化遗产研究和考古工作计划，落实建设项目考古前置制度，妥善保护大运河相关历史信息。

（三）实施保护管理困难多

对本地而言，运河属于较新类型的文化遗产，涉及多个职能部门，尚未形成成熟的保护体制机制，因此对文化遗产的保护管理难度较大。例如，由于缺

① 张树俊：《泰州盐税及其文化遗存》，《江苏地方志》2015 年第 6 期。

乏专项规划，沿线景观建设水平参差不齐，因此，无法体现运河城市的鲜明个性和独特价值。从市域外来看，古盐运河横跨泰州、扬州、南通三个地级市，流经区域多、范围广、面积较大、文化遗产众多、利益关涉者也多，而目前尚未建立起有效的跨区域协作机制和体制。

（四）活化利用质量不高

由于缺乏有影响力的核心项目，泰州尚未形成运河文化特色和品牌形象，知名度和影响力相对较弱。泰州在运河文化遗产展示方面缺乏系统性，大运河社会历史文化见证物收藏投入不足，数量偏少，多媒体、数字化等科技手段运用不足，不能围绕运河主题彰显地方特征。特别是非物质文化遗产保护传承方面，存在理论研究薄弱、对传承人支持力度不够、市场化程度较低等问题。

三、古盐运河文化的内涵发掘

泰州地区水系发达、文物丰富、文化资源深厚，全面深入研究泰州古盐运河文化内涵，是夯实保护、传承、利用好大运河文化的重要根基。

（一）古盐税文化

泰州城因盐而生、因税而兴。作为我国盐税制度的试验地、改革地、执行地，以及盐税制度文化的发祥地、见证地、代表地，泰州盐税制度的发展成为中国封建政府税收制度的缩影①。而盐运盐税的兴盛，对中国的政治、经济、文化产生了深远影响。可以说，泰州盐税文化为我们提供了一把观察和理解历史的钥匙。

1. 承载国家的经济命脉

盐税是我国封建王朝的重要财政收入来源。713 年，唐王朝恢复盐税制度，在海陵设置盐税官，管理沿海各盐场。自此，泰州就成为当时全国十大盐税征集地之一。据史书记载，唐代全国的税收，盐赋占到 50%，而泰州的盐赋又占到全国盐赋总额的 50%；到了宋代，泰州的盐税比唐代全国税收的总额还多。明代在古盐运河上建泰坝，所有淮盐必须过坝掣验收税，再而向西至大运

① 陈志峰：《泰州盐税文化形态及影响》，《盐业史研究》2011 年 3 期。

河。到了清朝初年，泰坝监掣署设立，盐商云集，可谓“天下之赋，盐利居半。天下盐利，两淮居半。两淮盐利，泰州居半”。随着海岸线的东移，盐场位置变化，泰州地区逐渐形成以古盐运河、泰东河和卤汀河等为主线的水系（运河）网络，并形成了独具特色的运盐文化。依托盐运网络的发展，里下河地区逐渐形成和发展出诸多因盐而生的城镇聚落，共同构成了独具特色的里下河城镇群。

2. 成为盐税盐运文化的活化石

据不完全统计，从明弘治三年（1490 年）至光绪三十四年（1908 年），共有 128 人出任过泰州分司运判；从清雍正十年（1732 年）至宣统三年（1911 年），共有 130 多人次出任过泰坝监掣官。仅宋代就有吕夷简、晏殊、范仲淹三位名相先后出任过泰州的盐监官，元末有盐丁出身的农民领袖张士诚、灶户出身的哲学家王艮，清代有盐民“布衣诗人”吴嘉纪、“扬州八怪”之一的高凤翰、民族英雄林则徐等人先后在泰州留下了诸多历史遗迹，如税务桥、税碑亭、税务街等历史文物和与名人事迹相关的传统街巷等。值得一提的是，泰州税务桥是我国古代唯一以“税务”二字命名的桥梁，明朝即已载入《泰州地方志》。

3. 独树一帜的戏曲文化

中国戏剧史上有三位艺术大师出于泰州——评话宗师柳敬亭长期客居泰州打渔湾，著名剧作家孔尚任流寓泰州陈庵写下不朽名剧《桃花扇》，梅派京剧创始人梅兰芳祖籍泰州。柳敬亭、孔尚任、梅兰芳三位戏曲名人源出泰州，对泰州文化的发展和民俗民风产生了较大影响，也给泰州留下了以柳园、桃园、梅园等为代表的一批人文景观。受地理环境、盐务、漕运等影响，泰州民风民俗文化源远流长，既有楚风，又有吴俗，兼有广陵遗韵。譬如，梅派京剧等高雅艺术与茅山号子等民俗精粹并存，突显出泰州运河的文化品位和价值追求。

（二）三水文化

明万历《泰州志》记载：“泰州介乎维扬崇川之间，平原爽垲，众水萦回，东濒海，北距淮，大江映乎前，巨湖环于后，有鼓角门戟之雄实，江海门户之要至。”作为受江、淮、海三水激荡汇聚而形成的历史文化名城，泰州具有得天独厚的生存空间和发展环境，造就了海江湖河、荡圩沟渠的自然水系和独特的水文化，乐于亲水、善于治水、巧于用水，水是泰州文化生态的灵魂和源泉。

1. 城河伴生的水城文化

泰州人邻水而居、汲水而生、治水而生，水造就了泰州两千多年的辉煌。泰州城因河成市，东、西、南、北、中各有一条市河，另有一条横贯城中的玉带河，乾隆三十三年（1768 年）以前河面盐船如织、商贾夹岸。泰州位于江、淮之间，南北文化交融，民居建筑风格别具一格，既有南方的清秀、典雅，又有北方的雄浑、简朴，古建筑专家陈从周先生将其命名为“泰式民居”。目前泰州地区的传统民居保存数量多、质量好、价值高。

2. 农耕智慧的垛田文化

里下河地区近百年演替形成了择水而居的城镇布局和独特的“垛—菜（林）—沟—渔”立体农业生产系统。兴化悠久的垛田传统农业系统和溱湖世代而居的水上人家，正是泰州人利用自然、改造自然、与自然和谐共生的典范。兴化垛田作为全球重要农业文化遗产之一，是垛田人在面对自然所带来的风险及机遇时对自然环境的顺势改造，是泰州先民文明和智慧的结晶。

3. 傍水营生的传统技艺

传统技艺等非物质文化遗产是泰州治水历史和社会发展的见证。泰州保存着很多保护价值较高的依水形成的传统工艺，如传统木船制造技艺、中庄醉蟹制作技艺、沙沟鱼圆制作技艺、兴化水车制作技艺、兴化渔具制作技艺、兴化垛田生产技艺等。这些传统技艺不仅记录了泰州人民的水事活动，也表征着泰州人与水和谐共生的关系。

（三）民本思想

泰州人杰地灵，孕育了许多先进思想，对中国的历史文化发展产生了重要影响。

1. 民本思想的启蒙践行

明代哲学家王艮创立“泰州学派”，提出“唯百姓日用即道”，成就了泰州学派在中国哲学史上启蒙思潮中的先驱地位，体现了中国知识分子以天下为己任的使命担当和忧国爱民情怀。北宋教育家胡瑗创立安定书院教书育人，培养适世适用人才的做法，与平民哲学异曲同工。

2. 重教尚文的文化精神

以吴楚结合为主题的多元性的泰州文化，因南北文化的碰撞融合而产生出一种新的文化心态，重教尚文、仁孝传家成为泰州人共同的价值观。泰州至今仍保留着崇儒祠、胡公祠、学政试院、安定书院等文物古迹。

3. 不屈不挠的革命精神

泰州身处苏中要冲、军事要害，自古英雄辈出，岳飞屯兵抗金、文天祥奋勇抗元、陈毅三进泰州等都发生于此，中国人民解放军海军更是诞生于此，可见泰州人民有大义凛然、不屈不挠的革命精神。特别是中国人民海军诞生地泰州白马庙，已被正式载入我军的光荣史册，成为中国“海军摇篮”。红色基因根植于泰州，激励着后人保持和发扬泰州的革命精神。

四、推动古盐运河高品质文旅融合发展的路径

围绕中央、江苏省大运河文化带建设要求，泰州正致力于运河生态修复保护、强化文化传承利用、深化文旅融合发展，全面推进古盐运河文化带建设。根据相关专家学者的论证和泰州市有关大运河文化保护传承利用的实施规划，泰州在推动古盐运河文化资源活化利用、实现文化旅游高品质融合方面，明确了以下重点实施路径。

（一）加强文化展示传承

坚持保护优先，依托核心资源，保护传承大运河文化，活化利用大运河各类文化资源，展示具有代表性的大运河文化价值。

1. 核心展示园建设

重点打造凤城核心展示园。依托丰富的历史人文景观和城河一体的独特格局，融入泰州学派、梅派戏曲、泰适生活、三水生态、城河古韵等文化基因，构建具有泰州特色和代表性的生态休闲、文化荟萃、城景共融的“核心展示园”。通过主题公园、街区和设施的打造和建设，全面展示泰州丰富的文化内涵和水城一体的特色风貌。激活沿线低效地块，采取有机更新的方式植入新兴消费业态，重点引入文创、网络流行商业等，打造特色品牌活动，构建特色文商旅街区。打造慢行网络，构建“慢行水天堂”，依托凤城河沿线文旅资源

点，增加主题滨水公园、广场等开敞空间，构建多元的开放公园体系。

2. 集中展示带建设

集中展示带是对大运河文化带泰州段的优秀传统文化、红色文化、社会主义先进文化等内容进行集中连续展示的重要载体。根据文化资源及特点，集中展示带可以划分为以下几个主题。

一是古城护城河集中展示带。西起引江河，东至泰镇高速公路，全长约22.5千米（其中古盐运河段15.5千米、凤城河段7千米），以凤城河、古盐运河为依托，串联沿线的文化资源、盐税盐运遗产点，构建以城河体系和盐税盐运文化展示为特色的集中展示带。结合现有的资源特色，展示带自西往东划分为盐运文化体验段、城河文化展示段、名人文艺博览段和盐业民俗休闲段。盐运文化体验段以盐运文化展示和研究为基点，展现历史文化和现代创意相互交融的古盐运河盐运景观，重点打造以泰来面粉厂为主体的泰州近现代民族工业遗址文化园、引江河水利风光带景区和梅兰春文创园景区。城河文化展示段充分发掘凤城河沿线的文旅资源，突出泰坝监掣署遗址、江苏盐税博物馆等盐税文化特色，增加主题滨水公园、广场等开敞空间，构建多元、开放的公园体系，通过“驳岸、桥梁亮化，灯光秀，三维投影喷泉”等方式全时展现悠久而独特的城建文化和盐税文化。名人文艺博览段重点展现泰州的盐文化名人聚落和影响深远的泰州学派文化，重点推进泰州大运河博物馆景区和泰州学派文化传承园景区建设。盐业民俗休闲段以主题街区等形式展现泰州历史深厚的制盐工艺和盐商美食文化，打造塘湾宋元文旅街区。

二是古盐运河姜堰段文化展示带。西起盐靖高速公路，东至白米镇，全长约17.3千米，包括古盐运河姜堰城区段及中干河—姜溱河沿线部分区段，沿途与姜溱河、中干河、西姜黄河等支线贯通。沿线文化资源点分布密集，是泰州红色革命、水城人文、名人民俗、古城遗迹、城镇聚落文化的集中展示带。展示带自西往东划分为传统文化展示段、名士雅艺博览段和镇村民俗体验段。其中，沿古盐运河重点打造三水文商旅街区、古罗塘旅游文化景区、银穆创意农业园和百米老街景区，沿中干河—姜溱河历史文化水廊建设天目山遗址公园等景区。

三是南官河柴墟段文化展示带。结合高港历史上的盐文化脉络，挖掘淮盐等物资仓储、中转运输等历史文化资源，以柴墟古镇为依托，构建运河工商文化和滨江特色文化展示带。

四是兴化一号水路展示带。以里下河文化建设为题，展示生态农业文化，以李中水上森林景区、千垛菜花等为特色展示点，构建“特”“靓”“绿”的生态航道。

（二）推进文旅深度融合

推动文化与旅游深度融合，通过文旅游线串联沿线国家文化公园及重要旅游资源，彰显大运河文化带泰州段文化价值与特色，推动泰州全域旅游实现健康发展。

1. 四大文旅融合区建设

根据大运河文化带泰州段文物、文化资源的空间分布情况及优质旅游资源特点，以行政区划为边界，可划分为四大文旅融合区。

一是海陵文旅融合区。以海陵区为依托，包括秋雪水色、水城古郡、红色海军三处文旅主题区。以泰州南站（高铁站）、泰州火车站为旅游集散中心，通过主城区内部的道路交通设施、慢行体系、水上游线等构建文旅动线联动网络，形成以盐税盐运文化为主题的综合旅游板块。

二是姜堰文旅融合区。以姜堰区为依托，包括溱湖访古、人文三水文旅主题区。在溱潼景区设置旅游集散中心，以姜八线、盐泰锡常宜铁路为主要交通廊道，联系溱潼和姜堰城区，使各文旅景点之间形成方便快捷的交通联系，打造以三水文化、古镇文化为特色的旅游板块。

三是兴化文旅融合区。以兴化市为依托，包括千年沙沟、千垛花海、文润兴化三处文旅主题区，在兴化城南设置旅游集散中心，通过阜溧高速、兴泰公路 S231、卤汀河三条南北向的交通廊道，串联各旅游资源点，构建以垛田花海为核心的生态联动板块。

四是高港文旅融合区。以高港区为依托，包括柴墟古韵、活力江岸两处文旅主题区。通过口岸雕花楼古镇旅游集散中心，结合内部路网、沿江沿河慢行体系，串联各类旅游文化资源点，形成以江岸风光、古镇风情为特色的活力旅游板块。

2. 十大文旅主题区建设

一是水城古郡主题区。以品质提升为重点，突出盐运盐税文化、红色文化、市民文化、水城文化，传承利用古盐运河特色，结合沿河功能置换，强化工业遗产文化创意，打造活力公共空间。以凤城河、古盐运河等构建慢行网络体系，串联江苏盐税博物馆、泰来面粉厂、梅兰芳大剧院、涵东街历史文化街区等重要文旅节点，形成主次分明、通畅便达的文化休闲体系。

二是红色海军主题区。以挖掘、复兴为重点，突出运河沿线革命文化特色，结合大运河文化带打造海军文化主题，沿河建设景观节点和水上旅游服务设施，完善提升旅游服务功能。以古盐运河为纽带，沿线布局塘湾民俗文化创意园、塘湾宋元旅街区等旅游休闲设施，丰富旅游内容，增强文化休闲体验。

三是秋雪水色主题区。以品质提升为重点，以秋雪湖生态景区、麒麟湾景区为依托，着力打造主城区北部的生态旅游资源，改善城乡风貌，提升旅游品质。依托兴泰北路建设旅游景观道路，优化道路组织，提升沿路景观品质，加强片区与泰州主城区之间的联系。

四是溱湖访古主题区。在湿地资源保育、环境优化提升的前提下，丰富参与性、体验性的旅游项目，深入挖掘溱潼古镇历史文化，充分盘活溱湖旅游景区、溱潼古镇周边的农业资源和乡村资源，促进旅游与农业产业融合、与美丽乡村建设融合，发展农业旅游、乡村休闲度假、特色农家乐、美食购物等产品，完善旅游公共服务体系，形成综合效益较高的体现湿地风情、水乡风情的休闲度假旅游目的地。

五是人文三水主题区。以协调共建为重点，充分挖掘名人文化、美食文化。依托天目山遗址公园、曲江楼等历史文化资源，开发充满文化底蕴的“慢生活+健康生活”旅游产品体系，结合城市业态的升级，完善“食、住、行、游、购、娱”接待服务设施，

六是千垛花海主题区。突出特色水乡文化，依托兴化生态水乡和文化资源优势，在资源保护的前提下，重点打造千垛景区，提升李中水上森林景区，形成带动兴化旅游发展的重大引擎项目。并且，以此为核心，打造其他精品旅游项目，完善旅游产业体系，推动旅游要素建设，促进产业融合发展，建设中国著名的花海水乡和长三角地区重要的水乡田园休闲旅游目的地。

七是文润兴化主题区。依托兴化城区的文化资源优势，突出“水文化”主题，结合城区内丰富的水系资源现状，构建内部水上游乐网络。重点依托金东门、银北门历史文化街区，结合郑板桥纪念馆、施耐庵纪念馆、范仲淹纪念馆、赵海仙洋楼、昭阳墓、刘熙载故居、儒学广场毕飞宇工作室、兴化文学馆

等，充分挖掘名人、建筑、文学、名医、国际象棋、科举文化等文化资源，打造带动兴化旅游发展的触媒点。

八是千年沙沟主题区。以千年古镇为基地，以里下河生态文化体验为核心，结合节庆活动，优化旅游服务功能，打响旅游品牌，串联周边大纵湖景区、周凤烈士陵园等文旅资源点，提升整体旅游品质。依托卤汀河慢行休闲廊道，加强与千垛景区的联系。

九是柴墟古韵主题区。以古镇体验为重点，从商贸文化、居住环境、航运历史特色等方面打造运河历史形象，结合节庆活动，优化旅游服务功能，打响旅游品牌。以柴墟古镇为龙头串联凤栖湖景区等文化旅游资源，重点推进南官河水上游线的建设工程，打造主次分明、通畅顺达的文旅游线网络。

十是活力江岸主题区。依托长江风光、引江河风光、滨水聚落、沿江沿河产业、水利设施等资源，开发长江观光休闲、引江河水上休闲运动、滨水休闲度假、文化休闲体验、水利旅游、农业旅游、赏花旅游等旅游产品。

3. 三条文旅游线建设

一是历史文化游线。以古盐运河为纽带，突出展示泰州盐税文化。推进江苏盐税文化博物馆二期工程，重点保护税务桥遗址，发展南山寺、泰州吉祥文化园等一批文旅融合项目。推进非物质文化遗产实体化传承，结合大师手工作坊、亲子体验工坊、创意市集、传统节庆活动、曲艺表演等，促进传统非遗与市场的对接，将非遗技艺和精神重新发扬光大；重点塑造运河餐饮美食品牌，结合消费者旅游喜好，强化旅游餐饮服务行业发展，推广大运河文化带泰州段沿线地区特色美食餐饮，打响运河美食名片。

二是现代水乡游线。泰州与运河相伴共生，依运河而兴的古镇、古村众多，运河水蜿蜒入村镇，串联形成丰富的公共亲水空间，融入居民日常生活。重点打造乡村文化体验式旅游产品，完善民宿、餐饮、特色旅游活动配套，引导游人放慢旅游节奏。完善沿线各类自然生态资源景点的旅游配套服务设施，提升景观风貌品质，将自然景观与人工景观和谐有机融合，打造人性化的生态旅游平台。

三是红色文化游线。泰州是红色名城，该游线以雄浑悲壮、英勇抗争、庄严肃穆为主题风格，串联四区一市，联动展示泰州红色文化旅游资源。重点丰富红色景点内涵，结合具体景点，举行常态化的仪式活动，如升旗、换岗、祭奠、纪念，强化仪式感，同时增强学习性、故事性、参与性，开展爱国主义教育宣传活动。

（三）实施重点项目建设

项目建设是激活古盐运河文化带的恒久动力。目前，泰州各地正在高标准高水平建设一批古盐运河文化带重点项目。

1. 泰来面粉厂工业遗址复兴

泰来面粉厂的发展是泰州近现代工业发展的缩影。该厂始建于清光绪三十二年即1906年，由泰州知县王贻哲兴办，到20世纪20年代，泰来面粉厂生产的“三羊”牌面粉已经得到市场的高度认可，且出口到东南亚国家和地区。1955年，泰来面粉厂实行公私合营并更名为“公私合营泰来面粉厂”，后改名为“泰州面粉厂”。面粉厂生产厂房建于晚清，虽历经百年，主体建筑仍然完好。1986年，泰来面粉厂被认定为泰州市第一批近现代重要史迹及代表性建筑，被划定为市级文物保护单位。2021年下半年，泰来面粉厂工业遗址文化复兴项目一期工程竣工。一期工程对标国家文物保护要求，最大限度保护建筑历史信息的真实性，保存和展示遗址的历史、人文和科学价值，成为泰州市大运河文化带建设中的一处新地标。

2. 蒋庄遗址考古遗址公园建设

蒋庄遗址是长江以北地区首次发现的大型良渚文化聚落，突破了以往学术界认为良渚文化分布范围北不过长江的传统观点，为全面、深入研究良渚文明与良渚社会提供了新资料，填补了长江以北地区良渚文化考古发现的空白。2016年1月，蒋庄良渚文化遗址入选2015年度“中国六大考古新发现”；2016年5月，蒋庄遗址入选2015年度全国十大考古新发现；2019年3月，江苏省政府公布蒋庄遗址为省级文物保护单位；2019年10月7日，蒋庄遗址被批复为第八批全国重点文物保护单位。

2022年上半年，泰州完成《蒋庄遗址考古遗址公园规划》编制工作，规划范围249000平方米，投资总额1.34亿元。根据遗产价值分析及对比研究，蒋庄遗址考古遗址公园展示阐释主题定为“展长江以北良渚聚落遗址，听长江流域文明起源故事”，其中良渚文化是核心价值，水网地貌是背景环境。三个分主题为“良渚聚落生活图景”“良渚聚落葬俗文化”“里下河水乡景色”，展示蒋庄遗址在空间上与良渚文化中心区的关系。作为蒋庄遗址考古遗址公园一部分的蒋庄遗址展示馆主体工程业已竣工，附属工程正在建设中。

3. 口岸雕花楼景区改造

该景区位于高港区中心，分为一期和二期。一期总投资约 8 亿元，已于 2016 年创成国家 AAAA 级旅游景区，占地 8.8 万平方米，是泰州地区重要的旅游目的地。其内部现存多处文物保护单位，古建筑群落气势恢宏，青砖黛瓦故景如旧，宛若一幅古柴墟“清明上河图”。二期紧邻一期，总投资约 5 亿元，占地 4.2 万平方米，更加侧重商业，同时植入新的业态，包括文创、滨水休闲、时尚购物、柴墟故事馆、电影城、酒店、公园等，与一期形成良好互补。该景区是历史文化街区综合体，能够较好地传承、展示、承载全区文化、文保、文旅等事业和产业的发展壮大。

4. 海军文化创意园扩容

该项目已完成一期建设，总投资约 3500 万元，主要是围绕海军退役的“三舰一艇”，以游览体验、研学拓展为主导功能。2021 年 10 月 1 日园区对外开放，各地游客络绎不绝，海军文化创意园已成为泰州地区重要的旅游目的地和新晋网络知名打卡点，央视新闻直播间、央视军事频道等均进行过报道。二期建设预计总投资约 3 亿元，利用周边约 100000 平方米地块建设舰艇文化体验中心，以海军舰艇文化与海军文化体验、游乐、休闲为主导功能，主要建设中国海军历史文化展览馆、4D 影院、VR 体验馆、舰艇文化主题游戏体验馆、舰艇文化商品创意馆，同时创成拓展训练基地、国防教育基地、党性教育基地等。二期建成后，该项目将与中国人民解放军海军诞生地纪念馆、中国人民解放军海军诞生地旧址南北呼应，动静结合共同展示红色文化、海军发展历程等，也将成为全国为数不多、体量较大、独具魅力的军事类主题项目。

5. 兴化历史文化街区修复

兴化市现有历史文化街区两处（东门历史文化街区、北门历史文化街区），历史地段 4 处（西门历史地段、龙津河历史地段、小东门历史地段、城市历史地段）。近年来，兴化市加大对历史文化街区的修缮保护力度，先后投入资金对街区内上池斋药店、赵海仙洋楼、江西会馆、杨氏当典、东门罗氏宅等文保单位进行文物修缮，对东门外大街沿街店铺修缮改造，赋予其新的业态功能；对街区内部分历史建筑按历史记载重新恢复古院落。在此基础上，加大对街区内文物的“活化利用”力度，如利用东门罗氏宅建成葛家澍纪念馆、利用赵海仙洋楼建成中医博物馆等。2021 年，东门历史文化街区维修改造项目成功通过省“十四五”时期文化保护传承利用工程入库项目公示，正式入选国家文化公园建设项目。

6. 姜堰十里滨河风光带提升工程

该工程项目计划总投资逾 2 亿元，主要实施慢行系统、景观绿化、五彩亮化、智能互动、标识导视等设施，高标准打造平步清华、百舸争流、棋圣奕谱、海客盟鸥、蝶水揽月、三水之环等系列景观风光带，进一步提升和丰富城市形象、城市品质和城市内涵。该工程项目以“水舞罗塘漫悦时光”为主题，秉承“水为体、文为魂、绿为裳”理念，通过建设高品质、地标性的运河景观风光带，串联起十里滨水长廊，重焕千年古盐运河的新姿新韵，将该区域打造成为“生态、开放、活力、创新”的滨水空间，为广大市民游客提供康养休闲、愉悦身心、文旅体验、诗意栖居的自然佳所。

7. “一路高畅”旅游公路打造

该项目设计全线 120 千米，在“四好”农路建设的基础上，以海军诞生地的红色文化、医药小镇的医养文化、城郊农业的农耕文化、大丰社区古街道的社区文化为核心，沿线打造 7 种特色风貌，分别为蓝色海军文化之路、红色十里花海之路、橙色中药养生之路、金色银杏林荫之路、绿色湿地呼吸之路、白色滨江风情之路、紫色河湖浪漫之路。项目通过特色风貌的打造推动全域旅游发展，打造长三角生态健康目的地。项目完成后，将较好地串联该区域文化旅游、红色旅游、生态旅游和美丽乡村等主题点，发挥好点线相连、穿针引线的作用。

本文在资料搜集和撰写过程中，得到泰州市委宣传部及姜堰区委宣传部、海陵区委宣传部、高港区文化体育和旅游局、兴化市文化体育和旅游局、泰州文旅集团等单位的大力支持，在此一并致谢！

撰稿人　张培
单　位　南京大学新闻传播学院、泰州日报社

保护、融合与凝聚
——运河古镇邵伯文旅品牌创新实践

流淌千年的大运河为沿线城镇带来了生态、文化、经济等资源，这些资源与地域特色的结合推动着大运河沿线城镇的旅游产业发展。大运河文化与沿线城镇旅游产业之间有着紧密联系，大运河沿线城镇旅游产业发展的过程就是大运河文化、城镇地方特色文化的传播与推广的过程，文化与旅游的结合激发了沿线城镇在发展地方文化事业的同时进行大运河相关旅游产品的创新。“文旅融合”是一种以传统旅游业为基础的新型“旅游+”产业模式，推动“文旅融合”发展是满足人民群众消费需求、促进旅游产业与文化产业转型发展的必然选择①。当前，运河古镇的文旅品牌创新必须要借力文化资源，在文旅融合中进一步拓展运河古镇文旅品牌的打造与发展空间。

扬州作为中国大运河申遗牵头城市、运河原点城市，在大运河文化带上发挥着重要作用。2020 年 11 月 13 日，习近平总书记调研扬州时指出：“要把大运河文化遗产保护同生态环境保护提升、沿线名城名镇保护修复、文化旅游融合发展、运河航运转型提升统一起来，为大运河沿线区域经济社会发展、人民生活改善创造有利条件。”② 位于扬州市江都区北部的邵伯古镇的运河文旅发展就紧扣大运河文化带的发展规划。作为全国千座历史文化名镇之一、大运河沿线遗产点最多的古镇，邵伯古镇在文旅品牌创新的探索实践中有许多值得借鉴之处。邵伯古镇与大运河“同生共长”，是大运河兴衰演进的最佳见证者，千年来其变化、发展与大运河紧密关联，同时独具邵伯特色的聚落形态特征、运河水系特征和运河水利工程都为其文旅品牌创新的探索实践夯实基础。

2008 年，邵伯入选第四批中国历史文化名镇名录；2014 年，自邵伯明清运河古道、邵伯码头群、邵伯古堤、邵伯老船闸、淮扬运河主线（邵伯段）

① 冯健：《“文旅融合”该从何处着手》，《人民论坛》2018 年第 32 期。
② 《习近平在江苏考察时强调贯彻新发展理念构建新发展格局推动经济社会高质量发展可持续发展》，《人民日报》2020 年 11 月 15 日，第 1 版。

等遗产点随中国大运河列入《世界遗产名录》以来，邵伯古镇在自身的文旅品牌创新实践中积极进行发展路径探索，通过生态资源保护、古镇文化与新媒体融合，以及运河 IP 凝聚，不断提升邵伯古镇文旅品牌的传播力和影响力。具体而言，运河古镇——邵伯通过保护运河生态资源，原真性展示运河风貌与历史文化；与新媒体融合，打造能够提升邵伯古镇文旅品牌知名度的媒体阵地；深挖运河 IP 形象，铸造邵伯古镇特色的运河文旅 IP 的集聚地，从而构建邵伯古镇保护、融合和凝聚维度等多层次的文旅品牌创新传播格局。本文通过分析运河古镇——邵伯在文旅品牌创新方面的探索，梳理其实践模式，以期对大运河沿线城镇文旅品牌创新提供一定的经验。

一、运河古镇——邵伯的文旅资源概况

作为拥有 1600 多年历史的运河古镇，邵伯古镇类型丰富、数量众多的运河遗产资源成为运河古镇文旅品牌创新的一个重要基础。邵伯古镇中的运河遗产浓缩了运河古镇从生态到人文的多元发展，因此，聚焦大运河沿线的历史文化名镇——邵伯，对其运河水系特征、运河水利工程及文旅产业发展进行梳理具有重要意义。

（一）邵伯古镇的运河水系特征

邵伯古镇的运河水系特征主要呈现出从形态演变到功能转型的规律，即当前邵伯古镇的运河水系多承载着文化展示、休闲娱乐、生态治理等功能。邵伯古镇在明清时期已拥有较为完善的运河水系，是当时地方乃至国家的重要水运节点、漕运中心。而近代以来，随着交通方式的飞速发展变化，邵伯古镇的航运地位日渐式微。当前，邵伯古镇中众多水系的传统的水运功能逐渐弱化、丧失，人们开始从文化、休息、景观、生态等方面探寻邵伯古镇运河水系的转型创新之路。

（二）邵伯古镇的运河水利工程

邵伯位于扬州市江都区西北部，地势西高东低。邵伯埭的筑成，既起到了防止河水下泄、蓄水利农的作用，又不影响船只通行。邵伯位于长江、淮河、运河三水交汇之处，作为河网密布的小城，水利工程是其最大的民生，自谢安筑邵伯埭起，邵伯就成为运河之畔的璀璨明珠。邵伯驿是清代扬州府沿运河所

设的6座驿站之一，这不仅充分说明了古代邵伯重要的运河水利地位，而且显示了这座古镇与运河之间的紧密联系。淮扬运河江都段即邵伯明清运河故道，流经邵伯古镇的有16.8千米，它至今还承担着交通运输的作用，每天来往的船只川流不息。邵伯古镇因水而建、因水而兴，得天独厚的水利条件孕育了独特的邵伯文化。昭关自流灌溉总渠、邵伯船闸、大马头，在邵伯的水利工程中发挥着各自的作用。

（三）运河古镇——邵伯的文旅产业发展

当前，邵伯的旅游开发主要涉及邵伯古镇、文旅新镇、水街月市和渌洋湖这4个部分。其中，邵伯古镇的文旅产业发展重点在于突显文化功能，即对古宅的修缮、保护；文旅新镇则侧重于休闲、时尚和美食的发展；水街月市注重生态与民生，通过疏浚古运河及周边河道将河两边的民房利用起来，打造水上街市；而渌洋湖作为邵伯的重要湿地，其文旅发展目标是打造融观赏和体验于一体的原汁原味的乡村生活。此外，“扬州邵伯运河遗产保护及文旅开放项目一期”入选“江苏省2022年重点文化和旅游产业项目建设和投资计划”，该项目主要是对大运河邵伯古镇段运河遗产及历史街区进行整治、修复及展示，包括新建文旅街区、康养板块、运河文创产业区、度假酒店等，是新时代运河古镇——邵伯文旅产业发展的新规划。

二、运河古镇——邵伯的文旅品牌创新实践

邵伯古镇不仅是中国历史文化名镇，而且在长三角和大运河物质与非物质文化的影响下，借助旅游业这一平台，依托得天独厚的生态遗产资源，拥有自身独具地域特色的旅游品牌。近年来，随着文旅融合的大力推进，邵伯古镇已逐步顺应古镇旅游业转型升级的主流趋势。邵伯古镇坚持“打造特色的旅游风情小镇”战略，以古镇运河遗产资源保护、古镇宣传与新媒体的融合，以及古镇运河文旅IP的打造作为其文旅品牌创新实践的重点，在不断的探索创新中，邵伯古镇的文旅品牌打造与传播取得了一定成效。

（一）保护：邵伯古镇运河风貌与历史文化的原真性展示

邵伯古镇以运河遗产保护为基点，依托邵伯已有遗产资源、历史文化优

势，打造独具地方特色的“水利工程、运河风貌、历史文化”新型保护体系，构建融古通今、多维联动的运河古镇保护格局。

1. 自然与人工改造结合的水利工程的保护实践

邵伯明清运河故道、邵伯码头、淮扬运河主线（邵伯段）、邵伯古堤和邵伯老船闸这 5 处水利工程遗址是邵伯古镇现存的大运河遗产。近年来，邵伯古镇大力实施邵伯明清运河故道保护与展示工程、淮扬运河主线（邵伯段）运河遗产环境整治工程等一系列自然与人工改造结合的水利工程保护实践，不断提升对大运河遗产的保护。随着历史变迁，邵伯明清运河古道目前仅发挥其防洪排涝和作为城市景观河道对外展示这两种功能，但扬州和邵伯地方政府对其保护实践仍然严格遵守“不改变文物原状”和“文物本体与周边环境相协调”的原则。从邗沟开凿到东晋谢安筑埭，再到现代航运的复兴，邵伯船闸是大运河邵伯段水利发展的最好见证。随着传统水利与高科技的融合，经多次技术改造，船闸现采用航闸智能运行系统、水上 ETC 系统等先进方式，目前邵伯船闸仍在发挥其作为南北水上交通中心枢纽的重要作用。

2. 千年运河古镇明清风貌的保护实践

邵伯古镇以古今运河为主线，以运河文化生态公园、大运河遗产区、古镇历史街区、运河船闸等游览区域为重要组成部分，集中展示了千年运河古镇——邵伯的运河文化记忆。其中，运河文化生态公园再现了明清运河故道的昔日风情与大运河的繁荣景象，邵伯古镇最大限度地还原了建于康熙年间的邵伯老街。同时，邵伯古镇沿古河道由北向南依次保存有大马头、竹巷口、朱家巷、庙巷口 4 个古码头，这些古码头以鱼骨状的构造使得整个历史街区得以串联，也最大限度地将大运河水运与居民生活紧密联系。邵伯古镇通过对明清时期“河—堤—河—街”风貌格局的保护，较为完整地展示出了千年运河古镇的明清风貌，以及古镇与运河文化、百姓生活的密切联系。

3. 邵伯历史文化与淮扬文化的保护实践

一方面，邵伯运河老街依然保存着大码头、甘棠树、巡检司、斗野亭、镇水铁牛等历史遗存。如邵伯古镇将谢安等名人故事和“九牛二虎一只鸡”等运河典故有机地融入公园景观中，让居民和游客能够身临其境地感受古镇风情，起到了传承邵伯历史文化经典的作用。另一方面，邵伯古镇大力推动邵伯非物质文化遗产的保护和传承工作，依托居民和游客需求，不断创新国家级非遗“邵伯锣鼓小牌子”、省级（江苏省）非遗“邵伯秧号子”等非物质文化遗产的传承方式，组织非遗文化进景区、进乡村、进校园，以通俗易懂、简单易学的方式提升邵伯地方非物质文化遗产的知名度、影响力。例如在当地成立邵伯锣鼓小牌子队伍，开展国家非遗项目“邵伯锣鼓小牌子进校园”活动，通过向学生介绍小牌子的发展历程、表演小牌子曲目等形式传播邵伯的这一非物质文化。此外，邵伯中心小学还成立了国家级非遗项目邵伯锣鼓小牌子传承领导小组，协助进行邵伯锣鼓小牌子队伍中的学生的管理和训练。

（二）融合：提升邵伯古镇文旅品牌知名度的主阵地

邵伯古镇借力新兴媒体的独特优势，通过创立公众号、多渠道宣传、打造直播间等形式，在邵伯古镇对外宣传的过程中积极推进古镇与新媒体的融合，不断推动新媒体平台成为提升邵伯古镇文旅品牌知名度的主阵地。

1. 融入新媒体，创立“邵伯古镇”公众号

移动互联网时代，新媒体的助力使得大运河沿线城镇在当地文化和旅游业的对外传播方面变得更加便捷。目前，邵伯已创立“邵伯古镇”微信公众号，致力于通过推送同邵伯古镇相关的遗产性文化活动及人文历史、生态自然等文章，试图依托新媒体向大众全方位展示邵伯古镇文旅形象。此外，“邵伯古镇”公众号中还有众多原创性文章，公众号通过撰写发布原创性文章的形式对邵伯古镇的旅游景点、人文历史、地方性文化活动等进行宣传，有利于扩大邵伯古镇的知名度和美誉度，从而起到吸引更多游客、创造旅游收益的效果。

2. 借运河文化活动之势，多渠道宣传邵伯古镇

扬州作为大运河的原点城市，举办同运河相关的文化活动，迎来了众多媒体对扬州大运河文化的宣传，这为邵伯古镇依托这类文化活动来宣传自身文旅品牌起到一定的积极作用。例如，邵伯入选“2022世界运河城市论坛”运河十二景，“扬州发布”媒体矩阵、扬州广电、《扬州晚报》等多家扬州当地媒体依托这一国际性运河文化活动宣传邵伯古镇；《万里走单骑——遗产里的中国》摄制组走进邵伯古镇，通过对邵伯船闸、大马头、斗野亭等历史遗迹的解读从视觉维度展示邵伯古镇。

3. 依托当地百姓宣传，打造“邵伯直播间”

抖音短视频平台的兴起为邵伯古镇通过新媒体平台进行宣传和传播打开了

全新的大门。近年来，邵伯当地百姓通过抖音直播宣传邵伯古镇美食、历史、景点，打造出了独具特色的“邵伯直播间”。例如，邵伯镇甘棠社区太极队队长张慧芝通过在邵伯船闸游客接待中心广场直播晨练的形式，向大众宣传邵伯。甘棠社区党总支书记曹桂平时也常在抖音平台发布有关邵伯景点的视频，并带动周围同龄人一起宣传邵伯的美景、美食。

（三）凝聚：铸造邵伯古镇特色的运河文旅 IP 的集聚地

作为大运河沿线遗产点最多的古镇，邵伯拥有其独特的地域自然资源和历史文化特质，邵伯古镇在历史变迁中留下了邵伯船闸、古码头、谢太傅祠、斗野亭等众多历史底蕴丰厚的运河遗存。邵伯古镇正在通过凝聚运河遗存打造成独具邵伯特色的形象标志，以此来铸造邵伯古镇运河文旅 IP 的集聚地，从而提升邵伯古镇的文化品位与文旅品牌知名度、美誉度。当前，邵伯古镇集中打造的运河文旅 IP 有：运河古街 IP——邵伯老街、运河公园 IP——运河文化生态公园、运河水运 IP——邵伯船闸、运河文化 IP——斗野亭、运河文物 IP——邵伯铁牛、运河美食 IP——邵伯龙虾。

1. 运河古街 IP——邵伯老街

邵伯老街全长 3 千米，用近万块青条石铺成，是苏中地区唯一保存较好的条石古街道。邵伯古街沿街两边既保存有清朝四朝元老及户部、兵部两部尚书董恂故里和徐家大楼、王氏大楼、四角楼等 40 多处明清古宅，也有纪念谢安的谢公祠、宋代七贤和诗的斗野亭、古运堤、云川阁、巡检司、大王庙等具有千百年历史的文化遗迹，还有苏中七战七捷中的第六次战斗纪念馆等红色文化纪念场所……邵伯老街的保护遵循“修旧如旧”原则，至今人们仍能在老街中找到唐代的古石头、宋代的古井、明代的古宅、清代的老店铺。

2. 运河公园 IP——运河文化生态公园

邵伯运河生态公园从规划设计到实施都注重人文元素的融入，让原生态的自然景观和历史人文景观水乳交融、交相辉映，成为扬州古运河畔的一个新的文化地标。运河生态公园从南向北依次分布着铁牛湾、桃花坞、净瓶广场、荷塘月色、茶花园五大片区，每个片区都融入了邵伯及古运河的历史人文故事。铁牛湾的景观设置以“九牛二虎一只鸡”的传说为主题，展现运河的治水文化。那些曾经散落于运河沿线的镇水神兽，经现代工艺进行复古仿制，在这里组团呈现。

3. 运河水运 IP——邵伯船闸

始于东晋谢安筑埭的邵伯船闸历史悠久，宋天圣七年（1029 年）建成三门两室船闸，明万历年间建有两座单斗门船闸，1934 年民国政府用“庚子赔款”的减免款建设了新式机械船闸，1962 年至 2012 年在大运河主线上由东往西修建了一线、二线、三线船闸。近年来，邵伯船闸仍旧发挥其畅通运河船运和防洪的重要作用。水运交通方式和文旅产业的发展，使得邵伯船闸这一运河水运 IP 形象不断清晰，也逐渐成为邵伯古镇、扬州乃至中国运河水运的重要形象之一。

4. 运河文化 IP——斗野亭

斗野亭建于宋朝，位于邵伯镇西，雄踞在大运河河堤之上。2001 年，政府投资对几经兴废的斗野亭进行复建。目前，斗野亭内展有众多宋代书法家的墨宝字迹，唯美的景色、精致的建筑风格、诗墨文化的丰富内涵使得斗野亭可与闻名全国的北京陶然亭、徐州放鹤亭、滁州醉翁亭、陕西凤翔喜雨亭四大名亭相媲美，也逐渐成为邵伯古镇具有代表性的运河文化 IP 之一。

5. 运河文物 IP——邵伯铁牛

邵伯铁牛原为大运河镇水之物，1701 年铸造，距今已 320 多年，是康熙年间以祈镇水的“九牛二虎一只鸡”12 只动物中保存比较完好的一只。铁牛采用整体浇铸工艺，呈俯身昂首凝视状，将古代民众祈求根治水患的心愿完全呈现了出来。目前，邵伯铁牛作为邵伯运河文物 IP 的重要代表之一，是邵伯古镇的标志性运河文物，至今仍旧屹立在斗野园内，镇守在大运河边，发挥其保卫邵伯安澜的作用。

6. 运河美食 IP——邵伯龙虾

邵伯龙虾是邵伯古镇知名美食，近年来邵伯通过一系列文化活动对本地龙虾品牌进行推广，打造出了邵伯运河美食 IP，取得了一定成效。从 2001 年开始，邵伯镇以邵伯湖旅游龙虾节为平台，讲述古镇邵伯精彩的运河故事，举办各种富有特色的文化旅游活动，形成了龙虾美食一条街和龙虾菜系。旅游龙虾节也成为邵伯人民的致富节，邵伯人民依托美食文化有力地推动了邵伯古镇文化旅游产业的发展。此外，运河美食 IP——邵伯龙虾的对外传播、推广也积极顺应时代潮流，提出一系列全新宣传策略：发展“线上+线下”融合模式——通过短视频、自媒体吸引虾粉；打通内销市场，发展社群配套制，让本地人爱上龙虾，拉动消费；等等。

三、运河古镇——邵伯文旅品牌创新发展存在的问题

邵伯古镇历史悠久，有着丰富的运河文化遗存，随着近年来扬州市政府及各区、镇对历史古镇、运河文化遗产保护的重视，相应的保护规划、文旅发展政策的出台，邵伯古镇文化旅游逐渐兴盛。然而，运河古镇——邵伯在环境文化保护、品牌知名度提升和品牌凝聚力方面依然存在问题，这使得其文旅品牌创新在发展中存在一些短板和弱项。

（一）着重强调运河遗存的还原保护，忽视对其周围环境、文化的保护

在当前大力推进大运河文化带建设的背景下，邵伯古镇的文旅经济、运河文化得以有效传播，从而促进了邵伯古镇文旅品牌的创新。但在邵伯古镇运河沿线遗产资源的实际保护过程中，由于着重强调对运河遗存的还原保护，因而忽视了对古镇文旅品牌影响力的提升和对文化的挖掘，这主要体现在以下两个方面。

1. 邵伯古镇保护过度强调原真性，缺乏文教设施，绿化景观较差

当前，邵伯古镇依旧保留了基本的鱼骨布局和古朴祥和的生活状态，邵伯古堤、盐商客栈、进士第、斗野亭等历史古迹，邵伯四大古码头——大马头、竹巷口码头、朱家巷码头、庙巷口码头至今留存在古镇内部。但邵伯古镇中除文保单位建筑之外，其余建筑均缺乏修缮和保护，同时古镇历史文化街区中的居民居住比例仍然较高，老房子得不到及时修缮，周围居民的居住条件较差。此外，街区中人口老龄化严重，缺乏活力，文化娱乐和文教设施等相对不足，绿化景观、停车场等公共设施严重缺乏。

2. 邵伯运河文化的保护传播力度不足，不利于非遗文化“走出去”

大运河为邵伯带来文物、建筑等物质文化遗产的同时，也带来了众多非物质文化遗产，两者相互补充、相互促进，共同推动着邵伯运河文化的传播传承。目前，邵伯存有非物质文化遗产共六大类 24 小类。这些非物质文化遗产中，仅有国家级非遗“邵伯锣鼓小牌子”的保护传播工作做得相对较好，但

传播范围仍旧局限于扬州地区。非物质文化遗产的传播力、影响力弱，不足以使邵伯古镇众多非遗文化“走出去”，因此，以非遗文化带动古镇文旅品牌创新的路径效果不佳。

（二）“互联网+宣传”能力不足，邵伯古镇文旅品牌知名度较低

新媒体时代，“互联网+宣传”是提升古镇文旅品牌知名度、影响力的一个重要途径，但当前邵伯古镇的新媒体宣传能力不足，使得邵伯古镇文旅品牌知名度较低，无法吸引更多游客，这主要体现在以下三个方面。

1. 尚未搭建起邵伯古镇的新媒体宣传矩阵

目前，邵伯仅有“邵伯古镇”微信公众号这一个新媒体宣传平台，其内容多是对邵伯当地历史文化、新闻事件等的宣传、报道，缺少对邵伯古镇这一文旅品牌的集中打造和高质量的内容宣传。同时，微博、抖音等新兴媒体在邵伯古镇文旅品牌创新实践中的缺位，导致古镇文旅品牌宣传推广渠道不足，无法有效提升邵伯古镇文旅品牌知名度、吸引力。

2. 运河文化活动参与度不够，导致邵伯古镇宣传力度较弱

邵伯古镇的对外宣传多依托于扬州运河文化活动的举办，但本地运河文化活动无法满足旅游古镇品牌的对外宣传，以附属形式的对外宣传不利于邵伯古镇文旅品牌知名度、影响力的提升。同时，邵伯古镇还缺少对自身文旅品牌宣传推广的主动性，较少的曝光量也导致邵伯古镇文旅品牌宣传力度较弱。

3. 对个体宣传的扶持力度欠缺，无法快速提升邵伯古镇的知名度

作为个体的邵伯百姓，其通过抖音直播等行为对邵伯古镇的自发性宣传，尚未能够对邵伯古镇文旅品牌知名度、影响力的提升起到较大作用。同时，主动参与宣传邵伯古镇的百姓仍只占少数，且当地政府对个体宣传扶持力度的欠缺，不利于激发百姓在新媒体平台上宣传古镇文旅品牌的积极性，从而无法快速提升邵伯古镇的知名度。

（三）运河文旅 IP 较为分散，导致现有文旅品牌的凝聚力不强

邵伯古镇历史源远流长，运河沿线遗存众多，古镇内的各类文物、文化建筑等均是邵伯古镇对外宣传的重要文化标签。目前，邵伯古镇已形成运河古街 IP、运河文物 IP、运河水利 IP、运河文化 IP、运河美食 IP 等一系列运河文化

IP，它们都是打造邵伯古镇文旅品牌的重要一员。但已有的运河文旅 IP 较为分散，且未同邵伯古镇的自身特色和运河文化相结合进行挖掘和创新，导致现有的古镇文旅品牌的凝聚力不强。同时，已有的运河文旅 IP 缺乏产业链形式的创意设计，与游客之间的互动性不强，仅具有观赏、体验等功能，缺乏趣味性、个性化的设计，无法依托邵伯古镇文旅品牌这一载体给游客留下深刻印象与体验，不利于邵伯古镇文旅品牌吸引力、感召力、凝聚力的打造。

四、运河古镇——邵伯文旅品牌创新发展优化策略

基于上述问题，推动运河古镇——邵伯文旅品牌创新的有效发展，提升邵伯古镇文旅品牌吸引力、感召力和凝聚力，可从以下三个方面着手。

（一）兼顾历史遗迹、地方文化与生态环境，高质量提升邵伯古镇的还原保护水平

邵伯古镇的高质量保护离不开历史遗迹、地方文化、生态环境三个方面的整合发力。因此，针对运河古镇——邵伯文旅品牌创新在还原保护层面的有效推进，可从以下三个方面进行优化。

1. 构建邵伯古镇遗迹、历史街巷的保护体系

构建起邵伯古镇文旅品牌创新“还原—创新—提升”的保护体系。在还原保护方面，对邵伯古镇遗迹、历史街巷的保护和修缮应当坚持“修旧如旧”的原则，最大限度保留古镇遗迹、历史街巷等的原真性。在创新保护方面，邵伯古镇历史街区中涉及大量居民的保护部分，应结合居民生活习惯与古镇实际情况创新居民生活环境的同时，保留古镇风貌，力图打造出活力生动、古色水韵交融的特色运河古镇。在提升保护方面，加大对邵伯古镇街头绿地、文教康养设施的投入，提升古镇街区居民的生活品质，同时加强对古镇绿化景观的整治，为邵伯古镇文旅发展打下基础。

2. 注重邵伯非遗文化的活态传承，推动运河文化与古镇旅游的结合

注重邵伯锣鼓小牌子、邵伯十番音乐等非物质文化遗产的保护、传承，搭建邵伯非遗历史发展、制作技艺等的综合展示平台，对极具邵伯特色的非遗文化进行多渠道推广。加强锣鼓小牌子、十番音乐等以声音、技艺为主要表现手

段的非遗文化的研学传播，通过非遗进校园、“非遗+旅游”等形式，形成邵伯古镇文旅品牌创新的新形式，在文旅研学活动中推动非遗的传播与延续，同时“非遗+旅游”的形式也进一步推动着邵伯运河文化与古镇旅游的结合，既有利于传统文化的有序发展与传播，也不断激活着邵伯古镇的文旅活力。

3. 加大对运河水利生态的环境治理，促进邵伯古镇生态修复

大运河为邵伯留存了丰富的运河水利生态，这就对邵伯古镇的生态环境治理提出了更高的要求。做好大运河邵伯段及邵伯古镇周边环境的生态保护，有助于邵伯建立良好的运河生态环境，也为同古镇共同发展的生态景观的保护与延续提供了保障。因此，邵伯古镇亟须加大对运河水利生态的环境治理，促进邵伯古镇生态修复的向好发展。在水利生态治理的过程中，保护大运河与邵伯古镇结合的自然形态，最大限度保留其原有风貌，加强大运河和邵伯古镇所形成的文旅生态空间保护，有利于彰显邵伯古镇运河水岸特色。

（二）强化智慧文旅品牌发展思维，搭建邵伯古镇宣传、推广的有效平台

邵伯古镇文旅品牌传播力、影响力的有效提升离不开多渠道、多维度的宣传、推广。因此，针对运河古镇——邵伯文旅品牌创新在媒体融合传播层面的有效推进，可从以下三个方面进行优化。

1. 搭建起邵伯古镇新媒体宣传矩阵

移动互联网时代，新媒体宣传矩阵的搭建将进一步提升运河古镇——邵伯文旅品牌的传播力。邵伯古镇应在已有微信公众号平台的基础上，创建抖音号、微博号，形成“两微一抖”、多渠道联合传播的矩阵。同时，可借助马蜂窝、飞猪、携程等各大旅游 App 建立运河古镇旅游联盟，以智能推荐、信息共享等形式实现运河古镇——邵伯的人文风光旅游。此外，可依托各大旅游 App 攻略栏目，通过撰写高质量的邵伯古镇旅游攻略来提升古镇文旅品牌的传播力。

2. 积极参与运河文化活动

要想提升邵伯古镇文旅品牌的影响力，就需要积极参与各类运河文化活动，在增加古镇文旅品牌曝光量的基础上，做好邵伯古镇的内容宣传。当前，邵伯古镇亟须打开视野，延伸至全国乃至世界，通过积极参与多地方、多国家的大型运河文化活动让邵伯古镇在大众记忆中拥有一席之地，这有利于古镇文

旅品牌影响力的提升。同时，邵伯古镇还应该加强与周边运河古镇的交流合作，借鉴吸纳其他运河古镇的优益之处。

3. 多维度扶持“邵伯直播间”发展

提升邵伯古镇文旅品牌传播力、影响力，仅靠个体的力量是远远不够的。当前，地方政府、文化企业等应积极参与到“邵伯直播间”的打造中来，通过政策、资金、创意等多维度扶持，使“邵伯直播间”更加多元化、专业化，形成邵伯古镇文旅品牌对外传播的重要窗口。在传播窗口的打造过程中，要避免同质化、无特色内容的宣传，拒绝将文旅品牌的宣传推广浅层化，只有自身做好古镇文旅内容的深挖与透彻理解，才能够保证大众在接受信息的时候有效吸纳邵伯古镇的特色内容，从而加深其对运河古镇——邵伯文旅品牌的认知，进而达到提升邵伯古镇文旅品牌传播力、影响力的效果。

（三）深入挖掘邵伯古镇文旅特色，打造集“古、水、绿、文”于一体的文旅 IP 形象

目前，当地政府及文旅企业需要深入挖掘邵伯古镇中的精品旅游路线、水利文化、运河景观等特色文旅，依托邵伯当地丰富的运河自然生态、历史文化、水利水运资源，优化邵伯古镇的文化旅游产业。要以突出邵伯古镇独特的运河风貌为目标，重点挖掘已有运河文旅 IP 之间的共同特征，由点到面促进邵伯古镇文旅产业发展，尽快将古镇文旅品牌做强做精。邵伯古镇文旅品牌创新应深入挖掘、整合邵伯本地特色运河文化，以“传承运河历史文化，承载运河文旅现实需要”为准则，增强邵伯古镇文旅品牌的文化底蕴和魅力。重点整合邵伯古镇运河文旅 IP，围绕邵伯古镇的古运遗产、运河水利水运、运河生态景观和运河历史文化，打造集“古、水、绿、文”于一体的古镇文旅 IP 形象，以不断增强邵伯古镇文旅品牌的凝聚力。

撰稿人　李心洁
单　位　扬州大学新闻与传媒学院

品牌创新与传播篇

JIANG-YUN JIAOHUI

CHANG－SANJIAO

DAYUNHE WENHUADAI
WENLÜ RONGHE
PINPAI ANLI YANJIU(2022)

扬州“世界美食之都”城市品牌的个性化打造研究①

扬州于2019年10月入选联合国教科文组织“创意城市网络”，并被授予“美食之都”的称号，成为中国第四个获此殊荣的城市。拥有2000多年城市历史的扬州早在1982年就被列入国家首批历史文化名城。美食作为文化在技艺、物质层面的体现，一直都是扬州地域文化的重要组成部分，而“世界美食之都”的称号作为扬州的标志性名片，不仅体现了人们对扬州饮食文化的认可，也是城市文化元素的凝练。随着城市化进程的加速，城市品牌的建设成为地方发展不可或缺的战略，扬州进一步打造“世界美食之都”将有利于放大品牌效应，提升“扬州是个好地方”的独特魅力，在以国内大循环为主体、国内国际双循环相互促进的新发展格局下，城市品牌建设成为地方经济高质量发展的新动能，能推动绿色发展、全域发展、高质量发展。针对“世界美食之都”的建设，现有的研究探讨较少，且多以宏观角度的论述和概括性的建议为主，但缺少对城市品牌打造的具体实践的分析。因此，本文将考察扬州如何擦亮“世界美食之都”的名片，基于品牌打造实践中的经验教训为地方发展提供相应的对策及建议，并为其他地区的城市品牌打造提供一定的示范参考。

一、扬州“世界美食之都”品牌的形成基础

城市品牌的形成源于城市本身，因为一座城市的品牌必然基于城市的历史文化积淀、遗存提炼形成，并最终与市民和观者对城市的观察、认识和理解相关。从产品品牌的角度而言，城市品牌与其自身的核心价值有关。因此，一座城市有别于其他城市的特质必然源于地域文化的独特性，其中最为直观的便是

① 基金项目：扬州市社科重点课题“‘世界美食之都’品牌的个性化打造研究”，江苏高校哲学社会科学研究项目“基于国际性社会组织的运河文化国际传播研究”（项目编号：2022SJYB2181）阶段性成果。

呈现在物质层面的文化资源与符号，而相关产业的建设发展有助于良好的美食体验，可见扬州成为“世界美食之都”是实至名归的。

（一）区别于其他城市的独特资源

扬州城拥有2500多年有文字可考的历史，饮食文化源远流长，是中国四大菜系淮扬菜的发源地之一。淮扬菜有“东南第一佳味，天下之至美”的美誉，其南北皆宜的风味、精妙的刀工火工能够凸显菜肴的味觉体验和视觉效果，是扬州美食较之其他城市和地区美食的重要优势，也是广迎八方来客及美食文化对外传播的重要基础。扬州的美食文化资源丰富，现拥有包括富春茶点制作技艺、淮扬菜制作技艺、扬州炒饭制作技艺等在内的52项非物质文化遗产项目①、61名中国烹饪大师、50多名饮食类非遗传承人，以及20个饮食类老字号②，代表着扬州美食文化一直以来的传承与发展。基于这些独特且丰富的资源，扬州已然形成了具有城市个性的标志性美食符号，如扬州炒饭、扬州包子、扬州狮子头等特色美食，在美食的体验和传播过程中，这些美食符号通过人们的思维联想逐渐形成了“转喻”和“指代”，从而在观者认知当中成为与城市直接关联的符号，以符号意指扬州饮食的美味体验和文化特点。

（二）提升体验的综合文旅业态

饮食既是人们的日常生活，同时也属于旅游的六要素之一，因此，地方的饮食文化既在居民的生产生活中传承，又被消费者及游客感知和体验，从而体现在城市建设与产业发展的方方面面。扬州一直大力推动第三产业建设，其中旅游产业的发展基于扬州的历史遗迹与人文景观，美食相关产业的发展则依托于扬州人闲适的生活方式。由于美食既是旅游的基本要素，也是地域文化的体现，因此，地方的美食与文化也就在产业的相互关联、共同发展中向游客展现。在荣膺“世界美食之都”称号之前，扬州早已形成了综合性的业态，美食的体验性、展示性与消费性使得其能够出现在文化旅游的不同场景中：从空间布局的角度看，扬州的主要旅游景区与美食商圈的空间位置是相近、相连

① 陈扬：《放大“世界美食之都”品牌效应推进淮扬菜国际化、大众化》，《江苏政协》2020年第6期。

② 扬州市人民政府办公室：《市政府办公室关于印发〈扬州市“十四五”世界美食之都发展规划〉的通知》，扬州市人民政府官网，2020年2月7日，http://www.yangzhou.gov.cn/yzszxxgk/zfb/202203/310bd9ccff63409bb01835563bc687d5.shtml，访问日期：2022年2月20日。

的，如瘦西湖景区与虹桥坊、个园与东关街等，能够便利人们的出行安排，满足观光游览与美食体验的需求；从产品和服务的角度看，美食与文化旅游产品出现了相互渗透和交叉，美食不仅是游客在消费当时可听、可看、可“打卡”的体验，还可以成为被“带走”的文化产品、旅游纪念品。此外，扬州处于长江与大运河的交汇处，与其他城市关系密切，交通便利，因而扬州美食的传播与消费在市场中更具有优势。

二、扬州“世界美食之都”品牌的打造动力

品牌不只是一个名称，而是消费者心目中的“无形价值”，城市品牌也同样如此①。城市品牌不仅仅有助于展现城市特点、增加城市魅力，更能带来巨大的经济效应②，在吸引人才、旅游客源和项目投资等方面成为该城市有别于其他城市的核心竞争力，从而助推地方产业的发展。扬州通过加入联合国教科文组织“创意城市网络”已然获得了一张世界级的城市名片，在此基础上打造“世界美食之都”的城市品牌，不仅有助于落实联合国教科文组织“创意城市网络”对产业发展的要求，而且与地方社会经济的发展方向和目标相一致，更与国家层面创新、协调、绿色的发展理念相契合。可见，打造城市品牌的基本动力主要来源于市场竞争与外部环境。

（一）内生动力

城市品牌打造的内生动力源于城市对于自身核心竞争力的寻求，市场的需求端与供给端是基本着眼点，由此带来了相关产业的进一步升级发展。

1. 日益多元化的消费需求

随着国民经济与社会的发展，在物质生活水平不断提高的基础上，人们对于精神文化的需求也随之增长。正如习近平总书记在党的十九大报告中所指出并在党的二十大报告中再次强调的，中国特色社会主义进入新时代，我国社会主要矛盾已经转化为人民日益增长的美好生活需要和不平衡不充分的发展之间的矛盾。在商品丰富的市场中，人们在物质消费的基础上会更多地追求精神上

① 李成勋：《关于城市品牌的初步研究》，《广东社会科学》2003 年第 4 期。
② 李玏：《城市品牌影响力评价及提升路径研究——以陕甘宁蒙晋交界地区为例》，《城市》2020 年第 11 期。

的愉悦、情感上的共鸣及文化上的认同，多元化的需求通过市场机制对商品提出更高要求，美食因其兼具物质形态、特殊技艺、文化内核及精神体验的特性而天然是丰富多元的，能够融入不同的功能场景，同时也能体现地域文化的不同特质，从而成为城市打造美食品牌的逻辑起点。

2. 利益驱动的必然趋势

从产业本身来说，逐利性是最重要的特征，产业主体对经济利益的追求意味着要以相应的手段和措施来降低投入的成本、提高产出的价值和竞争力，这将推动关联产业之间投入要素资源的相互协作、优势互补，包括资金、人才、创意等，同时产业间的相互渗透与融合也指向多元化的消费需求，从而推动相关产品在市场竞争中占据优势。美食兼具旅游与文化属性，美食产业与文化旅游产业存在天然的关联，美食品牌的打造有利于增加文化、旅游产品和服务的无形价值与多元体验。因此，作为扬州的支柱产业，文化和旅游产业借助美食品牌不仅能展现扬州文化旅游的特色，还能进一步扩大产品生产与市场空间，进而促进城市美食品牌的传播，形成产业发展的良性循环。

（二）外生动力

扬州打造“世界美食之都”城市品牌的外部动力来自市场和产业竞争之外的环境因素，主要包括一系列制度的引导和发展的要求，基于此形成了城市发展的推力和压力。

1. 政策环境的引领与支持

党的十八大以来，以习近平同志为核心的党中央科学把握我国发展大势，提出贯彻新发展理念，构建新发展格局，引领我国经济更高质量发展，我国经济转向高质量发展阶段，这意味着转变发展方式、优化经济结构、转换增长动力是新时代经济发展的主题。因此，经济社会的发展需要以改革创新为根本动力，而城市品牌的打造能够聚焦宏观意图和城市发展战略，支持塑造创新经济、生态经济、开放经济①，有助于地方立足自身实际、推进高质量发展。从宏观上来看，扬州以美食为城市品牌是响应国家战略、推动产业升级的应有之

① 江苏省人民政府办公厅：《省政府办公厅关于印发江苏省“十四五”新型城镇化规划的通知》，江苏省人民政府官网，2021 年 8 月 13 日，http：//www. jiangsu. gov. cn/art/2021/8/25/art_ 46144_ 9987995. html，访问日期：2022 年 3 月 1 日。

义，也是政策引导下的必然选择，早在2014年江苏省就在《省政府办公厅关于推进“畅游江苏”品牌建设的意见》中提出要着力打造美食品牌。在扬州市级层面则有更多具体的支持引导举措，包括《市政府关于推进扬州“世界美食之都”建设的若干意见》《关于促进文化和旅游产业融合发展的实施意见（2021—2023）》等，提出要持续放大“世界美食之都”品牌效应，为建设“强富美高”新扬州做出积极贡献。

2. 创意城市的任务要求

从《联合国教科文组织创意城市网络申请指南》中可知，申请创意城市要求城市应将文化和创意作为城市可持续发展战略的关键①，旨在城市文化的传承、创新和发展。扬州在获得“世界美食之都”称号的同时，也相应地承诺完成四年行动计划，包括美食技艺传承、美食产业转型、美食创意项目推进等，强化美食创意产业的战略地位，加强与其他城市、地区美食文化的交流合作，从而促进地方经济包容性增长。这些具体的任务实质上是扬州美食广泛弘扬文化特色、深化相关产业升级的路径，也是扬州美食扩大知名度和影响力的载体，因此，创意城市的任务既是扬州打造城市品牌的压力与动力，也是绝好契机。

三、扬州“世界美食之都”品牌的打造实践

扬州2013年筹备申报“世界美食之都”，2018年全面开展申报工作，最终在2019年成功入选，并于2022年迈入“十四五”新征程的起步阶段。“世界美食之都”的品牌打造始终与地方建设的战略相一致，与产业创新发展的目标相一致，在政府、企业、非政府组织等不同主体的共同推动下，实现了美食与文化旅游产业的个性化结合，也推动了产业的发展、文化的交流。

（一）多元化体验：扬州城市品牌的“文旅+美食”个性结合

美食兼具文化和旅游属性，同时能够融入不同的功能场景，无论是与文化

① 国际创意与可持续发展中心：《重磅！一文读懂如何加入联合国教科文组织全球创意城市网络》，联合国教科文组织国际创意与可持续发展中心官网，2021年11月16日，http：//city. cri. cn/20211116/a62f2a2c-4b62-2b00-67f3-d5c8e179df11. html，访问日期：2022年3月1日。

产品还是旅游产品相结合，都是文旅融合的个性实践，也满足了消费者的多元需求。对于扬州而言，以不同美食场景为依托做好“文旅+美食”，能在产业的融合中更好地传播城市美食品牌，让市民和游客都能感受到“处处有美食”“时时有美食”，从而彰显“世界美食之都”文旅融合的新形象。

1. “节庆+美食”

扬州的很多节庆活动直接与美食有关，如地方乡镇有邵伯龙虾节、高邮湖大闸蟹旅游美食节、宜陵螺蛳节，以地方特色美食为媒介搭台，同时为乡村振兴助力。此外，扬州还举办有“烟花三月”国际经贸旅游节、中国扬州淮扬菜美食节暨中国早茶文化节等，活动内容丰富，同时也提供全方位的交流展示渠道。如2022年中国扬州淮扬菜美食节暨中国早茶文化节就有“来看”“来品”“来逛”“来领”等不同活动内容，其中中国早茶（早餐）地标美食展示不仅吸引了来自福州、杭州、芜湖等城市的游客前来交流，还设有扬州本地美食和文创展区，在市民和游客的参与体验和城市间的交流合作中，扬州“世界美食之都”城市品牌的影响力进一步扩大。

2. “园林+美食”

扬州美食受明清徽商的影响颇深，扬州园林也是如此，因此，扬州地域文化中的重要组成部分——盐商文化便呈现在“园林+美食”的结合中。园林与美食的结合主要包括两种形式：一是直接以盐商宅第为品尝美食的空间，如趣园茶社、壶园等，品鉴美食与观赏风景、了解历史文化相结合的体验令扬州美食更具魅力；二是园林与美食分布在同一街区，如东关街有汪氏小苑、街南书屋、个园等盐商宅园，也有藕粉圆子、叠汤圆等扬州特色小食店铺，为游客提供品种丰富、价格亲民、更具扬州市民文化的食品，是扬州美食产业的重要组成部分。

3. “博物馆+美食”

博物馆旅游是对博物馆文化展示功能的拓展，在文旅融合的背景下，体验与展示的结合形成了博物馆的新业态。博物馆与美食的结合主要有两种形式：一是美食为辅，在博物馆中设置餐饮服务以满足参观者休憩、饮食的需求，如中国大运河博物馆就开设有“食芳餐厅”和“饮翠茶社”，且餐饮是配合博物馆元素进行设计的，有“运河味道”和红楼“非遗”美食等系列，不仅拓展了博物馆的消费空间，也提升了参观者的体验感；二是美食为主，博物馆本身就是以美食为主题进行展示的，升级改造后的淮扬菜博物馆就是其中的典型，除了通过声、光、电、动漫让参观者沉浸式游览外，博物馆还设置有研学文创区、文化休闲区等，给予参观者更多元、多维度的美食体验空间。

4. “夜游+美食”

夜市夜游是促进文旅消费的手段之一，较之白天的参观游览，夜游更加悠闲、轻松，能够同时吸引本地市民与外地游客。夜游的项目丰富，美食是其中必不可少的一项体验：一是作为旅游六要素的“食”。美食就是夜市体验的一部分，如瘦西湖夜市内街有 1757 美食街坊，外街有啤酒区、美食区。二是作为旅游六要素的“购”。美食在夜游的空间中打造了供人购买的特产区域，如 2022“扬州的夏日”文旅消费季活动就设置了名特优产品展销区，包括双黄鸭蛋、高邮董糖、蒲包肉等，让游客能够直接买到地方优质产品，增进游客对扬州美食的认可。三是作为文化要素进行展示，如 2022 年扬州好运集 · 非遗夜市就融合了非遗美食元素，通过夜市的模式吸引更多年轻人，其中明月湖片区市集在非遗展演中向市民和游客提供了富春茶点制作技艺展示和售卖、扬州炒饭技艺的互动体验。

5. “交通+美食”

交通作为旅游的六要素之一“行”的基础，与美食的结合主要在于“行”的方式、“食”的体验，可分为两种情况：其一，交通过程中直接体验美食，如从重庆出发的“世纪游轮”经停扬州时的早餐就是扬州特色的红楼早宴，结合面点技艺的现场表演，为乘客提供了可听、可看、可品的美食体验，让不同地区的游客在综合体验中增进对扬州美食和文化的了解；其二，交通空间的打造融入了饮食文化元素，包括车站、服务区、车厢等，如扬州东站候车厅的镂空雕花屏风就雕刻有扬州美食图案，以标志性的美食符号潜移默化地加深人们对扬州美食的认识和印象。

（二）扬州“世界美食之都”品牌的打造现状

由于打造“世界美食之都”的城市品牌是一个系统的工程，包含了城市形象、产业发展、服务水平等方方面面，因此，品牌打造的现状难以用直观的标准来阐述。对此，可以通过分析美食及其相关产业的发展、以美食为媒介开展的文化交流等方面的现状来说明“世界美食之都”品牌的打造成效。

1. 扬州美食产业的发展现状

扬州一直以来都注重发展第三产业，高度重视产业结构调整升级，自筹备申报“世界美食之都”开始就坚持地方饮食文化的传承发扬与产业创新，文化和旅游产业的发展更是进一步传播了扬州美食，为“世界美食之都”城市品牌的打造奠定了坚实基础。

从相关产业的效益数据指标来看（表 1），扬州美食产业稳步发展。截至 2021 年，扬州全市拥有餐饮及食品加工制造企业 1 万多家，从业人员 24.5 万人，占总就业人口的 8.75%，餐饮及食品加工业成为吸纳就业的重要渠道（数据来源：《扬州市“十四五”世界美食之都发展规划》）。2015 年到 2019 年，餐饮业营业额快速增长，旅游产业、文化产业的经济效益也呈现大幅增长的态势。在 2020 年遭遇新冠疫情冲击的情况下，全市餐饮业数据明显跌落，较之 2015 年，全市餐饮业营业额减少近 20.3%，限额以上餐饮业营业额减少近 6.4%，可见中小企业受到疫情的冲击更大。除此之外，2020 年扬州市的旅游产业收入也锐减，只有文化产业增加值保持上升的态势，这也从侧面说明了产业融合发展的必要性。

表 1　2015—2020 年扬州美食及相关产业发展数据

指标名称	2015 年	2016 年	2017 年	2018 年	2019 年	2020 年
限额以上餐饮业法人单位数/个	139	132	125	126	137	153
限额以上餐饮业从业人员数/人	10240	9269	8605	8258	8036	7402
限额以上餐饮业营业额/万元	167891	175764	174605	176319	192489	157139
餐饮业营业额/亿元	121.17	135.40	148.23	158.95	172.18	96.55
旅游外汇收入/万美元	5588	6280	7506	8341	8548	2787
国内旅游收入/亿元	592	681.91	785.29	904.76	996.33	608.41
文化产业增加值/亿元	163.32	189.39	217.74	264.30	275.46	288.50
注《扬州市统计年鉴》《扬州市国民经济和社会发展统计公报》						

从产业的生产来看，扬州美食产业通过积极融合与创新，能够提供更加丰富的产品选择与产品体验、扩大美食品牌的吸引力和影响力。除了前述“文旅+美食”的个性化融合实践，扬州美食产业也通过创新创意增强自身的核心竞争力：创意主要通过美食菜品的原料、技法、呈现等方面体现，如被评为

“中国十大创意淮扬菜”的如意白菜狮子头的做法更加便于生产，且适应市场供应和不同食客的需求；创新则体现在美食企业对新技术的运用和钻研上，如冶春就为了进一步提升狮子头的品质功能，携手江南大学攻关技术项目，借助美食与科技的融合提高企业的生产效率和竞争力。

2. 扬州美食文化的对外交流现状

城市品牌的打造离不开人们对城市的认知，因此，除了游客的直接体验，扬州美食文化的对外传播也是打造城市品牌的重要一环。近年来，扬州美食文化的传播主要通过三种途径：一是借助媒体平台直接宣传，积极以美食文化的亮点、特点获得传统媒体与网络自媒体的报道和宣传，扬州的新媒体矩阵还面向国际建立了 Find China in Yangzhou 和 Gorgeous Yangzhou 海外宣传账号；二是举办美食节庆活动，促进扬州美食的对外交流合作，如世界中餐名厨扬州行、中国早茶文化节、“烟花三月”美食节等；三是加强跨地区的城市合作，通过政府、企业、非政府组织等不同主体的交流协作共同促进美食产业的发展，如开设经典淮扬菜海外推广研习班、举办大运河城市论坛、与淮安联袂打造《味道淮扬》短视频等。

3. 扬州打造“世界美食之都”品牌的制约因素与面临的挑战

扬州在以美食打造城市品牌的实践过程中，已然形成了“文旅+美食”的个性化结合，对市民和游客不同需求的多元化满足有促进作用，在塑造和传播扬州美食品牌的同时也推动了文化旅游产业的融合发展。尽管 2020 年遭遇疫情的冲击，美食和旅游产业的经济效益有所降低，但在政府的支持和产业主体的积极应对下，从《2021 年扬州市国民经济和社会发展统计公报》中可以看到，扬州餐饮业、旅游业重新恢复增长。扬州在打造“世界美食之都”品牌中取得了一定的成绩，但仍然面临着一定的制约和挑战。

首先，从美食产业自身的角度来看：其一，美食产业集聚度不高，美食产业园、美食街区有规划但在实际经营中未能达到预计的影响力；其二，美食产业规模偏小，抗击风险的能力相对较弱，除了部分老字号餐饮企业，在全国、全省知名的企业数量较少；其三，美食产业的创新创意较弱，扬州美食重视相关技艺的保护传承，创新和创意多流于表面形式，同质产品跟风较多；其四，美食产业发展不平衡，乡镇区域所拥有的资源较少，文化旅游及美食的特色也未能充分发掘。

其次，从美食文化对外传播的角度来看：其一，媒体对外宣传，特别是面向国际的宣传有待加强，影响力有限且涉及扬州美食的内容较少；其二，节庆等交流活动多由政府组织，部分仅面向特定的受众，未能产生更广泛的影响，民间自发的、普遍性的传播与交流有待增加；其三，美食文化交流的反馈渠道较少，缺乏更为便利、权威且长期的反馈平台，这从一定程度上影响了扬州在城市品牌打造中对于更多意见和建议的听取。

最后，从城市品牌的角度来看：其一，拥有“世界美食之都”称号的城市数量迅猛增长，以美食为发展引领逐渐成为城市品牌打造的新范式，扬州所面临的城市间竞争将会越发激烈；其二，扬州除了拥有“世界美食之都”的名片之外，同时还有“世界运河之都”“东亚文化之都”的名片，在打造城市品牌的过程中需要加强三个品牌相互协调、相互衬托的关系，进一步体现品牌特色。

四、进一步打造扬州“世界美食之都”城市品牌的对策建议

习近平总书记指出“扬州是个好地方”，这既是对扬州城市发展的肯定，也为扬州的进一步发展指明了方向、提出了更高要求，是扬州城市建设和品牌打造的指导思想。扬州编制的《扬州市“十四五”世界美食之都发展规划》将打造“世界美食之都”的发展目标最终归结为“对文化旅游名城建设支撑能力显著增强”，可见扬州城市品牌的建设始终紧扣新发展理念，推动品牌经济做强、绿色产业升级，以及文化传承创新的共赢。基于丰富且独特的美食资源、文化旅游资源，以及美食与文化旅游产业天然的关联性，扬州在打造“世界美食之都”城市品牌的过程中已经开始了“文旅+美食”的具体实践。近年来，扬州的美食及相关产业的发展不断坚实，美食文化交流更加活跃，但仍然存在一定的问题。针对前文所述的制约与挑战，扬州还需进一步汇聚多方主体的力量共同打造“世界美食之都”，从而更好地发挥品牌效应，将“好地方”发展得越来越好。

（一）完善发展规划，优化统筹管理

地方政府是打造城市品牌的重要主体，应发挥其引领、统筹、组织、监管等多方面的作用。城市品牌的打造要紧紧围绕城市发展的目标，政府层面的规

划设计能够统揽全局，有利于建立良好的长效发展机制，因此，不仅要将“世界美食之都”品牌的进一步打造纳入扬州地方发展战略的设计和布局中，还要做好具体政策的出台和规划的编制，加强不同政府部门、不同城乡区域的协同合作，从而切实提高发展规划的可行性和执行力度，有效发挥政府的指导作用。

（二）培强市场主体，优化扶持手段

美食产业是“世界美食之都”品牌建设的主角，美食既要能吸引消费者，也要能获得消费者的认同，故而政府的扶持只是一时的，“用脚投票”的市场选择才是可持续的。因此，进一步打造“世界美食之都”，培育美食产业、培强美食市场主体是重要的一环，政府应减少直接“撒钱”式的补贴，一方面，通过优化各类公共服务搭建企业的营销平台、合作平台、融资平台、创新平台、人才引进平台，降低企业的生产成本；另一方面，通过重大项目开发和示范挂牌做出引导，推动美食产业主体加强交流、扩大规模、改进生产方式并提高生产效率。

（三）拓展宣传平台，优化传播方式

通过媒体宣传能够扩大城市品牌的影响面，让更多的人了解扬州的美食，从而形成对“世界美食之都”城市品牌的认识。除了传统纸媒、电视媒体，扬州美食文化宣传还要充分发挥互联网的多媒介融合传播优势①，加强与互联网宣传平台的合作，鼓励市场相关主体培育本地美食自媒体，特别是鼓励市属纸媒、电视媒体在网络平台的宣传创新，形成官方带头、民众响应的多元传播模式。同时，在美食文化的宣传内容方面，应减少千篇一律的介绍，选择更有吸引力的宣传方式，如比赛、投票、游戏等，从而吸引更多的群体。

（四）推动多方参与，优化建设网络

城市品牌联动城市的方方面面，因此，除了最为主要的美食产业之外，扬州的其他组织和个体也是“世界美食之都”的主体，包括文旅企业、学校、

① 李萍：《成都“美食之都”国际传播媒介策略现状与对策——基于川菜文化国际传播的调查分析》，《西南民族大学学报（人文社会科学版）》2012 年第 6 期。

行业协会、社会组织、市民等。扬州城市品牌的进一步打造应针对不同主体对美食文化和美食产业的作用，推动相应主管部门以规划引导、补贴鼓励等形式调动不同主体的积极性，形成城市内部完整的品牌打造网络。规划引导，如通过牵头相关项目，直接推动其他企业和组织与美食产业主体合作；补贴鼓励，如通过对相关单位的考核与政策倾斜，推动形成服务地方建设的大局意识，积极组织举办与美食相关的活动，开发与美食相关的产品，培养更多的美食行业人才。城市内不同主体的积极参与，能够多维度地推动美食产业发展和美食文化交流，从而更好地擦亮“世界美食之都”的城市名片。

撰稿人　从菡芝、王婧
单　位　扬州市职业大学旅游学院、扬州大学社会发展学院

"冶春" 百年老字号品牌传承与创新策略研究

中华老字号，是中国民族工商业历经时代磨炼和岁月变迁，最终保存遗留下来的具有经济和文化双重价值的民族品牌。历史的洪流总是在推陈出新，对于老字号品牌而言，如何创新品牌传承方式，将优秀的传统技艺更好地应用于现代生产生活，是目前急需解决的难题。大运河流域多是鱼米之乡，阡陌交通，民康物阜，运河滋养着沿岸城市文明，也见证了诸多百年老字号的诞生与发展。作为大运河原点城市，扬州是一座千年古城、美食之都，其老字号品牌"冶春"可以称得上是扬州"皮包水"美食文化的典型代表之一。300 多年以来，"冶春"经历了从"花社""诗社"到"茶社"的演变，如今品牌深受百姓的喜爱和认可。本文通过对"冶春"品牌传承与创新的策略研究，合理指出品牌存在的问题并提出建议和意见，以期为企业后续的发展增加动力，同时也为中华老字号的振兴提供优秀案例。

一、"冶春"百年老字号品牌传承与创新的可能性与必要性分析

"冶春"意为陶冶春色，身处江南园林中的"冶春"是扬州餐饮品牌的领军企业，也是老扬州人心目中吃早茶、享受慢生活的"老牌子"。但随着一些新兴的网络知名休闲早茶餐厅的崛起并快速吸引游客的关注，本土餐饮品牌受到了"冷落"，传统老字号逐渐进入发展的休眠期，对于它们来说，此刻转型升级刻不容缓。老字号品牌发展道阻且长，但近些年国家对实体经济的大力扶持、对文化产业的重视、对文旅融合的持续推进，以及对增强文化自信的提倡，不断为企业振兴提供政策性的保护和实质性的扶持措施，这些都给传统老字号品牌的创新性传承创造了可能性和可行性。"冶春"紧紧抓住时代机遇，不断开发出以美食为主体、辅以文化和休闲元素的优质的产品和服务。

（一）现实需要：老字号品牌发展进入“休眠期”后的生存之路

品牌的发展总会经历一个生命周期，大部分企业都要经历从成立、成熟再到休眠转型的过程，品牌的发展必然要依附于某一特定的产品、技艺或者服务体验，受众对于品牌的认知也首先要从对产品或服务直观的感受开始。对于餐饮老字号来说，“变”是必然的，变的是随时代审美特色和人民生活习惯的改变而创新的食品包装和经营模式，不变的是古老的口味和古法的技艺。中华老字号的成长是基于一定的社会经济环境的，从封建社会重农抑商的经济政策到新中国成立初期老字号品牌公私合营，再到改革开放鼓励市场经济，企业纷纷进行股份制改革或上市。2015 年，老字号品牌迎来发展分水岭，三分之一的老字号品牌能够顺应时代的发展不断改革，规模日益扩大；一部分老字号品牌在数字洪流中消失；还有一部分老字号品牌发展缓慢，经营惨淡，进入休眠期。冶春茶社就属于从休眠期往迭代期发展的企业之一。“冶春”原为扬州北郊景点之一，1877 年诗人臧谷在此创立的“冶春后社”成为文人墨客品茶吟诗之所；民国初年，毗邻的餐英别墅主人余继之在茶肆附近辟地种花，称其为“冶春花社”；1956 年公私合营，冶春园中的诸家茶肆并入“冶春茶社”并且开始对外售卖点心；2016 年扬子江集团投资兴建冶春食品公司，标志着“冶春”向产业化、标准化、规模化的淮扬食品生产经营方式改革的开始。面对扬州早茶界的“后起之秀”，“冶春”只有适时做出调整，挖掘品牌文化价值，才能有与之抗衡的底气和实力，一味守旧只会在市场的淘洗中逐渐没落。

（二）政策扶持：文旅融合大背景提供更多展现平台与发展机会

2018 年，我国组建新的文化和旅游部，这标志着我国文旅融合在国家层面迈上了新台阶。在这样的大背景下，各省、市纷纷出台各类文件支持地方文化和旅游行业的深度融合，充分利用地域独有的文化资源，打造文旅融合新高地。近些年文旅行业深受新冠疫情的影响，但随着疫情的常态化，为促进文化经济消费和满足人民对于美好生活的需要，各类文化活动都在恢复中。旅游业作为扬州永久性的基本行业，近几年也不断出台文旅新政策，比如扬州市政府从 2017 年开始每年推出的“3 号文件”，文件精神就在于更好地服务游客并鼓励扶持本地旅游业等相关行业的经营，在拉动地方经济增长的同时提高扬州城市影响力和知名度。除此以外，一些重大的文化工程如中国扬州“烟花三月”国际经贸旅游节、大运河文化旅游博览会、中国大运河博物馆已打响名号，瘦西湖美食夜市、486 非遗集聚区、中国扬州淮扬菜美食节、扬州早茶文化节等一年一度的文旅活动也在持续进行中。“冶春”作为扬州三丁包地标食材代表性企业成功入选 2022 年中国扬州淮扬菜美食节暨第四届中国早茶文化节，其公司副总厨师长倪秋香也被中国饭店协会授予“地标美食代表性传承人”的称号。在为期一周的活动中，冶春茶社瘦西湖店还承担了供应顺德广式早茶的任务，南北早茶的碰撞交流凸显出中国饮食文化的博大精深。除此以外，政府在餐饮行业投放惠民券，“冶春”等各家餐饮企业同期举办各类促消费活动，带动扬州经济市场强劲复苏。

（三）技术保障：餐饮老字号品牌利用新媒体技术进行创新的新尝试

在移动互联网飞速发展的情况下，人们的生活习惯、媒体接触习惯都发生了改变，这就要求和人们衣食住行息息相关的文旅行业必须顺应“互联网+”的发展途径，适时调整自己的经营模式和宣传模式。目前，在新媒体技术的支持下实现老字号品牌商业价值的最大化和最优化的途径有两条：短视频宣传和“直播带货”。短视频因其短、平、快的大流量传播特点成为资本宣传和粉丝消费的平台之一。冶春集团董事长陈军开设的个人微信视频号“冶春陈军”，内容涉及传统面点技艺展示、实地生产间考察、面点制作传承人采访等企业宣传，并在早茶文化节时邀请小红书博主、抖音达人等网络名人亲自到店品鉴美食同时拍摄、分享宣传视频和图文。电商兴起，直播带货成为当下潮流，直播带货不仅可以帮助消费者提升消费体验，也为许多质量有保证、服务有保障的产品打开了销路。“冶春”冷鲜食品就入选了号召力较大的“头部”直播间，此外“冶春”还在抖音平台开设了官方生鲜旗舰店。新技术的出现能够激发企业创新活力，推动新业态、新模式发展，实现老字号持续健康发展。

二、“冶春”品牌传承与创新路径分析

无论是提供实体还是提供服务，老字号品牌的营销形式在时代的变迁中变得多种多样，而背后的历史文化底蕴也盖上了时代烙印，这不仅是在传承中华优秀传统文化、传播老字号优秀商业理念，而且是品牌可持续发展的关键所在。这些年“冶春”在品牌传承与创新上做了一些尝试，根据品牌传承与创新内容的不同，大致可以分为两种路径：外延路径和内涵路径。

（一）外延路径：视觉表达擦亮品牌“名片”

外延路径主要从品牌外在的表现形式出发，是受众能够直接感知的部分，而视觉表达是品牌的“门面”，因此好的外延路径是打开品牌知名度的第一步。“冶春”的传承与创新从外延路径出发可以有三种表现形式：第一是视觉符号，包括企业视觉识别系统等，这是品牌最有效、最直接的表达；第二是就餐环境，良好的环境和氛围会大大增进顾客的食欲，促进食物消化；第三是影视化的再现，如通过镜头语言的表现为品牌传播增添色彩。

1. 品牌视觉符号

视觉符号是品牌最为直观的品牌故事与意义的形象表达，包括企业LOGO、产品包装等，是加深游客“第一眼”印象和提升品牌美誉度的关键所在。作为一家百年老字号，视觉符号既要在表达内容上融合品牌特质和文化内涵，同时在美术设计上也要兼顾中国传统美学与当代审美潮流的结合，将文化元素完美地通过形象符号转化出来。根据营业内容的区别可以将“冶春”商标LOGO分为冶春茶社、冶春红楼宴、冶春笼上、冶春食品（图1）等几类。不同类别的LOGO都离不开这几个元素：书法字体、水滴、茶壶、笼屉、印章等，充分体现了“冶春”是集茶社、淮扬细点和文化空间于一体的饮食文化高地。纵观近30年的商标改革，“冶春”不断加入现代传播因素，比如冶春茶社的英文名称和创立年份（Yechun Teahouse since 1877），这样的标识为品牌的国际传播打好了基础，同时也是“冶春”作为中华老字号向外输出中华优秀饮食文化的必然要求。20世纪的老字号招牌多以匾额加文字的简单形式呈现，缺少图形等形象化元素，品牌展示不够醒目。2015年，冶春茶社启用新的商标，不仅准确显出品牌名称，而且让顾客能够清楚地看出老字号的经营范围并能体会到品牌内涵文化。商标主体是由片片茶叶组成的茶壶形状，飘动的茶叶又好像是随壶中的茶水徐徐倒出。中国传统文化中常用“上善若水”来象征水的品质，水至柔而至刚，滋润万物而无声，因此“水”的意象象征着品牌开放包容的经营理念、坚韧不屈的创办历程和不断进取、适时而变的企业文化。“冶春”在商标的创新改革中，弱化文字的表现力，增加感性元素，完成了从具体到抽象、由生硬向生动的转变。

图 1　“冶春”品牌部分商标

注 来源：国家工商行政管理总局商标局网站

2. 店铺陈列与空间设计

朱自清先生在《扬州的夏日》一文中写道：“北门外一带，叫做下街，茶馆最多，往往一面临河。”冶春茶社御码头店正是文中提到的最著名的一家茶馆。依着北护城河而建的御码头店是闹市中心的一处静地。另外，如珍园店毗邻小秦淮河，虹桥坊店依偎瘦西湖，“临河”是“冶春”旗舰店选址的一个特点。当清晨雾气尚未完全散去，找一个临水的位置，点一壶清茶，配几道淮扬细点，凭窗远眺，水中树影婆娑，这种意境让人好生惬意。门店的第二个特点就是门店多建在风景名胜区或园林之中，颇具江南园林的特色和韵味，假山巧布，曲廊相接，翠柳之中，颇为幽静。2022 年 3 月，扬州北护城河文旅集聚区的项目正式开工，其中有一项便是冶春红桥的工程。“冶春”与“红桥”历史源远流长，明末红桥始建于冶春园旁，乾隆年间改为石拱桥，因为形如彩虹，故又名“虹桥”。此次改造和修缮的目的就是恢复清代冶春园的布局，将“冶春”打造为扬州最大的户外园林餐饮平台，将传统园林与餐饮体系的实用功能紧密结合。为了能够更加直观地让人们了解淮扬面点文化和扬州，“冶春”的厨房外围使用玻璃明档，白案在外，红案在内，这样的做法也给顾客在餐馆食品安全、品牌信誉方面打了一剂放心针。餐厅包厢在命名上，紧扣“冶春”特色，用“春”“花”“月”等中华传统文化中代表美好意象的字来取名。除此以外，餐具使用、食品包装等细节处理上也体现了品牌的用心之处。

3. 影视化再创造

在拓展品牌、传承创新的背景下，新媒体时代老字号品牌形象的影视塑造主要有两种路径：一种是影视内容纪实，一种是影视场景搭建。

（1）影视内容纪实

老字号品牌纪录片内容可以从三个方面挖掘：老字号产品和技艺展示、企业传承与创新的历史变迁、企业创始人或技艺传承人的工匠精神与传承精神。2014年，中央电视台《一城一味》栏目展示了冶春早茶等淮扬名点；《舌尖上的中国》第一季《厨房的秘密》，开篇就是淮扬名菜狮子头，讲到扬州部分时，镜头先是从吹弹可破的蟹黄汤包转到面点制作技艺上，再从淮扬菜大师居长龙的视角重回冶春茶社，品味熟悉的味道，讲述淮扬菜精细的刀工文化。2020年，央视《探索·发现》栏目宣传“世界美食之都”扬州，通过多位扬州美食大师的视角讲述“家乡至味”，其中就有冶春茶社面点大厨倪秋香，镜头记录了她制作翡翠烧卖前期精细的准备工作和“右三刀左一刀”的独特刀法技艺。借助于央媒强大的受众群体和权威的公信力，“冶春”得到主流媒体为其品牌背书。而有别于主流媒体宏观、严肃的传播方式，自媒体拍摄的微纪录片是深受年轻人喜爱的创新表达，近些年一些自媒体博主制作的美食短视频传播甚广，反响很好。除了影视纪实，扬州交通广播还推出了《非遗进万家——冶春面点制作技艺》的音频专题节目。老字号品牌的影视记录是近现代民族工业史的缩影，是优秀的历史影像资料，对于老字号品牌的保护与传承具有重大的史料价值。

（2）影视场景搭建

影视场景的搭建通常会在综艺节目中出现，尤其是“真人秀”节目。人气综艺节目《极限挑战》曾来古城扬州，展开了一场历史文化厚重、人物故事动人的“烧脑商战”。节目的第一站就来到了“冶春”御码头总店，艺人们不仅品尝了冶春的淮扬美食，还在后厨学习制作扬州包子的技艺，通过“场”的搭建和游戏设置，让嘉宾们置身“景”中。如此真实的场景会让观众“设身处地”地“感同身受”，这就会达到自然而然地向观众传播冶春饮食文化，以及加强民众对非物质文化遗产认知和传承的良好预期效果。据有关统计数据显示，该期节目实时收视率1.378%，同时段全国卫视排名第一；24小时内，节目在三大网站的点击量高达1亿+，上百万条弹幕中，点赞扬州文化深厚，表达被扬州城市吸引、择机前来旅游的留言多达数十万条①。这样一种贴近生

① 扬州发布：《1亿+点击量！扬州文旅魅力传播冲上新“极限”》，扬州发布官网，2019年6月11日，http：//www.yznews.cn/p/874638.html，访问日期：2022年3月1日。

活、贴近群众、贴近时代的节目方式，利用知名艺人的高流量和综艺节目的高收视率的“双高”效应，也是当下很多传统老字号品牌选择创新性宣传与传承的方式之一。

（二）内涵路径：内容生产赋能品牌价值

内涵路径主要是指产品在使用环境中显示的心理性、社会性和文化性的象征价值，以及个人的情感联想、意识形态和社会文化等方面的内容①。简单来说，就是老字号品牌的技艺传承和文化传承路径，在产品层面是有形的，而品牌的文化层面是无形的，挖掘品牌的文化价值，应通过文化叙事赋能品牌传播内涵，将无形的资产通过文旅产业化的方式落地形成有形资产，产生经济价值。

1. 技艺创新保留传统行业底色：“新瓶”装“老酒”

餐饮行业的特殊性，导致食品在生产、保存、运输、卫生等方面存在局限，多数餐饮类老字号仍面临品牌创新能力不足、经营方式老套、营销模式保守等问题。改革前的“冶春”同样存在这些问题，但经过对经营、服务、传承模式的改善，“冶春”在保留传统行业底色的同时焕发新时代的风貌，让品牌重新“火”了一把。

（1）经营模式：打造“中央厨房”，推进企业产业化、连锁化、复合化的发展方向

“冶春”食品加工“中央厨房”拥有完善的生产工艺流程，不断向上、下游拉长增粗发展链条：上游推进高效农业、特色田园乡村和农副产品基地建设，下游以餐饮连锁、团餐开拓、食堂托管、区域仓储式配送中心等方式占领目标市场②。在经营模式上，“冶春”根据受众群体的用餐环境，分为现有旗舰店、冶春小馆、冶春笼上三种运营模式。旗舰店环境高雅，古色古香，主要以淮扬菜、淮扬名宴为主要经营内容；冶春小馆主要提供简餐、快餐，适用于写字楼等上班族，装修风格简洁明快，菜品简约精致，更加年轻化、便利化。冶春笼上包子铺采用产品直供的方式，以安全、卫生、方便、快捷为产品定

① 周恩高、周建：《品牌的符号化设计》，《艺术与设计》2010年第5期。

② 吴永宏、王波、姜瑾华：《打造“中央厨房” 做强“百年冶春”——扬子江集团推进农业产业化融合发展纪实》，《江苏农村经济》2018年第7期。

位，投入城市交通枢纽、产业园区、学校周边等，2022 年更是首次以窗口形式入驻高校食堂。不仅如此，“冶春”还打入北京大兴机场候机楼 VIP 服务区、北京南站、扬州东部枢纽等境内重点城市及机场、高铁站、高速公路服务区等重要枢纽。过年时，扬州人的冰箱里总少不了包子，冶春品牌就占了其中很大部分，精品礼盒包装的冶春包子是扬州年关佳节的送礼首选。“冶春”生产的淮扬美食已经进驻大润发、苏宁等知名商超。同时，线下门店配合线上电商平台，速冻方便食品更是出口国外，打响了国际知名度，在国内外市场占据了一定的份额。

（2）服务模式：科技助力，提供更加人性化服务

餐饮老字号通常都拥有共同的特点，那就是精致的菜肴、舒适的环境，再配上热情周到的服务，然而在如今数字化时代光这些是远远不够的，生活便捷、快速高效才能跟上现代人快节奏的生活。“冶春”也和大多数餐饮企业一样，增加了网上预约取号、线上下单付款和外卖配送等服务，通过提高就餐效率、扩大服务范围来满足更多群体的用餐需求。2018 年春节，“冶春”推出机器人服务员。虽然机器人并不能完全替代人工，但能在一定程度上缓解旺季人手缺乏的问题；同时，AI 智能语音功能、娱乐项目服务也能为在等候区等候用餐的顾客起到解乏的作用，它不仅是迎宾员、传菜员，同时也是扬州文化和冶春文化的传播者。这样带有趣味性和实用性的现代科技手段已越来越多地被投入餐饮日常经营生产中。

（3）传承模式：推动非遗项目从市级向“国字号品牌”进发

利用老字号品牌非遗复兴是现在很多企业改革的主要手段。2008 年“冶春风情文化”被扬州市政府认定为非物质文化遗产，2011 年“冶春”被中国烹饪学会评为“中华名店”，2014 年“冶春面点制作技艺”被扬州市政府认定为非物质文化遗产。倪秋香是“冶春面点制作技艺”代表性传承人，扬子江集团为其成立了冶春非遗大师工作室，进一步推进扬州面点制作技艺的传承发展。企业积极申报非物质文化遗产代表性项目名录，保护传统技艺不流失，重要的举措在于传承，扩大非遗人才队伍，通过非遗传承人进校园等研学活动为培养非遗传承人储备力量。“冶春”与扬州大学等高校和中小学合作，成立校外实践基地，让学生在校本课程或假期实践活动中体验非遗项目，自己动手操作感受传统面点技艺的独特魅力。虽然目前“冶春面点制作技艺”只是市级非物质文化遗产，但其影响力不止在市内、省内，经常作为中华饮食文化的

代表亮相国际舞台。作为2020年迪拜世博会中国馆宴会厅的实际运营方，“冶春”以散客零点、商务套餐、小吃外卖等形式开展日常经营，展示中华美食，传播中国文化。

2. 文化传播为品牌增值赋予深厚底蕴：锦上添花

品牌的市场周期始于产品但不一定终于产品，尤其对于百年老字号品牌来说，经济价值只能维持企业正常运转，品牌背后所蕴含的文化价值才是让品牌屹立百年甚至能作为一方代表的关键所在。扬州作为淮扬菜的发源地之一，饮食文化秉承食不厌精、脍不厌细的传统，不仅仅追求色、香、味的极致，更因文人士大夫和富商巨贾的参与推动而诞生了诸如满汉全席、红楼宴等“人文味道”，形成了精致、文雅的特色。冶春面点技艺精湛绝伦，风情文化同样令人心驰神往。

（1）美食文化

无论时局如何变化，餐饮行业的职能和地位都是不可撼动的。如今“冶春”不单单是一个饭店，更是一个饮食文化空间。扬州作为世界美食之都，自然在美食文化上当仁不让，冶春面点制作技艺已经传承了近300年，从选材到做工都十分精细，而且花色多样，点心一点一味，十种点心做出十种味，针对四季变化还会推出时令特色点心。扬州人对食物典雅的追求催生出了极其严苛的工艺要求，淮扬菜选料严格、制作精细、讲究火功、擅长焖炖、注重刀功、造型雅致、烦琐的技艺背后，正是扬州人对生活的极致追求①。

（2）园林文化

扬州是大运河原点城市，运河的开凿融会贯通了南北文化，这就形成了扬州私家园林兼具南北园林特色的独有的风格。它既不是苏南园林的小家碧玉，也不是北方祠堂的气势恢宏，而是雄伟与秀美并收，构思精巧，讲究人文与自然的巧妙结合，造园艺术独树一帜。冶春园古朴雅致，小桥流水，回廊曼妙，作为清代八大名园之一，是典型的花园茶社模式。冶春园最具特色的就是水榭，一半在水中，一半在岸上，檐角起翘，轻盈欲飞，颇有“所谓伊人，在水一方”的优雅，尤其可贵的是水榭屋顶覆盖着茅草，显得淳朴而自然。

① 《探索·发现》，《家乡至味》春季篇（十七），央视网，2020年2月21日，https：//tv.cctv.com/2020/02/21/VIDEAvkuXTFKhKxQx6taU3Mj200221.shtml，访问日期：2022年3月1日。

（3）诗词文化

历史上，“冶春”一词始见于清代王士禛的《冶春绝句》，“日午画船桥下过，衣香人影太匆匆”的名句传唱300多年。康熙初年，著名戏剧家孔尚任主持红桥修禊，题“冶春社”，遂有诗社。晚清诗人臧谷非常向往康乾时期冶春诗社的盛况，所以秉承先贤遗风，倡导成立了“冶春后社”。在鼎盛时期，冶春后社的成员有100多人，其中不乏各个领域的大家，他们留下了数不清的作品，丰富和充实了扬州的文化宝库。

（4）红楼文化

扬州是全唐诗的诞生之地，也是《红楼梦》的创作背景之地。20世纪80年代，“冶春”打造的以《红楼梦》为文化背景的“红楼宴”正式启动：豆腐皮包子在红楼宴中叫作“晴雯包子”；“太君酥”周围一圈黑芝麻，象征着太君头上的装饰……《红楼梦》生动展示了中国明末清初的贵族生活，红楼文化也体现出封建儒家文化、千年繁华的扬州风貌及扬州盐商的深厚底蕴。

3. 产业融合让饮食文化产业落地拉动经济消费：1+1>2

扬州市政府把“文旅融合发展，打造文化繁荣，文旅共兴的‘好地方’”写进了2022年度《政府工作报告》，由此可见扬州官方对文旅融合的重视和付出。近些年来，扬州市大力推进扬州早茶品牌化、特色化、国际化发展，早茶已经成为扬州美食的一张闪亮名片。“冶春”通过与文化产业、旅游产业、直播产业的多方融合，促进各个行业的生产创造，通过各式各样的文化体验、休闲服务、娱乐项目吸引当地群众和游客关注，丰富城市文化生活，满足人们对美好生活的追求，刺激正向消费，拉动地方经济增长。

（1）餐饮+文化

冶春风情文化拥有冶春风俗、冶春诗俗、冶春茶俗等多重内涵。“冶春”在文化产业方面的创新路径有两点：一是与文博合作，打造文化空间，创作文创产品。“冶春”是扬州餐饮类代表，中国大运河博物馆是新兴扬州文博的代表，两者皆为扬州形象的城市名片，冶春品牌运营的食芳餐厅和饮翠茶社入驻中国大运河博物馆。“百事常随缘，饮食穷芳鲜”，食芳餐厅主打大运河沿线的美食和冶春红楼非遗美食。与冶春茶社的红楼宴不同的是，在食芳餐厅你可以品尝到一人份的运河系列套餐和非遗系列套餐，这就使得淮扬名宴更加平民化、日常化，这种“化整为零”的销售方式也在实质上加大了红楼宴菜品的销量。为了能全方位传播运河饮食文化，食芳餐厅的菜品会根据四季时节不同推出时令新品。饮翠茶社以地方名茶、茶艺茶道为特色，传播茶文化。二是非遗文化表演和展示。饮翠茶社会定期举办茶文化体验活动，并设有舞台表演区，游客在品茶的过程中可以欣赏扬州曲艺类非遗文化表演，比如扬州评话、扬剧、扬派古琴等。冶春旗舰店店门口也有扬剧表演。

（2）餐饮+休闲（旅游）

“冶春”总店的地址是乾隆下江南时的御码头，如今也是扬州水上游览线的起点，很多游客在品尝完冶春早茶后，便在此乘坐游船水上游览扬州古城，这是扬州旅游的经典路线之一。要想更好地吸引年轻的消费群体，就必须将传统饮食行业与现代产业相结合。咖啡既是休闲饮品，也是当代年轻人的“社交工具”，“冶春”同样向咖啡产业进军，不仅在餐英别墅旁边的绿杨城郭散客接待区开了一个咖啡吧，拉开了“早茶晚吧”的发展序幕，还将冶春庭圆咖啡馆开进了中国大运河博物馆。

在疫情常态化的背景下，跨境、跨省市旅游都在一定程度上受到限制，市内休闲旅游发展最好的就是举办夜游活动、打造夜市经济。2020 年，冶春御码头店举办了“1877”摇摆市集，夜幕降临后的冶春园从“皮包水”模式转身“下酒菜”模式，除了供应凉菜师傅自制的卤味之外，还恢复了不少淮扬传统老菜，再搭配以年轻人喜欢的烧烤。2022 年，“冶春”通过所在的开放式园林街区“红园·仙次元”打造的红园生活节集聚音乐、美食、运动、自然、戏剧、环保、市集等生活场景，为市民和游客带来沉浸式夜游文化体验，打造出既有文化品位又有烟火气息的扬州旅游新地标。

（3）餐饮+直播

直播作为新型线上消费、宣传模式，是很好的销售产品的平台，也是传播文化的重要渠道，让流量变为销量，是直播带货的最终目的。近两年，官方媒体开辟各种栏目并在各种主题的直播间展示和传播冶春餐饮文化，比如 2020 年 8 月 23 日新华社“快看”抖音直播间邀请中国元老级烹饪大师陈恩德和扬州大学教授潘宝明一道周末探店冶春茶社，邀请全国观众在线坐画舫游园林赏红楼，感受明清 300 年文化底蕴，品鉴正宗淮扬菜系。这样的直播间，既是对传统饮食文化的宣传，也为餐饮行业复苏及餐饮品牌创新发展提供了渠道。线上直播带货同样受到了好评，冶春官方生鲜旗舰店除了入驻抖音平台之外，其产品也入选头部主播的直播间。2021 年 1 月 18 日晚 8 点 15 分，冶春食品提报的线上旗舰店热门产品——松子烧卖在某头部直播间内进行直播售卖。当晚直播间销量突破 18 万袋，销售总额达 216 万元，刷新了“冶春”的销售纪录，也成为当天直播间食品类的销量冠军①。

三、“冶春”品牌创新性传承的困境与建议

“冶春”品牌是扬州千年文明下商业经济发展的产物，但随着现代商业模式的不断变更，品牌在年轻人受众群体中的影响力有所下降。近些年“冶春”在品牌传承与创新实践上采取了许多行之有效的举措，在一定程度上丰富了百年老字号企业的形象，但仍存在一些弊端。针对这些在创新性传承中出现的问题，本文提出了一些可供参考的建议。

（一）困境

1. 企业定位模糊，品牌产权意识不足

作为扬州传统早茶品牌“三春”之一的“冶春”，和其他同类品牌一样，经营范围都是淮扬菜和淮扬细点，但近些年早茶文化的发展势头并不如一些后起之秀。品牌定位过于普通，缺乏独特性是很大的问题，其特色红楼宴也因成本较高、价格不菲而没有引起很大的反响。再者就是商品知识产权保护意识不足，在扬州提起“冶春”，人们自然而然就会联想到“冶春茶社”，但是早在 1996 年就有企业抢先注册“冶春”食品商标，2003 年又有企业注册芝麻油、食用油等经营范围的“冶春”商标。对于餐饮服务行业而言，“同名”是一个棘手的问题，既会影响品牌知名度，也会有危害品牌美誉度的可能性。

2. 品牌官方社交媒体平台作用式微，传播力度与深度不够

微博号“百年冶春”自 2021 年 4 月更新最后一条信息后就没有了任何动态，以往的宣传也多是转发别人文章，官方话语浓厚。微信公众号只是单纯具备点餐功能，缺少文化内容输出。“冶春”抖音官方直播间关注人数少，短视频质量有待提高。总的来说，品牌自身在社交媒体上的官方账号运营状况堪忧，光靠央视媒体的背书，以及知名博主的推荐分享是远远不够的。

① 国资委：《冶春松子烧卖 5 分钟销 18 万袋共 216 万元》，扬州市人民政府官网，2021 年 1 月 19 日，http：//www. yangzhou. gov. cn/yzszxxgk/gzw/202103/a5f8cfb1860d4995bad52a09a4bfa0a6. shtml，访问日期：2022 年 2 月 20 日。

3. 文旅产业结合形式单一，受众体验感不强

目前，“冶春”在文旅产业结合的创新形式上多以美食鉴食、非遗表演欣赏为主，对传统历史文化的挖掘还不够深，例如“冶春”在从“诗社”到“花社”再到“茶社”的变迁中定然产生了很多的风俗文化，由此可以衍变出丰富多彩的文化活动。当前，人们对于非遗技艺也多停留在认知层面，缺乏实际操作的机会，缺乏体验的乐趣，人们自然就没有想要深入研究和探索的兴趣。

（二）建议

1. 借助扬州“一城三都”的城市定位目标，打造餐饮老字号标杆品牌

扬州拥有“世界运河之都”“世界美食之都”“东亚文化之都”的美誉，目前正在努力建设“科创名城”，“冶春”品牌应该紧紧抓住扬州城市发展定位，找准企业定位，挖掘品牌独有的美食资源和文化资源，开创出一条冶春特色美食文化传承发展之路；应在传承传统文化的同时顺应现代人的消费习惯，创造出人们喜闻乐见的饮食产品和文化产品。“冶春”可以与热门 IP 合作打造营销活动，重塑年轻化的品牌形象；不断开发餐饮新零售途径，打通线上线下双重渠道，以持续的产品创新和创意营销活动助力品牌传承与创新。

2. 挖掘各平台传播特点、选择相应宣传形式，用品牌文化内容产出丰富平台模块建设

当下，社交平台是品牌宣传最重要的途径，微博、微信、抖音、小红书等形形色色的社交媒体诞生了许多优质自媒体博主，他们的宣传往往富有趣味性和真实感，能够迅速抓住受众的需求点和爱好点。但品牌在选择自媒体为自己的产品宣传的时候要慎重，虚假宣传和夸张修辞不可取。社交平台的内容生产使得各类信息的传播和内容的深度有更深层次的递进。微信公众号和小程序不应仅仅只有点单、买单这样简单的功能性板块，应该建立品牌文化输出板块，将传统文化的精神和价值植入当代流行的叙事呈现中，在潜移默化中完成品牌文化传承与建立文化自信。

3. 将非物质文化遗产创新转化，增加沉浸式场景互动体验

近些年老字号品牌逐渐融入国潮元素，吸引了大量年轻受众的关注和青睐，又或是打造数字产品，转型升级，以便在移动互联网时代传播。在非物质文化遗产创新性转化中，老字号品牌可运用数字化技术保存、展示史料，建立

老字号专题博物馆，举办老字号嘉年华，线上线下同步开展系列宣传推广和消费促进活动，结合民俗开展形式多样的展览展销和文化体验活动。随着互联网用户向移动端转移的趋势，用户场景不再是静态的画面，而是碎片化、媒介化的动态呈现，时空转移场景切换，能满足人们更多样化的需求。目前“冶春”都是实体场景的营造，未来可实现在虚拟空间中的场景转化，在线上展现“冶春”非遗技艺，同时在线下展馆中也可增加沉浸式场景互动体验，借助VR、光声影、全息投影等新技术，使受众沉浸在场景中，由身体的直观感受触发内心的情绪波动。

结　语

老字号品牌的核心优势在于独特的产品、悠久的历史和深厚的文化底蕴，屹立百年不倒的老字号企业是中华民族工商业的功勋代表，振兴品牌有利于民族文化自信与文化传承认同感的建立。民以食为天，美食是传递友好与情谊的天然媒介，是传承城市文化与精神的不朽纽带①。作为扬州餐饮界百年老字号品牌的代表，冶春品牌近些年将现代经营理念、科技化的服务手段与传统美食技艺相结合，与文化、旅游行业充分融合，构建多种形式的淮扬餐饮文化空间，逐渐走上国际化、信息化和产业化的发展道路，连续在国内外多个城市开设分店，打造“中央厨房”式的产销模式，促进城市农业产业融合与发展，传播中华饮食文化、诗词文化等中华优秀传统文化。一方水土养一方人，运河流域孕育着独特的风土人情，在扬州“世界美食之都”的背景下，未来“冶春”更应充分发挥运河沿岸百年老字号的积极作用，以美食会天下友，向中国向世界展示扬州“开放、包容、创新、精致”的城市形象，在品牌传承与创新的过程中不断寻求新的出路。

撰稿人　陶心玮
单　位　扬州大学新闻与传媒学院

① 崔佳明：《第四届中国早茶文化节开幕　全国各地的地标美食亮相扬州》，中国新闻网，2022 年 6 月 17 日，http://www.chinanews.com.cn/cul/2022/06—17/9782262.shtml，访问日期：2022 年 9 月 20 日。

赛艇为媒：大运河城市生态建设的新动能

——以全球运河城市赛艇穿越赛事为例

当前，现代城市发展对于资源的无限需求与城市自身生态支持系统有限供给之间的矛盾日渐突出。对此，通过媒介介入、赋能以引入外部媒介资源，加快城市生态系统的更新升级便显得尤为重要。城市生态，即将城市视为一个由自然、经济、文化等要素组成的复杂开放系统。城市生态建设的目标是打造“生态城市”，即打造一个经济发达、文化繁荣、自然物质生态良性循环且三者保持高度和谐的人工复合生态系统，该系统可实现物质、能量和信息的高效利用，从而建立起一个结构合理、功能高效、关系和谐、存在与发展状态皆优的可持续发展的现代化城市。要推进城市生态建设，就必须将“生态城市”作为城市可持续发展建设的目标，用“生态学”的思想理念指引城市可持续发展建设的方向。

全球运河城市赛艇穿越赛事作为一种兼具生态特性与现代化特性的媒介，能够发挥融通城市环境改善、文化交流、经济发展等效用，可服务于大运河城市生态建设与城市整体发展。本文通过分析以全球运河城市赛艇穿越赛事为代表的赛艇体育赛事对于推进大运河城市生态建设的动力实践、趋势与启示，为今后的赛艇体育赛事赋能大运河城市生态建设提供一定的借鉴。

一、赛艇为媒：推进大运河城市生态建设的动力实践

在后赛事时代，体育赛事是推动建设现代城市生态的重要因素。赛事本身可通过发挥调和、转化等效用，实现物质、能量和信息的高效利用与良性循环，实质上是充当了媒介的角色。由此，赛艇体育赛事可充分发挥作为媒介的效用，协调、改善城市整体生态关系，维持或修复城市生态系统，从而为大运河城市生态建设提供持续动能。而对于主要由自然、经济、文化三个生态子系统构成的城市生态系统，可分别从自然生态建设、经济生态建设与文化生态建

设三个维度出发，分析作为媒介的赛艇体育赛事对于推进我国大运河城市生态建设的现实动力实践。

（一）推进大运河城市自然生态建设

城市首先是存在于自然生态环境之中的，对自然生态具有一定的依赖性，对于因水而生、因运而兴、高度依赖自然生态的大运河城市而言，其要真正实现经济、文化生态和整体生态系统的可持续发展，便应将城市的生态建设工程建立在自然生态的可持续发展基础之上。在此过程中，赛艇体育赛事便可成为推进大运河城市自然生态建设的一个契机。具体而言，为配合赛事活动而进行的城市环境综合治理（如水体污染防治）及城市景观亮化工程（如生态廊道建设）等持续开展的城市自然生态整治与城市自然生态优化的举措，可提高大运河城市的自然生态承受力，从而实现城市自然生态系统平衡。

1. 生态保护修复：水体污染防治

全球运河城市赛艇穿越赛事秉持“零碳排、零废弃、水保护”的理念，以赛事筹办为契机，携手举办地——运河城市，共同致力于大运河城市水体污染防治、水环境治理，促进大运河城市自然生态保护修复工作，全面激活城市水体的生态涵养功能，构筑起健康、完整的大运河城市水生态系统。

以全球运河城市赛艇穿越赛事——扬州站为例，在多方协同努力下，扬州已经成为一个运河城市转变的样本。具体言之，赛艇运动作为一项静水运动，对水域条件要求挑剔，航道必须是无污染水域。因此，为配合赛事活动，运河城市作为赛事举办地需完善当地的体育配套设施并改善赛道水域环境。对此，须采取一定的水生态保护修复与水环境治理手段。经过三年科学治水、流域治水、系统治水、生态治水的自然生态保护修复过程，大运河边原有的城市垃圾场被改造为绿水环绕的生态湿地。在改造过程中，运河城市以大运河现有水道为主轴，以城市河流湖泊为分支，因地制宜实施湿地封育保护、湿地生态补水。由此，扬州作为大运河城市的水体保护责任得到进一步落实，运河城市水环境污染防治工作得到大力推进，城市内部河道、湿地等的生态功能得到修复，城市自然生态系统得到进一步保护。

2. 生态效益提升：建设生态廊道

建设生态廊道作为共建大运河城市生态的先手棋，以及大运河城市治水的新阶段和自然生态建设的主战场，可实现大运河城市整体生态效益的有力提升。具体而言，以大运河现有水道为骨架，以“生态城市”建设为目标，以体育赛事为切入点，增设观光休憩、体育健身等配套设施，构建连续贯通的生态休闲景观长廊，从而探索生态廊道与城市湿地等自然生态系统有机融合的路径。

全球运河城市赛艇穿越赛事作为提升运河城市整体生态效益的切入点，可将大运河城市生态廊道建设与运河城市有机更新等工作结合起来。赛事以中国大运河城市——扬州为起点，将大运河城市中的垃圾场改造为环境优美的水上运动中心，致力于将扬州打造成为气候和环境友好的“世界水上运动之都”。这不仅可助力大运河城市建成岸绿景美的生态长廊，而且可进一步推动今后系统化建设体育竞赛和健身休闲产业协同发展的大运河城市生态廊道，将城市生态廊道建设与文旅融合、绿色发展相结合，加快绿化美化、水系治理、公共服务设施等项目建设，达到生态效益稳步带动经济效益的效果。

（二）推进大运河城市文化生态建设

城市文化是城市文明的基础，城市文明的进步离不开城市文化的支撑，城市文化生态建设是城市生态文明建设的重要内涵，是城市自然生态保护的重要抓手。中国大运河传承中华民族的悠久历史和文明，运河城市文化的培育与塑造离不开大运河文脉中传承至今的历史文明，健康完备的大运河城市文化生态是大运河文化带建设的坚实基础。

在推进大运河城市自然生态保护、建设大运河城市生态廊道的过程中，也要实现大运河城市文化内涵与价值的“生态化”，即通过城市文化生态系统的观念凝聚、价值导向等功能带动城市自然生态系统与经济生态系统的优化。赛艇体育赛事作为一项能够融通体育文化与地方文化的媒介，通过挖掘地方文化资源并将其与地方文化融合，可进一步活化利用、传播推广大运河文化，实现大运河城市自然生态建设与文化生态建设、生态廊道建设与大运河文化带建设的相互融合、互相促进。

1. 文化活化利用：文化资源挖掘

大运河城市文化生态是大运河城市生态系统建设工程中不可或缺的重要组成部分和强大的推动力。以赛艇体育赛事为媒介、为抓手，将大运河城市文化资源与水上赛事运动有机结合在一起，打造大运河城市文化生态产品，可实现大运河文化的活化利用。

在扬州古运河启动的全球运河城市赛艇穿越赛事，有效带动了赛事举办地——大运河城市历史文化资源的挖掘和文化资产盘活。赛事借助国际水上运动训练和赛事中心的打造，实现了城市水环境治理，将大运河城市垃圾场改造为绿水环绕的生态湿地和水上运动基地，湿地承载了包括赛艇、龙舟、皮划艇、桨板等几乎所有水上项目，为大运河城市增添了新的水上运动元素，并通过运动和人群效应，将鉴真故事、隋唐故事、诗词故事、水利故事联通起来并向外传播，既可深化国内外对大运河文化内涵的认知，也可借此强化大运河城市对当地特色大运河文化的活化利用。赛艇成为重塑大运河城市文化的活态传承路径、创新运河城市发展社会环境和文化空间的有力媒介。

2. 文化传播推广：深化对外交流

运河象征连接，而体育交流能够连接世界。大运河作为有机的生命体，在历史与未来中穿行，是文化的传承和延续，它作为一种沟通媒介，借由水上运动，通过清洁水源、环保生态、健康城市生活、可持续发展等世界运河城市共通的语言，让城市与国家相连，推动城市、国际之间的体育交流合作，并带动了世界各地运河城市的文化在东西方之间的交流，促使了中国大运河文化在历史与现代背景下的“握手”，让世界运河文化、城市文化在对外交流中实现推广与接续。

赛艇体育赛事不仅将运河连接，而且联系了人与人、城市与城市、建筑与建筑、河流与河流、文化与文化，更演变为国际交流的纽带。全球运河城市赛艇穿越赛事在美国、英国、荷兰、瑞士、德国、法国、比利时、奥地利等国家的多个城市开展，用赛艇运动的方式促进中外友好人士交流低碳环保、绿色健康的生活方式，还协助扬州等多个中外运河城市搭建起友谊合作的桥梁，将包括扬州在内的中国运河城市可持续发展案例更多地展示到国际舞台上，展示给更多人，发出更多属于扬州、属于运河城市的声音。

（三）推进大运河城市经济生态建设

通过培育富有大运河文化特色的新型旅游业态和体育产业来推进大运河城市经济发展，是推动大运河城市经济生态建设的有效途径。作为将旅游与体育深度融合的新兴形态的体育旅游产业，具有明显的区域经济特征与可持续发展属性，是一种区域性的旅游活动。体育旅游的区域经济特征和目标，体现为一种以旅游与体育结合的形式去促进区域文化、经济和环境的可持续发展，其可持续发展的基本属性则更多地表现为对旅游目的地经济贡献的可持续性。依托于大运河文化的体育旅游，不仅能满足当前大运河城市经济发展的新需求，也符合大运河城市体育产业发展的需要。

1. 旅游业态创新：新兴品牌打造

赛事与旅游是目前运河城市落户各种经济实体的有力载体，赛事与旅游融合则是改善城市经济生态的有利契机。大运河沿线拥有丰厚的遗产资源，传统技艺、传统戏剧、传统体育等可成为运河城市旅游业态新一轮创新的主要元素。例如，运河沿线城市的自然风光、运河传统体育资源等可为升级运河城市旅游业提供资源保障，助力打造运河城市旅游精品品牌——体育生态旅游，成为运河城市开发大旅游的良好契机。体育生态旅游是在大自然生态环境中开展的休闲娱乐、体育健身、竞技交流和文化传播的旅游活动，它是体育产业的重要组成部分，也是旅游产业发展升级的新形式。

全球运河城市赛艇穿越赛事可作为当前运河沿线城市中所开发的以运河城市水生态为旅游资源的集体体育旅游活动的有力抓手，围绕“体育赛事+运河水文化+旅游”的城市经济发展组合模式，创新可持续发展的运河城市旅游新业态。具体可依托赛事举办地——运河城市本地特色文化资源，结合本地历史文化底蕴和城市水生态举办特色体育生态旅游项目，打造地方特色体育生态旅游品牌，构建运河体育文化体验、运河体育娱乐休闲与运河风景游览等功能一体化的体育生态旅游产品体系，争取打造国际知名的运河沿线体育生态旅游示范基地。

2. 文化产业发展：产业集群升级

新兴业态的体育文化产业需要依托深厚的体育文化底蕴。拥有 2000 余年悠久历史和丰富的物质与非物质遗产资源，以及深厚文化底蕴的中国大运河，可为体育文化产业的协同发展提供优势条件和资源支撑，成为推动运河城市体育文化产业发展的新路径与运河城市经济发展的新动力、新引擎。

体育文化产业还需借助品牌体育赛事的引领。体育赛事是体育产业中最有活力的要素，在城市经济发展中发挥举足轻重的作用。全球运河城市赛艇穿越赛事作为国际性体育赛事，待形成一定的沿运河城市赛事社会影响力后，便可持续推进运河文化资源优势向体育文化产业优势转化，盘活闲置的优质运河文化资源，形成新的城市经济增长点。这主要可借助运河城市文化与体育赛事的双轮，驱动运河城市体育文化产业创新发展。具体指借助赛艇体育赛事举办及传播，同时深入挖掘运河城市的地域文化资源，立足于地域文化特色，始终坚持将运河城市文化内涵作为促进体育文化产业发展的新型元素与有效动能，积极发展与大运河城市文化相关联的体育文化休闲娱乐服务等赛艇体育文化产业，扩大赛艇体育文化消费群体，丰富运河城市体育文化产业结构，优化运河城市体育文化产业结构布局，形成产业辐射效应，实现运河体育文化产业集群的发展。这也将成为运河体育文化发展的重要方向和目标。

二、赛艇为媒：推进大运河城市生态建设的趋势

（一）顶层设计理念与城市发展需求相统一

顶层设计是指以系统、全局的视角，对项目建设的各方面、各层次进行统筹考虑和总体构想。顶层设计具有整体性、科学性的特点。

当下的运河城市发展主要立足于运河遗产资源的保护利用，以实现运河城市有机更新。在以赛艇为媒，推进城市生态建设的总体趋势下，可充分运用顶层设计的理念，将其与运河城市发展需要相统一，利用顶层设计的整体性、科学性的特性与优势推行、实现运河遗产资源利用、城市有机更新等各项举措，具体可着眼于以下两个方面。

第一，运河城市生态整体建设与运河遗产资源保护利用相结合。整体性即项目建设过程中的各子项目、子任务均围绕核心或终极目标有序推进与开展。扬州作为中国大运河项目申遗的牵头城市，在大运河沿线城市中率先公布实施政府规章《大运河扬州段世界文化遗产保护办法》，这为以赛艇为媒推进城市生态建设提供了可遵循的顶层设计的内核。具体而言，即在运河城市开展生态建设过程中，其顶层设计均可围绕遵循《保护世界文化与自然遗产公约》基础这一内核，以文体旅融合发展为方向，多层面、多角度对运河遗产资源进行保护利用，从而实现运河城市生态的总体建设。

第二，运河城市生态科学建设与运河城市有机更新相结合。顶层设计理念的科学性和设计的缜密性能够为项目建设的各方面配合与要素衔接提供充分保

障。目前已公布的《扬州历史文化名城保护和有机更新规划》与《扬州历史文化名城保护和有机更新总体方案》及八项专题行动方案，旨在共同探索扬州这座运河城市“小尺度、绣花功、本土化、渐进式”的有机更新理念。这种分领域、分年度推进扬州古城保护和有机更新的举措可与运河城市生态的科学性建设相结合。具体而言，今后凡涉及以赛艇体育赛事为媒介、推进城市生态建设的意见，规划部门可先考察运河城市的现实资源与实际情况，立足于赛事是否有利于推进运河城市的有机更新，再探索运河城市生态建设的有效机制。

（二）生态文明建设理念与产业协同发展相统一

党的十八大以来，以习近平同志为核心的党中央提出了一系列生态文明建设的新理念，习近平总书记围绕大力推进生态文明建设作出了一系列重要论述。具体而言，生态文明建设的首要任务是修复已被破坏的生态环境，打好污染防治攻坚战。

打好污染防治攻坚战是党中央在生态文明建设中抓重点、强弱项、补短板的具体体现，这种生态文明建设理念也须贯穿于运河城市的经济生态建设过程中。扬州作为运河原点城市，尤为重视文旅产业融合发展，于 2021 年出台《关于促进文化和旅游产业融合发展的实施意见（2021—2023）》，以高质量发展的导向打造相关品牌活动。这些依托于大运河遗产资源并且在未来需要不断进行产业升级的运河城市产业规划行动，也需要依赖广阔的空间腹地、完善便利的配套设施和优美的环境等布局建设。

在推进文化和旅游融合的过程中，不可避免地存在如沿运河城市污染、沿岸违章搭建、航道等级过低等问题，这些问题会在不同程度上阻碍大运河文旅产业的深度开发，并成为大运河城市诸多产业间协同发展的阻力。对此，扬州作为运河原点城市，从 2013 年起便以落实中央生态环保督察整改为契机，全面推进城市自然生态环境整治。例如，扬州生态科技新城持续投入近百亿元开展生态修复，加强产业绿色低碳化改造。这类充分彰显生态文明建设理念的城市自然生态环境整治措施不仅可以使运河城市的自然生态资源得到充分活化利用，还可以为城市文旅等产业的开发和升级提供更多的原生性旅游资源。

三、赛艇为媒：推进大运河城市生态建设的启示

（一）构筑城市生态建设新坐标

城市生态建设作为对传统的以工业文明为核心的城市化运动的反思、扬弃，体现了工业化、城市化与现代文明的交融与协调，标志着现代城市将以“生态城市”作为一种理想模式，由传统的唯经济增长模式向经济、社会、自然生态有机融合的可持续的复合发展模式转变。

全球运河城市赛艇穿越赛事作为一种促进运河城市空间发展的主题要素，对运河城市发展的规划设计、空间布局、产业结构、城市功能、城市环境等方面都会产生深远影响，对城市生态整体建设方面具有重要意义，构筑了运河城市生态建设新坐标。这主要体现在以下三个方面：

第一，改善城市空间生态系统与优化城市空间布局。为保障赛艇赛事顺利举办，运河城市水生态系统会持续优化改善，此后运河城市也可利用良好的城市水生态系统来改善城市空间生态系统。此外，体育场馆作为体育赛事发展的空间载体与城市景观，能够完善城市基础服务设施建设，改变城市面貌。例如，扬州作为赛艇体育赛事举办地为满足赛事发展的需要，所建设或改造的水上运动中心有效改善了周边地区配套设施，这些体育场馆的建设及其配套有效修复了城市肌理，优化了城市空间布局。

第二，拓展运河文化内涵与促进运河文化交流。全球运河城市赛艇穿越赛事作为一项水上体育赛事依托于运河城市——扬州举办，这不仅仅因为扬州作为运河原点城市，这里的运河是联系人群和城市文脉发展的主体，运河可成为承载赛艇与生态保护的载体，更因为扬州拥有支持城市发展的深厚文化底蕴。这不仅可以将各地的运河、赛艇和生态文化连接起来，让中国大运河与国际大运河产生交汇和联系，还可以进一步拓展运河水文化的生态内容与价值，创新运河城市文化的“体育表达”，以及实现东西方赛艇体育文化与运河城市地方特色文化空间的深度交融。

第三，促进城市经济发展与发挥综合经济拉动效应。全球运河城市赛艇穿越赛事可为运河城市创造的经济效益主要体现在以下两个方面：一是直接创造经济效益。体育赛事具有较强的流量经济属性，可凭借赛事品牌既有的流量为举办城市创造出可观的消费增量空间。赛艇体育赛事在筹办、举办期间，可通

过吸引可观的人流、物流、信息流聚集（聚焦）于赛事举办城市，形成赛事流量经济，从而为城市直接创造经济效益。二是间接创造经济效益。以赛艇体育赛事为核心而形成的城市体育产业具有联动强、辐射范围广、带动作用强的特点，既能有效关联举办城市当地的体育培训、体育传媒、体育旅游等上下游产业，又能有效带动旅游、酒店、餐饮等关联产业，产生较强的综合经济拉动效应①。

（二）更新运河城市发展新形象

城市形象是公众对城市物质要素、非物质要素的整体印象和评价，会在相当程度上影响到城市综合实力的提升和可持续发展能力。体育赛事作为现代社会中构建与展现城市形象的重要途径，可以赛事举办为契机，将城市地方特色与世界语言相结合，对外更立体化展示、营销城市多元化形象。

全球运河城市赛艇穿越赛事不仅可以根据城市发展特点，打造独特的城市体育文化标识，丰富城市形象全球识别系统，还能成为城市形象营销策略实现的载体与选择工具，打开城市形象对外营销的窗口，提高城市形象营销的整体效果。这具体体现在以下两个方面：

第一，丰富城市形象全球识别系统。城市形象全球识别系统是现代城市影响力的重要组成部分，是城市精神和文化内涵的外在表现②。城市形象全球识别系统的更新、升级，相当程度上倚赖于城市各类产业的支撑。在赛艇体育赛事的赋能下，体育旅游产业可成为一种独特的城市文化标识，可依托深厚的城市文化底蕴与实践，结合赛事举办城市的发展特点，形成有鲜明特色的超级城市地标，丰富城市的产业识别系统，将运河城市形象进一步具象化，继而搭车全球运河城市赛艇穿越赛事，形成具有代表性、依托于赛艇体育赛事的体育媒介事件，在事件传播过程中输出城市特色文化符号，丰富城市形象全球识别系统。

第二，扩大城市形象营销空间。娱乐性与健身性兼具的特点使赛艇体育赛事的受众面会持续拓宽，也使其成为众多城市形象营销手段中的一种极富品牌价值的营销策略，从而使城市形象营销有了更为广阔的空间。具体言之，运河

① 李刚、张林：《上海体育赛事发展经验与启示》，《体育文化导刊》2021 年第 5 期。
② 徐剑：《构筑城市形象的全球识别系统》，《探索与争鸣》2021 年第 7 期。

城市可在赛事的筹办、举办过程中实现赛事组织、举办与城市形象营销的有效组合。由于大型体育赛事具有聚众性与聚媒性的基本属性，因此，可通过赛事参与主体（包括参赛者、观众、服务人员及其他人员）的直接参赛、赛事志愿服务或观看赛事将亲身感受传播给更多受众，并将城市形象宣传有机嵌入数字平台的赛前宣传与赛事转播、直播的过程，使受众目光迅速聚焦于赛事本身及承办城市，形成赛事参与主体和赛事宣传之间的相互联结，共同形成一张对于赛艇赛事及举办城市的宣传网，进一步扩大城市形象营销空间，促进城市形象的对外推广①。

四、结　语

媒介的本义是“居中”，具有调和、组织、转化、生成的作用。赛艇体育赛事作为一项需要物理空间与社会发展空间的运动，其本质是一种具有调和功能的媒介。运河城市可以赛事活动中心建设等相关项目开展为契机，推动赛艇体育赛事与作为赛事举办地的大运河城市之间形成融合并进的关系，从大运河城市自然、文化、经济生态建设的三个维度出发，为大运河城市整体生态建设提供新动能、注入新能量，具体包括修复、更新城市自然生态环境，挖掘、传播城市文化资源，拉动城市综合经济效应，等等，从而形成赛艇赛事推进大运河城市生态建设的整体动力实践。

撰稿人　朱玲玲
单　位　扬州大学新闻与传媒学院

① 曹惠民、李秀、宋雪雪：《城市形象营销视野下马拉松赛事推广策略》，《体育文化导刊》2021 年第 7 期。

浙江大运河文化艺术的国际传播研究

一、问题的提出

直到2014年中国大运河成功入选《世界遗产名录》，这一世界上最古老的运河之一才正式进入国际视野。一方面，大运河作为历经千年的内河航运系统，它在科学技术、文化艺术上的价值被重新提及，以大运河沿线文化遗产的核心资源为依托，中华优秀传统文化开启了发扬光大的新篇章。另一方面，作为人类文化遗产，中国大运河在国际上的知名度难以与泰晤士河、塞纳河等知名河流相较，尚未真正发挥出大运河中华文化载体的作用。当前，浙江省正处于加速国际化发展阶段，凭借深厚的文化底蕴和在全国的地位，浙江努力成为文化强国建设的生力军和排头兵。因此，推动大运河文化艺术走出去，不仅对保护大运河文化遗产、向世界展示当代中国的文化思想十分必要，对于建设文化浙江、将大运河打造成世界认可的浙江文化名片也具有重要意义。

（一）大运河浙江段文化艺术国际传播的可能性

大运河浙江段文化艺术进入国际视野、开展国际传播具有历史资源和现实基础两个方面的可能性。从历史资源看，大运河浙江段的文化遗产占大运河沿线文化遗产总量的三分之一以上，数量多且质量高，这是推动大运河浙江段文化创造性转化与国际化传播的核心。从现实基础看，国家层面明确将大运河从“文化遗产”上升为国家战略，浙江省以政府为主体，在社会各领域制定并实施了多项推动大运河浙江段走出去的政策规划，开展了音乐、戏曲、民俗、影视等多种艺术形态的国际活动，为将大运河打造成浙江文化名片创造了有利条件。

1. 历史资源

大运河浙江段由江南运河与浙东运河等河道的浙江部分构成，至今仍然在航运、水利上发挥着作用。据统计，大运河浙江段入选“中国大运河”世界文化遗产的点段共有 18 处，数量位列沿线 8 省、市第二；统计河道长 327 千米，接近遗产河道总长的三分之一。沿线遗存、文物保护单位保存良好，宁波慈城、湖州南浔等地因文化遗产保护工作的突出成效，曾获联合国教科文组织“亚太地区文化遗产保护杰出成就奖”。

大运河浙江段非物质文化遗产类型丰富、质量较高、展示利用全国领先。从类型看，大运河沿线区域的非物质文化遗产涵盖“非遗”所有十大门类，其中传统戏剧、曲艺、民俗和传统技艺等尤为丰富。从数量上看，大运河浙江段沿线 25 个县（市、区）分别拥有人类非遗、国家级非遗和省级非遗项目 6 项、91 项和 314 项，分别占全省总数的 60%、41. 9%和 35. 4%[①]，其中与文艺相关的江南丝竹、杭州织锦技艺、湖州湖笔制作技艺、越窑青瓷烧制技艺等一批非遗项目，皆在国际上具有较高知名度。这些丰富的文化遗产孕育于大运河南北沟通、东西交汇、中外交融的历史进程中，为呈现活态化的大运河文化形象、深入挖掘中华优秀传统文化、打造具有标识性的运河文化品牌奠定了基础。

2. 现实基础

一方面，浙江省正处于加速国际化发展阶段，G20 杭州峰会使浙江的知名度进一步提升，即将举行的杭州亚运会有望将浙江的影响力提升到一个新高度。浙江省抓住“重要窗口”“改革开放先行地”的新机遇，积极展开国际传播能力建设，开设了浙江日报海外版、印象浙江网站、浙江电视台国际频道等主要涉外媒体平台，同时在海外社交媒体平台开设官方账号，得到了海外受众的积极响应。2021 年浙江省在全国省级文化和旅游新媒体国际传播力指数排行中位列第一，较 2020 年上升一位；其在综合传播力指数、Facebook 传播力指数及 Twitter 传播力指数排名上都位居榜首。截至 2022 年 1 月，浙江省文旅中英文 Facebook 账号粉丝均超过 300 万，位列全国各省、区、市第一。这是浙江省政府及各部门高度重视对外传播能力建设、多平台布局传播渠道的结果。

另一方面，浙江省高度重视文化建设，切实将建设文化大省作为“八八

① 浙江省发展改革委、省自然资源厅、省文化和旅游厅、省委宣传部：《浙江省大运河文化保护传承利用实施规划》。

战略”的重要内容之一实施，努力提高浙江文化软实力，推动文化建设持续走在全国前列。全省文化及相关产业增加值由2016年的2745.6亿元增至2020年的4494.8亿元，占比由2016年的5.81%提高到2020年的6.95%，综合实力位居全国第一方阵。全省共有规上文化企业5309家、上市文化企业42家，涵盖了所有门类，其中入选全国文化企业30强的文化企业总量居全国前列，文化产业成为浙江省支柱性产业①。

（二）大运河浙江段文化艺术国际传播的必要性

大运河文化的国际传播既是新时代国家综合实力持续增强的客观结果，也是由文化多样性的发展与深化规律决定的。以大运河文化为代表的中国优秀文化需要走向世界，成为世界多元文化中不可缺少的一部分；同时这也是中华文化自身发展的需要，以开放的姿态面对文化的交融互通是中华文化几千年来生生不息的关键所在。中国常以文化大国而非文化强国的形象立足于世界，浙江则更多以“浙商”等经济关键词出现。因此，挖掘大运河文化，提炼其核心要素创作出优秀的文艺作品，同时加强对大运河文化国际传播能力和传播效应的研究，不仅是塑造大运河文化形象、讲活大运河历史和当代故事的必经之路，也是挖掘中华优秀传统文化，打造崭新的浙江文化名片、塑造新时代中国形象的关键所在。

1. 塑造大运河文化形象，讲活大运河历史和当代故事

历史上的大运河在国际上具有较大的影响力，它连接海陆丝绸之路，将中华文化的影响力从中原向东西方国家及地区扩散。《荷使初访中国记》中记载了最早一批欧洲旅行者通过大运河一路北上觐见当朝皇帝的沿途见闻，其中有大量的素描图画生动地表现了这一旅程。《马可·波罗游记》中数次对大运河航运的盛景发出感叹，惊讶中国繁荣的内外商业贸易。朝鲜人崔溥也在《漂海录》中详细记载了运河沿线的城市风貌、民风民俗。这些异国视角的游记在国外广为传播，成为国外艺术创作的文化母题之一。然而，随着时代的变迁和社会的发展，大运河的主要功能被进一步削弱，大运河逐渐淡出了社会视野。大运河申遗成功后，其在文化、艺术、科技上的价值被重新发掘，它不仅

① 浙江省委宣传部：《过去五年文化建设的主要成就、短板问题和今后五年的总体思路、主要目标、重点任务和战略举措研究报告》（内部资料），2022年1月。

仅是中华文化富集交融之地，更是人类智慧文明的象征，是全世界人民的宝贵财富。因此，要用多种方式讲述运河故事、提炼运河精神，从而转变人们对大运河的固有印象，塑造出大运河包容开放、多元共生的新时代文化形象并向世界推介。

2. 打造文化浙江新名片，塑造新时代的中国形象

作为国家整体传播能力建设中的重要一环，有效的地方传播能力建设对于提升地方的知名度、加深国际社会对地方甚至国家社会发展现状的认知，从而进一步塑造新时代的中国形象具有重要意义。推动大运河文化艺术的国际传播，一方面，可利用浙江省所处长三角区域、长江经济带和“一带一路”的重要枢纽位置，促进沿线区域联通，以及资本、文化、产业流动，形成传播合力。另一方面，大运河作为全省两大世界文化遗产之一，能够使浙江精神、浙江故事借“运河”出海。大运河浙江段是浙江人民集体记忆的凝结，通过大运河文化的跨文化传播，全方位展示浙江文化的发展历程，展现浙江人民的奋斗成就，可使国内外人民对新时代中国社会发展的诸多成就有所认识和理解。未来，大运河将是浙江国际化战略的重要载体，是推动浙江文化走出去，提升浙江国际影响力，以及向世界展示、宣传美好浙江形象的窗口。

二、大运河浙江段文化艺术国际传播现状

2014 年以来，浙江省在大运河文艺作品创作上铆足了劲，出品了不少精品，包括纪录片《大运河之歌》《国之大运》、电视剧《大运之河》、舞剧《遇见大运河》等。这些作品将大运河文化形象化，一定程度上提升了“千年运河”的整体辨识度。同时，浙江省不断出台支持政策，举办大运河相关艺术节，提供传播平台，推动大运河文艺作品的区域联动和国际传播取得较大进展。

（一）顶层设计规划，系统性传播

目前，《中华人民共和国文物保护法》《中华人民共和国非物质文化遗产法》等法律中都涉及大运河保护。《大运河遗产保护管理办法》出台后，《大运河文化保护传承利用规划纲要》《大运河文化和旅游融合发展规划》《大运

河国家文化公园建设保护规划》等陆续出台，这些纲领性的文件和规划，对大运河的保护传承、融合发展有了具体的政策支持，也对大运河沿线省、市出台地方性文件具有指导意义。

在国家顶层设计规划指导下，浙江省先后出台了《大运河文化带（浙江）建设规划纲要》《大运河（浙江）文化带建设行动计划（2018—2022）》《浙江省传承发展浙江优秀传统文化行动计划》等文件。2021 年出台的《浙江省大运河世界文化遗产保护条例》（简称《条例》），对大运河浙江段文化遗产的保护、传承、利用做了细致的规定，并确立每年的 6 月 22 日那一周为大运河浙江段世界文化遗产宣传周，努力将大运河打造成为全民共享的文化工程，以大运河为文化载体，持续增强文化自信和全民共识。浙江成为国内首个针对大运河世界文化遗产保护出台省级地方性法规的省份。《条例》规定将大运河打造为国际文化交流工程，加强对范围内大运河相关文化价值的探索和文艺作品的创作，在世界范围内广泛开展运河文化交流，推动大运河浙江段区域成为国内外运河文化交流的核心与中枢，从而使浙江成为对外文化交流开放的新高地。在国家、省政府有关大运河文化发展文件的指导下，浙江省下属市、区纷纷出台个性化的条例，针对性地发展这一宝贵的文化遗产。作为浙江省省会城市的杭州出台了《杭州大运河国家文化公园规划》，宁波出台了《大运河（宁波段）文化保护传承利用实施规划》。这些规划纲要对大运河文化遗产进行了区域性与整体性、短期性和长期性的细致布局，涉及对内保护传承、对外创新传播等的方方面面。

（二）沿线区域整合，联动性传播

在浙江省内，大运河途经杭州、宁波、嘉兴、湖州、绍兴 5 市，囊括 25 个县（市、区）。将分散的大运河资源整合起来，实现“点—组团—线”发展，打造一体化文化传播格局，其中关键的措施是构建“大运河城市推广联盟”——在深入挖掘运河 5 城之间的内在联系与文化脉络的基础上组建，定期举办中国大运河国际论坛、浙江大运河城市旅游峰会等高峰论坛，加强与省外大运河沿线城市及国外运河城市之间的联动，打造具有强烈运河城市身份认同的“浙江大运河城市推广联盟”。其中，“大运河（浙江）城市博物馆联盟”由杭州、宁波、嘉兴、湖州、绍兴各市博物馆与中国京杭大运河博物馆组成，推出一系列艺术品展览。以举办的《海上流韵——大运河（浙江）海派书画家作品展》为例，它以海派书画的形式展出了大运河 5 城的城市风貌，集中体现了生活在大运河沿线的数十位艺术家的审美情趣，为运河文艺搭建了传播平台。“大运河国际诗歌节”，将大运河文化带建设融入浙江诗路建设之中，诗路文化与运河文化结合，为大运河艺术作品创作提供了新形式和新载体。此外，浙江省社会科学界联合会发起的《文化浙江大讲堂》栏目，将运河的前世今生融入浙江故事之中，是社会团体与政府联动传播大运河文艺作品的范例。

中国大运河途径 8 省、市，整合各地方资源，实现跨区域、跨部门的联动性传播也是推动大运河文化对外传播的重要举措之一。由杭州与北京这两个中国大运河的端点城市发起主办的大运河“京杭对话”在 2020 年迎来了世界运河历史文化城市合作组织（WCCO）的加入。国内外各界嘉宾通过一系列“京杭对话”活动，为大运河文化带建设和传播建言献策。以此为契机，大运河沿线各省市政府及相关部门可组织运河“名城对话”，以人文、旅游、科技为主题，展开与同类世界文化遗产地和国际知名河流的交流合作。为了推动全流域共建共享，“京杭对话”合作机制设置了“千年运河千年行”为主题的中外媒体采风活动，共有 30 多家中外媒体在大运河 8 省、市以直播、短视频的形式向世界讲述大运河故事，更好地展现了大运河全流域风貌。此外，大运河沿线 8 省、市的广播媒体组建“大运河城市广播联盟”，通过该城市联盟举办的“潮涌大运河艺术季”“对话大运河”等新媒体艺术活动成功加强浙江省与其他沿河省份的联动，多样化集成运河文化资源，提高了大运河的国际传播力和影响力。

（三）科技与文化结合，数字化传播

浙江省深化文化产业数字化战略，传播能力显著增强。浙江省通过打造海外社交媒体平台，形成“1+11”英文网站出海联盟，成功实现省、市全覆盖；搭建互联网“浙江大运河”体验平台，凸显浙江信息经济高地优势，整合相关互联网资源，利用 GIS、AR、VR 等技术，搭建大运河浙江段三维虚拟体验平台，对大运河文化要素进行网络集成与展示，借助网络的开放性，欢迎国内外创作者利用大运河文化元素进行数字化创作和传播。搭乘短视频风潮，浙江省举办了“美丽浙江”国际短视频大赛，多家知名海外媒体参与转发，覆盖地区包括欧洲、美洲、亚洲。优秀作品在译制后通过电视频道播出、中外网站

转载、移动媒体发布。比赛中最值得关注的是“最美外籍体验官”这一栏目，入选作品从外国人的视角出发，体验和感受真实的中国。大赛中，与大运河相关的作品有《浙山浙水浙江》《马克西姆的水乡琴韵》《运河风光》等，作品通过短视频的形式将运河故事浓缩在短短的几分钟之内，既适应了当下快节奏的生活方式，又以新的艺术形式激发人们进一步探寻运河之美。杭州歌剧舞剧院联合国内外力量创作排演的舞蹈剧《遇见大运河》，选取了“舞蹈剧场”形式和“大运河”的题材，通过舞剧展现了大运河的发展演变，反映了人与环境的关系。该作品先后在法国、德国、埃及、希腊演出，并在巴黎街头举行了一系列快闪活动。生动的运河故事、美丽的中国风情一度风靡海外自媒体平台。

浙江省政府十分重视以数字化的方式保存和传播大运河沿线非物质文化遗产，定期召开大运河数字非遗创新研讨会，邀请不同领域的专家对保护传承非物质文化遗产、推动非遗数字化创新展开研究；结合浙江省非物质文化遗产综合资源数据库，建立运河非遗资源专题数据库，助力非遗项目振兴。浙江省是戏曲孕育、发生、发展的沃土，可以说“一部戏曲史、半部在浙江”，昆曲、越剧、海宁皮影戏、甬剧、绍剧、杭州评话、摊簧、宁波走书等传统戏剧从这里走出去，这些都是打造运河曲艺之路的重要文化资源。《戏‘运’悠长》是京杭大运河戏曲名家名段典藏数字藏品，被称为“越剧皇后”的筱丹桂的作品便被收录其中，代表着越剧从浙江走向上海，通过大运河等水陆交通传遍了大江南北，这是世界文化遗产大运河与同是非物质文化遗产的中国传统戏曲第一次以数字化的方式进行保存与传承。大运河文化借助在国内外都享有较高知名度的戏曲，将科技与文化结合，进一步开拓了大运河文化的传播面，使其流传更久、传播更远。

大运河浙江段文化艺术的国际传播目前已取得了一定进展，但在发展过程中也存在较多问题：传播主体活力欠缺，政府部门的思想引领力还未充分彰显，网络自媒体“用户生产内容”的开放性还未充分利用起来，传播观念和传播载体有所欠缺，舆论引导力不够精准。从内容上看，大运河文艺作品缺乏深度和创意，以介绍式宣传为主，尚未形成标志性的运河 IP；从渠道上看，大运河文艺作品的传播不够多样化，尚未将多种融媒体手段利用起来扩大影响力；从效果看，大运河文艺作品的影响力较为有限，国外受众很难从大运河相关的艺术作品中找到“文化认同感”。

三、大运河浙江段文化艺术国际传播提升路径

当今世界，文化对一个国家、一个民族的影响力已经不可同日而语，国家的影响力更多表现在价值观的引领和文化形象的塑造等软实力上。文化在交流中发展，推动大运河文化艺术国际传播建设需要优化传播主体、丰富传播内容、整合传播渠道、深化传播效果，以期形成“美美与共”的传播格局，从而提升大运河沿线区域的国际化水平，向世界讲述当代运河故事、中国故事。

（一）优化传播主体，多元化传播扩大影响力

从大运河浙江段文化艺术国际传播的发展现状看，其在传播主体上还需进一步优化。传播主体作为故事的讲述者，在面对不同文化背景的受众时，应该实施不同的传播策略，从而将优质内容精准地传递给受众。

1. 坚持大运河沿线文化传播的“大方向”与各区域“小方向”相结合

坚持文化传播的“大方向”与“小方向”相结合：一方面是地方性的传播策略与国家层面的规划相一致的同时也要体现出地方的特殊性。当前我国正处于建设文化强国的过程中，《中共中央关于制定国民经济和社会发展第十四个五年规划和二〇三五远景目标的建议》中明确提出到 2035 年建成文化强国。浙江省政府提出建设“文化浙江”“诗画浙江”品牌，将大运河浙江段文化带建设作为其中战略性的一步。另一方面是作为宣传主体的政府部门与社会层面的文化团体在传播观念与传播方式上要互相融通。要强化浙江文化艺术发展基金对艺术创作和传播类项目的扶持力度，在政府的支持下举办之江国际青年艺术周、中国国际网络文学周、西湖编剧论坛等系列活动，从中挖掘讲述大运河故事的优秀作品，“不拘一格降人才”。与此同时，主流外宣部门要避免充满说教意味的“子弹式”传播、“单枪匹马式”传播，而是要更多地与社会团体合作，起到把控传播方向不出错、传播内容恪守正道的“灯塔”作用，营造健康、有序的文艺创作和传播生态。

2. 坚持自我传播与他者传播相结合

除了政府主流媒体发声之外，还要打通民间传播和他者传播的渠道，通过扩大传播主体的身份，提高传播内容的可信度。中日合拍的纪录片《京杭大

运河》与美国纪录片《中国大运河：一个摄影师之旅》都是在拍摄地政府的支持下，邀请外国名人来到大运河，亲身感受运河文化。前者邀请了在中国和日本都具有一定知名度的田边诚一作为主持人，他从杭州沿着大运河一路北上，体验运河的美食文化、技艺文化、民俗文化等。后者则是借助美国《国家地理》杂志摄影师杰夫的镜头，将大运河江苏段的文化艺术展现出来。杰夫的摄影作品出现在美国主流网站和杂志中，成为外国人了解中国大运河的一扇窗。两者都是从异国视角讲述运河故事，在文化间性中打开了沟通的窗口，是成功的国际传播实例。讲述者身份的转变，不仅可以在一定程度上打消国际社会的“先见”，而且有助于更多的外国人走进中国，了解运河文化乃至中国文化。

邀请外国人来到中国、讲述中国是实现国际传播的有效途径之一；另一途径则是通过在外华人的讲述，在不同文化之间搭建起联通的桥梁。浙江籍侨胞作为一个较大的华人群体，多集中在欧洲及“一带一路”沿线国家和地区。他们既有广泛的国内外人际关系，能够较好地融入当地社会之中，又对异国文化背景下的交流互动充满经验。因此，他们不仅是中国故事积极的讲述人，也是有效的讲述平台。大运河浙江段文化艺术的国际传播可以借助这一爱国群体，创建华侨国际运河文化交流基地，举办国际运河文化侨民互助会等，促进大运河文化走出去，并且深入世界各地民众的生活中去。

（二）挖掘大运河特色文化资源，形成标志性运河 IP

文化产业在根本上是“内容为王”的产业，打造国家级重大文化标识是建设“文化浙江”的重要任务之一。推动大运河文化艺术国际传播需要形成标志性的运河 IP，围绕运河 IP 开发形式多样的产品，以适应不同受众的需求，从而进一步扩大运河文化的知名度。目前来看，将运河 IP 有巨大的开发潜能，可以将其打造成为与“熊猫”“长城”等一样有极具辨识度的中国符号创作出可以走出去的运河文艺作品，可以从国际上具有知名度的文化因素和民间民族因素中汲取养分。

1. 借助具有国际知名度的因素或有生力量

大运河浙江段所拥有的丰厚的文化资源是打造运河产品的巨大资源库，但是选择放大哪些特质、“省略”哪些元素是形成优质运河文化内容的一个关键性步骤。也就是说，要找到“文化间性”——一种能走进“他文化”的特质。

一种方法是可以将大运河与国外同类文化遗产联系起来，用影视作品的方式在类比中使国内外受众产生认同，这是一条双赢的路径。比如纪录片《当卢浮宫遇见紫禁城》就是将北京故宫与巴黎卢浮宫关联起来，以艺术史为脉络，每一集展现同一主题下的中西方艺术，呈现出不同的艺术形态和艺术风格，在众多差异中寻找艺术的相关性，同时每一集都会有一位在国内外享有知名度的当代艺术家进行艺术探讨，从而实现不同文明之间的对话。这部纪录片在国内外广受好评，对中国文化一知半解甚至是敌视的观众通过观看该片，对中国的态度都发生了转变，对中华文化有了了解的兴趣。大运河艺术作品的创作与传播也可以参照这种表现形式和创作逻辑，打通同类文化遗产之间的联动关系，互为传播契机，扩大影响力。此外，可以邀请 Netflix、Disney 等国际知名企业加入大运河文艺作品创作，学习他们打造文化 IP 的经验，在因地制宜中逐步推进运河 IP 走向成熟。

另一种方法是将大运河文化与本国知名元素或者国际知名赛事、节庆等结合，从中挖掘运河文化内涵。可以利用在国际上享有盛誉的中国元素如戏曲、美食等，举办运河艺术节、戏剧戏迷嘉年华等。上文中提到的《戏“运”悠长》戏曲典藏藏品就是一个很好的例子。国际知名赛事、节庆如中国（杭州）国际动漫节、海上丝绸之路国际音乐节、中国大运河国际诗歌大会、大运河国际钢琴艺术节、乌镇戏剧节乃至 2022 亚运会都是运河文化出海可以借助的传播平台。大运河国际钢琴艺术节邀请国际钢琴大师郎朗担任主要嘉宾，吸引了国内外热爱钢琴的青少年参加。乌镇戏剧节更是“近水楼台先得月”，可以将大运河故事搬上戏剧舞台，让受众在乌镇这一环境中实现大运河文化的沉浸式体验。这些赛事、节庆广受国内外的关注，不仅能够极大地提高举办地的知名度，也为运河文化产品国际传播提供了一个绝佳的契机。

2. 从民俗文化中展现民族特征

“民族的就是世界的”，大运河文艺作品可以挖掘运河沿线民俗风情，将其转化成戏剧性的情节呈现出来。面对中西不同的文化背景和社会环境，文艺作品不能只流于民族表面特征，简单地再现具有民族风情的服饰、美食等，而应该深入文化内核，找到具有共通性的价值观念，比如可以借大运河探讨人与自然的关系、人与人的关系、人与社会的关系，将这些观念从民族民风中提炼出来，这就使得运河文化的故事形象化为运河“人”的故事。运河的人格化呈现不仅可以鲜明地体现出运河特质，而且可以以小见大，从中窥探整个华夏民族的特质。

非遗及其相关的民间仪式可以说是最具民族代表性的。可举办中国大运河浙江庙会并以其作为运河民俗文化展示和推介的平台，欢迎来自世界各地的游客亲身体验原生态的活动；同时可以将其作为创作题材，围绕庙会这一极具民族特色的仪式，探讨“人”这一主体与“运河”这一场域之间的互动关系，从中体现出民族的独特性。

（三）整合多种传播渠道，以受众为导向传播大运河文化艺术作品

目前的传播渠道主要有广播、电视、报纸等传统媒体和以短视频为主的新媒体。在优化传播主体的同时要注重整合多种传播渠道，实现“力往一处使”，以受众需求为导向，避免信息传达“一哄而上”，否则不仅会造成公共资源浪费，而且可能会因为重复传播使受众心生厌烦。这就需要浙江省内各部门和平台，以及大运河沿线各区域协调分配、实现资源共享，打造出具有国际影响力的媒体集群和立体的传播通道，使立足于国际社会的中国形象尽可能真实、全面。

1. 创新主流传统外宣媒体的话语表达

我国传统的外宣平台多以广播、电视为主，内容表达通常一板一眼，这与西方将宣传融入各类具体的广播电视节目与报刊栏目，做到“看不见的宣传”有较大区别。因此，应创新主流传统外宣媒体的话语表达，对摆在台面上的宣传精心“装扮”，用国际化叙事来适应当前的传播趋势，做大做强主流媒体。一方面，可以借鉴其他国家主流外宣媒体的话语表达，采用图像进行叙事，如《纽约时报》《时代周刊》等报纸杂志经常采用“漫画+词组”的形式，以视觉作为呈现方式体现出官方对新闻资讯的倾向性，同时给予读者解读的余地，提高受众的阅读兴趣。另一方面，“因地制宜”开设相关栏目吸引受众。如美国的电视栏目中脱口秀占到节目总量的40%，这些节目与美国的社会、经济、政治、文化发展息息相关，这样的形式不局限于娱乐，同样也应用在时事点评和新闻播报上。节目的信息来源于世界各地，受众主要为年轻人，因此适应了全球化的一代对多元文化的好奇心与包容心。脱口秀主持人擅长点评时事新闻，用夸张、幽默或调侃的语气表明自己的态度和观点。这种将“内容输出”或“价值观点”融于

“娱乐”的传播模式，值得我们电视台中的相关栏目学习和借鉴。

2. 借助多平台以多样化形式传播

除了以电视、广播、报纸等传统媒介作为主流话语宣传平台之外，还要借助多平台多样化形式去传播内容，充分利用受众的力量。一方面，以网站形式建立的涉外媒体，如浙江日报海外版、印象浙江英文版等需要明确自身定位，从定位出发设计传播内容。印象浙江英文网上线于《浙江日报》创刊70周年之际，定位为“浙籍华人华侨了解家乡发展的主要窗口”，因此网站以短视频为载体，通过影像展现立体的浙江，在视觉图像直观的冲击下，加深受众的理解。这种生动的影视话语设置是目前国际化表达的趋势，深度学习新兴的叙事方式，有利于网站的进一步拓展。浙江日报海外版作为政府喉舌的权威性日报，必须及时、准确地将中央及浙江的方针政策传达出来，因此，在内容设置和话语表达上需要更加严谨，往往以较大篇幅的文字详细反映各种情况。另一方面，以海外社交平台为载体的官方媒体，应抓住不同传播平台及其受众的特点，有针对性地设置传播内容。以当前浙江省官方开设的推特（Twitter）、脸书（Facebook）及抖音国际版账号为例，深度研究各个平台的推广和宣传机制，是实现有效传播的关键因素。推特是一个类似微博的传播平台，在内容字数、配图、视频上都有一定的限制，大多数年轻人会利用自己碎片化的时间刷新推特来获取世界各地的讯息。因此，发布在推特上的内容要注重图文并茂，文字简练，重点要放在图片上，从而为受众带来直观的感性体验。脸书平台以社群文化见长，通过组建相对熟悉的朋友圈使受众共享信息、爱好等，因此分享在脸书平台上的内容需要打通社群之间的关系链条。可以围绕国际运河城市联盟组建脸书社群，吸引关注运河保护的受众；还可以链接联合国教科文组织，形成兴趣导向的圈内高效互动与传播。抖音国际版是短视频的原生之地，因此，在内容和剪辑上需要多关注海外网络红人的创作逻辑，尽可能引起受众的兴趣或共鸣。

根据上述各传播平台的特点，大运河文艺作品的国际传播方式需要因“平台”而变，由此形成主流媒体与社交平台联动、官方与民间协同、线上与线下融合的国际传播体系，延长作品传播的广度和深度，使运河文化真正地走进国外受众心里。

撰稿人 励倩
单　位 扬州大学音乐学院

故事·审美·价值导向
——《大运河奇缘》创作策略[①]

《大运河奇缘》是首部以大运河文化带为主线创作的国产动画片，目前共播出两季，第 1 季 26 集，第 2 季 6 集，平均每集片长约 13 分钟，主要叙述主人公凌雨菲与运河精灵的奇幻冒险故事。该动画片对大运河中的历史人物、大运河的功能作用，以及运河周边的发展进行梳理，再现了大运河作为一条文化纽带串联古今的文化图景。据央视索福瑞发布的数据显示，2020 年 3 月 2 日《大运河奇缘》在北京卡酷少儿频道播出的收视率为 0. 77%，市场份额占比 4. 36%，位列同类型动画片播放量第三。总体来看，《大运河奇缘》收视表现良好，积累了一定的观众口碑与基础。以大运河文化为背景创作的《大运河奇缘》是宣传大运河文化和精神的有效示范，我们也应合理利用影视文化传播速度快与传播范围广的特点进行赋能，以大运河精神为灵魂进行一系列相关动画影视的创作，打造深入人心的国产运河动漫影视 IP 产业，以优良的运河文化孕育运河动漫创作，以运河动漫创作促进运河文化传播，切实把握好影视艺术作为文化沟通传播桥梁的作用，通过生动丰富、可视可观的动画语言及影视形象带领观众了解千年大运河的文化和精神，通过讲好运河故事进一步增强文化自信。

一、《大运河奇缘》故事叙事的策略

《大运河奇缘》的整体优良表现主要源于总体的故事叙事策略。在技术手段上，《大运河奇缘》主要采取了立体建模的方式，通过 Unity 三维技术制作出立体的三维模型。比起 2D 平面动画，三维模型动画无论是在场景建构还是在人物形象的设计上，都具备了更加生动的视觉效果。在剧本创作上，《大运河奇缘》采取了以两集为一个完整故事的叙事单元，介绍了古往今来大运河

① 基金项目：本项目系江苏省研究生科研创新计划项目（编号 KYCX22_ 3440）阶段性成果。

的人文图景，整体通过图像与声音叙事策略、时间与空间叙事策略，以及叙述视角与叙事接受策略三个角度，配以简洁凝练的动画语言，让观众看懂、听懂一个个关于大运河的奇幻冒险故事。

（一）图像与声音叙事策略

1. 图像元素的运用

动画片以视觉为第一要素吸引观众，因此只有具有创新性和独特性的人物形象和符号设计才能引起观众的注意，从而激发观众进一步看下去的好奇心。人作为视觉动物，在当下的视觉时代中通常只需要短短几秒就能筛选出自己感兴趣的作品。因此，在动画片中，主要的视觉形象一旦不符合观众的期待，就会迅速被市场淘汰出局，所以作为视觉担当的主心骨，动漫人物的视觉设计需要仔细推敲考量。

在人物形象的设计上，《大运河奇缘》主要以较为简单的二元对立划分人物立场。正派人物主要由主人公凌雨菲、4 个运河精灵及玉象爷爷构成，他们为保护运河而与反派斗争。反派人物则以破坏运河的黑沙为代表，在不同历史时期通过附身大运河里的水生生物制造运河危机。

以凌雨菲为代表的正派人物，其本身设定就与大运河息息相关。作为主人公，凌雨菲有一个同运河精灵一样的“水”字额头印记，并且故事开篇中就对其有所交代。“水”字印记是她在落入运河之后，被运河之水安然无恙地送上岸后而产生的。一个印记不仅突出了凌雨菲主人公的身份，而且将她与大运河的故事紧密相连。此外，印记也是推动故事发展的重要因素。凌雨菲因为想要探索额头印记产生的原因，才不断地与运河精灵一起去了解历史背后的大运河，与破坏运河的黑沙作斗争，从而为后续故事的发展注入了原动力。凌雨菲的身份设定为京华小学的小学生，因此在动画中多以马尾辫、运动服的形象出现，简单大方、充满青春活力，颇具中国学生的特色。

4 个运河精灵的设定分别从自然界中提取灵感元素，分别为雷灵、风灵、雨雪灵和花灵。4 个运河精灵也可以看作打造 IP 动画的关键形象与符号塑造，因此对于他们的角色创作是重中之重。尽管复杂的精灵形象设计会使得画面更加精致，但考虑到该动画片以低幼龄儿童为主要受众，过于烦琐的人物形象反而不利于低幼龄儿童记忆识别，因此需要在设计上提取一些关键性符号作为区分人物的亮点。例如雷灵，它有着标志性的黄色闪电印记，整体呈现出蓝紫色，让人联想到乌云密布时电闪雷鸣的配色。同样，在人物设定上，雷灵也被赋予了脾气急躁、容易冲动的特点。风灵整体采用黄白色的设计色调，头上的翅膀装饰也象征了风的速度。雷灵和风灵都以男性的角色出现，两者相互配合让人联想到风驰电掣的场景。

雨雪灵的设定是双重形态，选取了自然界代表雨水的蓝色和代表雪花的白色作为主体颜色设计，根据不同需求时而为蓝色头发的雨灵，时而为白色头发的雪灵，印记同样对应着雨滴与雪花的视觉符号。作为雨灵，其性格的设定更加偏向雨的柔润温和；作为雪灵，其性格的设定则更偏向冰霜的孤傲之感。花灵则以头上与身体上鲜艳的红色花朵形象作为视觉符号。花灵的性格设计也与鲜花对应，相对温柔体贴，往往以保护雨菲、守护大家的形象出现。

玉象爷爷的设定别出心裁，“入水则活，出水成玉”的设定不可避免地使其有两个不同形态：在水中呈现出憨态可掬的大象形象，短短的象牙加上圆圆的小眼睛，十分生动可爱；离开水面时则成为玉质吊坠，整体效果呈现出玉石般逼真的通透和光泽。在动画中，玉象爷爷除了是 2000 年前的商朝玉象，同时也是大运河历史的专家，是对大运河故事了解甚多的人物，穿梭于历史之中介绍具体的朝代背景及故事地点，在全片中发挥引导和科普作用。

作为反派人物的黑沙，其设定为穿梭于历史中试图霸占运河的角色，这也是全片主要的剧情叙事的推动点之一。黑沙整体呈现为具有红色眼睛的黑色飞碟形状，即一团泥沙。由于建模技术的运用，黑沙以黑泥为主体，视觉效果上呈现出泥的光滑形态。作为反派人物，黑沙主要靠附身于运河中的水生生物来进行破坏，被附身的生物通常以头顶一片黑泥、更加硕大的体格、夸张丑陋的相貌为主要特征。

不过，在人物形象的设计中，《大运河奇缘》也存在一些不足之处。无论是场景模型还是人物模型的设计都需要进一步细化，特别是在人物动线、转场过程中，应更注重叙事的流畅和微小的细节，例如光影的变化，人物走动时神态、发丝、衣服褶皱等多方面的细节转变等。此外，除了区分主要人物，还应注重配角的视觉形象。例如在历史场景的建构中，历史人物的建模有些许雷同，为观众明确辨识、把握运河相关历史人物带来了一定的识别困难。

2. *声音元素的运用*

动画片中的声音元素主要由语言、音乐、音响三个部分能动组成。动画片中声音的叙事功能不仅能推动动画剧情的发展，还能达到渲染氛围的效果，让观众有沉浸式的参与感与互动感。声音元素不仅体现为动画片的配音、动画特效音、转场场面的声音等，也包括片头曲、片尾曲等。

在《大运河奇缘》中，语言对剧情的推动起到了至关重要的作用。动画片往往用人物的语言对白作为叙事的主要推动力。例如玉象爷爷每次提到自己有不好的预感时，故事的叙事就会立刻转到时空穿越的镜头，主人公通过时空隧道穿越到过去，进行新的故事叙述。回到过去时，主要通过玉象爷爷的语言解说，用声音补充画面上未曾出现的信息，例如所在的地点、朝代、人物等。此外，动画片通过语言对白间接丰满了人物的形象特征，如凌雨菲的自我介绍明晰了其小学生的身份定位，雷灵通过语言直接描绘了玉象爷爷“入水则活、出水成玉”的形象特点。

动画片中的配音对人物形象的塑造也起到重要作用。动画片的配音往往通过采取夸张和变形的方式，细化处理人物的性格特征。以凌雨菲为代表的正派人物配音更加干脆利落，反派人物黑沙的声音则更加粗糙沙哑。在塑造精灵的性格形象时，雷灵的说话语气更加急促紧凑，符合其急躁冲动的形象特点；风灵的话语较少，同样与其性格沉稳相对应；雨雪灵由于两种形态的设定，声音也更加灵动多变；花灵的声音则更加柔和甜美，塑造出邻家小妹的清纯形象。

同样，一部完整的动画剧集需要配套制作片头曲与片尾曲。一首让人热血沸腾或充满记忆点的片头曲或片尾曲，能为动画片锦上添花，使其更为广泛的传播。《大运河奇缘》的主题曲《筑梦远航》节奏明快强烈，有着振奋人心的热血快感。作词方面也符合动画片的剧本设定，用简练的歌词叙述了大运河流淌的文化蓝图，通过音乐让人间接联想到千年运河的宏大气韵。

此外，一句象征性的声音话语同样会使观众印象深刻，甚至于达到一听到声音就联想到相关剧情的效果。例如动漫《海贼王》片头曲中最后一句独特的“One Piece!”，能够使看过该部作品的观众只要一看到或听到这句话，瞬间就可以联想到海贼王的相关故事。同样，这句“One Piece!”配合强烈的语气和音调，能够让观众形成独有的声音记忆，即便动漫完结，也能让观众迅速燃起共鸣，在历久弥新中成为一代人的经典记忆。《大运河奇缘》也采取了类似的做法，主题曲《筑梦远航》中最后一句歌词“故事中有我”，不仅热血有力，表达出强烈的使命感与责任心，而且通过在每一集片头中反复强调，使得观众对动画片产生新的记忆点。

音响的使用也不断丰富着《大运河奇缘》的动画效果。常见的如动作音响、自然音响、背景音响等的配合运用，进一步丰富了观众的听觉感官，营造出真实的感觉。动画片中运用最多的为自然音响，比如基于运河故事的设定，水声的使用最为常见。在动画片中，水声形式丰富且具有不同的特点，有运河上船过水流的声效，也有雨天雨水滴落在河面上的声音，以及利用运河之水净化黑沙时的水声冲击的特效音响，等等。在场景转场时，动画片还运用了提示音效，这些有趣的音效不仅提醒观众故事开始新的发展，同时使得视觉画面更加活泼。这些音响配合视觉画面，在声画结合中，不仅可以烘托剧情、渲染气氛，还为动画片增添了生活气息，加强了观众的真切感受，为观众的视觉画面拓展了广度和深度。

（二）动画时空叙事策略

1. 时间叙事的方式

与文本叙事不同，动画的幻想性往往带来了叙事时空的畸变，叙事时空畸变又给动画创作带来了更多的可能。由于动画片的虚拟特性，《大运河奇缘》整体时间叙事是立足于穿梭古今的，但从总体的创作思路来看，其仍然保留了传统的线性时间叙事方式。历史题材的动画采取传统的线性时间叙事策略，能够更清晰地讲述故事的来龙去脉，也方便受众了解与接受故事情节的设定与发展。

2. 空间叙事的方式

在空间叙事中，《大运河奇缘》大致可划分为三个主体空间的场景建构，分别是运河边的北京现代生活场景、联通古今的大运河场景及大运河历史空间场景的建构。

首先是运河边的北京现代生活场景的建构。场景建模主要展现了主人公凌雨菲所生活的运河沿岸的北京，可以看到象征都市生活的高楼大厦、BTV、具有典型北京特色的炸酱面馆，以及凌雨菲的家庭环境等，展现了一幅现代居民的小康生活画面。平易近人的场景设定，往往会使低幼龄受众产生更多的代入感和体验感，更好地融入主人公的角色视角，与其链接产生共情，在潜移默化中承袭主人公的意志，与其共同承担保护大运河的使命和职责。

其次是联通古今的大运河场景的建构。大运河流贯古今，它以生态起笔、以文化落笔，因此在《大运河奇缘》的场景建构中，大运河就具备了沟通古今的连接作用。在动画片的呈现中，大运河的场景波光粼粼、一片生机，水面光影流转变化，充分展现了大运河作为流动的文化的历史特点。主人公凌雨菲会通过特定的时空穿梭流转于古代各个时期的大运河中，见证了大运河如何开凿、疏浚，了解了大运河的贸易交流、货运等功能，这些功能又进而影响、辐射到大运河沿岸城市的经济发展，包括主人公所生活的现代化城市北京，让观众意识到大运河的流淌仍与自己的生活有着千丝万缕的联系。

最后是历史空间场景的建构。动画片通过穿越历史时空的设定把握运河文脉。在《大运河奇缘》中，穿梭时空的设定联通古今，将运河的文化故事串珠成链。在第一部分中，动画片穿越了元朝、明朝等运河修建发展的年代，讲述了运河如何修建、开凿、疏通等一系列历史故事。在历史空间场景的建构中，《大运河奇缘》选择了木质结构的建筑，市井街道方面也出现了牌匾等具有历史元素的建构，把这些古代特有的生活场景与其他空间场景加以区分，方便动画叙事推进。

（三）叙事视角与叙事接受策略

1. 叙事视角的选择

动画《大运河奇缘》采取“全知”人物的视角，观众在这种视角的干预下，即便不是动画中的人物，也能随着灵动、宽广的叙事视角，跟随着主人公的故事动线自由地进入动画时空，接受其叙事方式且不受主客观条件的限制。

“全知”视角的选择增强了虚拟动画中的客观性，丰富了故事的真实性，从而满足了观众的审美需求。例如在动画片中，观众往往能够从第三视角看到了黑沙的无恶不作（如，如何利用自身力量引起祸乱），以及面对黑沙发难时凌雨菲机智的应对方案。动画通过“全知”视角与摄影机视点保持统一，从俯仰视角给观众带来无所不知、无所不在的沉浸感，进一步增强了观众的观看体验。

2. 叙事接受的考虑

《大运河奇缘》定位明晰，受众偏向低幼龄儿童。从叙事接受的角度来说，《大运河奇缘》的叙事接受度高，主要选取了相应的叙事接受策略，满足了低幼儿童多方面的接受需求。

第一，通过色彩明快的视觉画面，满足儿童的感知需求，从整体上把握儿童的叙事接受。可以看到，《大运河奇缘》总体色调鲜明，颜色对比度较为强烈，给人一种欢快活泼的视觉效果。立体的建模效果、逼真的特效动画、仿真的声音效果，也会增强现实感，从视听觉上满足儿童认知的好奇心，达到更好的叙事接受效果。

第二，通过性格鲜明的人物特点，满足儿童的认知需求。低幼龄儿童由于年龄的限制，对世界的认识还不够深入，暂时还无法识别、理解复杂多元的人格特点，因此塑造单一的、直接的、易识别的人物性格，更有利于低幼龄儿童记忆、辨识并了解人物形象、接受人物设定，从而展开故事后续。在动画片中，主人公凌雨菲聪敏机灵，通过才智化解危机，4 个运河精灵性格鲜明，独特的视觉符号和代表颜色也能够更快地帮助儿童辨别其各自的身份，完成认知需求和叙事接受，使儿童快速沉浸在后续剧情的发展中。

第三，反套路的情节设计也更利于低幼龄儿童接受故事叙事，并且给人以幽默、轻松的氛围。例如在“净化”反派人物黑沙时，黑沙发誓下次还会来，雨雪灵则提到“你上一集也是这么说的”，这种反套路的吐槽语句既博得观众一笑，同样也给观众耳目一新的体验，给动画片增添了轻喜剧的效果。

二、《大运河奇缘》创作审美的表现

动画剧本的创作奠定了动画片的审美基调。一部优秀的中国动画片需要以民族化、国际化、人性化为创作的目标与基础，展现出中华文化的审美趣味。正如著名华裔建筑大师贝聿铭所说，“越是民族的，越是世界的”，动画作品只有立足于中华文化，才能深刻地反映中华民族的社会风貌与精神面貌，向世界展示出属于中华民族的文化自信。《大运河奇缘》创作定位精准，在创作过程中立足于运河文化，在叙事题材、故事情节、人物设计等方面都充分体现了民族气质，展现了民族魅力。

（一）审美主体与动画情感的统一

1. 道德与情感的统一

能够引起反响、打动人心的优秀动画作品都需要以强烈的情感共鸣作为支撑。要达到作为审美主体的人的情感与动画情感相统一的目标，就需要动画的剧本创作符合中国社会的道德文化伦理范式，从社会范式中挖掘、提炼人物故事的精华情感，达到以情感人、以情动人的口碑效果。

《大运河奇缘》在创作过程中立足于中国社会的伦理价值观，把握了道德与情感的统一。在创作开篇，《大运河奇缘》就明确了守护大运河的目标与动力，将善与恶、是与非的二元对立价值观融入创作之中，在道德层面上将保护大运河确立为善良、正面的依据，反之破坏大运河的行为则被视作为邪恶的、反面的。动画通过“全知”视角的干预，使得观众一开始就与主角情感链接，也将守护大运河作为自己的使命和担当。在符合真、善、美的道德标准方面，《大运河奇缘》除了塑造出以守护大运河为使命的主角人物，也正面刻画了运河上的历史人物，如体恤百姓、爱民如子的郭守敬，实地调研、亲历亲为的宋礼等，他们与花钱买官、贪污受贿致使民不聊生的金城县令形成了鲜明对比，剧本在创作中内化道德标准，通过动画表现出正确的是非价值观，达到道德与情感的统一。

除了具有既往的传统动画的优良品质，《大运河奇缘》还顺应新的时代潮流，积极把握当代社会全新的文化风向，如提倡环保、节约的意识。动画片的结尾解释了反派人物黑沙形成的原因，黑沙是由新的运河精灵沙灵被黑暗能量侵扰形成的，黑暗能量来源于人类世界对生态环境的破坏，包括随意向运河中丢弃垃圾、污水排放等行为。剧本在创作中融入了国家倡导的“绿水青山就是金山银山”的环保理念。

2. 教育与情感的统一

作为面向低幼龄儿童的动画片，《大运河奇缘》的教育与引导功能不可忽视，这部以保护传承运河文化为主要创作内容的动画片，更是具有深刻的教育意义。但在动画片的呈现中，观众并没有感受到明显的刻板说教，反而是在一个个轻松幽默的奇幻故事中，同主人公一起了解大运河、保护大运河，动画片在寓教于乐、潜移默化中完成了教育引导的使命与意义。

《大运河奇缘》做到了教育与情感的统一，其体现为在动画片中融入了知识、品格和审美。在动画片中，每一集都围绕着运河故事科普自然知识及人文通识，涉及地理、历史、人文等各个方面。在“七分天子三江南”的故事中，动画片匠心独运地运用图画解释了如何利用鱼嘴分水解决洪涝问题；在“南曲北艺聚都京”的篇章中，动画片介绍了徽班与汉班取长补短形成京剧的故事，展现了传统文化的审美魅力。在各个故事中，运河精灵总是互相配合，最大限度发挥团队的作用，动画片将人物的优良品格充分融入故事创作之中。除此之外，动画片还通过运河沿岸风景的展现，将我国的自然风光寓于对孩童的审美教育之中，在精致的技术手段及自然资源的有力支撑下，产生了较为理想的美育效果。

（二）大运河文化的审美魅力

1. 大运河孕育的文化自信

动画最大的魅力来源于将脑海中天马行空的想象变为可视、客观的影片形象。动漫题材的挖掘、动画剧本的创作、人物形象的设计等的根源都来自我国优秀的传统文化。在大国崛起强调文化自信的当下，可以看到很多国产动漫从深度挖掘传统的中国文化故事、传统戏剧、神话故事入手，描绘适应新时代的人物形象，如动画电影《西游记之大圣归来》《白蛇缘起》《白蛇2：青蛇劫起》《姜子牙》等。这些引起反响的国产动画电影基本上都以描绘中国故事为文化内核，这也为大运河系列动画创作提供了新的思路，即在动画创作中需要深度挖掘运河沿岸的文化，通过对大运河形象的描摹、提炼，孕育出具有中国特色的大运河动画 IP 人物形象。

《大运河奇缘》注重展现运河水运带来的贸易功能，沿岸繁荣的经济促进着运河文化的蓬勃发展，无论是北宋的《清明上河图》展现的舳舻千里，还是2020年京杭大运河复航带动的旅游经济效益，运河之水都推动着该动画艺术创作的脉动，因此，要通过现代化的动画技术手段复刻出中华历史之美、山河之美、文化之美，通过动画剧本抒写古往今来中国人民的奋斗之志、创造之力、发展之果。

2. 民族文化的审美价值

优秀的艺术创作应立足于本民族，反映本民族的审美需求。大运河流域孕育的民族文化是动画呈现的灵魂根基，动画的叙事语言应是运用民族语言去叙述中华民族的文化故事。《大运河奇缘》的故事中充满了独具魅力的中华民族的元素，深刻体现了我国的自然风光、民族习惯、民族文化及民族性格。

动画片对运河沿岸的自然风貌进行展现。片中设计了大量的船只航行的场景，在穿梭时空的设定中，不仅可以展现现代运河沿岸的都市生活，也可以展现古代良田百顷的农家风光，观众可随船欣赏沿岸的风景。动画片通过运河运输粮食的这一功能，介绍了我国南方以水稻为主的传统饮食文化；“少小离家老大回”一章中介绍了贺知章的故乡——山阴，通过山阴特色的花雕酒、茴香豆介绍江南文化，展现了独具特色的民族习惯。对于运河沿岸居民的生活方式，动画片利用独具民族魅力的说书这一娱乐形式，加以别出心裁的想象力，将《西游记》《三国演义》等名著故事融于动画场景中；同时，将船工号子与民族的传统节日端午节龙舟竞赛相互呼应，生动地展现了中华民族的文化魅力。在汴京虹桥上相遇的两队人马——双方各退一步，诚实守信，最终互相礼让通过桥面的情节，则体现了中华民族自古以来以礼待人、诚实守信的民族性格。动画片通过剧情设定，深度挖掘以运河为中心的民族文化，用民族语言表现出民族文化的审美价值。

三、《大运河奇缘》创作的价值导向

千年运河，生生不息。运河因“水”而生，因“运”而活，《大运河奇缘》创作的价值导向也因“运”而生，既从悠远的中华历史中选取了优良传统与典型故事，又从如今两个一百年的交汇点的时代背景中把握具有中国特色的社会主义价值观，从运河的“活态”水中汲取灵感，焕发新生。

（一）突出大运河精神的继承与发扬

对于大运河精神的提炼，是运河动画创作中的灵魂。运河之水具有活态性，常变常新，因而在艺术创作领域中，需要常站高处，放远眼光，把握总体格局，从历史的运河之水中继承中华民族的优良传统，在未来的运河之水中乘风破浪大胆创新。《大运河奇缘》对于运河精神的理解在于其创新性，包括人物设计的创新，体现为运河精灵、玉象爷爷都具有两种不同的形态；以及对传统故事的创新，如在剧情中主角团与反派人物战斗可体现吴承恩《西游记》中观音慈善缚红孩的灵感等。

《大运河奇缘》价值导向对于运河精神的理解在于面对困难永不屈服的艰苦奋斗的精神。动画片中深刻实践并传递了这一价值观，从“鬼斧神工开通惠”这一集故事中，可看到作为运河之父的郭守敬开凿通惠河时遇到的一大困难，即水流流向会影响开凿渠道的位置。主人公凌雨菲在面对黑沙带来的困境时，凭借着自己的才智和运河精灵团队共同合作，在一次次危机中化险为夷，守护运河。

大运河精神同样在于接受挑战并且能够战胜困难的精神的传达。在“七分天子三江南”这一集故事中，明代工部尚书宋礼面对河道淤积的问题，从当地农民中吸取经验，建设分水鱼嘴使南北分水，通过监修水利解除淤塞问题。在“十里青山行画里”这一集故事中，张大人修葺水闸，但花岗岩十分沉重难以搬运，主角团利用精灵的力量使路面结冰滑行石块，大大加快了修葺水闸的进度。对大运河精神的提炼，使得《大运河奇缘》创作在价值导向上继往开来，从民族历史中撷取精华，在新的时代不断传承与发扬。

（二）强化真、善、美的价值引导

“立文之道，惟字与义。”一部优秀的动画片离不开对真、善、美的追求和正确的价值导向，止于至善，方能臻于至美。优秀的剧本创作、创新的形象设计、便于记忆的符号形象及动画创作叙事共同决定了一部动画片的价值。在剧情中，处处可见创作团队对于真、善、美的价值引导。从最开始凌雨菲帮助雷灵解除了黑沙的泡泡控制因而与运河精灵结缘，到故事发展中凌雨菲每次从时空隧道落水都能受到救助，再到最终解释凌雨菲额头印记的来源是沙灵帮助了年幼落水的雨菲上岸这一系列因果，运河奇缘的故事在一次次人们的互相帮助中展现出跨越阶级、性别、年龄的善意，传达了具有人类共识的善与美的价值导向。

真、善、美的价值引导同样是与世界接轨的必然表达，动画作为一种视听语言，更是通用的世界语言。《大运河奇缘》追求人类共通的情感，通过奇妙的动画语言使观众沉浸其中，引发观众对于中华民族文化的自豪之情，也带给更多观众对于运河文化的思考。

结　语

从收视表现来看，《大运河奇缘》最终取得了不错的成绩，是一部精彩的以运河文化为故事核心的动画作品，虽然存在一定的技术细节问题，但瑕不掩瑜。总体来说，《大运河奇缘》对大运河文化进行了充分的挖掘，对运河精神的提炼、宣传、发扬起到了重要作用，富有教育意义；通过对故事、审美、价值导向等创作策略的选择，其为后续开展运河影视文化建设奠定了基础，也给其他地区运河文化的传播提供了借鉴与参考，使得大运河成为一条真正流淌着的文化玉带。

撰稿人 陈刘昱安
单　位 扬州大学新闻与传媒学院

“千年运河”形象纪录片塑造的话语研究

通过纪录影像展陈大运河历史文脉，揭示中华民族共同体形成过程，不仅塑造了大运河的整体形象，也塑造了国家形象。“‘千年运河’内蕴的中华文化历史文脉梳理与国家形象文化基因的提取”，可以“唤醒旅游者的‘集体记忆’，从而增进新时代下其对中华文化和国家形象的价值认同，由此增强其民族身份认同”①。由此可见，纪录片塑造大运河形象具有十分重要的现实意义。

一、纪录片形象塑造的多模态话语分析

多模态话语分析包含两层含义，即多模态与话语分析。多模态研究文本所呈现的内容在视觉、听觉及触觉上给受众带来的多维体验，属于横向层次的研究；话语分析则是把文本视为话语，深入探讨文本与意识形态的相互作用，属于纵向层次的研究。纪录片虽使用浅显易懂的视听语言叙事，但也因此具备深刻的社会教化功能，所以，对纪录片的文本分析应当关注视听语言所传达的深刻意义。

（一）纪录片是具有多模态性质的文本

多模态基于人类听觉、视觉、触觉等多种感觉能力，通过语言、图像、声音、动作等多种手段和符号资源进行信息交换。多模态文本顺应了科技发展和人们对信息需求的变化，整合多维度的模态信息，相互配合打造立体的感知空间，充分调动观众多重感官以获得身临其境的体验感。由此观之，纪录片作为一门视听结合的艺术，综合运用画面、解说词、背景音乐等多种模态呈现事物、表达情怀。对于纪录片的研究，不能仅仅局限于单一模态的研究，而应考

① 秦宗财：《大运河国家文化公园系统性建设的五个维度》，《南京社会科学》2022 年第 3 期。

虑各个模态的作用，以便全面了解纪录片文本的特质。

（二）纪录片文本是记录集体记忆的话语实践

话语是特定社会语境中人与人之间沟通的具体言语行为。通过话语，人们互相交换信息，原本仅留存于个体头脑中的知识、观点也得以与他人交流。得益于代代相承的智慧融通，人类社会形成了集体记忆，渗透在群体内个体的行为中。纪录片是一种捕捉具体生活形态的影视文本，通过真实地再现生活片段，无形中呈现出蕴含在细节中的集体记忆；通过对生活历程的节选和排列，凸显事物的某一特征。在解说式纪录片中，摄制组往往对事物具备预先的价值判断。纪录片文本中各模态的呈现服务于该价值判断，成为用以同观众交流的话语。纪录片文本借助模态的视听呈现唤醒观众内心深处的集体记忆，引导其了解主创团队的价值判断。

（三）纪录片话语是推动文化认同的社会实践

运用文本进行话语表达，除了要改变观众的认知，更深远的意义在于促进观众社会行为的改变。纪录片通过图像、声音、文字等组成文本来塑造事物形象，这一过程是在意识形态的指导下，根据某一具象事物承载的抽象意义进行选择，确定目标事物之后再运用视听符号系统突出事物特征，潜移默化地参与观众认知基模的搭建，最终作用于观众的实际行动。此外，纪录片是排除虚构的影视文本类型，它所呈现的事物形象具有真实性保障，相比起影视剧及其他电视节目，纪录片更容易被视为图像文本中的“历史教科书”，从而参与到人们的行为和决策中。

二、纪录片塑造“千年运河”形象的亮点

根据研究逻辑，从多模态话语分析视角研究纪录片形象塑造是从文本实践、话语实践和社会实践层层深入进行解析。本文选取了《大运河》《中国大运河》和《我与大运河》三部大运河纪录片，分析其多模态话语框架中的亮点与存在的问题。

（一）文本实践：多模态符号再现大运河文化特性

模态是指运用人体感官进行话语交流的媒介和渠道，文本由模态构成。纪录片文本所使用的的模态主要包括听觉、视觉等，对应声音、图像和文字（即字幕），其运用多种模态符号记录现场，通过人体感官直观呈现事物的特性。

1. 图像：画面描摹展现运河景致

纪录片作为影视文本的一种，其优势是通过图像还原现实，因而使得图像在纪录片的多模态呈现中占据主要地位。观众既可以跟随镜头焦点锁定主要景物、观察其外观特征，也可以留心背景、捕捉触动人心的细节，由此直观清晰、身临其境般地获取信息，这样更加贴近日常生活体验，符合人们常用的信息获取方式，也较容易为更广泛的群体所接受（表 1）。

表 1　大运河纪录片的图像技巧及效果分析

功能	出处		内容	技巧	效果
基本功能	《我与大运河》	《行运》	借船上的冰凌反映解说词中的寒风刺骨	特写镜头	可信度高
	《大运河》	《千年水道》	隋炀帝开凿通济渠，细化到车轮碾压的斑驳痕迹	动画模拟	仿真度高，带来沉浸体验
		《流淌的美味》	淮扬菜餐厅忙碌的后厨景象，照应忙碌	延时镜头	形象生动
		《流淌的美味》	借城市雕塑还原德州扒鸡的起源	蒙太奇	新颖巧妙
艺术功能	《我与大运河》	《传艺》	酱油缸中的天光云影	固定镜头	捕捉现实中的诗意美
		《传艺》	太极通背拳的圆转随意	灯光造型	镜头配合灯光凸显拳艺的行云流水、刚劲有力
		《造物》	光从排列整齐的白瓷上划过	灯光造型	镜头配合灯光凸显瓷器质地纯良
	《中国大运河》	《大地史诗》	开篇介绍隋炀帝陵	踩点切换景别	渲染氛围，引人注目
	《大运河》	《码头风云》	狗狗在门槛前侧头往外看	固定镜头	捕捉平凡生活的趣味

2. 文字：语言修饰强化运河印象

文字在纪录片中表现为解说词文稿的展现。文字作为一套由人类后天创造使用的符号系统，在发展中语汇不断丰富、形式愈发多样，能适应不同旨意且有多种表达方式。除了基本的记叙、描写功能之外，在创作主体深入思考、触景生情后，文字能发挥议论、抒情等作用，引导观众进一步对表面的事物或现象进行思索（表 2）。

表 2　大运河纪录片文字模态效果分析

出处		解说词	背景故事	效果
《大运河》	《千年水道》	“役丁死者什四五，车载死丁，东至城皋，北至河阳，相望于道”	补充了典籍中对凿河、造船伤亡情况的描写	体现运河工程的来之不易，同时深入挖掘运河对古今人民生活的影响，形成丰富完整的运河形象
《我与大运河》	《寻梦》	“戏一旦开场，哪怕台下没有人也一定要唱完，这是戏台上的老规矩，也是人生中的精气神”	10 岁小学生汪宏鑫毅然选择艰苦但热爱多年的戏曲之路	既是说戏，解说词的表达也化用了戏曲行话，地道且令人回味：以戏曲表演中的规则指代汪宏鑫坚持自己所爱的“精气神”，与画面中在运河边上稚嫩但坚毅的练戏身影相呼应，塑造了少年勇敢逐梦的形象
		“等他们学成归国后，将成为塞拉利昂历史上第一批杂技演员”	当代来自塞拉利昂的孩子来到吴桥学习杂技	解说词补充了画面难以呈现的塞拉利昂人来华求艺的历史背景，使得观众能更深刻地体会到运河通航的深远意义

3. 声音：声响渲染抒发运河情怀

在纪录片中，声音主要出现在人声、音响和音乐的使用中，声音的介入提供了肉眼之外更全面、更隐秘的信息。在图像的视觉呈现之外加入声音，能够弥补纪录片画面叙事的不足，引导观众深层次地思考事物的意义。人声可以是日常对话中最普通的语句，但正因为普通，才更能引起人们的普遍共鸣。朴实话语中所带有的浓厚口音给予了观众归属感，也才有了哔哩哔哩弹幕中“一听见这声音就知道到家了”的评论。人声有时也反映着说话人对某一事物的独特理解，这种理解建立在说话人不同的职业、学历之上，因此具有一定的专业参考性。音响则可以配合画面更为立体地还原现场状态，增强纪录片文本的立体感和真实感；音乐一般起到烘托环境氛围、抒发情感的作用。总之，音乐与画面的配合使得纪录片文本更加丰富灵活，使观众置身其中，获得视觉和听觉的沉浸式体验（表 3）。

表 3　大运河纪录片声音模态分析

声音类别	出处		内容	效果
人声	《我与大运河》	《行运》	河西务大油饼店主看着顾客拍的老照片说“这不那谁嘛，武顺他爹嘛”	出自普通人的话语，朴实无华，亲切自然，干脆利落地表达了内心想法
	《大运河》	《流淌的美味》	老人品尝大厨做的淮扬菜说“不会做，好吃”	
	《我与大运河》	《寻梦》	郎朗谈及对运河杭州段的印象时说“最近几次来，每次都是坐船。在船上，风一吹，拿小扇子扇一扇，有时候下点雨更漂亮。京杭大运河杭州段有点像巴黎的塞纳河，充满了文化气息的建筑，是诗情画意的氛围”	出自艺术家的点评，字里行间体现着对运河的独特审美
			国家一级编剧李汉云面对运河河水也感慨万千，“我写的戏都有水，都有小河流水，这样的诗情画意，戏曲创作的源泉依托于运河，依托于运河两岸的桃红柳绿”	
音响	《我与大运河》	《行运》	跑船人将鱼放入箱中，鱼互相碰撞发出声响	观众不仅可以直观看到鱼的硕大，也能从现场音响中感受到鱼的肥美
	《我与大运河》	《造物》	瓷器烧制过程中开片的“叮当”声	人们常以“明如镜，声如磬”称赞品质优良的瓷器。清脆明朗的开片声标志着瓷器裂痕之美的生成，让观众见证了质地纯良瓷器的诞生
音乐	《大运河》	《老街深处》	介绍了临清城随运河衰败而没落	以缓慢的钢琴声配上清冷的笛声勾勒出临清城失去运河的惨淡之景
	《我与大运河》	《寻味》	介绍定居日本的淮扬菜大师居长龙	一段和氏音乐像无形的丝线缝合国内到国外的镜头切换，巧妙地将观众视线迁移到异国

（二）话语实践：多技巧手法连缀大运河文化记忆

话语理论认为文本是一种话语，即文本问世的目的是表达创作者的感触或情怀，在通过感官刺激传递事物形象的基础上，创作者也会运用隐喻、互文等手法进一步凸显事物本身顺应创作意图的特质。这些手法或使之生动，令人记忆犹新；或使之具体，以便产生共鸣。

1. 隐喻：赋予生动的想象空间

隐喻指的是以常见物体指代另一物体，以突出两者相似的特征。隐喻手法将文本中的具体事物与抽象的不同类别的事物相联系，在借具体事物形象地展现抽象事物特征的同时，也丰富了文本的内涵，给予了观众解读文本的趣味。对于隐喻的研究始于20世纪30年代，《我们赖以生存的隐喻》和《隐喻和思维》两本书的问世，标志着隐喻的研究从传统语言修辞观转化为认知概念隐喻。这意味着对于隐喻的研究不再局限于语言现象层面，而是扩展到对非语言媒介的研究。由于纪录片是一种多模态的文本，因此其隐喻的使用方法不再仅仅以“是”等标志词来引出源域以达成具象化的目的。纪录片可以动用多种模态构成更为丰富的意义网络，即形成“多模态隐喻”，真正构建起立体的想象空间，这样对观众形成的印象冲击也更为直观深刻。在大运河纪录片中，隐喻手法既可单独使用，也可整合多种模态，将隐喻效能最大化。

单模态隐喻多用于最传统的文字模态中，善于借助解说词或人声以最贴近生活的源域阐释抽象复杂的目标域。《中国大运河》的《大地史诗》一集中，中医世家传承人费国瑾以运河畅通为喻向徒弟讲解针灸的要义；古琴演奏家马维衡演奏代表古人对水的理解的《流水》，而这首古琴曲曾代表人类登上太空寻找天外邻水而居的生命。运河流动变化的哲思造就了琴艺、中医、武术中圆融通达的旨趣，而这也正反映出运河对沿岸人民的认知与情怀的滋养和教化。

多模态隐喻综合运用声音、图像、文字等多种模态构建立体的想象空间。《寻味》讲述了江西奉新新型农民吴吉亮在抢种抢收之际面对的一堆麻烦，画面中吴吉亮虽只字未提自己所面临的困境，但从其紧皱的眉头观众仍然可以看出其内心的焦灼，急促配乐形象地将他无形的燃眉之急传达出来，进行曲风格的曲调也暗示着他将组织进行热火朝天的农忙工作。运用音乐隐喻吴吉亮的现状，使得影片更加耐人寻味。又如《中国大运河》中《城市脐带》一集强调大运河连接“风采卓然伟大城市”，形成了1800千米长的巨型城市带，即便在1000年之后，世界上最快的高速铁路也是“追寻着运河城市的步伐前进”。脐带是胎儿未出世时唯一的营养来源，将运河比作脐带，也便将大运河对沿线城市出现、发展和崛起的重要贡献含蓄而又意味深长地表达了出来。

2. 转喻：浓缩深厚情怀

在纪录片中，转喻一般是指借助贴近生活的事物来代指宏大的同类事物。转喻引导观众将文本中的事物与宏大事物联系起来，从文本事物的特征、品质出发了解领会宏大事物。经过自身的思考，而非接受文本创作者的灌输，观众将自己的感性认识和理性考量融入纪录片中，从个体角度与文本形成共鸣，产生更为真切的情感。

《大运河》的《腔调》一集中，昆曲演员周好璐一家三代都活跃在昆曲舞台上，周好璐在北京读完昆曲表演的研究生后便留京发展，周家的昆曲演艺经历与几百年前昆曲北上发展的脉络十分相似。采用转喻的手法将昆曲的发展脉络具象地转化为三代人承继昆曲事业，既使得人们较容易理解昆曲的发展进程，也是以个体映射整体——正是百年前昆曲艺人凭借运河的航运条件，才使得昆曲在行进过程中广泛地影响沿途的剧种，最终诞生京剧，昆曲也由此被誉为“百戏之祖”。周家三代精通昆曲技艺后也并未局限于本地，而是选择在四方传唱昆曲，将昆曲艺术发扬光大，更有无数位像周家三代人一样的昆曲人选择活跃在祖国各地传承昆曲艺术，这正是昆曲蓬勃生命力的来源，也是中华传统技艺发扬光大的推动力。

3. 互文性：触发深厚的情绪共鸣

互文性有狭义和广义之分，广义强调读者与创作者的交流，狭义则凸显新文本与其他文本之间的借鉴。结合这两种含义，《大运河》纪录片的互文性体现在观众的评论和纪录片解说词所引用的典籍中，主要体现在弹幕评论、引文（史料）和所记录的诗词、地方歌谣之中（表4）。

表 4　大运河纪录片互文文本分析

互文文本类型		内容	分析
与观众互文	弹幕评论	“大运河如此伟大宏伟我们应该记住” “农业文明的必须” “大运河是我们历史的河，我们要记住它”	反映观众对运河的重视
	弹幕评论	“济宁人很自豪!” “去常州要经过我们溧阳” “家乡刷一波” “扬州人运河感情深厚” “淮安人留名”	反映观众家乡的归属感和荣誉感
	弹幕评论	“扬州盐商” “南来北往的货物” “徽商”	反映观众对运河知识的了解
	弹幕评论	“古今贯通中外关联” “上下 5000 年留下的依旧有价值的实体财富” “面对大运河只能说‘尽道隋亡为此河，至今千里赖通波’”	反映观众对大运河意义的深度领会
与专家史料互文	史料	“役丁死者什四五，车载死丁，东至城皋，北至河阳，相望于道”	还原历史真相
	专家访谈	“因为他要和一个社会上的精英阶层，官僚、甚至是皇上进行交往，假如没有一点文化品位的话，你很难和他们说得上话”（扬州文化学者韦明铧）	解释徽商来到扬州经商后迅速超越晋商、洋商的原因，增进观众对运河商帮的了解
	诗词	“自开山寺路，水陆往来频。银勒牵骄马，花船载丽人。芰荷生欲遍，桃李种仍新。好住湖堤上，长留一道春。”（白居易《武丘寺路》）	借文人诗词呈现山塘街古时繁华景象，为山塘街增添诗情画意

（三）社会实践：双重诉求强化大运河文化认同

纪录片话语实践服务于特定的意识形态，旨在通过话语来改变或者强化观众对某一事物的认识，以促进社会良性发展，这一使命要求纪录片具有潜移默化的说服功能。由于大运河纪录片一般都由中央级、省级媒体制作播出，其信誉有权威媒体作担保，纪录片中当事人、专家采访的同期记录及解说词中文献引证的注明都可以体现说话人话语的可信度，因此不在此深入探讨信誉诉求对纪录片社会实践的贡献。

1. 逻辑诉求：严密布局明示准确性

逻辑诉求通过论据的展示、论证的阐释来证明所述事物的合理性及结论的正确性。满足逻辑诉求则增强话语文本的说服力。纪录片涉及的几种模态中，文字模态最容易达成逻辑诉求。因为文字的创作有更多的空间，主创团队能通过对文字的结构、材料的选择及词句的运用等充分表达价值取向和意识形态（表5）。

表5　大运河纪录片逻辑诉求手法分析

逻辑诉求手法	出处		内容	作用
列数字证明	《大运河》	《千年水道》	“全长达两千七百千米，距今已有两千四百年历史”	陈列数据，便于观众对其形成准确认知
作比较证明	《中国大运河》	《大地史诗》	“在今天的技术支持下，仅疏通这二十七千米，李宏辉的团队就需要三年多的时间，而在一千五百年前，古人建造它的时间，施工周期不过四年”	在列举数据之上对比古今工期，说明古人施工效率也处于较高水平
举例子证明	《中国大运河》	《南来北往》	“连宋朝开国皇帝赵匡胤也感慨，天下财富十分之六七都来自于运河，在他的眼里，这是一条财富的河流”，之后紧跟说明：“2011 年 6 月苏州乐桥，一口藏有二十万枚古钱币的古井，在深埋一千年之后，重见天日，出土的古钱币重达四吨左右，约合人民币两百万元。”	以后者有确切数据可考的案例验证前者论点，逻辑衔接紧密，环环相扣
多模态相互印证	《我与大运河》	《行运》	解说词补充介绍冰面厚度已达 3 厘米	弥补了画面展示的局限，完善了观众对湖面寒冷天气的认识
结构层次	《大运河》	八集纪录片采用“总—分—总”的结构	条理清晰地展开对大运河形象的多维度呈现	点明大运河历史源远流长的主题，引出下文从不同的角度和方面详细叙说大运河的内容，最后总结全文，深化纪录片的主题

2. 情感诉求：共同记忆凝聚向心力

除了满足逻辑诉求以强调文本的可信度，纪录片还通过讲述普通人物的故事，借助心理或地理上的接近性，增强与观众的情感共鸣，打动人心。如《寻梦》一集中，长三角打工者艺术团团长许小猛道出打工人群体的心声——“他们不仅仅是流水线上的工人，他们也有梦想”。正是因为平凡岗位上的工人都渴望成为主角，都希望有可以展示自己的舞台和相互支持的伙伴，许小猛才得以凝聚起爱好艺术的打工人群体，才能给原本散落在长三角的孤独身影提供相互支撑、共同取暖的天地。社团初具规模后，许小猛筹办了第一届新市民晚会，画面中他在后台眼含泪光跟唱“早已把他乡当成故乡”，这句歌词让作词者、台上歌手、台下听众与许小猛产生共鸣。同晚会被命名为“新市民晚会”一样，歌曲饱含了异乡人对故乡的依恋、对新生活空间的期许，以及愿意以暂时的别离争取家人衣食无忧的诚挚情感。《大运河》的《千年水道》一集中也同样传递了普通民众间相互信任、体恤的朴实感情。窑湾古镇的夜猫子集市上半夜开集、天亮收市，人们在微弱的灯光下交易，商品好坏、价格高低、数量多寡全靠诚信维系。而夜猫子集市延续几百年的事实也彰显着窑湾古镇淳朴的民风及当地居民和谐安乐的生活。《码头风云》一集中提到天津因运河而生，是重要的漕运节点。明成祖朱棣设卫筑城，从江苏、安徽招募的士兵便成了天津最早的居民，他们的方言也成了天津官话，这便造成了天津仅有中心三岔河口附近的居民能讲地道天津官话、周围三面都受邻近地域方言影响的方言岛现象。运河通航成就了天津，而现在说着天津官话的市民也在不知不觉中继承了第一批驻津军人与家乡的密切联系。对故乡厚土质朴又深切的爱，即便是远在异国的华人，也时刻不曾忘记与故土同胞的共同记忆，《寻味》一集中淮扬菜大师居长龙一家即使远在日本，在春节来临之际也要跑遍市场买到代表吉祥的鲤鱼，居大师也坚定地说：“祖国的事情，我们绝对不能忘记的，春节哪怕再忙都要团聚在一起，三十晚上这个年夜饭一定要吃。”这些行为与话语来自背景不同的各类人群，但这些特有的故事所传递的真挚感情能相当程度地调动不同身份的观众的情感从而产生共鸣。

三、纪录片塑造“千年运河”形象尚待优化

尽管纪录片强调排除虚构，但即便是镜头直接记录的事物也会受到镜头记

录方式如景别、角度、运动方式等拍摄手法的影响。因此，不同的拍摄者会影响镜头所呈现事物的特征。同理，在呈现某一事物时，拍摄者需充分考虑事物本身的特征以选择恰当的记录方式。

（一）文本实践尚待优化

1. 图像：缺乏生机，距离感明显

图像是影视类节目最大的优势。它直接呈现所见之景，让观众获得直观的视觉冲击，产生犹如身临其境的亲近感。在《千年水道》一集中，在呈现惠济桥边人们模仿古代表演的情境时，镜头几乎都是全景和远景，观众虽能欣赏演员肢体表演的动态美，却难以观赏诸如演员神态、动作变化等有趣细节，无形中观众与运河风俗间便产生了心理距离。根据纪录片结构，这一集主要介绍大运河的发展历程，所选择的画面也多为开阔的水面，以及傍水而生的街面和重岩叠嶂的山峦，但除了山水之间的切换，画面中几乎没有呈现动态事物，人物出场也极少，缺少人文气息使得纪录片显得有些枯燥乏味。严格按照划定的结构组织素材确实能够让纪录片逻辑清晰，但为追求条理忽视画面观感，抛弃画面对观众感官影响的主导地位，则损害了纪录片等影视作品以画面取胜的优势。

2. 文字：表达生硬，需优化呈现

在纪录片中，文字不仅能为图像、同期声提供解释或补充信息，还具有穿针引线的功能，它能在不同段落间起到过渡作用，使得影片逻辑顺畅。《我与大运河》纪录片每集讲述4个平凡人物的故事，然而人物故事之间大多只依靠软件的技巧转场，切换生硬刻板。该纪录片每一集都有一个主题，如果能围绕主题，结合前后两个故事的异同设置过渡性质的解说词，则既能使故事转换自如，又能成功点题。

文字作为纪录片的组成部分，跟随影片播放以线性方式呈现，当文字内容难以快速被观众吸收时，其若回看信息则影响观影体验，若忽视错过的信息则使得纪录片传递的信息无效。因此，纪录片的解说词应尽可能考虑受众的观看习惯。《大运河》纪录片的解说词中有很多跟随画面节奏难以快速被吸收的内容，如三个连续的“公元×××年”配合几个风光镜头说明通济渠的没落和永济渠的修建，此处纪录片的语速并未放缓，观众还在头脑中将历史串联成线时，纪录片则已进入了新的叙事部分。

3. 声音：配乐不当，需声画匹配

视听结合的纪录片除去视觉模态，便是听觉模态，可见声音在纪录片中同样扮演着重要角色。声音应努力配合画面实现统一目标，即音响、音乐、同期声都应与画面同步。在《大运河》的《码头风云》一集中，柳孜运河遗址的发掘虽然印证了隋唐大运河的辉煌历史，却是人们在无意中发掘的，仍然有许多的未解之谜留待揭晓，纪录片在此处的配乐却轻松欢快，破坏了遗址本身的神秘感，更与考古现场的厚重感相违背。在与画面同步的基础上，声音才能根据画面内容，发挥出自身渲染情绪的独特作用。同时，音乐也不必依附于解说词。《大运河》纪录片中的音乐跟随解说词的出现而出现，等解说词结束，背景音乐也戛然而止。这部纪录片属于科普类纪录片，再现史实部分尤为依赖解说词，因此片中几乎时刻都有配乐，两段解说词之间的空白部分却静止无声，这不仅削弱了音乐对情绪的感染力，也使得需要音乐的片段因未配乐而显得僵硬。

（二）话语实践有待优化

与专题片不同，纪录片在拍摄过程中无须遵循“主题先行”的原则，更注重客观记录现实事物，因此不会刻意使用话语实践中的“修辞手法”，譬如隐喻、转喻，以防修饰过度掩盖纪录片内容本身。但是摄制组在拍摄前会对拍摄对象形成初步判断，并在拍摄制作过程中无形地将原本琐碎的文本内容串联形成话语，有助于纪录片更为连贯深入地表达意义。运河形象塑造关乎国家形象塑造，因此，摄制组在前期对运河纪录片所要实现的话语实践和社会实践目的进行预设是极为重要的，但从实践结果来看，部分大运河纪录片的话语实践能力尚有不足。

《大运河》的《腔调》一集以整合大运河沿岸的戏曲歌谣作为专题，介绍昆曲、扬剧、柳琴等传统戏曲形式，片中在每每提及某一戏种时，便为其配上相应的演唱段落，但是在谈及所有戏种时都只是简单地点明其背景、特点、发展历程之后，将重心放在对戏曲艺人或观众故事的介绍上，甚至只是将几种戏曲演出片段的镜头剪辑在一起，以字幕简单注明戏曲形式，对于戏曲的内容与当地民俗的关联却少有提及。戏曲作为中国一种古老的艺术形式，其足迹虽遍布中华大地，但是各地的戏种深受区域民俗影响而有较大差异，不同地域戏曲扮相、程式、唱腔、配乐乐器及内容题材都各具特色，以戏曲反映腔调说明导演组考虑到了戏曲语言较大限度地保留了各地方言特色，但纪录片文本却将戏曲所反映的地区特色局限于所用的方言中，未能让观众充分体会到运河所哺育的沿线城市的独特魅力，也减少了纪录片引导观众探寻人文风物趣味的魅力。

另外，纪录片在反映各地戏曲差异的同时，也应留意到戏曲本就是一种事物，沿运河游溯才催生出多样的“外貌”。其依靠四功五法、服饰妆造讲述故事的基本形式一直未变，在所有地区皆是如此，各地戏曲仅仅是在其内容之上进行变动。戏曲的异同反映着运河沿岸人民的沟通状况——顺应地区特色“变装”，但戏曲本质被保留下来。即沿岸各城市虽各具特色，但是拥有共同的文化内核，这是戏曲流传的证据，也是运河沿线城市沟通借鉴以促进自身发展的证明。如果纪录片在对各地戏曲进行“百科全书”式的讲解之上，深入对戏曲异同方面进行整体分析，则能够更深刻地揭示腔调对于运河文化流传的意义。

（三）社会实践有待优化

在社会实践层面，部分大运河纪录片仍存在强加因果、叙事宏大难以触发普通观众共鸣的缺陷。

1. 逻辑诉求：强加因果，难以自圆其说

《我与大运河》纪录片旨在讲述日常生活中不同职业背景、年龄层次的人物与大运河的故事，共 6 集 24 个人物故事，其中许多人物的故事虽感人肺腑，但与大运河并无明显联系。例如《寻梦》一集中罗丽颖隐瞒伤情继续排练，纪录片的解说词写道“正如诗人看得见西湖的秀美，却忽略了运河在背后的默默努力”，以西湖秀美比喻罗丽颖最终演出成功，以运河的努力比喻罗丽颖强忍伤痛排练，强调苦尽甘来的因果关系，但实际上喻体西湖的形成与发展同运河并无明显关联，这一比喻反倒让人误解西湖与运河的关系。同时，该句之前都在讲述罗丽颖的故事，之后开启新的故事，皆没有关于西湖和运河的相关描述，突然以二者关系作为总结或过渡显得唐突。此外，罗丽颖故事除了是发生在运河畔的杭州之外，与大运河也并无直接联系，由此纳入《我与大运河》的故事中，在逻辑上略显牵强。

2. 情感诉求：叙事宏大，未能贴近人心

运河形象的塑造和意义的呈现是要增进人们对运河的认识，触发人们对运河的情感记忆，从而使人们自觉传承和弘扬寄托在大运河上的美好价值和精神品质，推动社会向善向美。因此，大运河纪录片必须具有打动人心的感性力量。《中国大运河》纪录片主要介绍运河通航及其带给沿岸城市的兴衰命运，对于运河普通人家的故事虽有提及，但大多都一笔带过。纪录片着眼于运河对城市、国家在商贸、外交等方面变革的影响，也因此欠缺了触发普通民众情感共鸣的感染力，观众虽尽可能多地获得了对运河重要意义的认知，对运河背后所蕴含的质朴情感却难以深入了解。

四、纪录片塑造“千年运河”形象的优化策略

基于上述问题分析，本文分别从文本实践、话语实践、社会实践三个方面思考优化策略。

（一）文本实践的优化策略

1. 图像：发挥主导作用，捕捉动态视觉符号

纪录片在拍摄景物时，不应局限于预先设定的主题设置，更不应受困于解说词的文字内容，在一部纪录片之内的单个片段中，也应综合考虑纪录片的整体观感，画面中应适时加入富有生机、动感的事物，充分发挥画面的感染力，满足观众的视觉感官需求。在选定拍摄事物之后，还需注意镜头景别、角度的运用。即便是面对同一事物，不同的拍摄方法也会呈现出不同的效果。纪录片作为人创作的作品，不可避免地融入创作者的主观意识，因此，创作者在记录画面时应注意审视拍摄意图与手法，尽可能保持客观公正。同时，创作者也应意识到纪录片文本作为一种话语所传递的价值判断，在客观记录的基础上充分发挥其优势以传递正确的价值导向。

2. 文字：配合画面，转变解说风格

恰当地运用文字能将零碎的画面串联，有利于观众理解主创团队的价值判断。而解说词的风格也会影响观众对主题事物的印象。因此，应重视文字，文字既要契合纪录片的整体风格，也要具有一定的逻辑，应依照逻辑配合画面讲

述内容，以便观众能迅速了解主题事物。在画面和声音充当文本最直白的表达形式时，文字被赋予了升华意境、抒发情怀的作用，因此，纪录片的文字应分清主次，除表示强调之外，应尽量避免简单重复的画面内容。此外，大运河纪录片的解说词几乎都倾向于书面表达风格，由此带来的强烈朗诵感削弱了最为重要的解说功能，所以主创团队应认清解说词的本质和作用，使其在准确、客观的基础上尽量口语化。

3. 声音：契合画面，充分发挥优势

纪录片的配乐应配合画面而非解说词，当画面呈现出情绪变化或需要渲染氛围时，配乐必须出现或发生变化以保持与画面传达的情感相一致，充分发挥其辅助作用。但配乐无须时刻出现，适当留白可以为观众留足充分的回味空间。此外，音响和同期声的恰当使用也能起到画龙点睛的作用，如一段焦灼的等待之后，瓷器开片的声音让人惊喜并不禁期待见证瓷器的烧制成果。

（二）话语实践的优化策略

互文：深入挖掘文本间的联系。互文性的引文从来就不是单纯的、直接的，而总是按某种方式加以改造、扭曲、错位、浓缩或编辑，以适合讲话主体的价值系统。因此，创作者主体（讲话主体）若要借用前文本表达自身的某一价值体系，则必须要深入研究形成该文本的背景、条件及构成该文本的内容、意义，从中选取对传播自身价值体系最有价值的部分，阐述这一部分与后文本某一特征之间的联系。这种联系不仅仅体现在文本含义中，更体现在文本历史、社会等的一系列更为隐蔽的要素中，如果能够深入探究，则能充分利用前文本在民众群体中的广泛度与知名度，充分唤起观众的共鸣；或是借助其深厚的文化底蕴，使得观众对新文本的解读更为清晰深刻。

（三）社会实践的优化策略

1. 逻辑诉求：厘清因果，确保论证合理

纪录片虽然是对存在过的或现存事物的再现，但是纪录片的制作也是为了传达某一情感或哲理，因此，纪录片仍需要通过对素材的选择和组合来阐明事理。只有让观众充分认识到纪录片所陈述内容的可行性，他们才有可能接纳纪录片所传递的情感或哲理。所以，逻辑仍是纪录片产生社会影响力的基础。纪录片应该充分考虑画面、声音、文字各模态内部，以及各模态配合的合理性，确保所论述的内容合乎常规逻辑；同时，多集纪录片也应注重各集之间的关联，以利于观众对主题事物的理解和进一步思考。

2. 情感诉求：记录平凡故事，强化文化认同

目前，大运河的保护和发展已上升到国家战略层面，对于运河文化价值的挖掘也成为一项重要工作。因此，以大运河为主题的纪录片不能只停留在科普层面，这样容易忽略运河深厚的文化底蕴，观众可能会把大运河当作与普通风景名胜相差无二的旅游景点。纪录片相较于文献著作最大的优势是雅俗共赏，所以纪录片的任务之一便是以图像、声音将晦涩难懂的文字转化为通俗浅近的文本，其受众是年龄和文化程度都跨度较大的普通民众，故纪录片创作在传达深刻内涵时，应选择从贴近民众的事物或故事切入，将宏大主题寓于其中，让观众在与故事产生共鸣时具备领悟深刻主题的基础，在解说词或音乐的引导下，循序渐进、顺理成章地体会到事物所蕴含的深刻价值。

撰稿人　刘旭辉、张秋实
单　位　扬州大学新闻与传媒学院

国家文化公园篇

JIANG-YUN JIAOHUI

CHANG－SANJIAO

DAYUNHE WENHUADAI
WENLÜ RONGHE
PINPAI ANLI YANJIU(2022)

大运河国家文化公园生态文明建设及启示

根据国家2019年发布的《大运河文化保护传承利用规划纲要》，大运河将被建成生态绿带，生态环境质量提升是大运河生态绿带建设的重要内容。为此，《大运河生态环境保护修复专项规划（2020）》提出要开展一系列生态治理行动，运河及其沿线将成为建设和展现生态文明的重要空间载体。在大运河生态文明建设中，涌现出了许多生动的案例，如京杭运河全线通水、永定河全线通水并与京杭大运河实现交汇、无锡大运河沿线生态缓冲带建设、景县南运河补水工程、扬州运河三湾湿地公园建设等。

大运河国家文化公园建设是为了将运河生态保护、文化传承与其社会服务功能相结合，有助于充分实现生态文明建设造福于社会的目标。从大运河沿线各区段的建设运营实践来看（如大运河国家文化公园杭州段、山东段、沧州段建设），大运河国家文化公园是各区段的共享性品牌，进行生态治理、展现生态文明是其建设的共性内容。国家文化公园生态文明建设可为公众旅游休闲创造条件，公众旅游休闲又可为其生态文明传播提供契机。因此，国家文化公园生态文明建设既有助于满足社会公众依托生态空间提升生活质量的需求，又有助于形成展示和弘扬生态文明的重要空间载体。本文旨在梳理大运河国家文化公园可展现的生态文明，剖析大运河国家文化公园中生态文明建设的典型案例，从而为大运河沿线其他区块和其他国家文化公园的生态文明建设提供相应借鉴。

一、生态文明及其在大运河国家文化公园中的体现

（一）生态文明的概念

面对工业文明所带来的一系列问题和困境，人们开始探索建设生态文明社会。2003年，国家正式提出要建设生态文明社会，党的十七大、十八大、十

九大报告中均明确提出了生态文明建设任务。生态文明是以人与自然、人与人、人与社会和谐共生、良性循环、全面发展、持续繁荣为基本宗旨的文化伦理形态①。因此，生态文明包括人与自然、人与人、人与社会和谐三个方面，在谈论生态文明时，不能只强调人与自然和谐，而忽视后两者。

（二）生态文明在大运河国家文化公园中的体现

生命起源于水，陆地上水资源丰富的地方常呈现出勃勃生机。生物因水而繁盛，人类社会也会因水而繁荣。水是大运河的核心生态元素，其赋予了大运河沿线区域突出的生态优势。大运河沿线分布着临平运河万亩稻香湿地生态园、嘉兴运河湾湿地公园、扬州运河三湾湿地公园、邳州运河湿地公园、台儿庄运河湿地公园、微山湖湿地公园、蓟城西海湿地公园、潮白河大运河湿地公园等众多生态环境优异的湿地，分布着高邮运河沿岸防护林、沧州大运河森林生态园、大运河通州森林公园等林地，从南向北连接着杭州、嘉兴、苏州、无锡、扬州、淮安、徐州、济宁、聊城、天津、北京等城市。大运河既串联和浇灌出了一块块美丽的生态绿地，也孕育出了一个个繁荣的人类活动聚集区，其在当今的生态文明建设及展现方面具有重要意义。

1. 大运河国家文化公园体现了人与自然的和谐

第一，湿地是地球上生物多样性最为丰富的生态系统之一，这已成为人们的共识。大运河沿线众多湿地中生物资源丰富，是居民观赏及邂逅鸟类、昆虫及其他动物的重要空间，可使到访者感受到人与自然的和谐。第二，在建设国家文化公园的战略目标下，运河沿线的生态保护、环境治理已成常态，体现了人类寻求与自然和谐共生的精神。第三，运河沿线为人类活动密集分布区，面积大、环境优、可达性强的自然生态区域会在一定程度上消除城市居民同自然的隔离感，使人们随时接触和亲近自然。第四，运河沿线分布的范围较广的生态绿地有助于缓解沿线城市所面临的环境污染问题，提升沿线城市的生态宜居性。第五，大运河沿线优美的风光、宜人的生态环境可进一步激发人们的生态保护热情，有助于促进人与自然的和谐共生。

2. 大运河国家文化公园体现了人与人的和谐

“真诚、友善、互助、互信、包容、亲切”等是人与人和谐共外的重要体

① 潘岳：《社会主义生态文明》，《文明》2007 年第 12 期。

现。第一，大运河沿线设置的浙江大运河亚运公园、宿迁运河湾公园、山东德州古运河生态园等既是居民的休闲游憩空间，也是重要的社会交流活动空间。有共同运动及其他爱好的个体在这里汇聚，其中的人际交往不以利益为纽带，也不秉持社会阶层观念，而是以兴趣、偏好、情感为基础，个体可充分感受到人际交往环境的宽松和随意。在这种氛围中，人与人之间也更容易展现出真诚、友善和包容等。第二，大运河沿线有许多体现人类文明的历史遗存，其中一些遗存反映出历史人物的博爱、信义、无私等精神。如清代德州解宝岐乐善好施的故事，解宝岐曾用自家装着白面的口袋堵运河决口，被堵的河堤后来也被人称为“白面口子”；再如近代实业家张謇大公无私，致力于治理运河，创办河海专门工程学校（今河海大学）；还有明朝末年清河县油坊集义士王厘圭在运河上设“义渡口”免费接送百姓过河的故事；等等。这些感人故事所展现出的精神有助于和谐人际关系的塑造。第三，大运河打通了南北区域人们之间的文化交流，有助于不同区域居民之间的互相理解和融通，从而有助于区域之间人际和谐关系的构建。

3. 大运河国家文化公园体现了人与社会的和谐

人与社会的和谐体现在个体对社会的认同、为社会做贡献的精神、社会促进人的全面发展等方面。第一，大运河沿线设置的京杭大运河博物馆（杭州）、中国大运河博物馆（扬州）、宿迁水利遗址博物馆、聊城中国运河文化博物馆等均为公益化运营空间，居民在免费、自由使用这些公共设施的过程中可感受到政府对群众的关怀，从而可增强社会认同感。第二，大运河作为重要的世界性文化遗产，其沿线汇聚着丰富、璀璨的文化元素，承载着历史发展演化过程中形成的重要优秀文化成果，具有突出的文化象征意义。对大运河文化的传承与展示可增强社会个体的文化自豪感与文化自信，从而可激发其对地方及国家的认同感。第三，个体在从中国大运河博物馆等公共设施中获得公益服务的同时，也会产生并增强对社会公益事业的认同感，从而会激发其为社会公益事业做贡献的信念，这毫无疑问有利于人与社会和谐关系的构建。第四，大运河沿线呈现的文化形态是丰富多彩的，有感化人的文学作品、陶冶人情操的审美景观、引导人的思想及行为的传统价值观念、促进人身心健康的休闲体验、拓展人认知的历史文化知识等，这些都有助于促进人的全面发展，提升社会个体的获得感、幸福感，进而使其形成与社会环境的和谐感。

二、大运河国家文化公园生态文明建设典型案例

（一）体现人与自然和谐的典型案例

1. 扬州运河生态建设的“迁改创+科休文”模式

以扬州运河三湾湿地公园为例，为营造运河沿线人与自然的和谐，原本聚集在河岸上的药厂、化工厂被迁移（共搬迁工厂 89 家），政府出资对堤岸、水质进行改造，修复了 680 亩湿地，并确立了创建国家 AAAAA 级景区的目标。目前，公园已实现了水清岸绿、风景秀美，2021 年成功入选江苏省“十佳生态环境治理改革创新案例”。大运河在扬州穿城而过，城市的发展同时也需有生产做支撑，扬州运河沿线主要分布有科创、文化、休闲产业：打造科技新城，引入航空工业人工智能科技、电气设备及配件研发、中国美业港科创中心等新兴业态；成立国有文化企业“扬州运河文化投资集团”，举办扬州运河文创节、大运河文创大赛，以促进文化产业发展；建设 78 环岛旅游大道串联主要旅游景点并进行主题景观建设以吸引游客，高规格建设的中国大运河博物馆已成为全国的网络知名文化旅游点。扬州运河沿线（城区段）既成为展现生态美、体现人与自然和谐发展的水韵风光带，又成为扬州新型科技、文化、休闲产业的聚集带及发展潜力区。

2. 高邮运河防护林建设的“政府主导+全民参与+金融保障”模式

历史上高邮因运河而兴，高邮段运河至今仍发挥着重要的漕运功能，运河文化特色突出。其一，高邮市十分重视运河沿线生态建设，实施了运河沿线堤防绿化工程，拟沿运河建造 80 多千米长的绿色长廊，截至 2022 年 8 月已建成 8800 亩公益林，每年可固碳 1 万吨以上；建立了市、镇、村三级林长制，由林长对责任区内的林地保护及发展负责；水利局下设的京杭运河管理处专门设立了一支巡逻队，对运河堤防护林进行巡查，以实现运河堤岸的常绿常青。其二，地方居民对运河沿线生态建设的参与度高，政府出台了造林奖补办法，对新造林 1 亩及以上者给予 1500 元/亩的补贴，对进行林地优化改造达 50 亩及以上者给予 200 元/亩的补贴；设置了“大运河文化带造林绿化试点项目区”进行示范带动，动员全市居民义务植树。这些举措对居民参与运河防护林建设起到了很好的促进作用。其三，金融机构也助力高邮运河沿线的生态建设。平

安财险针对高邮的运河防护林设置了“森林碳汇遥感指数保险”，当灾害等原因导致森林发生退化时，被保险人可获得用于林地修复的赔偿，从而为运河沿线的生态建设提供了保障。高邮运河沿线已形成一道生机盎然的绿色长廊，成为当地居民及游客感受人与自然生态和谐的重要空间。

3. 沧州大运河沿线生态绿地建设的多功能融合模式

京杭大运河沧州段全长 253 千米，其历史悠久，始于东汉末年，后成为永济渠的一部分，当前仍承担着重要的输水功能。沧州大运河沿线的生态建设充分实行了多功能融合模式，提升了运河沿线生态绿廊的惠民功能。第一，景观功能。沧州在进行大运河沿线绿化时，突出绿地的观赏性，包括观花、观叶、观果等，并确保不同月份和季节均有可供观赏的内容；以提升绿地的观赏价值为目标，生态建设者注重绿地立体层次性的呈现，同时在城区的运河沿线绿地中增加了景观性照明设施。第二，休憩功能。沧州对城区运河沿线的河滩荒地进行了生态修复和美化，将其打造成运河公园供居民休闲游憩。第三，健身功能。沧州泊头市在设置沿河绿廊的同时，在堤坝上设置了穿行于绿草及树木丛中的健身步道，成为居民接触亲近自然和运动健身的重要场所，体现了运河与人之间的和谐。第四，经济功能。与河北省省级森林乡村建设相结合，建设者以种植经济林木为主要内容，利用运河沿线乡村房前屋后的闲置土地建设绿色庭院，使其成为大运河沿线生态建设的重要内容。第五，康养功能。将沧州历史悠久的中医文化（扁鹊即为沧州人）与运河沿线生态建设相结合，设置医药百草园，种植集观赏性及药用价值于一体的药用植物，如何首乌、罗汉松、贝母等。第六，科研功能。地方政府在南大港打造候鸟栖息湿地，引黄河水优化候鸟栖息和繁殖环境，开展鸟类调查监测及其他相关科研活动。通过多种功能融合，居民及游客可从运河沿线的生态绿地中获取更多的生态服务功能，从而更好地感受生态环境对人类生活的支撑作用，充分感受人与生态的和谐共生。

（二）体现人与人和谐的典型案例

1. 通州运河奥体公园以体育运动促人际和谐

通州运河奥体公园位于通州北运河防洪堤西侧，总面积 368 万平方米，其中水面面积 92 万平方米，已成为居民晨练、散步的重要场所，另有足球场、门球场、动客体育中心等。该公园在传统的运河文化中植入了新的内涵，在塑造人际和谐方面具有重要意义。第一，以运河奥体公园为载体，开展的双人、多人及团体体育运动，有助于实现人与人之间的团结与协作、交流与默契。第二，在当前快节奏社会背景下，社会个体之间的交流变得越来越少，但运动健身需求变得越来越强烈，坐落于城市中的运河奥体公园为居民提供了以健身运动为契机进行交流互动的空间，同时有助于个体找到志趣相投、长期交往的运动伙伴。第三，依托运河奥体公园举办的各种体育赛事（如北京首届飞盘公开赛、马拉松赛前嘉年华、北京通州杯网球赛等），可充分弘扬公平、团结、协作等有助于人际和谐关系构建的理念和精神。其实，除通州的运河奥体公园外，其他一些运河沿线的城市也设置了运河体育公园，如杭州大运河亚运公园、苏州市运河体育公园、徐州运河北岸的开放式健身休闲中心等，这些体育公园必将成为向大运河注入更多活力、促进社会人际和谐的重要空间。

2. 临平运河万亩稻香湿地生态园以城乡互动促人际和谐

杭州市临平区运河街道以促进城乡共同富裕为目标，在运河沿线乡村进行农旅融合发展，实施了“旱改水”农地改造工程，在农地流转基础上大力培育景观农业（如千亩油菜花海、千亩荷花）、休闲农业；同时进行运河沿线乡村环境的全面改造提升和休闲设施的大力配置，对河道进行绿化（河道绿化率超过95%），建设了长10千米的湿地绿道和20多个乡村口袋公园。运河万亩稻香湿地生态园以青少年研学旅游为主要内容，较好地契合了当前城市居民的需求。生态园设置了农田体验区、“爷爷的水稻田（由袁隆平题名）”科普体验项目、双桥村功能水稻科普区等，举办大运河乡村研学节，面向来访的城市居民，开展插秧体验、乡村趣味运动会、小龙虾垂钓等活动，并设置“共富集市”来销售乡村文创及特色农产品，充分展现运河民俗风情。在上述一系列努力下，与生态园相关的农民人均年收入超过4.5万元。运河万亩稻香湿地生态园建设促进了城乡之间的交流与互动，增加了城市青少年对乡村、农业及农民的了解，提升了城乡的共富水平，有助于促进城乡之间的人际和谐。

3. 德州南运河畔的苏禄文化博物馆促进国际人际和谐

大运河是一条见证友谊的河。公元1417年，苏禄国（今菲律宾的苏禄群岛）的国王（共有东王、西王、峒王3位国王）率340多人从泉州上岸，沿大运河至北京，受到明成祖朱棣接见，后沿着大运河南下准备回国。苏禄国王一行到达德州时，东王病故，安葬于当地，其王妃、两个儿子及其他随从 10 人留在德州守墓，后来便永居中国，以温、安为姓。1988 年，苏禄东王墓被列为第三批全国重点文物保护单位。其实，明代同中国有来往的海外国家达 70 多个，大运河是许多外国人士进入北京的重要通道。为展现历史时期国家之间的友谊，德州市在运河畔（南运河沿线）建有苏禄文化博物馆，展现古代苏禄国同中国的交往，以及苏禄东王后裔在中国的生活和发展情况，在增进今天中国同菲律宾两国之间的友谊方面有着重要作用。实际上，除苏禄文化博物馆外，运河沿线还分布着许多中外友好交往的见证物。这些见证历史上国家间友谊的空间载体在促进现代国际友好交往和人际和谐方面具有重要意义。第一，其有助于相关国家人民维系友好感情，减少在贸易、合作方面及在国际舞台上的冲突。第二，在国际关系日趋复杂的背景下，其可使现代人意识到国家之间的友好交往、互通有无才是主旋律，从而有助于增进国际人际和谐。第三，其可向外展示中国自古以来对待外邦的包容、友善形象，有助于增进国外人士对中国的进一步认同，从而可为我国公民在国际上的交流活动创造一个相对和谐的环境。

（三）体现人与社会和谐的典型案例

1. 扬州中国大运河博物馆成为展示社会关爱及增进公民社会认同的重要空间

坐落于扬州的中国大运河博物馆属公益性事业单位，政府投资经费超 16 亿元，免费向社会开放，人们只需预约即可进入。其旨在展示、传播大运河文化，提升国民的文化自豪感和自信心，为社会提供文化休闲体验场所，已成为大运河沿线的地标性建筑，也是彰显民族文化自信的重要空间载体，并充分展现了大运河为沿线居民带来了美好生活。博物馆的社会服务功能强大，展览内容极为全面和丰富，被誉为大运河文化的“百科全书”，年访客接待量达 120 万人次以上。博物馆在进行线下展览的同时也进行网上展览，通过微信、抖音、快手等网络渠道发布大运河文化展示视频，使其他地方的人们可在线参观，进一步扩大了博物馆的社会影响力和服务面。与博物馆的公益性功能相对应，其志愿服务系统也较为发达，目前拥有总人数约 100 人的志愿者队伍（扬州运河文化志愿者已超过 3 万人），志愿者服务备受访客好评。中国大运河博物馆也成为许多社会组织和团体开展社会公益活动的重要场所，如镇江市一家青少年服务中心组织了到博物馆的家庭教育公益行（以和善、坚定为主题）；扬州市邗江区组织了听障儿童参观博物馆公益活动；扬州市妇联组织爱心妈妈结对事实孤儿进入博物馆参观，使这些事实孤儿感受到社会的关爱与温暖；等等。中国大运河博物馆的公益服务使相关社会公众有了满满的获得感，也增加了社会认同；博物馆辐射范围较大的文化展示增强了公民的民族文化认同与自信，有助于其形成强烈的民族归属感及爱国情怀；博物馆内的志愿服务及相关机构组织的各种公益活动，可使相关主体充分感受到来自社会的关爱与温暖，这些都有助于促进人与社会的和谐关系。

2. 杭州大运河武术文化联盟及沧州东光武术文化公园以优秀传统文化促进社会和谐

杭州大运河武术文化联盟活动基地及沧州东光县大运河武术文化公园通过组织多项武术活动，弘扬“担当与责任”的武术文化，增强公众的社会责任感。杭州市运河传统体育产业发展协会为进一步发掘和弘扬大运河文化，在2019年成立了大运河武术文化联盟，聘请武术名家并举办武术名家大讲堂。联盟还在新冠疫情期间向世界发起了“武术抱拳礼”倡议，在国内外产生了积极反响，再次强化了国人的文化自信。大运河被沧州市东光县居民视为母亲河，东光县武术文化底蕴深厚，现保留有5个武术门类。大运河武术文化公园建在东光镇，园内介绍了霍元甲的生平事迹（霍元甲祖籍为东光镇油坊口村），展示了古今保家卫国的武术名将，弘扬武术人的爱国精神，向公众提供进行武术交流和研习的空间。武术是中华民族特有的文化精神，具有“贵义尚礼、匡扶正义、修正向善、宽容忍耐、责任担当、仁爱天下，以和为贵”的精神文化内涵。中国功夫也是增强中华民族凝聚力的重要文化载体。大运河国家文化公园是展现中华优秀历史文化的重要窗口，在运河沿线充分展示和弘扬与武术相关的爱国、责任、担当、仁义、宽容、向善等文化精神，同样有助于促进人与社会的和谐。

三、启　示

1. 以实现更多社会服务功能为目的进行生态建设与治理

大运河沿线各地都正在或计划在运河沿线进行生态建设及治理。运河沿线生态建设的目的不是作秀，而是要惠及民众，提供切实的社会服务功能是实现其惠民目标的重要途径。大运河沿线的生态建设首先在城市进行，土地是城市中的稀缺资源，城市运河沿线既需要进行生态建设，也需要像扬州那样，在运河沿线生态建设中植入科创、文化、休闲等绿色产业，使运河沿线生态廊道在为居民创造人与自然和谐感的同时，也能实现相应的绿色产业发展。为了加大运河沿线乡村区域的生态建设力度，需像高邮那样，动员各种社会力量参与植树造林及绿化美化，使运河沿线的生态建设实实在在地向社会提供更多具有生态服务功能的绿地。为了使公众能够充分地从运河生态绿廊中获得各种生态服务价值，充分感受人与自然和谐共生的意义，就需像沧州大运河沿线生态绿地建设那样，通过功能复合使相应的绿地发挥更多元的服务功能，这需要事先对相应的绿地进行功能复合化设计及规划。

2. 将促进社会公众交流作为运河沿线生态廊道建设的重要目标之一

大运河国家文化公园以社会公益服务为目的，运河沿线将会成为重要的社会公共空间。在相应的公共空间开展 2 人及 2 人以上体育运动、文艺活动、社会公益活动等是促进社会主体进行交流的重要方式，杭州、苏州、通州等地在城市运河沿线建设体育运动公园的做法值得借鉴，体育运动公园可使市民及访客在环境惬意的绿廊中健身、进行交流互动，促进社会个体身心健康及人与人之间的和谐。也可像临平那样，依托京杭大运河业已形成的品牌优势，在运河沿线有条件的乡村中主要针对市民设置研学服务区、康养服务区、生态休闲度假区等，促进城乡居民之间的交流互动。从诞生以来，运河就在社会人际交流方面发挥着重要作用。为了进一步促进更大规模、更广范围内的社会个体交流互动，相关地方可依托运河沿线的体育公园，举办区域范围乃至全国范围的体育及艺术表演赛事、文化交流活动等，使运河沿线成为社会交往、人际交流的重要廊道。另外，运河沿线还分布着许多见证中外友好交往的历史遗存，要像德州苏禄文化博物馆那样，对这些遗存进行挖掘、整理和充分展示，使其在国际关系日益复杂的背景下，发挥促进国际友好交往和人际和谐的作用。

3. 通过加大运河沿线的公益服务力度及崇和尚礼文化展示力度提升个体的社会和谐感

扬州中国大运河博物馆所提供的社会公益服务、杭州大运河武术文化联盟活动基地的崇和尚礼文化展示在促进个体的社会和谐感提升方面具有重要意义。大运河文化是中华民族的共同文化，承载着国民的公共记忆，具有很强的品牌号召力，可利用这种品牌号召力动员和吸引各种社会公益服务（文化、休闲、健康等公益服务）、各种社会志愿活动（如志愿在运河沿线的绿地中陪孤独老人聊天，志愿教授儿童传统武术，围绕大运河文化主题举办志愿者爱心捐赠画展，等等）在大运河沿线聚集，将大运河打造成一条社会公益服务聚集带，营造社会和谐感。另外，可在大运河沿线充分展示中华民族优秀的“尚和合，求大同”的传统文化理念（如沧州东光县在运河畔所展现的传统武术文化、德州在运河边所展现的儒家信义文化），使运河成为一条“和合”文化体验带、礼仪文化传输和展示带，使其在构建和谐社会方面发挥重要作用。

撰稿人　孙琨
单　位　扬州大学旅游烹饪学院

全域化、数字化和活态化
——大运河湖州段国家文化公园建设述论

中国大运河从地理层面上来说，是贯穿中国南北的大动脉，在各个历史时期都承载了经济大动脉的现实意义，也承载了南北融合的政治意义，更承载了民族交融、社会发展的文化内涵。随着中国大运河申遗的成功，随之而来的问题就是如何把大运河文化线路中富集的自然和文化资源串联起来，如何将大运河文化古迹可持续保护和利用融合起来，这已引起国际上世界遗产理论研究与实践创新研究的重大关注，也成为大运河研究的学术关切。笔者认为大运河国家公园的建设将会是回应学术关切和解决现实问题的路径之一。笔者将以大运河湖州段国家文化公园的建设为例，探索其建设路径和模式创新，从文化路线和国家文化公园的视角展示其历史文化源流和社会现实意义。

一、线路、自然与人文：大运河湖州段的基本状况

湖州因太湖而得名，也是因运河而繁荣的城市。宋代“东南文章大家”戴表元“山从天目成群出，水傍太湖分港流”的诗句写出了湖州地势，即大致由西南向东北倾斜。宋末元初的赵孟頫在《吴兴赋》中“双溪夹流……曲折委蛇，演漾涟漪，束为碕湾，汇为湖陂，泓渟皎澈，百尺无泥，贯乎城中，缭于诸毗，东注具区”的描述，在肯定了戴表元对湖州地势的认知上，突出了其水文化的印记。事实上，毗山大沟的出现始于东晋的运河系统，其让湖州深深烙上了运河文化的印迹。

（一）大运河湖州段的线路

就大运河湖州段而言，其可分成东、中、西三线。东线与湖州的直接关联度并不高，但从历史资料可知，古时湖州运粮北上需要通过大运河，但中线和西线却与湖州息息相关，是本文论述之重点。为便于理解且较为直观地认识大

运河湖州段的基本情况，笔者特制订“大运河湖州段一览表”（表 1）。

表 1　大运河湖州段一览表

	基本线路	历史时期	运河历史事件	备注
东线	未直接流经湖州	/	/	隋代以后，东线运河承担运粮职责，湖州粮食通过此线路达到洛阳等地
中线	经湖州练市、含山、新市，穿韶村漾入塘栖	清代以前	江南运河湖州段中线是数万年前东苕溪等水下泄过程中自然冲刷形成的天然河道。晋元康年间，新市大旱，朱泗率众开浚市河 明洪武十四年（1381 年），新市镇设河泊所，明景泰年间裁撤	/
		清代	将流经练市的东西向河道称为“练市塘”，把含山段的南北向河道称作“含山塘”“钱城塘”	
		民国	1947 年（民国三十六年），疏浚德清新市米洋桥至通仙桥、日晖桥至元光桥、望仙桥至广福桥段，总长 1438 米	
		现代	20 世纪 80 年代，将流经“湖州练市、含山、新市，穿韶村漾”的河道定为京杭大运河	
西线	长湖申航线	两晋	西晋太康年间，殷康开荻塘	湖州漕船航线大致上是从湖州城内骆驼桥、仪凤桥始发，南过望州桥出迎春门，达二里桥与长兴、安吉漕船汇合，经升山、晟舍和頔塘运河旁的南浔、震泽至平望，与德清、乌镇漕船汇合后，再经松陵驿（吴江境）、枫桥（苏州境）达无锡锡山驿，过常州漕河出水门、黄泥坝，入扬州，沿大运河北达通州
		唐代	唐广德年间，卢幼平修荻塘 唐贞元八年（792 年），于頔重修荻塘并改名頔塘	
		明代	明万历十六、十七年（1588、1589 年），杨应聘增筑东塘 明万历三十六年（1608 年），陈幼学重修頔塘	
		清代	清雍正六年（1728 年），唐绍祖修东塘（即頔塘） 清道光十二年（1832 年），杨绍霆奉檄劝修东塘岸	
		民国	1923—1928 年（民国十二至十七年），庞莱臣用水泥修东塘	
		现代	新中国成立以后，頔塘多有整修，塘岸或以块石垒筑，或以水泥预制板护堤	

注　笔者依据张前方著《湖州运河文化》第 11 至 18 页相关内容编制

（二）大运河湖州段的自然环境

大运河湖州段的自然环境是大运河沿线区域环境的反映，在空间上呈带状。从整体上看，带状空间的连续性和沿线大小城镇、乡村所形成的局部放大节点构成了大运河自然环境的基本特色。

1. 大运河湖州段之水系

大运河湖州段的独特水系主要包括两个部分。一是西线，即前文所述之頔塘。二是中线，即前文中所述流经吴兴等地的航线。大运河湖州段水系特点是以浙北内河主干航线的杭湖锡线（大运河西线）、长湖申线（頔塘）、湖申复线（双林塘）和杭申乙线（大运河中线）为主干河道，与其他由南北向分布的河道（溇港）和由西向东分布的河道（塘）共同形成平原水网。

2. 大运河湖州段之湿地

大运河湖州段河道水网纵横密布，桑地、水田、湖荡相互交错，构成大运河湖州段重要的生态环境。与大运河湖州段相关的生态与景观环境主要包括塘浦圩田、稻田湿地和桑基鱼塘。

塘浦圩田。大运河湖州段的塘浦圩田系统始筑于春秋战国时期，唐、五代时初具雏形，属于太湖流域塘浦（溇港）圩田系统的一部分。由頔塘和溇港组合而成的塘浦圩田系统是大运河湖州段湿地的重要组成部分，更是大运河湖州段重要的人工遗迹。

稻田湿地。稻田是依靠人类修复、挖凿而形成的水域，属于人工湿地范畴。在湖州古运河两岸，稻田成为湖州湿地完整的组成部分，是湖州运河自然景观和人文景观中不可或缺的重要内容，更是湖州先民智慧的集中体现。

桑基鱼塘主要集中在大运河湖州段的西线，是湖州先民依靠生产实践逐步形成的有可持续发展意义的生产样态。淡水养殖，特别是淡水鱼养殖和桑蚕养殖的有机结合，成为江南水文化、桑蚕文化有机融合的典范。

（三）大运河湖州段的人文环境

大运河湖州段的人文环境集中在荻塘风景线和运河风景线，在这两条风景线的串联下，大运河湖州段的人文环境被展示得淋漓尽致。

1. 荻塘风景线

荻塘除了它本身深厚的历史文化内涵外，沿线多名胜，如毗山、乌山、升山、晟舍利济寺、戴山塔等。

毗山：在湖州市东。山虽仅高 55 米，但“突然独峙”于平畴漾畔水口。方志记载，毗山曾有柳恽故宅和读书台。柳恽于山顶建毗山亭，常与吴均赋诗赠答。明代尚书湖州人潘季驯建毗山园，并在柳恽书台建祝亲家庙以祝其亲，即潘氏家庙。明崇祯时，潘季驯后裔潘旸升将原飞英寺西的报本禅院移建于祝亲家庙旧址，后面是文昌阁，供柳恽、潘季驯等塑像。毗山南麓有“明大学士温体仁墓遗址”碑及全国重点文物保护单位——毗山遗址。

乌山：在湖州市东八里店镇北 0.5 千米，为古乌巾氏居住地。乌巾氏与程林氏（现长兴雉城）以善酿酒并名于楚越，据传说秦始皇因乌巾、程林善于酿酒，而改湖州为乌程。唐代高士沈聘、沈微隐居此山。

升山：在湖州市东 10.5 千米，是欧阳氏祖根所在地，又是晋王羲之登临筑亭处。越王无疆之子蹄被封为欧阳亭侯，后裔便以欧阳为姓。书圣王羲之曾登临升山，吴均《吴兴入东记》记载此事。

晟舍利济寺：在湖州市织里镇晟舍。寺始建于南朝宋元嘉年间，初名慧明寺，明宣德六年（1431 年）改称利济寺，成为东南名寺。

戴山塔：在湖州市东郊戴山镇。镇有戴山，晋代高士戴逵、戴颐父子隐居于此，故名。当时，三吴士子跟随来居者不少。元代诗人杨维桢诗中说戴山是“大戴先生读书处”。戴山塔在戴山之上，塔体已残旧，为砖身木檐楼阁式塔，型制较古。塔临近太湖，过去起到航标作用。山下有金佛寺、明义庵。

2. 运河风景线

大运河是中华民族伟大创造力的生动体现，在大运河湖州段两岸有练市、善琏、新市三古镇环抱。这些古镇沿河港两侧有民居和商店，河水清澈，石帮岸、石条河埠整齐美观，垂柳依岸，小桥流水，得天然真趣，构成了独特的人文景观。

练市镇。练市镇以水乡文化和书街闻名于世。练市是典型的水乡市镇，拥有以文兴桥为代表的桥文化，以翠竹为代表的竹文化，更有以运河古道为代表的水文化，九天阁、书街、慈姑桥、荃步报恩禅寺等古迹更是将练市镇的人文底蕴展示得淋漓尽致。

善琏镇。善琏镇以湖笔闻名，是大运河湖州段工匠精神的代表地。善琏的含山地区则是桑蚕文化的重要代表，含山蚕花节和含山塔见证了桑蚕文化的荣光与辉煌。

新市镇。新市镇因大运河而兴起，亦因大运河而繁荣。镇内有觉海寺和梅林遗址两个县级文物保护单位。其附近还有春秋时期吴越交战之地，如东旬城、胡椒兜等。现存水乡古镇一条街（西河口），以及始建或重建于明代以前的古石拱桥，如状元桥（宋代里人吴潜考中状元后更现名）、熙春桥、太平桥、寺前桥、虹桥等。

二、机遇与问题：大运河湖州段国家文化公园建设之蠡酌

（一）大运河湖州段国家文化公园建设的机遇

1. 政策支持与规划科学

大运河国家文化公园的定义中已将大运河湖州段国家文化公园建设纳入了发展远景之中，也就是说大运河湖州段国家文化公园建设正当时，已得到国家的保证及认可，这是大运河湖州段国家文化公园建设的机遇之一。与此同时，国家层面、省级层面和市级层面对于国家文化公园的重视和政策扶持也是大运河湖州段国家文化公园建设的机遇。如中共中央办公厅、国务院办公厅先后印发《大运河文化保护传承利用规划纲要》《长城、大运河、长征国家文化公园建设方案》，标志着党中央对大运河国家文化公园建设的重视和决心。浙江省紧跟国家之倡议，印发《浙江省大运河文化保护传承利用实施规划》《浙江省大运河世界文化遗产保护条例》，在大运河国家文化公园建设方面具有全国引领之意义。湖州市贯彻落实国家和浙江省的方针，积极开展国家文化公园建设，湖州市发展改革委于 2020 年 8 月召开全市大运河文化保护传承利用暨国家文化公园建设工作领导小组成员单位工作推进会，切实落实大运河国家公园建设。需要指出的是，对于大运河湖州段国家文化公园的建设，湖州拥有独特的天然优势，这得益于南浔古镇旅游开发成熟度较高。南浔古镇是一座中西合璧的古镇，它集合了运河之水的自然资源，也融合了运河之文的历史情怀，在古镇文旅融合、传承保护、研究发展等方面具有优势。

2. 自然禀赋与人文环境“双优”

正如笔者前文所述，大运河湖州段拥有优越的自然禀赋，不仅有众多的水系资源、湿地资源、高山资源，还拥有优秀的人文历史遗产，是自然和人文的

“双优”之地。湖州先民在亲水、用水、防水等活动中营造了独特的水文化，“山水清远”“万桥之乡”“水晶宫”“水云乡”等名词是对湖州不同历史时期水文化特征的概括。湖州拥有“世界灌溉工程遗产”——太湖溇港、“世界文化遗产”——中国大运河、全球重要农业文化遗产桑基鱼塘、世界丝绸之源钱山漾、“天下第一弧”——环太湖大堤、世界博览会金奖——辑里湖丝、世界灌溉工程遗产奠基石——毗山大沟8张“世界级金名片”，还有世界级河工专家潘季驯。这些都成为大运河湖州段国家公园建设的基础。湖州被列入《世界遗产名录》的中国大运河遗产有2项，被列入省、市级保护规划并最终收录于《中国大运河遗产保护与管理总体规划》的大运河遗产共31处（项）。大运河申遗时多以遗产群的形式进行申报，湖州的33处（项）遗产中，与运河休戚相关的遗产单体多达200项。这些运河文化、遗产节点和湖州发展、文化繁荣密切关联，是体现大运河湖州段国家文化公园区域特色和文化积淀的核心元素。

3. 远景规划和旅游基础初成

对于大运河湖州段国家公园建设而言，《湖州市旅游业发展“十四五”规划》中明确提出要“共建大运河诗路文化带”①，要“重点梳理大运河湖州段流域历史文化和民俗风情资源，强化优秀传统文化转化利用，建成新市运河新天地等1~2个运河文化集中展示体验区”②。在《湖州市旅游业发展“十四五”规划》的指引下，湖州市正积极建设大运河湖州段国家文化公园。在国家文化公园的建设过程中，湖州市将围绕大运河湖州段这一核心，以新市、练市、南浔等古镇为重点，以现有旅游线路和旅游产品为基础，打造出集文化旅游、民俗旅游、商务旅游为一体的国家文化公园。为完成此目标，湖州市已经完成诸多工程项目：改善水质的“五水共治”工程，南浔、新市等古镇的保护性改造工程，沿东苕溪、江南运河等河道建设的绿道、公园工程，等等，旅游文化基础初步建成。这些项目为推进大运河湖州段国家文化公园的高质量营造，提供了兼具水乡特色和现代理念的游览项目基础。

① 《湖州市发展和改革委员会湖州市文化广电旅游局关于印发〈湖州市旅游业发展“十四五”规划〉的通知》，湖州市人民政府网，2021年11月5日，http：//www. huzhou. gov. cn/art/2021/11/5/art_ 1229566545_ 3839272. html，访问日期：2022年2月3日。

② 《湖州市发展和改革委员会湖州市文化广电旅游局关于印发〈湖州市旅游业发展“十四五”规划〉的通知》，湖州市人民政府网，2021年11月5日，http：//www. huzhou. gov. cn/art/2021/11/5/art_ 1229566545_ 3839272. html，访问日期：2022年2月3日。

（二）大运河湖州段国家文化公园建设存在的问题

1. “支线”与“主线”的游离

流经湖州的运河主要有两段：一为湖州至南浔长约 33 千米的頔塘运河①，该河道是江南运河的西部支线；二为德清县内长约 20 千米的江南运河主线段落，“支线”与“主线”相互游离。因此，在大运河湖州段国家文化公园的建设中需首先解决两线的融合问题，从文化主题和空间规划入手，使两者相辅相成，实现全域发展。

2. “运河场景”中“文化元素”的缺失

波特的竞争力理论指出，产业竞争的核心是比较优势的形成和发挥②。大运河湖州段国家文化公园的建设过程中最为缺失的是“差异化”，出现如此结果的根本原因乃是“运河场景”中的文化缺失。运河具有不断再生、发展的特性，历朝的发展及当代高水准航道的建设，使大量运河遗存遭受破坏，运河的文化与精神元素缺失。因此，在大运河国家文化公园的建设中，需重点将“文化元素”运用于“运河场景”的再现问题中，使“文化”和“场景”实现时空重叠、活态再现。

3. 大运河旅游国际化水平较低

旅游国际化水平是旅游国际竞争力的主要依据③。对于大运河湖州段国家文化公园建设而言，其旅游国际化水平亟待提升。目前来说，湖州旅游发展的国际化集中体现在“洋家乐”④ 之中。除此之外，湖州的国际化水平，特别是大运河湖州段的国际化水平还处于较为幼稚的阶段，亟待提升。旅游国际化核心内容⑤的缺失正是大运河湖州段旅游的短板。基于大运河湖州段旅游，特别是国家文化公园建设的长远考虑，国际市场的开拓是应具备之义和必由之路，因而大运河湖州段国家文化公园在建设之初就应具备国际视野。

① 湖州市志/湖州市地方志编纂委员会：《湖州市志》，北京：昆仑出版社，1999 年，第 256 页。

② （美）迈克尔·波特：《竞争战略》，陈小悦译，北京：华夏出版社，1997 年，第 65 页。

③ 刘晓明：《深圳旅游国际化的框架性战略》，《商场现代化》2007 年第 7 期，第 234-235 页。

④ 李苑露：《乡村旅游国际化样本：浙江湖州以绿水青山留乡愁》，《中国新闻网》，2015 年 9 月 11 日。

⑤ 笔者注：包括资本国际化、人力资源国际化、管理模式国际化、市场营销国际化等内容。详见杨军：《国际化——中国走向旅游强国的关键词》，《光明日报》2005 年 9 月 21 日，第 10 版。

三、全域、数字和活态：大运河湖州段国家文化公园建设论析

（一）点面结合，全域运河

1. 以线带面，规划全域式大运河国家文化公园

大运河湖州段是连接湖州三县两区的“一张网”。多条重要的大运河支线河道，流经吴兴、南浔、德清等地。作为大运河支线河道的重要组成部分，以頔塘运河、双林塘运河等为代表的湖州主线和支线河道，不仅仅是大运河湖州段水系网络的客观延伸，更是大运河湖州段水系网络的现实状况。因而，在大运河湖州段国家文化公园建设过程中要牢固树立“以线带面”、全域式建设国家文化公园的思路；要以江南运河、頔塘运河、东苕溪为主线，以西苕溪、双林塘为支线，以各区县内河道为循环辅助路线，形成以吴兴区、南浔区、德清县为主体，并在特定文化路线上向安吉县、长兴县延伸的全域式公园体系。

2. 以点带面，依托大运河湖州段遗产点，凸显大运河国家文化公园特色

《湖州市文化遗产保护发展“十四五”规划（2022—2025）》中明确提出“探索大运河湖州段保护、监测、展示、利用、传承为一体的运河遗产保护利用新范式”①。故而，依托湖州所拥有的200项世界遗产点及其相关遗产点，以点带面，构建湖州全域范围的国家文化公园。需要指出的是，湖州市提出的《大运河湖州段核心监控区国土空间管控细则》及“保护修缮南浔古镇頔塘故道双桥、頔塘故道驳岸”等相关内容，将极大地促进大运河湖州段国家文化公园之建设。与此同时，根据大运河的多重功能和大运河文化遗产的不同属性规划各具特色的文化路线。如大运河湖州段泄水去向主要有北排、东排和南排：北排，即通过杭锡大运河在湖州节点及頔塘北侧溇港体系北排太湖；东排，即通过頔塘及湖嘉申复线东排太浦河、太嘉河东向入黄浦江或杭州湾；南排，即通过东宗线、大运河中线连接杭州塘等进入杭嘉湖南排工程水系排入杭州湾。依据不同的泄洪方式，设计不同的泄洪通运功能水利储运遗产路线，或者是反映蚕桑鱼米特征的水乡农业遗产路线、反映工商百态的商贸工业遗产路线等。

① 湖州市文化广电旅游局（湖州市文物局）：《湖州市文化遗产保护发展“十四五”规划（2022—2025）》，2022年5月13日，http：//whgdlyj. huzhou. gov. cn/art/2022/5/13/art_ 1229513090_ 3866891. html#_ Toc90624361，访问日期：2022年9月3日。

3. 科学规划，确保大运河国家文化公园落地

《大运河湖州段核心监控区国土空间管控细则》的发布，明确了大运河湖州段国家文化公园建设的“有所为”和“有所不为”。与此同时，就大运河湖州段国家文化公园建设可规划以下内容：南浔区在大运河国家文化公园建设中涉及頔塘及南浔古镇，文化公园的建设将重点围绕南浔文化古镇和頔塘故道开展，展示主题运河水文化、税收文化、丝绸文化等。吴兴区涉及东苕溪、西苕溪等河道，文化公园的建设将重点围绕运河西排水之溇港文化，展示主题包含人工建筑技艺和工匠精神。德清县主要涉及江南运河的中线要道，文化公园的建设将重点围绕桥文化展开，展示主题包含江南运河诗路人文风貌、古桥建筑文化等。与此同时，可运用城市规划领域的“可达性”理论①，从交通到达的便利性、游人到访的意愿度、遗产自身的历史价值三个方面，对运河沿线各个文化遗产进行可及性排序，为运河国家文化公园的系统化建设划定先后、确定顺序。

（二）爬梳文献，数字运河

1. “故纸堆”中找寻大运河湖州段的文化底蕴

大运河湖州段拥有丰富的历史资料和人文档案。这些历史资料和人文档案分布在各类档案馆、图书馆、历史文献库、古籍书库，以及各类数据库中，因此需要在“故纸堆”中找寻大运河湖州段的历史真实。历史资料和人文档案包括以下几部分：其一为记录运河湖州段人民生产生活方式等的档案资料及实物；其二为记录运河湖州段商贸等历史的档案资料及实物；其三为记录湖州段运河截弯取直等水利工程的相关档案资料及实物；其四为历代反映大运河湖州段文化的民间文学等历史故事相关档案资料及实物；其五为留存的大运河湖州段的访谈等口述资料。目前来说，湖州市虽在大运河申遗时整理了部分大运河档案，但档案内容少且杂，需对标国际，以全国、浙江省对于大运河文化遗产档案的管理标准，确定档案资料收集的详细条目，并开展档案的收集完善工作。

2. 分析与整理，建立大运河湖州段的档案资源库

大运河湖州段档案库的建设需要多方协调。湖州市政府要起到“总调度”

① 翟宇佳、周聪惠：《基于实例的城市公园可达性评价模型比较》，《中国园林》2019 年第 1 期，第 78-83 页。

的作用，湖州市档案馆、图书馆、文史馆等相关部门要积极配合，湖州师范学院、湖州学院和湖州职业技术学院等高校要为大运河湖州段档案整理与分析提供切实可行的方案和充足的学术资源。需要重点强调的是，地方高校及研究院所可从文字资料（现状介绍、历史沿革、历代功能、故事传说、考古资料）和图像资料（现状照片、现状测绘、工程信息、历史图像、场景复原）两方面建立、健全大运河湖州段文化遗产资料库。

3. 利用新技术，实现大运河湖州段文化遗产的数据化

要充分利用大数据、物联网、区块链、5G 等技术，在大运河湖州段档案的收集、整理、展示等环节及文化遗产的收集、整理、利用等方面数据化，并且建立数据库。要利用 AR 和 VR 技术，重现大运河湖州段往昔的繁荣，使民众能够更真切地感受大运河“活态”的热闹。要利用微信等公众平台发布有关大运河档案资源开发的最新动态；通过档案馆、博物馆、文化和旅游局等网站平台对大运河文化进行宣传，实现档案资料和文化遗产资料的共享运用、实时更新。

（三）创新传承，活态运河

传承是大运河发展的前提。无论是底蕴深厚的大运河文化，还是匠心独运的大运河建筑技艺，或是大运河琳琅满目的业态，在不同历史时期，都需要结合时代需求做出新调整。这其中蕴含传承与创新的意义。传承是延续大运河蓬勃发展的基础，创新则是大运河在新时代保持生命力的方式。传承与创新是打开大运河的最好方式。需要强调的是，从传承与创新的视角理解大运河湖州段的国家文化公园建设，需要将大运河湖州段国家文化公园理解为一种业态，一种既与商业业态不同，又与文化业态不同，但介于两者之间，同时也是超越两者的业态，即大运河湖州段国家文化公园是一种新型的业态，它需要品牌主题和品牌形象。其一，要找准大运河湖州段国家文化公园的品牌主题。以运河片区为载体，以片区中最重要的运河遗产为文化主题，辐射周边地带。积极引入国内外有影响力的文化创意企业进行品牌化经营，同时面向社会和高校定期开展主题化的文化创意设计竞赛，优选文创项目，进行扶持评估，优胜劣汰，逐步在湖州的大运河国家文化公园中形成一个文化底蕴深厚、商业形态丰富的主题性文化创意产业集群。例如苕溪沿岸可以“贤守”“状元”为文化主题；頔

塘运河沿岸可以“丝绸丝路”“藏书刻书”为文化主题等。其二，要创立大运河浙江段国家文化公园的湖州品牌形象，在区分文化创意品牌主题的基础上，可从溇港通“运”、书画之“邦”、丝绸之“路”、荻港之“境”等方面最终确立湖州大运河国家文化公园的品牌形象，打造特色鲜明的湖州运河生态文化。大运河湖州段国家文化公园在拥有自我品牌主题和品牌形象之后，剩下的便是其发展传承问题。笔者认为，大运河湖州段国家文化公园至少有三种传承方式，分别是数字化业态传承、艺术化业态传承和教育化业态传承。

1. 数字化业态传承

数字化拥有强大的生命力，大运河湖州段国家文化公园建设在传承过程中需要“数字化”。其发展方向包含三个方面：其一是“互联网+”运河展示。基于运河文化遗产资料数据库、GIS、5G 技术等，建立大运河湖州段网站、手机 App、公众号等网络系统；分块实现运河文化遗产资料的官方发布、市民提供、游览体验。其二是数字化运河导览馆。导览馆的建设可分为两个方面，一是面向游客群体的大运河湖州段国家文化公园全景导览，利用三维沉浸、连续全景等技术①实现运河实景与复原场景的全面展示；二是针对游客个人或家庭的定制化导览，引入人工智能、人物代入等技术与理念，与游人进行充分互动，提供实景游览的路线建议。导览馆可选择运河畔保护要求中等的近现代工业遗产建筑进行改建，如丝绸之路集团的近代工业基地等。其三是虚拟化运河实景游。沿着大运河国家文化公园的水路、陆路游览路线，运用船载虚拟全景展示等技术，实现对文化价值极高的遗产或受到破坏的遗址的现状空间与数字历史档案的时空叠加，如湖州宋代骆驼桥的镜子王国等。

2. 艺术化业态传承

艺术化的追求源于对美好生活的向往。“人民日益增长的美好生活的需求”就包括艺术化的生活，因而不管是作为思想交流、荟萃传统的文化大运河，还是作为惠及民众、民族融合的实体大运河都是人民日益美好的生活的体现，且就传承而言，有需要展示“人民日益增长的美好生活的需求”，艺术化业态传承就会成为必然选择和必由之路。就大运河湖州段而言，要根据运河史实，结合地方艺术，创作运河主题剧目、视频短片等。主题剧目可以

① 姜师立：《中国大运河遗产》，北京：中国建材工业出版社，2019 年，第 229 页。

运河历代名人为切入点，将人物的历史功绩、传世作品、故事传说娓娓道来，同时可与其他城市的相关剧目相互联动，形成品牌剧目、系列剧目。视频短片可采用真人实拍和动画制作等多种方式，故事化展现单个运河文化遗产的前世今生。

3. 教育化业态传承

活态传承，从学术的严格意义上来说，只能是针对非物质文化遗产。然而，随着“活态传承”内涵和意义的泛化，其对象也从非物质文化遗产转向更多的文化类型。教育，特别是研学教育的普及，也成了一种新型的“活态传承”。究其原因乃是研学教育走进“历史现场”，而大运河就是“历史现场”。从大运河湖州段国家文化公园的角度来说，其发展与传承自然也加入了教育内容，其业态传承过程包含教育化。就具体措施而言，其包含以下方面：创作一系列绘本、漫画、小说等青少年运河文化遗产推广读物；招募大中小学生担任大运河湖州段国家文化公园的文化传承员，开展大运河文化遗产的讲解和研学推广工作；设立大运河研学基地，探索将运河文化遗产教育融入中小学各学科教学领域的方式，定期与学校开展联合活动，实现青少年群体的遗产保护观念活化等。

四、余　论

目前，大运河湖州段国家文化公园建设尚未正式展开，但湖州市正在紧锣密鼓地筹备此项工作。本文之研究是为呈现出一张蓝图，一张大运河湖州段国家文化公园的建设蓝图。依托大运河湖州段优越的自然禀赋和深厚的历史人文，抓住国家、省、市对于国家文化公园建设的政策支持、经费支持、科学规划，以及良好的旅游基础等有利条件，克服大运河湖州段主线和支线游离、文化元素较少、国际化水平较低等不利条件，在“全域”“数字”“活态”等方面下功夫，最终实现大运河湖州段国家文化公园之落地。需要指出的是，大运河湖州段国家文化公园的发展模式必然是“全域性”的，对大运河湖州段的历史文化和遗产资料要进行全面的整理和深刻的分析，最终以资料库的形式实现“数字化”；在大运河湖州段国家文化公园建设过程中需要政府、高校、企业、社会团体等的帮助，需要联合信息技术团队实现资料的数据化，联合文艺创作团队实现资料的剧目化，联合虚拟技术团队实现时空的叠加化，联合文创和旅游规划团队实现大运河湖州段国家文化公园特色化，使大运河湖州段国家文化公园成为人民群众对美好生活追求的样本，也让湖州成为人人渴望的美好宜居之城，成为人人期待的最美丽的“大运河城市”。

撰稿人 张剑
单 位 湖州师范学院人文学院

大运河国家文化公园数字云平台的建设实践

中国大运河始建于公元前486年，全长约3200千米，是世界上开凿时间最早、规模最大的人工运河，充分体现了我国古代劳动人民的智慧。2014年6月中国大运河被列入了《世界遗产名录》。具有2500多年历史的中国大运河，为中国的国家统一、社会发展、人民幸福做出了重大贡献。因此，对于大运河文化的保护、传承与发展具有重要的意义。

近年来，学术界围绕如何保护好大运河文化开展了一系列研究。但保护、传承并发展好大运河文化，仅进行学术研究是远远不够的，更要落实到实处。在新媒体时代这一大的背景之下，大运河国家文化公园数字云平台的建设实践，是对大运河文化进行保护、传承的一个很成功的案例。

一、大运河国家文化公园数字云平台的起步建设

2021年年初，国家发改委印发《大运河文化保护传承利用2021年工作要点》，明确指出要建设大运河国家文化公园数字云平台（以下简称大运河数字云平台）。在各种有利因素的推动下，大运河数字云平台已经发展成了一个集数字管理、文化传播、文旅融合等多功能于一体的建设在云端的国家文化公园。

（一）建设的可行性

中国大运河文化是流动的文化，涵盖了丰富的物质和非物质文化遗产，只有让公众了解大运河文化，公众才能真正热爱大运河文化，更好地保护大运河文化。大运河数字云平台的顺利建设离不开多方面因素的有力推动。本文将从国家政策、文化产业、传媒技术及传播格局4个方面对大运河数字云平台建设的可行性进行分析。

1. 国家政策扶持

党的十八大以来，习近平总书记多次就大运河文化的保护、传承问题作出重大决策。2017 年 2 月，习近平总书记在北京通州区调研时指出："保护大运河是运河沿线所有地区的共同责任。"2017 年 6 月，习近平总书记就大运河文化带的建设与发展作出了重要批示，指出大运河是祖先留给我们的宝贵财富，"是流动的文化，要统筹保护好、传承好、利用好"①。

2019 年 2 月，中共中央办公厅、国务院办公厅印发《大运河文化保护传承利用规划纲要》，提出要从国家战略高度来建设保护大运河文化带。同年 12 月，中共中央办公厅、国务院办公厅印发《长城、大运河、长征国家文化公园建设方案》，大运河数字云平台的建设要求也在方案中。"十三五"规划提出要从国家战略角度出发，大力发展大数据、云计算等技术，把大数据作为基础型战略资源，使之和更多领域相结合，并全面推进大数据的高效采集、有效整合和融合利用，努力发扬创新精神，将大数据和云计算技术融入各行各业中②。2022 年 5 月，中共中央办公厅、国务院办公厅出台《关于推进实施国家文化数字化战略的意见》（简称《意见》），要求各地区具体情况具体分析并进行落实。《意见》中明确指出到"十四五"时期末，要基本建成文化数字化服务平台，建设多种数字化设施，通过线上与线下融合联动，形成一套立体化、全方位的文化服务供给体系③，满足人民群众日益增长的文化需求。

各种文件政策的出台都给大运河数字云平台的建设提供了有力的支持，伴随着数字技术的发展，推动了大运河文化的传播。

2. 文化产业发展

文化产业主要指为生产文化产品提供服务或生产、提供文化产品的经济行业，文化产业的存在可以满足人们的文化需求，促进文化的传播与发展。近年来，在习近平新时代中国特色社会主义思想指导下，我国大力发展文化产业，

① 施雨岑、吴晶、胡浩：《文明之光照亮复兴之路——以习近平同志为核心的党中央关心文化和自然遗产保护工作纪实》，人民网，2019 年 6 月 10 日，http：//politics. people. com. cn/n1/2019/0610/c1001-31126283. html，访问日期：2022 年 2 月 18 日。

② 唐晓波、石文萱、李诗轩，等：《基于大数据的科教评价信息云平台构建和智能服务研究框架》《图书与情报》，2020（05）：74-85.

③ 周玮、徐壮、杰文津：《让中华文化更"活"更火——透视〈关于推进实施国家文化数字化战略的意见〉》，新华网，2022 年 5 月 24 日，http：//www. news. cn/info/20220524/724e81c1135e4b62bc562268b0dbb733/c. html，访问日期：2022 年 7 月 18 日。

以建设成文化强国为目标，不断健全现代文化产业体系和市场体系，同时推动文化产业高质量发展①。《“十四五”文化产业发展规划》指出目前工作的重点是要不断改善文化产业发展环境，并要求各地从自身实际出发，做到具体问题具体分析，把握发展规律，将地方特色展现出来，加强各部门各环节之间的联系，推动建立统筹各方、协调有力的文化产业发展工作机制和格局。

大运河数字云平台以传播大运河文化为主旨，通过各地区、各部门的跨域协调配合指挥，以数字化形式管理大运河文化知识，在传播中国传统文化知识的同时，也将大运河沿岸城市的地方特色展现出来。这对于推动我国文化产业的高质量发展，增强文化自信，向着文化强国的道路迈进具有重要的意义。

3. 媒介技术进步

近年来，随着信息化进程的加快，新技术的革新不断冲击着传统媒体。大数据、5G、人工智能、物联网等数字技术迅速发展，现代社会已进入一个新的智能传播时代。各行业类媒体应抓住这一机遇，向着智能化媒体的趋势发展。

云平台又称为云计算平台，云计算技术通过将相互关联的计算、存储、数据等应用资源进行集成，高效安全地同时将大量高性能计算存储资源以可靠云服务产品的形式直接提供给广大用户。云平台作为一种云端储存平台，很符合当前媒体的发展趋势。它通常会与一个具体的应用结合在一起产生作用，比如大运河国家文化公园数字云平台的建设。大运河数字云平台通过将云平台技术应用到大运河文化的传播中，为用户提供一个方便的、可以快速了解大运河文化的 App，很好地解决了传统媒体在传播文化方面所面临的不足，大大提升了文化的传播效果。

4. 传播格局变化

在步入智能传播时代后，随着移动互联网和社交媒体的广泛兴起，信息传播的格局已经发生了巨大的变化。中国互联网信息中心（China Internet Network Information Center，简称 CNNIC）发布的《2016 年中国互联网新闻市场研究报告》指出：“随着智能手机和移动互联网的迅速普及，新的信息技术

① 董彧：《新时代背景下国有文化企业经营策略的探讨》，《现代营销（经营版）》2021 年第 12 期。

为新闻传播带来了巨大深远的影响，原有单一、线性的传播形态彻底被颠覆。”①

一方面，新闻的生产主体变得多元化，媒体不再是唯一的传播主体，用户在传播过程中逐渐变得不可或缺，受众对于信息的接收不再处于被动状态，他们更希望可以与互联网上的人和事进行互动。这些变化使得传统媒体的影响力下降，推动着媒体技术向前发展。另一方面，媒介技术的发展迭代使得受众的接收模式发生了改变，信息的传播也逐渐变得碎片化。以快手、抖音等为主的短视频平台占据了现代网民的大部分网络时间。碎片化的传播方式很契合当下快节奏的生活。因此，融合了互联网、大数据、人工智能等技术的智能媒体平台才是互联网发展的未来方向。大运河数字云平台是一个相对成熟的资源存储与分发的云产品，通过 VR 等新兴数字技术，既可以给用户带来沉浸式互动体验，激发用户的兴趣，也可以满足用户碎片化阅读的需求，为用户提供弹性资源，很好地满足了当下用户对于智能传播平台的需求。

（二）平台定位

大运河数字云平台建设的主要目的是“统筹保护好、传承好、利用好”大运河文化，在不断的实践与发展中，平台逐渐建设成一个集数字管理、文化传播、文旅融合等于一体的多功能云端国家文化公园。

1. 数字管理平台

为贯彻落实《关于推进实施国家文化数字化战略的意见》的政策，大运河数字云平台各个版块的建设一直贯彻“数字化”这一理念，以期向公众展示“数字化”文化。基于大运河文化的覆盖面广、涉及内容多、分布不集中等特点，大运河数字云平台打造了一套数字化管理与展示体系，可使各区域、各部门统一协调管理，建设效率最大化，同时借助云平台的大容量储存空间和高效集成优势，对大运河文化知识进行数字化收集、分类、展示，建设有线上数字博物馆、沉浸式体验馆、互动展示区等多个数字化版块，以多种模式向公众传播大运河文化。

① CNNIC：《2016 年中国互联网新闻市场研究报告》，2017 年 1 月 11 日，http：//www.cnnic.cn/n4/2022/0401/c120_ 1123.html，访问日期：2022 年 2 月 18 日。

2. 文化传播平台

现今，中华文化的传播与发展正面临着严峻的形势，学术界也越来越关注这一问题。大运河数字云平台其实是一个文化传播平台，主要以内容为核心，建设宗旨是传播大运河文化知识，通过对大运河文化知识的高效采集、整理、分类，梳理大运河文化体系，持续更新运河沿岸动态，聚焦内容输出。

在信息过载的时代，信息技术的迅速发展给云平台服务带来了很多可能，只有顺应时代技术发展的要求，才能更好地传播大运河文化。所以，大运河数字云平台不单单是一个运用多种新兴数字媒体技术的平台，更重要的是将技术与内容相结合，以技术为动力、为抓手，推动大运河文化的传播与发展。

3. 文旅融合平台

“文化是旅游的灵魂，旅游是文化的重要载体。”文旅融合是新时代背景下我国建设中国特色社会主义的重要任务，其主要战略目的之一就是要促进我国文化旅游与休闲旅游产业的全面转型与升级，适应广大人民群众的美好生活需求①。大运河数字云平台打造了一套文旅相结合的体系，在给用户推荐大运河文化知识的同时，为用户提供附近的大运河文化旅游场馆和丰富的景点信息，并同步当地的酒店、旅馆等场所信息，以文促旅、以旅兴文，为文旅双向融合提供有力支撑，全面推进“文旅+科技”的新型发展模式的实践。这不但可以推动大运河文化的传播，也可以带动相关企业的经济发展，为文旅融合发展注入活力，避免其成为“信息孤岛”。因此，大运河数字云平台实际也是一个文旅结合的平台。

二、大运河国家文化公园数字云平台的实践落实

大运河数字云平台在建成以来的实践过程中，不断向着建设多功能多场景的服务于大运河国家文化公园的数字云平台的目标迈进，构建了“政务服务端”“公众服务端”“国际传播端”“企业服务端”等端口，集多功能服务于一体。其中，“公众服务端”充分利用了云平台的优势，为公众提供了丰富的大运河文化知识，包括“知运河”“探运河”“游运河”三个版块。

① 范周：《文旅融合的理论与实践》，《人民论坛·学术前沿》2019 年第 11 期，第 43-49 页。

（一）“知运河”

1. 个性化专题整理

“知运河”版块通过将大运河文化知识整理分类，打造了一套大运河文化知识的传播体系，包括“走进大运河”“图游大运河”“运河人物”“运河非遗”“红色运河”等十几个个性化专题。通过将运河短讯以个性化专题分类呈现，用户可以根据自己的兴趣、喜好，在碎片化的时间段了解与大运河文化知识相关的文字、图片、视频等，在减少用户时间成本的同时可以很好地传播大运河文化，这也符合智能媒体时代的个性化传播需求。

2. 滚动化运河动态

“知运河”版块设立了“运河动态”栏目，通过将最新的运河动态热点汇聚到这里，可以及时向用户传播最新的有关大运河文化的动态新闻。同时，以滚动的形式呈现，有利于在众多信息中吸引用户的注意力，增强大运河文化的传播力。

3. 多样化视听内容

“知运河”版块设有多种呈现形式的专题栏目，有以文字、图片为主的短篇文章形式，比如“运河人物”“运河非遗”等栏目；有以地图形式呈现的运河城市图标，比如“图游大运河”栏目；有以图片、音频、视频为主，带给用户现场感体验的栏目，比如“运河云视听”栏目。多种样式的呈现，辅以唯美的国风版块设计，让用户在浏览大运河文化知识的同时，得到完美的体验感，从而增加用户黏性，促进大运河文化的传播。

（二）“探运河”

1. 虚拟场景体验

“探运河”版块有多处创新技术设计，通过技术手段将虚拟场景与现实场景相关联，线上的虚拟数字场馆可以让用户在线体验运河文化。比如“文化主题馆”栏目，可以让用户根据自身的选择，体验“经贸文化”“水工文化”“商事文化”等，以“运”为核心概念，用丰富的视觉元素让用户领略大运河文化贴近生活的一面，有效传递大运河文化的生命力。

2. 互动游戏设计

“探运河”版块设置了多项互动体验小游戏，让用户可以在浏览、学习大运河文化知识的同时，提高参与感和投入度。比如“点亮运河”栏目，用户可以按照自己的喜好点击互动，在唯美的画风设计下纵览大运河的美景，“畅游”大运河沿岸城市的多处景观，还可以在自己情有独钟的站点生成专属自己的祈福卡。大运河江苏段积淀了灿烂的运河文化，在“运河探秘”栏目中，用户可以与“江南才子”进行互动，跟着他“逛江南”：在带有江南韵味的背景音乐中，“江南才子”会讲解用户所点击地区的文明特色；更有精妙的设计，即用户在积攒到足够的步数后可以解锁更多场景。江南图景引人入胜，趣味互动游戏将线上与线下结合起来，激发用户兴趣，为大运河数字云平台增添了许多色彩。

3. 运河研学实践

研学即研究性学习，是指以学生为中心，在老师和学生共同组成的学习环境中，以原本的课堂内容为基础，让学生主动学习，并在学习的过程中提出问题并解决问题的归纳式学习过程①。“探运河”的“研学大运河”和“大运少年”栏目，将研究性学习过程与大运河文化的传播教育相结合，打造出一套将线上学习与线下实践相结合的传播模式。平台联动学校、家庭、文化场所，为学生设计了众多大运河文化的科普栏目，同时有计划地举办线下参观、学习、体验活动，让学生通过亲身经历这一值得骄傲的奇迹工程，在实践体验中研学大运河文化的魅力所在，激发学生的创造力，培养学生对大运河文化的热爱。

（三）“游运河”

1. 文旅产业有机融合

大运河数字云平台打造了一套文旅相结合的体系。“游运河”版块会根据用户所在的位置定位，为用户提供附近的与大运河文化相关的景点、交通、酒店、场馆、美食等信息，以文促旅、以旅兴文，为文旅双向融合提供有力支撑，全面推进“文旅+科技”的新型发展模式的实践，在传播大运河文化的同时，带动文旅产业的发展。

2. 运河风光在线鉴赏

同时，“游运河”版块也为用户提供了大运河文化景点的“在线鉴赏”栏目。

① 李雨竹《基于地方传统文化资源开发的线上研学模式研究》，《产业创新研究》2021 年第 14 期，第 133-135 页。

用户可以在线上通过点击选择自己想要了解的景点，以短视频或图片的形式快速了解真实的景点特色和美景，足不出户就可以快速体验大运河沿岸的风土人情。

三、大运河国家文化公园数字云平台的发展策略

当前，传统文化所面临的传播力不足、传播场域受限等问题值得整个学术界进行研究讨论。以大运河文化的保护传承工作作为引领，腾讯云助力的大运河国家文化公园数字云平台正不断完善平台的构建，通过对大运河文化的收集、分类、整理，可为公众提供一个便于了解大运河文化的平台。但参考其他成熟的云平台的建设，大运河国家文化数字云平台在其自身的宣传、内容、功能、影响力等多个方面都还有待优化和提升。

（一）宣传优化：维度创新

大运河数字云平台目前的受众面还不够广，其在宣传力度上有待加强。大运河数字云平台在不断发展完善的同时，也需从不同的维度进行宣传，从而扩大受众面，增强大运河文化的传播力，扩大大运河文化的传播范围。

1. 内容思维

大运河数字云平台的宣传应具备内容思维，从大运河文化本身出发，“内容为王”始终是内在要求。文化是一个国家、一个民族的灵魂，是历史发展的产物，同时文化也是一种社会现象，是人们长期累积创造出来的。大运河文化所包含的其实就是大运河沿岸地区人们的生活姿态，包含着大运河沿岸地区的历史、人文、习俗、理念等。同时，大运河文化也是各地区间交流的文化纽带，具有十分重大的意义。

在宣传时，应紧抓大运河文化内容的精髓，充分展现出大运河文化的包容、开放与内涵，展现出大运河文化本身的魅力，通过丰富多彩的文化知识来吸引公众的目光。

2. 受众思维

在新媒体时代，信息的传播模式与传受关系都发生了改变，受众在传播过程中有着越来越重要的作用，他们不再那么关注传播者是谁，因为他们自己也是传播者。各种新媒体构建出了一种新的传播格局。因此，在对大运河数字云平台

进行宣传时运用受众思维必不可少，以受众为中心，才能达到良好的传播效果。

一方面，新媒体时代的受众不再完全处于被动接受信息的状态，受众的主体性正在不断增强，权力以参与的形式分散到了受众的手里①。互动式的宣传模式可以让受众获得参与感，激发受众的创造欲和分享欲，从而增强宣传的效果。另一方面，大运河数字云平台应选择受众喜闻乐见的内容和方式，不局限于刻板僵硬的宣传套路，创新宣传角度，以更贴近受众生活的方式进行宣传，这样更易培养受众黏性，提高受众的兴趣和接受度。

3. 平台思维

在宣传过程中，平台思维也很重要。大运河数字云平台以云平台为载体，借助云平台存储量大、运行速度快、安全性能高等特点，高效安全地将大量高性能计算存储资源以可靠的云服务产品的形式直接提供给广大用户。这是大运河数字云平台相较于其他传统媒体在传播文化知识时的优势所在。因此在宣传时，可以突出大运河数字云平台的平台特色和优势，突出其是符合时代发展需求的新媒体平台的特色，让受众充分了解大运河数字云平台的创新性，从而引起受众的关注。

（二）知识优化：内容拓展

大运河数字云平台拥有庞大的数据存储量，在将大运河文化知识收集、存储在云端的同时，以个性分类、数字展示、互动等形式呈现给公众。但大运河文化知识的横向收集和纵向挖掘都还存在着不足，这也是大运河数字云平台可以优化发展的方向。

1. 覆盖面延伸

中国大运河纵贯南北，促进了不同地区间的经济与文化交流。《大运河文化保护传承利用规划纲要》提到："大运河承载的文化价值和精神内涵是依托于运河这一实体产生的，并随着大运河的历史变迁而形成和发展、创新和升华。"大运河文化涵盖了沿岸城市的风土人情、习俗、精神思想等，是包容、开放的，是丰富多彩的。

大运河数字云平台应不断扩大大运河文化知识的覆盖面，全方位展示运河

① 蔡骐、黄瑶瑛：《新媒体传播与受众参与式文化的发展》，《新闻记者》2011 年第 8 期，第 28-33 页。

沿岸地区的风采，并细化为更多的专题进行整理，以提供给用户更新的信息获取体验；也可以创建一种国外比较常见的指南服务体系，即针对云平台的某项服务或者操作系统提供完整的指南，如麻省理工学院（Massachusetts Insitute of Technology，MIT）的 Endnote at MIT 指南系统介绍文献管理软件 Endnote 的使用①，这样用户可以更好地找到自己想了解的知识内容。

2. 数据深度挖掘

“精确新闻学”的代表人物菲利普·迈耶认为，在信息过载的时代背景下，数据信息的分析处理变得很重要，通过挖掘数据背后的规律和意义，可以让受众了解它们之间的相关性，加深对它们的印象。所以在纵度方面，大运河数字云平台可以深入挖掘相同地区或不同地区间文化之间的联系，对高质量的数据进行深入挖掘、分析，并将之可视化，向用户展示它们背后的联系，增加用户对大运河文化知识的深入了解，增强传播力。

（三）功能优化：技术创新

大运河数字云平台是符合时代发展需求的新媒体平台，如果能在功能服务上进行进一步技术创新，就会更有利于大运河数字云平台的推广普及和大运河文化的传播。

1. “个性”智能服务

在互联网出现之初，麻省理工学院的传媒与科技专家尼古拉斯·尼葛洛庞帝就预言了未来将会有“我的日报”的形式——一种以个性化为特征的报纸。在“我的日报”上，每个用户都可以根据自身的喜好来选择内容进行阅读。在大运河数字云平台的分发阶段，对用户特征及服务需求的深入挖掘是云平台提供智能传播服务的关键。

在大数据时代，用户在网上浏览、点击、下载等碎片化行为都会被互联网记录下来，云平台通过收集、记录这些信息可以为用户画像，对收集到的数据进行深入挖掘，分析用户的兴趣爱好。通过现有的大数据技术从数据库中调取符合用户爱好和需求的内容，实现精准匹配，这是云平台实现智能传播服务的重要保证。即通过为用户打造“个人日报”，向用户推送与运河文化相关的内容，在用

① 袁晔、郭晶、余晓蔚：《Libguides 学科服务平台的应用实践和优化策略》，《图书情报工作》2013 年第 2 期。

户最自然、不带目的性的浏览过程中将大运河文化渗透给用户，从而提高大运河文化的传播效率和普及率，同时也可以增加用户黏性，节约其时间成本。

2. 社交传播、分享

作为智能传播时代的移动媒体的一大变革所在，社交和移动是不可或缺、紧密联系在一起的两个重要的组成部分。得益于现今新媒体的发展所带来的新的传播模式，人际关系网络成为大众传播中的重要传播渠道①，社交成为传播的一大动力。

大运河数字云平台应创新社交传播功能，联通“三微一端”，用户可以通过 App 中的一键分享、转发等功能，将云平台中所看到的有趣的知识内容分享给他人，用户在获得认同感、满足自身分享欲的同时，也可以扩大大运河文化的传播面，使大运河文化沿着用户社交关系网络传播。社交化传播可以将内容传播与社交完美结合在一起，在满足用户社交需求的基础上，让社交成为大运河文化内容生产和传播的重要动力。

结　语

在新时代背景下，我们应深刻领会习近平总书记的要求，做好大运河文化的传承、保护工作。对内，可以促进文化的传承与发展；对外，可以有效传播我国的优秀传统文化。今天的大运河不仅是著名的世界文化遗产，同时也是活态的水利工程、文化场所、旅游胜地。传承、保护好大运河文化，可以促进我国经济和文化的发展。随着大数据、云计算、人工智能等技术的进步，充分利用这些新技术，将它们和中华优秀传统文化有机融合，可以推动中华优秀传统文化的传承与创新。

大运河国家文化公园数字云平台抓住了这一时代机遇，以新兴媒体技术作为支撑，充分发挥云平台的特色优势，很好地弥补了传统媒体在对非物质文化遗产进行传播时所面临的场域受限、传播力不足等缺点。

撰稿人　朱晓帆
单　位　扬州大学新闻与传媒学院

① 彭兰：《移动化、社交化、智能化：传统媒体转型的三大路径》，《新闻界》2018 年第 1 期。

文博展会篇

JIANG-YUN JIAOHUI

CHANG－SANJIAO

DAYUNHE WENHUADAI

WENLÜ RONGHE

PINPAI ANLI YANJIU(2022)

镇江市大运河文博展陈体系建设实践

文博展陈体系是城市高质量文化生活的重要表现形式，对提升城市文化生活品质意义非凡。高层次的文化休闲活动需要高品质的文博展陈体系来承载，同时高品质的文博展陈又能极大地提升文化生活的体验感，在满足人们在文化休闲活动中增长知识的需求同时，也促进了社会经济发展。构建高品质的文博展陈体系已成为近年来城市文化生活的共识。镇江市依托悠久的大运河文化，突出大运河特色，是较早探索大运河文博展陈体系建设的城市之一。

大运河是中华文明的重要标识，承载着中华民族的悠久历史和灿烂文明。习近平总书记高度重视大运河文化带建设，强调："大运河是祖先留给我们的宝贵遗产，是流动的文化，要统筹保护好、传承好、利用好。"① 大运河贯通南北、联通古今，蕴含着中华民族悠远绵长的文化基因。《大运河文化保护传承利用规划纲要》中明确提出了"大运河博物馆体系建设"这一宏伟目标，指出："统筹大运河沿线博物馆建设，充分利用现有博物馆、陈列馆，适当新建、改扩建博物馆或专题陈列馆，突出地方特色，建设既相互衔接又各具特色，一条主线、多点分布的大运河博物馆体系。"② 如此，大运河文博展陈体系建设者及学者们需要根据区域特点，研究如何开展和完善我国和各地方大运河文博展陈体系的建设实践。

镇江市作为大运河文化知名城市，位于长江与大运河交汇处，区位优势独特。大运河镇江段北起镇江古运河入江口（京口闸），南到吕城镇边界，包含镇江城区运河故道 16.7 千米、丹徒闸外引河 0.8 千米及现京杭运河镇江至常

① 姚雪青《千年运河焕发崭新活力》，《人民日报》2020 年 12 月 14 日，第 5 版。
② 中共中央办公厅、国务院办公厅印发《大运河文化保护传承利用规划纲要》，2019 年 5 月。

州段43千米①，沿线文物和文化资源丰富。运河随时代变迁不断发展衍生，至今仍具有强大的生命力。镇江市作为大运河文化带功能分区城市，应紧抓大运河文化带、文化公园等国家战略的重大机遇，通过深入挖掘大运河承载的深厚文化价值和精神内涵，结合时代要求继承创新，合理利用沿线文物和文化资源，打造大运河文博展陈体系，更好地统筹保护好、传承好、利用好镇江市大运河文化遗产，使之展现出永久魅力和时代风采。

一、镇江市大运河文博展陈体系层次丰富

镇江市作为国家历史文化名城和运河沿线城市，承载着大运河悠久的历史，拥有众多大运河文化印记。这些真实的印记，以大运河沿线遗存的“物”为基础，这些“物”实实在在、真实可考，每一件都是运河历史和文化的缩影，通过观察和触摸它们，可以更为直接和真切地感受这些“物”所承载的运河文化。这些相对具体的物化的历史记忆需要完善的文博展陈体系呈现。镇江作为较早探索大运河文博展陈体系建设的城市之一，已经取得了丰硕成果。

（一）文博展陈体系资源众多

近年来，镇江市积极响应国家战略需求，促进区域协调，出台相关支持政策，积极扶持本地文博展陈场馆发展。镇江市依托悠久的历史文化资源，整合运河文化空间，深入挖掘大运河镇江段文化价值和精神内涵，发挥江河交汇、高岗夹河、城市山林等特色优势，以各类博物馆和文化展示馆为载体，以点带面，逐渐形成了较为完善的大运河文博展陈体系。其中，文化展陈单位共26家，包含各类博物馆12家、文化展示馆14家（表1）。这些文博展陈单位特色鲜明，内容多样，紧扣地域特征和文化底蕴，分别从不同维度生动展示了大运河镇江段的历史发展变迁、水利工程技术、文化交流融合、城乡聚落演变和航运文化发展等内容，呈现出壮阔美丽的运河图景。它们承载着众多大运河留给我们的宝贵遗产，是展示大运河遗存文化价值和精神内涵的重要载体，更是保护好、传承好、利用好大运河文化的前提和基础。

① 镇江市文化广电和旅游局：《大运河镇江段》，镇江市文化广电和旅游局官网，2015年3月5日，http://wgl.zhenjiang.gov.cn/wgl/qgzdwwbhdw/201503/0d9b49a871ab4035a814def529a149b3.shtml，访问日期：2022年4月28日。

表 1 大运河镇江段文博展陈设施一览表

序号	名称	类别	地点
1	镇江博物馆	历史文化	镇江市伯先路 85 号
2	镇江焦山碑刻博物馆	其他	镇江市焦山公园内
3	茅山新四军纪念馆	历史文化	句容市茅山景区大茅路
4	丹阳市总前委旧址纪念馆	其他	丹阳市宝塔弄 5 号
5	丹阳市博物馆	综合地志	丹阳市西环路 21 号
6	丹阳市怡情轩博物馆	历史文化	丹阳市西环路 21 号
7	新四军四县抗敌总会纪念馆	历史文化	镇江市丹徒区宝堰镇东大街 82 号
8	冷遹纪念馆	历史文化	镇江市丹徒区黄墟集镇
9	句容市博物馆	历史类	句容市华阳镇葛仙湖公园内
10	句容先吴文化博物馆	历史类	江苏省句容市茅山景区
11	江苏神牛红木艺术博物馆	艺术	江苏省句容市洪武路 19 号
12	镇江红色钱币专题博物馆	其他	镇江市中山西路 110 号
13	镇江永泰昌博物馆	历史文化	镇江市润州区灵鹫巷 40 号
14	镇江市科技馆	科技展示	镇江市润州区南徐大道 699 号
15	丹徒区文化馆	文化展示	镇江市丹徒区长山路 281 号
16	丹徒规划展示馆	规划展示	镇江市丹徒区长香中大道
17	丹阳市城建档案馆	规划展示	丹阳市开发区丹桂路 33 号
18	中国镇江醋文化博物馆	历史文化	镇江市丹徒区广园路 60 号
19	镇江中国救生博物馆	历史文化	镇江市小码头街 4 号
20	观音文化展示馆	历史文化	镇江市小码头街 23 号
21	镇江市消防博物馆	其他	镇江市京畿路 80 号
22	玉山码头遗址展示馆	历史文化	镇江市超岸寺西北角
23	中共镇江地方史馆（镇江方志馆）	历史文化	镇江市迎江路 12 号
24	陆小波故居	历史文化	镇江市润州区中华路 182 号
25	李公朴故居	历史文化	镇江市西长安里 23 号
26	赛珍珠故居	历史文化	镇江市润州山路 6 号 B 幢

注 镇江市人民政府：《镇江市大运河文化保护传承利用实施规划》，2020 年 12 月

（二）文博展陈体系场所类型多样

场所类型多样的文博展陈体系，可以从不同维度展示和陈列大运河镇江段丰富的文化遗存。从表 1 可见，镇江市大运河文博展陈体系场所类型非常丰富，这些特色鲜明的文博展陈场所依托本地运河文化资源优势，生动展示了镇江运河文化的多个侧面，以及由运河文化所衍生的文化景观。其中，综合博物馆 3 座，专题博物馆 11 座，历史文化纪念馆 5 座，专题展示馆 4 座，名人故居 3 处。专题文博展陈场所，聚焦运河文化景观中的典型文化现象，立足运河环境产生的“物”，这些“物”与沿线人居生活息息相关，经过长时期的相互作用，衍生出别具一格的“物”文化，例如镇江红色钱币专题博物馆和中国镇江醋文化博物馆等。历史文化纪念馆，关注某一特定时期的历史形态和代表性事件，例如茅山新四军纪念馆、丹阳市总前委旧址纪念馆等，正是这些令人印象深刻的历史片段构成了悠久壮阔的运河记忆。名人纪念馆及故居，生动展示了从大运河镇江段走出的历史文化名人，他们在所处的时代为国家为社会做出了自己的历史贡献，用个人事迹擦亮了镇江大运河名片，应该被人们所敬仰和怀念，例如冷遹纪念馆、陆小波故居等。这些特色鲜明的文博展陈场所共同构筑了镇江市大运河文博展陈体系。

（三）文博展陈体系内涵丰富

大运河的文化价值和精神内涵因大运河而生，随着历史变迁而逐步形成、发展和升华。镇江市文博展陈体系立足大运河镇江段历史演变脉络，在总结资源特征的基础上，凝练出了深厚的文化价值和精神内涵，主要包括漕运文化、商贸文化、军事文化、旅游文化、科技文化等内容。

1. 漕运文化

镇江位于长江与大运河交汇处，具有运河沿线其他城市无可比拟的独特区位。自秦以降，大运河镇江段入江口历经 5 次变迁。凭借长江之险与大运河之利，镇江成为历史上重要的漕运咽喉和战略要地，留下了众多文物和文化资源。

2. 商贸文化

漕运的兴盛加快了运河沿岸城市崛起的速度，极大地促进了运河城市之间的商贸往来。如此，商贸文化成为运河文化的重要组成部分之一。镇江“京口闸所在的京口港是江南运河入江口，由京口港出发，沿长江西上东下，沿运河南来北往，可到达广大地区”①。镇江的兴起繁荣与大运河息息相关。“镇江商业，在昔最著称者，为钱、木、绸布、江绸、江广为大业。”② 来自全国各地的商人开始寄居镇江经商。明清时期通过镇江转输的商品种类丰富，包括南北方的粮食作物，以及生活物品等。这些以大运河为媒介的商贸往来，使镇江商贾云集，舟车络绎，商业历久不衰，持续繁荣。

3. 军事文化

镇江江河交汇的特殊区位，不仅为漕粮运输提供了便利，也使得镇江成为自古以来兵家必争之地。“西接石头，东接大海，北拒广陵，而金、焦障其中流，实天设之险”，是对镇江军事区位优势的真实写照，从东晋在镇江驻扎北府兵以来，历朝历代在这里都驻有规模庞大的军队。唐、宋、元时期，这里是镇海军、镇江军节度使驻地，东南安危系于一地，镇江地名就是据此军事意义得来并沿用至今的。春秋时期吴楚朱方之战、南宋韩世忠阻击金兀术、抗日战争中苏南第一次战役……镇江地域发生的战争在中国军事历史上占有举足轻重的地位。以镇江保卫战和渡江战役为代表的重要战役甚至直接影响了我国历史的进程，成为见证历史的界碑③。

4. 旅游文化

大运河镇江段沿线及周边有 1 座国家历史文化名城（镇江市）、1 座江苏省历史文化名镇（宝堰镇）、5 座江苏省历史文化名村（华山村、九里村、葛村、儒里村、柳茹村）、3 处历史文化街区（西津渡历史文化街区、伯先路历史文化街区、大龙王巷历史文化街区），以及 5 处中国传统村落（华山村、九里村、儒里村、柳茹村、黄墟村）。其中，镇江的江苏省历史文化名村数量约占全省总数的三分之一④。作为大运河沿线城市，镇江在漫长的历史岁月中积淀了深厚的文化底蕴，拥有丰富的旅游文化资源。

5. 科技文化

大运河镇江段地处丘陵地带，辛丰镇以南的泰山湾是江南运河地势最高

① 孙洪军：《大运河镇江段文化内涵研究》，《镇江高专学报》2020 年第 1 期，第 2 页。
② 镇江市历史文化名城研究会：《民国江苏省会镇江研究》，镇江：江苏大学出版社，2010 年，第 99 页。
③ ［明］吴时来：《江防考》。
④ 镇江市人民政府：《镇江市大运河文化保护传承利用实施规划》，2020 年 12 月。

点，故有“江南运河屋脊”之称。大运河镇江段的开凿在当时的技术条件下克服了地形地势复杂、开挖工程量大、维护难度高等难题，造就了历史上跨越山丘岗阜的重要航道，诞生了诸多杰出的水工技术和水利工程设施。其中，宋代改建的京口闸是当时大运河沿线最复杂的京口澳闸系统，一直沿用了约 160 年。其体系之复杂、功能之全面、运行时间之长、技术与管理难度之高，都可称为宋代高超水利工程技术的杰出代表。谏壁枢纽由谏壁节制闸、谏壁抽水站和谏壁船闸 3 部分组成。节制闸始建于 1958 年，是新中国成立后大运河疏浚工程中的重要工程之一。抽水站建于 1976 年，是苏南第一座大型电力抽水站。谏壁船闸始建于 1975 年，2001 年扩容为双线船闸，成为苏南运河上唯一的大型单级复线船闸，被誉为“江南第一闸”。谏壁枢纽担负着引长江水灌溉、排洪入江、维系航运等重要任务，是新中国水利与航运工程建设的重要标志之一。

（四）文博展陈体系受众广泛

受众始终是文博展陈体系的核心，在镇江大运河文博展陈体系的发展过程中，受众群体规模逐渐扩张，同时伴随着城市、科技及展陈方式的改变，受众需求的多样性及层次也发生了深刻变化。结合美国学者弗兰克提出的博物馆受众分类①及当代文博展陈受众的新特点，可以将镇江文博展陈体系受众大致分为 5 类：随机型、服务型、体验型、学习型和放松型。每种类型的受众对文博展陈的需求各具差异。随机型受众相对随意，较为注重参观过程的趣味性；服务型受众以满足同行者参观需求为目的，对展陈的互动性抱有较高期待；体验型受众是因知名展陈活动慕名而来的参观者，更为关注展陈的系统体验，包括展品、展陈环境、展陈形式和相关服务等；学习型受众期待通过参观获取专业知识，更为关注内容本身而非展陈形式；放松型受众期望获得身心放松，更为关注展陈环境的整体感受②。以上 5 类受众包括了不同的职业背景，具有不同的知识储备和年龄跨度，这些广泛的受众是镇江市大运河文博展陈体系发展的重要社会基础。

① 美国学者弗兰克从参观动机角度出发，将博物馆受众分为五大类别，即探索者、服务者、体验者、专业/业余爱好者及放松者。

② 银文、任新宇：《面向博物馆受众需求的数字化展陈设计探索》，《家具》2021 年第 4 期，第 72 页。

二、镇江市大运河文博展陈体系发展面临的挑战

长期以来，镇江市大运河文博展陈体系对于大运河系统性、全方位的展览陈列仍显不足，对大运河承载的文化价值和精神内涵的挖掘还有待深入，影响力和吸引力仍十分有限，距离打造知名大运河城市文博展陈品牌、建设高水平文博展陈体系的目标还存在一定的差距。长江经济带发展等重大国家战略的深入实施为镇江的城市发展提供了难得的时代契机，镇江应充分利用这一历史机遇，积极迎接挑战，进一步提升镇江市大运河文博展陈体系建设水平。

（一）文化遗产保护压力巨大

大运河镇江段时空跨度大，文化遗产类型多样，不同时期和不同形态的遗产资源叠加交错，保护要求较一般遗存更加复杂，碎片化保护现象突出，缺乏及时的保护修缮及相应的展览陈列。大运河各类文化资源保护和利用之间的矛盾更加凸显，适应新形势的保护理念尚未树立，这些都制约了大运河文化遗存资源的系统性保护。由于运河与城市关系紧密，因而遗产保护与城市发展存在诸多矛盾和挑战。例如，京口闸遗址、丹阳南朝陵墓石刻等文化遗产面临外界破坏风险，亟须抢救性保护；宋元粮仓、铁瓮城等重要遗址保护与城市建设之间的关系仍有待协调；部分非物质文化遗产要素逐渐受到城市扩展的挤压，失去了其原本所处的生存空间，面临市场冲击和消亡风险。这些矛盾和问题对于镇江市文博展陈体系建设而言，既是机遇又是挑战。一方面，要力图最大限度地对大运河文化遗存的原始风貌进行展览和陈列，统筹保护好、传承好、利用好镇江市丰厚的大运河文化遗产；另一方面，要协调好文博展陈与城市发展之间的关系，不能顾此失彼，互相制约。两者应相辅相成，相互促进，形成互惠互利、和谐共生的局面。如此，应因地制宜，充分利用已有的大运河文化资源，科学谋划，通过进一步完善镇江市大运河展陈体系，逐步缓解大运河文化遗产保护方面的压力。

（二）传承利用统筹质量不高

大运河镇江段承载着深厚的历史文化底蕴，保存了绚丽多彩的自然和人文景观。例如，谏壁枢纽、江河交汇处等水工和航运遗存至今仍在发挥重要的航

运功能，除此之外还有其他体现大运河镇江段文化价值与特色的各类物质文化遗产。但沿线文化遗产活态展陈水平高低不一，大运河文博展陈体系所涉及的统一宣传和推广渠道统筹功能还有待进一步挖掘。大运河文化辐射范围的影响力和吸引力尚显不足，文化挖掘、研究、阐释有待深化，文化价值和精神内涵有待深入提炼，各类文化、生态资源活化利用形式和途径较为单一，部分优质资源长期闲置。上述情况和问题，在一定程度上导致大运河镇江段文化遗存传承利用统筹质量不高，限制了大运河文化的创造性转化和创新性发展，长此以往，必定给大运河镇江段文化遗存的总体保护和传承带来不利影响。如此，应充分利用现有的运河遗存资源，结合镇江城市运河发展史，依托《大运河文化保护传承利用规划纲要》等相关政策，进一步完善大运河文博展陈体系建设，促进大运河文旅产业和现代生活更好地融合，为运河遗存保护提供有力支持，从而推动镇江城市的发展和大运河文化传播的影响力。

（三）管理协调机制尚不健全

大运河镇江段有 3 段河道和 4 个遗产点是被纳入《大运河遗产保护与管理总体规划》的国家级遗产，分别是镇江城区运河故道、丹徒河段、现京杭运河镇江至常州段，以及西津渡古街、新河街、虎踞桥和开泰桥。被纳入《大运河镇江段遗产保护规划》的市级遗产共计 81 项，包括 43 处水利工程遗产、9 处聚落遗产及 29 处其他物质文化遗产。经过现场踏勘和地方部门核查，确定现存大运河镇江段市级遗产点共计 76 处，包括 45 处水利工程遗产、8 处聚落遗产及 23 处其他物质文化遗产①。这些宝贵的运河文化遗产时空跨度大，已经具备了一定的规模。现阶段镇江市级与县区级之间的大运河遗产保护管理协调机制尚未建立，相互之间缺乏统筹，各地各区域间的互动性、协调性、兼容性不强。大运河涉及港口、河道、水利、生态环保、城建、文旅等多个部门，保护、管理、利用中存在众多交叉性问题，整体管理协调机制有待建立。从大运河文博展陈体系建设实践的角度看，其需要多个部门的协调联动。实际上，每一处运河遗产都是相对独立的文化景观，其展示环境和陈列状态都是唯一的，是相对独立的个案，需要从多个维度展开论证；涉及的问题和细节更是千头万绪、方方面面，这些都需要健全整体管理协调机制，多方联动，只有这

① 镇江市人民政府：《镇江市大运河文化保护传承利用实施规划》，2020 年 12 月。

样才能助力镇江市大运河文博展陈体系建设。

（四）文博展陈体系融合不够全面和深入

镇江市文博展陈资源丰富，体系规模庞大，但一些大运河文博展陈场所存在重叠展陈的情况，具体展陈内容缺乏特色，运河元素不够突出，导致大运河相关的文博展陈内容的影响力和传播力还尚未达到预期标准。镇江有许多文博展陈场所需要以大运河为纽带，整合展陈资源，突出运河特色，推动大运河文博展陈体系高质量发展，更好地满足人民的文化需求。镇江市大运河文博展陈体系仍有持续深入完善的空间，仍有许多文博展陈内容需要继续赋予更多的运河元素，以凸显大运河文博展陈特色。例如，一些文博展陈场所缺乏核心的运河文化主题，相关运河遗存的文化内涵挖掘不够全面和深入，展区的运河文化表达不够凸显。镇江市大运河文博展陈场所主要存在 3 种展陈形式：一是以相对静态的运河遗存为主，呈现形式相对静止，属于基本的展览陈列；二是运用现代声光电高科技手段，充分调动参观者的感官刺激，使运河文化元素动起来，呈现形式相对动态；三是让参观者置身沉浸式的空间场景中，全方位地感受运河景观的文化魅力，这是展陈内容与场景的深度融合。现阶段镇江市第一、第二种展陈形式较多，沉浸式的空间情境展陈形式还有待增加。如此，镇江市应有所侧重，精准发力，使大运河文博展陈体系融合更加全面和深入。

三、镇江市大运河文博展陈体系建设实践的原则

镇江市大运河文博展陈体系建设应牢固树立和贯彻落实新发展理念，紧扣社会主要矛盾变化，深入贯彻落实习近平总书记关于大运河文化保护传承利用工作的重要指示精神和国家、江苏省大运河文化带建设工作要求，落实国家、江苏省大运河文化保护传承利用规划及大运河国家文化公园建设总体部署，以系统性思维统筹谋划，以大运河文化带的先导段、示范段和样板段为引领，坚持以人民为中心。

（一）文化引领，科学建设

推进镇江市大运河文博展陈体系科学建设，首先要深化对“文化引领”的科学认识，只有通过进一步解放思想、全面理解运河文化的核心内涵，才能

较为深刻和全面地解读运河文化与文博展陈体系建设之间的内在联系。通过文化引领，确立科学的文博展陈体系建设思路，这就要求既要从宏观全局着眼，突出大运河文化导向，加强合理规划，在政策、制度、管理等方面做好顶层设计，不断建立健全相关法律法规和监管措施，实现跨区域跨部门齐抓共管，构建镇江市大运河文博展陈体系建设大格局；又要从微观局部着手，紧扣大运河文化核心内涵，遵循科学规律，推进分类施策，从细节出发，精心谋划，推进全方位、多层次的文博展陈体系发展，把科学建设落实到位。如此，应以大运河镇江段丰厚的文化遗存为载体，充分激发大运河活态遗产的生命力，将大运河文化更好地与文博展陈融合起来，以文化引领镇江市大运河文博展陈体系的高质量建设。

（二）面向未来，世代传承

镇江市大运河文博展陈体系建设应充分挖掘大运河优秀的传统文化精神内涵，让大运河活起来，更好地满足人民对美好生活的现实需要，弘扬和践行社会主义核心价值观，增强文化自觉和文化自信，让人民群众能够切实感受到运河文化在精神文化生活方面带来的满足感、幸福感。大运河文博展陈体系是展现镇江文化软实力的重要组成部分，是运河文明交织而成的空间载体，也是展开古今对话的理想之地。徜徉其间，可以回望运河历史，感受悠久的运河传统文化；亦可面向未来，憧憬大运河文化对社会发展的积极作用。如此，镇江市大运河文博展陈体系建设应从本土传统文化中汲取养分，为现代语境中的大运河文化注入新的时代精神，充分挖掘和展示大运河文化的现代魅力。镇江市应创新文化传承，讲活镇江运河故事，消除人民群众与大运河文化间的距离感、陌生感，使人民群众可以更加深入地了解运河文化；全面阐释大运河文化的当代价值，传承大运河镇江段文化遗存特有的时代精神，立足当下，着眼未来，从人民群众的现实文化需求出发，以大运河丰厚的历史文化为基础，构建镇江市大运河文博展陈体系；多渠道、系统性地传承大运河优秀传统文化，面向未来，保持活力，把大运河宝贵的历史文化遗产世代传承下去。

（三）优化布局，合理利用

镇江市大运河文博展陈体系建设应突出大运河镇江段在文化教育、公共服务、旅游休闲、科学研究等方面的功能，统筹考虑大运河文博展陈能力；优化文化遗产、航运遗存、运河景观等保护传承利用的展陈空间布局；明确空间管控要求，在实现保护要求的前提下，合理利用运河文化资源，优化文博展陈环境，重塑大运河整体形象，树立融合发展新思路，形成区域发展新模式。合理利用大运河文博展陈资源应坚持绿色发展道路，有侧重地针对运河文化资源的不同面向制定相适应的发展策略，突出大运河的文化属性和综合展陈功能，使运河文化资源得到较好地展览和陈列；应结合镇江城市发展史、大运河镇江段发展史，依托运河文化遗址、运河沿线历史建筑、运河航运遗产、运河文化景观等相关运河文化资源，优化镇江市大运河文博展陈体系布局；应积极统筹镇江市不同地域、层级、属性、类型的文博展陈场所，提高其内部管理和外部治理水平，促进镇江市大运河文博展陈体系高品质、差异化发展；应营造开放包容的发展环境，通过区域协同创新、社会参与、跨界合作、互联网传播等方式，促进大运河文博资源要素有序流动、优化配置①，多项举措盘活镇江市大运河文博展陈体系。

（四）突出特色，持续创新

突出特色是大运河文博展陈体系建设的目标所在，也是运河展陈体系的核心吸引力之一。镇江城市文化特色鲜明，与江南运河沿线其他城市相比，镇江市区的山体分布最为集中，因此有“城市山林”的美誉。起伏的山势造就了曲折的河道，不但形成了蜿蜒迂回、时窄时阔的特色形态，也塑造了镇江独特的运河文化底蕴。大运河文博展陈体系建设要充分发挥镇江运河文化优势，彰显地方文化特色，对接广大文博展陈受众的文化体验需求，积极建设融镇江特色文化元素的运河展陈体系，塑造独特而响亮的文化品牌。持续创新是文博展陈体系建设的催化剂。镇江大运河文博展陈资源丰富，在文博展陈中更好地融入运河文化、提升展陈品质，以及更好地促进地方文化的繁荣，都离不开持续创新。持续创新能够优化既有的运河文化资源，使其焕发生机，充满活力。保持展陈体系的持续创新，要依托镇江丰厚的运河文化资源，营造运河文化与特色展陈互相融合的良好环境；制定文博展陈创新激励政策，坚持制度创新，组织文博展陈创新活动，激发文博展陈工作者坚持创新的动力和活力；探索文博

① 《中央宣传部　国家发展改革委　教育部　科技部　民政部　财政部　人力资源社会保障部　文化和旅游部　国家文物局印发〈关于推进博物馆改革发展的指导意见〉》，中华人民共和国文化和旅游部官网，2021 年 5 月 11 日，https：//zwgk. mct. gov. cn/zfxxgkml/qt/202105/t20210525_ 924733. html，访问日期：2022 年 2 月 16 日。

展陈体系高质量发展新路径，利用创新举措加快文博展陈资源向文化产品、资本和品牌转化，促进镇江市大运河文博展陈体系的全面发展。

四、镇江市大运河文博展陈体系建设实践的对策

要依托现有文博展陈场所，进一步完善镇江市大运河文博展陈体系建设。要结合一系列特色展陈场地资源完善专题类型展陈载体建设，利用运河水系两侧城市公共空间，设计小型或流动式的文博展陈载体，嵌入宣传、旅游、科教等多重功能，丰富运河沿线景点展陈文化内涵，完善展陈体系配套，擦亮品牌名片；因地制宜，盘活镇江大运河文化资源，围绕“运河历史”“运河人文”“运河科技”“红色运河”和“运河名人”五大主题，针对大运河镇江段的历史发展变迁、水利工程技术、文化交流融合、城乡聚落演变和航运文化发展等主题进行展陈布局，推进镇江市大运河文博展陈体系建设。

（一）打造特色文博展陈品牌

品牌是能够让大众认可的名称或符号，需要重点培育和大力推广，只有兼具地方特色，才能真正深入大众内心，树立品牌形象。良好的品牌形象具有强大的生命力和价值效应，能够提升区域或产品的知名度和市场占有率。所以，要进一步培育和提升镇江市大运河文博展陈品牌，积极打造全国知名、全球知晓的品牌形象；要充分利用媒介平台传播品牌形象，提升品牌认可度；要打造“江河交汇、山水名城”运河文博展陈品牌，面向不同受众延伸发展运河城市旅游、运河节庆赛事、运河旅游企业（服务）等子品牌，丰富大运河文博展陈形式；要形成以大运河整体品牌形象为核心、多层次品牌为支撑的文博展陈品牌体系，提升大运河文博展陈品牌的核心价值和竞争力。在营销融合方面，要探索成立政府、行业、媒体等共同参与的推广联盟，整合相关文博展陈推广营销机构，形成营销合力。通过打造品牌，引领镇江大运河文博展陈体系建设发展；通过宣传推广品牌，提升镇江市大运河文博展陈体系的综合价值，提升镇江城市知名度和美誉度。

（二）构建大运河文博展陈精品线路

要以大运河文博展陈线路串联沿线文博展陈资源，依据运河文化内涵设定

展陈主题，推出更多原创性主题展览。要“贴近实际、贴近生活、贴近群众”①，推动大运河文化与文博展陈深度融合，统筹展示大运河镇江段文化价值与特色，带动相关产业发展，促进大运河从分散的地理资源空间转变为具有文化符号意义的线性文博展陈空间。要结合大运河镇江段文化资源，凝练形成“运河历史”“运河人文”“运河科技”“红色运河”“运河名人”5条文化展陈线路。“运河历史”线路主要展现“古韵流芳”的运河历史文化主题，依托镇江博物馆、丹阳市博物馆、句容市博物馆、句容市先吴文化博物馆、丹徒规划建设展示馆、丹阳市城建档案馆、中共镇江地方史馆（镇江方志馆）等重要文化资源组织线路；“运河人文”线路主要展现具有镇江特色的运河文化主题，依托镇江焦山碑刻博物馆、镇江红色钱币专题博物馆、镇江永泰昌博物馆、中国镇江醋文化博物馆、观音文化展示馆、丹徒区文化馆等重要文化资源组织线路，展示多样化的文化内涵；“运河科技”线路主要展现千年智慧的运河文化主题，依托镇江市科技馆、镇江中国救生博物馆、镇江市消防博物馆、玉山码头遗址展示馆等重要文化资源组织线路；“红色运河”线路主要展现运河沿线保家卫国的主题，依托茅山新四军纪念馆、丹阳市总前委旧址纪念馆、新四军四县抗敌总会纪念馆等重要文化资源组织线路；“运河名人”线路主要展现运河沿线人文荟萃的主题，依托冷遹纪念馆、陆小波故居、李公朴故居、赛珍珠故居等重要文化资源组织线路。上述展陈线路可以更好地串联起镇江市大运河文博展陈体系。

（三）鼓励文创及相关产业发展

文创及相关产业发展是提升文博展陈质量的助推剂。“依托文化文物单位馆藏文化资源加强文化创意产品开发工作，有利于推动中华优秀传统文化创造性转化、创新性发展。”② 如此，应深入挖掘镇江大运河历史文化，提炼文化

① 《中央宣传部　国家发展改革委　教育部　科技部　民政部　财政部　人力资源社会保障部　文化和旅游部　国家文物局印发〈关于推进博物馆改革发展的指导意见〉》，中华人民共和国文化和旅游部官网，2021年5月11日，https://zwgk.mct.gov.cn/zfxxgkml/qt/202105/t20210525_924733.html，访问日期：2022年2月16日。

② 《文化和旅游部　中央宣传部　国家发展改革委　财政部　人力资源社会保障部　市场监管总局　国家文物局　国家知识产权局关于印发〈关于进一步推动文化文物单位文化创意产品开发的若干措施〉的通知》，中华人民共和国文化和旅游部官网，2021年8月17日，https://zwgk.mct.gov.cn/zfxxgkml/zykf/202108/t20210831_927458.html，访问日期：2022年2月16日。

要素，活化历史资源，围绕“江河交汇，山水名城”的城市品牌①，塑造深入人心的 IP 形象；结合优势产业搭建镇江大运河创意设计平台，培育文创小镇、文创楼宇、众创空间等新兴载体，形成多层次的文博展陈产业发展体系；推进现代信息化与历史文化相融合，依托物联网、人工智能、虚拟现实等新技术的普及应用，推进历史场景再现、历史故事演绎、文创产品制作等，以高质量的文化供给增强人们对镇江运河文化的自豪感、获得感和幸福感。应丰富大运河文博展陈周边产品，依托大运河镇江段水上游线，分段开发水上巴士特色交通，构建古运河中上段水上展陈体系；结合金山、宝塔山等大运河沿线自然景观，恢复运河主题实景文艺演出，策划以运河文化资源为载体的系列文博展陈活动；完善文博展陈线路周边公共服务，打造舒适宜人的外部环境，积极吸引人们前往参观，使文博展陈活动真正融入学习生活；借助镇江大运河沿线公路、镇江古运河等水陆交通，组织体育休闲赛事，不断提升镇江大运河文博展陈体系的魅力。

（四）创新文博展陈手段

大运河相关文博展览和陈列要适应当下的展陈需求，要积极创新文博展陈手段，优化展陈基础设施，实现设施空间的美化、舒适化②。要打造现代的展陈环境，全面提升参观体验感，使受众能够全身心地沉浸在展陈环境中，全方位地体验现代展陈手段带来的沉浸式感受。如此，要充分利用数字媒介技术手段，提升大运河文化的整体展陈水平，建设新型文博展陈空间；组织策划大运河相关专题展览和巡展，宣传展示大运河的历史文化和保护成就；借助媒介平台，实施一系列镇江特色的大运河文物及文化精品展陈项目，建设完善的镇江市大运河文博展陈虚拟数字体验平台和多媒体推广平台；策划推出富有特色的运河主题展陈活动，激发沿线群众关注大运河、保护大运河的热情，推动大运河文化元素进社区、进校园、进企业，开展大运河文博展陈实践教育活动；充分运用和调动大运河文化资源，通过大力发展假日和夜间文博展陈模式，改变

① 镇江市人民政府：《省政协来镇调研大运河文化带建设》，镇江市人民政府官网，2021 年 10 月 19 日，http://www.zhenjiang.gov.cn//zhenjiang/zwyw/202110/810d1ef76d414f6f92f9743fe3f43422.shtml，访问日期：2022 年 2 月 16 日。

② 《文化和旅游部　国家发展改革委　财政部关于推动公共文化服务高质量发展的意见》，中华人民共和国文化和旅游部官网，2021 年 3 月 8 日，https://zwgk.mct.gov.cn/zfxxgkml/ggfw/202103/t20210323_923230.html，访问日期：2022 年 2 月 16 日。

人们对大运河文博展陈的固有印象，通过全新的展览陈列手段激发人们对大运河文化的新鲜感、好奇心，提升大运河文博展陈活动的吸引力；定期组织开展大运河文博展陈相关的系列夜间主题活动和灵活度更高的文旅休闲活动；鼓励有条件的文博展陈场所延长开放时间。要以运河为媒，创新大运河文博展陈手段。

党的十八大以来，镇江市大运河文博展陈体系在场馆建设、资源管理、展览陈列、开放服务、教育传播等方面不断取得新进展，日益成为长三角大运河文化带展陈品牌发展的热点城市和典型案例。但同时也要看到，镇江市大运河文博展陈体系发展的不平衡、不充分与人民美好生活需要之间的矛盾仍旧突出，镇江市在文化遗产保护、传承、利用、统筹，以及管理协调机制、展陈体系融合等方面仍需提升。相信通过深化改革，镇江市大运河文博展陈体系建设会愈加完善，最终实现高质量发展。

撰稿人　赵自然
单　位　扬州大学新闻与传媒学院、中国大运河研究院运河文化品牌传播研究中心

扬州博物馆与城市文化景观融合构建研究

“文化景观”这一概念是联合国教科文组织在1992年提出并纳入《世界遗产名录》中的，其定义为“自然与人类的共同作品”；2000年签订的《欧洲景观公约》则是把文化景观定义为“人们感知到的，以自然因素和（或）人为因素作用及相互作用结果为特征的场所”，认为其是一个处于持续变化和演进中的特定区域，是某种特定的地理特性和时光与人类活动变迁的结果。

强调博物馆对文化景观的融合构建，是希望博物馆成为城市文化景观，并为管理和维护城市文化景观贡献知识和专业技能，不但要保管好博物馆馆区内的文化遗产，也要注重在结合其周边开放状态的文化景观和遗产拓宽任务领域、开展自身活动的同时，发挥博物馆在城市文化旅游中的主要吸引作用，促进城市转型发展，刺激城市经济发展。

一、扬州博物馆作为城市文化景观的诞生过程

2005年以前，扬州博物馆的馆址位于扬州市广陵区丰乐上街的天宁寺、史公祠一线。随着时代的发展，出于古建筑保护、城市考古发掘成果扩大，以及市民文化需求的增长的需要，原有的场馆已不再适合使用，兴建新的场馆被提上议程。

建设新场馆，就要考虑场馆选址、场馆设计等诸多外部因素。博物馆作为城市地标性建筑，反映城市文化和精神风貌，尤其扬州博物馆新馆的筹建，是新中国成立后扬州市一次性投入预算最大的社会事业工程，因此，当时便将市政府发展规划方向、目标列入考量之中。

经过比对，新场馆备选馆址有三大地块：扬州老城区、蜀冈—瘦西湖风景名胜区、扬州市西郊，共8个候选地，最终选择了位于城市西郊明月湖西畔的地块。

相对于其他地块，现馆址似乎并无优势：老城区是当时扬州主要的居住

区，市民参访意愿高，城市配套设施健全；蜀冈—瘦西湖风景名胜区可以吸引外地游客前往。而西郊地块当时只是一片田地，周边无任何配套设施，居住人口密度低，选择西郊地块是基于城市发展规划方向和目标的考量。

从扬州城市经济发展转型看，历史上扬州的繁华是基于国家的盐业政策，并且与扬州作为大运河和长江重要的交通枢纽的作用是分不开的。随着工业的兴起和交通运输方式的变革，铁路成为最重要的交通方式，倚重能源、交通的工业或制造业并不适合扬州这个缺乏能源资源、交通甚是不便的城市的发展。扬州要想得到发展，必须转向第三产业，扬州旅游、文化资源丰富，第三产业优势得天独厚。但是扬州文化旅游资源分布却不均衡，文旅资源几乎全部集中在老城区；城市东部旅游资源虽然不及中心城区，却拥有古大运河、茱萸湾等资源；相对而言，西部则缺少文化旅游资源，扬州城市经济发展转型的过程西部很难参与。博物馆选建在城市西部，无疑增加了西部的文化旅游资源，使西部能够主动吸引一部分热爱参观博物馆的人。在此基础上，通过创意，创造相应的“亮点”“热点”，提升扬州西郊对市民和游客的吸引力，创造出刺激西部产业发展的机遇。由此可以看出，博物馆的兴建并不是简简单单地建设一座场馆，博物馆能参与到城市经济发展转型、城市经济重振的过程中，直接创造新的工作岗位，对盘活区域经济效益、调整城市产业结构是十分有益的，对城市经济发展也是有帮助的。

从扬州城市发展规划考虑，扬州城市经济、文化、教育等主要功能区一直集中在以文昌阁为中心的老城区，城市各区域之间发展不平衡问题凸显。另外，随着时代变迁，人口扩张带来的居住、教育、就业、交通、生活等一系列问题亦不容忽视，城镇化发展势在必行。因此，进入 21 世纪，扬州提出“一体两翼”发展，即以扬州市为中心，西部的仪征、东部的江都为两翼的发展规划。通过人为行为将城市文化中心的代表之一的博物馆移至城市西部，带来的是城市文化功能的西移，这不仅仅是增加博物馆参观的人数，这个“西移”的过程会促使城市人口的流动，刺激城市交通的发展，带动博物馆周边的商店、餐馆的消费，促进博物馆周边城市功能区的形成。

从城市发展成本来看，这块区域属于城郊农村，人口密度低，作为兴建大型场馆用地，不仅空间大、土地成本低，而且不存在大规模拆迁问题。

从城市交通网络设置来看，西部是扬州重要的交通枢纽，扬州火车站、汽车站均在西部，启扬高速公路扬州西出口距离博物馆选址仅 4 千米，可保证文物进、出馆的快速、安全；从游客的角度而言，博物馆可作为外地游客游览扬州的第一站或者最后一站。

二、扬州博物馆作为城市文化景观的构建

（一）外部景观构建与升级：政府在行动

在西部功能片区兴建的同时，扬州市政府就对整个片区做了长远规划，将这一片区定位为扬州西部文化、体育、休闲、居住等多功能片区；在建筑设计上也紧扣将博物馆作为城市文化景观一部分的理念，要求建筑设计本身不仅要具有景观效应，还要与周围环境相融合，同时也要适当地体现城市历史文化背景。因此，设计单位紧扣博物馆地块周边环境和扬州城市历史文化两大要求进行建筑风格设计。

博物馆馆址东侧是一处人工湖——明月湖。修建这处人工湖，原本是出于解决扬州“釜底”状地形地貌的考虑，利用人工湖实现“海绵城市”理念，有效解决扬州全城易积水、易内涝的问题。设计单位结合人工湖这一人工景观，在博物馆建筑外观设计中采用了荷叶造型，这一灵感来源于扬州著名散文家朱自清先生的名篇《荷塘月色》。《荷塘月色》曾出现在中学语文教材中，是人们耳熟能详的名篇。“荷塘月色”的设计一方面可以体现建筑与周围环境相融的特色；另一方面可以通过名篇拉近参访者与建筑之间的距离，最终为游客呈现建筑视觉上的“荷塘月色”。

扬州博物馆新馆筹建时，广陵古籍刻印社正经历改制，刻印社藏有的数万块古雕版急需妥善安置，经市委、市政府和上级主管部门批准，这些古雕版被调拨给扬州博物馆，同时成立扬州中国雕版印刷博物馆，两个博物馆，同一套管理班子。在进行场馆设计时，设计单位将扬州博物馆场馆分成东西两部分，西部是用来展示扬州城市历史发展和扬州文化的扬州博物馆；东部是扬州中国雕版印刷博物馆，以仓储式陈列展陈数十万块古代雕版，以现场演示的形式展现中国古代雕版印刷技艺流程、古籍装帧工艺等。这种设计不但体现“一处场馆，两块牌子”的渊源，也突出体现了雕版印刷的特色，同时充分展现了雕版印刷与扬州城市历史文化的关联。

扬州博物馆的外观设计再优秀也不能构成独立的城市景观，它只有与周边的其他功能性建筑群体紧密联系才能提升周边整体环境，才能吸引更多的到访

者，最终形成城市景观。在21世纪初扬州西部第一批大规模兴建工程开工时，扬州博物馆周边就规划建设有体育公园、图书馆、美术馆等体育、文化功能性建筑群体，特别是扬州图书馆、美术馆组成的扬州文化艺术中心建筑群在建筑风格上与扬州博物馆保持一致，整体效果十分和谐。除了文化、艺术类的建筑群之外，市政府在博物馆周边还兴建了大规模的住宅区和以京华城购物中心为核心的商业购物群体，经过近20年的发展，这一片区已经是扬州的文化中心和最主要的城市消费中心之一。

随着经济的不断发展，扬州市政府和各职能部门对“博物馆+明月湖”展开硬件环境的系统兴建、改造和升级，打造“博物馆+明月湖”市民休闲娱乐场所。在博物馆与明月湖周边，绿地纵深50米，营造出“春舞粉樱，夏访碧荷，秋赏红枫，冬寻绿意”的自然美景。

2017年，在第十九届江苏省省运会在扬州举办前，扬州市政府、市城建等职能部门对主干线——文昌路进行重新铺设改造，使扬州体育馆、博物馆等毗连主干线；对文昌路两侧的绿化带进行改造；对“博物馆+明月湖”实施系统景观设计，以绿化为主，搭配四季观赏性树种，成功打造环明月湖永久绿地；铺设环湖橡胶健身跑道，增建市民健身器械和娱乐、休闲场地；增设“博物馆+明月湖”夜间灯光。博物馆外部景观的第二次改造使博物馆及周边的面貌为之一新，为把扬州博物馆建设成扬州城市文化景观打下良好的基础。

近年来，夜间文化旅游消费集聚区愈发受到重视，扬州市委、市政府、各职能部门在“博物馆+明月湖”原有夜间景观的设计上进行提升改造。这是政府进行的第三次改造。“博物馆+明月湖”夜间景观的打造不同于“瘦西湖夜游”景观以唐诗和景区相结合的环境氛围，“博物馆+明月湖”夜景是现代扬州城市灯光秀的展现。这次改造增加了博物馆周边夜游项目，为扬州博物馆建成城市文化景观旅游热点平添了魅力。同时，为了方便市民和外地旅客到访，市委、市政府和市交通局、公交公司大力增设到博物馆的公交路线与班次，从2005年的1条交通路线增至7条路线，部分班次也延长至晚间10点，全市主要区域均可直接抵达。

如今，博物馆已经成为扬州市民休闲娱乐的重要场所，它超越了原有的社会职能，不再是单纯的“博物洽闻，通达古今”的文物展现场所，而是融入了周边，打造出的人与自然和谐共生的文化、休闲、景观、经济复合体。

博物馆和明月湖组成的“双博明月”夜景成为扬州夜景名片之一，是扬州现代化新区的地标，是扬州新园林城市特色的提炼，是扬州人寻求建筑与环境交融、人与自然和谐理念的体现，是展现扬州——勤奋勤勉、开拓进取、包容通融、崇文尚德城市精神的标志。

（二）内部文化景观构建：博物馆的能动

过去人们对博物馆的认知是收藏古代文物的场所，其功能仅仅是展示、保护、传播自身的文物收藏。博物馆作为文化景观则提出了一种更加新的理念，即博物馆应该在研究、提供、获取、开发和共享其所在地域文化的同时，为生活在本地区的或外地的参访者提供富有文化内涵的深度参与体验。这一新理念的出现，鼓励博物馆对藏品的功能进行拓展和提升；深挖地方历史文化资源，展现本地非物质文化遗产，通过“创意”策划，结合城市旅游资源，将城市更深层次的魅力传播给公众，惠及公众。这就强调了博物馆要发挥主动性，不断搭建博物馆与观众沟通互动的平台。

扬州博物馆于2005年建成，当时扬州西部尚处于兴建过程中，火车站虽已通车但每日班次较少，汽车站西站尚未兴建（2012年开工，2015年竣工），在近10年的时间里，受交通条件的限制，到访扬州博物馆的人数有限。而且，当时扬州的主要旅游点为“一湖二园”——瘦西湖、个园和何园，自主到访博物馆的外地游客人数较少，来博物馆的外地游客大多是随旅游公司团体到访。

鉴于此，扬州博物馆初步的市场定位为主要面向、服务扬州市民，立足扬州城市地方历史文化，充分发挥博物馆作为展示平台的作用，积极向其他城市介绍、推广扬州城市文化。自2008年免费开放以来，扬州博物馆依托丰富的馆藏文物，经过多方探索，通过组织举办一系列丰富多彩的文化讲座、艺术展览和社会体验活动，逐步形成了自己的文化景观特色，得到社会公众的广泛认可。

1. 深入挖掘扬州城市历史文化

扬州是国务院首批公布的24座国家历史文化名城之一，历史悠久，是见证中华文明繁荣复兴的通史式城市。扬州保有中国最原汁原味的明清古城，大运河更是古代中国重要的交通水道，是中国南北地区之间经济、文化发展、交流的纽带，对扬州城市的经济、文化发展起到了巨大的作用。瘦西湖留下欧阳修、苏东坡等诸多历史文化名人的足迹；南河下历史文化街区是明清盐商故居聚集地，见证了扬州的兴衰荣辱。深入挖掘扬州潜在的历史资源，不断丰富、充实古城新貌，激发其生机和活力，显得尤为重要。

扬州博物馆新馆兴建之初，在展陈内容设计上就重点突出城市历史脉络的梳理，选出最有扬州文化特色的文物，以常设展的形式向公众展示扬州城市的历史与文化。同时，博物馆作为公众平台，定期推出具有地方特色的专题展览和学术讲座，向公众展示扬州历史："匠心雅艺——扬州八刻文物精品展"展出了具有扬州特色的雕刻工艺；"紫禁城·扬州·大运河——故宫博物院、扬州博物馆馆藏文物精品展"展示了大运河作为交通纽带对扬州与北京甚至是皇宫的联系的作用；"扬州繁华以盐盛——两淮盐业与扬州"展示了扬州与盐业之间的密切关系；"璀璨惟扬——扬州考古成果展"展示了扬州考古发展的历程与成果；"峥嵘岁月——扬州地区革命文物展"展示并弘扬了扬州的红色基因。

在深挖本地历史文化资源的同时，扬州博物馆积极创新，将文博讲座与多种形式结合，为观众奉献出视听盛宴。扬博大讲堂扬州清曲专场，采用讲座与现场演唱相结合的形式，邀请扬州清曲研究专家做主讲，主讲人在讲到一些比较知名的清曲时，会邀请扬州本地的清曲艺术家，为观众现场演唱该曲目，让观众们直观领略清曲的魅力。"地位与风格：扬州画派诸家不同社会身份对其艺术风格的影响"讲座为观众带来以"扬州八怪"书画为主题的沙画表演，使得讲座摆脱了传统的图片演示+理论讲述的形式，更具直观性，使人们参加文博讲座的意愿更加浓厚。"扬州街巷纵横谈"讲座随机采访听众，以听众的居住地讲述相关街巷的古往今来。

在讲座形式上，扬州博物馆还大胆创新，开展"扬州大讲堂走进乡镇""扬州大讲堂走进中小学"活动，把原来局限于博物馆场馆的活动扩展到乡镇、中小学。讲座内容紧贴乡镇地方历史文化，选取当地最具代表性的人物和事件、最具当地特色的文化产业，但又不仅仅是复述，既有研究人员的最新成果，亦有以古鉴今、关照现实的展望：在公道镇谈阮元在学术创新上的自觉与自信，鼓励大家积极创新，增强自信；在城北乡解读扬州传统工艺历史，助力城北乡"传统工艺一条街"的创建，为其提供历史支撑；在杭集镇请专家分享其 40 多年的古籍版本鉴定经验，助力当地雕版印刷产业的发展。

这种立足于扬州城市历史文化的形式，有助于提升"老扬州人"对家乡的认识与热爱。在经济飞速发展、人口流动活跃的当下，一大批外地人来到扬州工作、定居，成为"新扬州人"。博物馆作为平台，向这些"新扬州人"展现、介绍扬州的历史文化，帮助“新扬州人”快速融入“第二故乡”的工作、生活，使其形成归属感，在扬州经济、社会发展中发挥了积极作用。

2. 传统文化的回归

传统文化是一个国家或民族在长期的生产实践和社会生活中逐渐形成并世代相传，较为稳定的文化事项。中国的传统民俗是中华民族文化的载体之一，具有浓厚的中华文化内涵。扬州博物馆立足馆内藏品资源，结合地方传统文化，通过举办一系列民间文化活动传播传统民俗，丰富群众文化生活，馆内各项活动经年不断。

每年春节，扬州博物馆都会推出以生肖为主题的特色展览，展览不再拘泥于单纯展出馆藏文物，而是别具一格地选取雨花石、剪纸、刺绣等诸多现代艺术品，呈现不一样的文博展览盛宴。在“闹元宵”系列活动中，博物馆邀请本地传统花灯制作工艺大师教大家制作荷花灯。猜灯谜是元宵佳节不可缺少的活动，博物馆邀请灯谜传承人为大家讲解灯谜历史，解析猜谜技巧，引起观众对灯谜的好奇与向往；随后推出猜灯谜活动，工作人员特意制作以扬州历史文化名人、街道、历史事件为内容的灯谜，引导观众运用猜谜技巧猜谜。

针对传统节日，博物馆还推出民俗手工小课堂，讲传统节日的由来、传统节日的习惯，并教做节日物品，如端午节除讲解端午节习俗外，还会邀请参访者一起制作五彩索、鸭蛋络子和香囊等。同时，博物馆联合相关企业，在现代玩具中融入传统民俗并加以创新，推出新兴娱乐方式，如博物馆联合乐高玩具公司，推出扬州博物馆专款端午节乐高积木主题搭建活动——龙舟制作，这在一定程度上也带动了乐高玩具的销售。

博物馆尝试与高校开展深层次合作。2019 年，扬州博物馆联合扬州职业大学开展“博物之曰”活动，活动不再仅限于馆内，而是拓展至户外，走出博物馆；不再仅限于馆藏文物，而是放眼自然与历史文化。“博物之曰”活动被选入 2019—2020 年江苏省博物馆教育示范项目名录，并荣获第五届中国青年志愿服务项目大赛银奖。

目前，扬州博物馆的民俗课堂不仅在传统节日开展，还已形成固定的传统民俗小课堂，特设在双休日，鼓励父母、（外）祖父母与少年儿童一同参与，形成亲子家庭休闲活动，吸引家庭定时到访。

这些活动不仅丰富了人民群众的节日文化生活，还展示了丰富的传统民俗文化，让传统民间工艺在潜移默化中得到传承。活动不但关切青少年群体，还将年轻人、中老年群体拉入活动中。在活动现场，参与者相互交流，达到了博物馆与观众互动的效果，也使得素昧平生的参与者积极沟通，尤其会勾起中老年市民对城市的追忆，从而使得博物馆被市民纳入固定的休闲活动选项。

3. 大力推动扬州非遗技艺展示

扬州有着丰富的非物质文化遗产资源，拥有联合国教科文组织“人类非物质文化遗产代表作”3 项、国家级非物质文化遗产名录 20 项、江苏省非物质文化遗产名录 61 项、国家级传承人 27 名、省级传承人 99 名。这些非物质文化遗产不仅是扬州城市文化的一部分，也是扬州城市历史、文化、经济发展的见证。

扬州博物馆新馆在设计展陈内容时，就十分重视非遗传承的展示。扬州博物馆依托雕版印刷这一大特色，在展陈内容设计时特别突出雕版这一重点，不但将雕版库房设置在展厅内，还采取开放形式向公众展现雕版保护的方式、方法，展示全套古老雕版印刷工艺。

2009 年，雕版印刷技艺被列为联合国教科文组织“人类非物质文化遗产代表作”。扬州博物馆积极策划古代雕版印刷展并赴各地展出，以版片展示为基础，以展现工艺流程的体验活动为重点，使观众在动手参与过程中沉浸到非物质文化遗产的独特魅力中，从而激发出参与保护非物质文化遗产的意愿。在展示传统的雕版印刷的过程中，博物馆勇于创新，大胆结合扬州本地其他非物质文化遗产资源，不断提升体验活动的文化内涵。2015 年农历新年，博物馆根据扬州剪纸大师的剪纸作品开发具有当年特色的文化题材的雕版版片，通过一次体验活动，同时传播两种非遗技艺。这项活动得到参访者的好评。此后，每年博物馆都会聘请剪纸非遗传承人制作当年生肖题材的剪纸作品，聘请雕版印刷非遗传承人制作生肖版片，举办体验活动。

如果说雕版印刷技艺的展示是扬州博物馆馆藏特色文物活用的初步尝试，那么之后扬州剪纸、扬州通草花制作技艺进入博物馆就是博物馆正式开展非遗进博物馆、传播非遗的标志。2015 年，扬州 486 非遗集聚区开始运营，486 非遗集聚区位于扬州著名旅游景点个园、东关街附近，聚集了剪纸、雕刻、通草花、刺绣等众多非遗项目展览，相比之下扬州博物馆的优势似乎并不突出。扬州博物馆于 2016 年开设现代艺术厅，与非遗传承人达成合作意向，举办非遗专项展览，每次单独展示某一项非遗或某位非遗传承人的非遗作品，并在展厅外设立专门的区域，聘请非遗传承人长期、固定地在博物馆进行技艺展示，使到访的市民、游客不会因非遗传承人有活动外出而落空。同时，博物馆鼓励非遗传承人结合馆藏文物、扬州城市历史文化进行创意制作，并为非遗传承人搭建平台，通过“静态参观+动态展示+线上、线下观众参与”的模式，吸引市民、游客参与并宣传非遗。

在此基础上，扬州博物馆积极推动非遗进校园工作，开展“校本课程”活动。数年中，雕版印刷技艺中的写样、刻字、印刷、纸张制作，以及剪纸、通草花制作、拓片、刺绣技艺进入了扬州大中小学和幼儿园，甚至特殊教育学校。“校本课程”不只展现非遗技艺，如通草花课程中，非遗传承人会穿着汉服，佩戴通草花制作的头饰，在授课的同时展示传统文化的魅力。非遗“校本课程”的选择涵盖了中华传统文化、扬州城市历史、扬州非遗等内容，成为青少年接受传统文化教育、非遗传统教育的活教材。

这一系列活动不仅仅打响了剪纸、通草花制作等这些以前并不为市民、外地游客熟知的小众非遗技艺品牌，为非遗传承人增加了经济收入，推动了产业发展，更重要的是，到访博物馆的人数直线上升，部分参访者形成了定期参访的意愿。同时，在各种活动中，博物馆寻找对某种非遗技艺感兴趣的年轻人，并牵线搭桥，为非遗传承人寻找技艺传承人，助力非遗传承、保护。如 2017 年博物馆开展与扬州特殊教育学校的合作，在开展非遗进校园活动的同时，为特殊学生与“扬绣”传承人牵线，一方面教授特殊人士就业技能；另一方面也为非遗传承人寻找合适的接班人，进行工艺传承。

博物馆还积极邀请非遗传承人作为非编制人员到博物馆上班，借助博物馆的平台推动非遗传播。2019 年年底，新冠疫情暴发，博物馆迅速推出线上直播活动，联合微博平台，推出通草花线上制作活动。通草花非遗传承人还在各个网络平台推出应时应景的通草花制作小教程。考虑到疫情期间观众获取相关材料不便，传承人别具一格地选用眼影、口红作为颜料替代品，对通草花花瓣进行染色；用包蛋糕的雾面纸包裹花束。博物馆工作人员在参加国际博物馆协会区域博物馆专委会 2020 年年会时，将这一创意活动视频向同行们分享，得到了专委会主席的点赞。

扬州博物馆认为，非遗传承与保护不是举办几场活动，而是在各方面帮助、辅助非遗传承人。博物馆坚信，留住非遗、保护非遗、传播非遗，就是留住扬州最美丽的乡愁。

4. 创新展陈设计，添加体验乐趣

互动是城市文化景观最主要的特点，强调与参观者的互动是博物馆最重要的展陈特点。新颖的展陈设计手段，可以增添参加者逛博物馆的乐趣。

扬州博物馆设有专门的书画厅，设计者将照明用灯箱重新装饰，在灯箱表面装上绘有丰子恺漫画的灯光片，形成临摹台，为观众提供临摹名人绘画作品的机会；添置主题涂鸦墙，邀请观众在看完展览后发挥自己的创造力，画出属于自己的“不忘初心”的图画，体验一把画家风采；特设观众拍照场景墙，将漫画放大并立体化，使之变成一个特定的场景，观众不仅能看到画作，还可以在特定的场景中成为画中的主人翁，体验画作中的意境。互动性的展览场景设计让观众觉得新颖、有趣，觉得画展不再枯燥无味，而是可以参与到展览的过程中，这样画展就有趣多了。扬州博物馆还积极推出策展人进展厅、讲展览的展陈设计活动，策展人带领参观者走进展厅，介绍展览的策划意图，深度讲解展品及展品背后的故事。这种方式加大了展览的渗透力，增加了参观者的体验感，拉近了展览与观众之间的距离，增添了展览的趣味。

扬州博物馆依托馆藏特色，深入挖掘历史文化资源，大力推动扬州非遗技艺展示，创新展陈设计手段以增添展览趣味，将文化活动融入博物馆日常，从以前的到博物馆看文物变成了文化之约，令博物馆成为市民、外地游客定期到访的文旅场所，成为城市文化景观。

这种文化景观让博物馆从陈列文物的场所变成了公众认识传统、体验文化的场所，变被动吸收文化为主动走近、接纳文化。在继承和弘扬文化的同时，博物馆还应为观众主动提供自主发挥想象的空间，让空间从有限变成无限，意在鼓励人们成为文化景观演进中的参与者，让文化真正的“活”起来。经过多年的努力，截至 2018 年，扬州博物馆的参观人数已经突破百万人次。2021 年清明小长假，扬州博物馆接待本地游客近 1.3 万次，其中 4 月 4 日更创下新冠疫情暴发后一天接待参观人数的最高纪录。

三、“明日”扬州博物馆

随着越来越多的参访者走进扬州博物馆，扬州博物馆已成为城市文化景观，为扬州城市文旅的发展添砖加瓦，取得了有目共睹的成就，但是距离成为提供更丰富、更加吸引眼球、更合理的文化景观还有很大的距离，在创建城市文化景观的过程中也暴露出一些有待解决的问题。例如 2019 年 12 月，新冠疫情暴发，特别是 2021 年 7 月，扬州因疫情封城，以旅游业为主的扬州城市经济受到了重创，扬州博物馆作为公共集聚场所经历了长时间的闭馆，问题也愈发显现出来。这就要求博物馆工作者必须更新观念，大胆创新，努力思考和探索。

第一，活动过于依赖线下。扬州博物馆以线下活动为主，参访者需要到达博物馆。但是新冠疫情期间，公共场合暂时关闭，博物馆门庭冷落，活动无法开展。如何行之有效地开展数字化展览和线上活动，吸引观众参与博物馆的线上活动是博物馆亟待解决的问题。同时，在数字化博物馆建设的当下，如何降低与其他博物馆数字化展览的雷同度，防止观众审美疲劳感，打造独特风格，亦是扬州博物馆将要面临的问题。

第二，博物馆品牌打造明显不足。扬州博物馆作为国家一级馆，虽然是国家 AAAA 级风景区，是扬州地标性建筑，但是品牌效应却不突出，相较于周边的南京博物院、苏州博物馆，其在知名度、交通、馆藏文物种类、旅游热度、话题度上都不与另两者可同日而语。塑造自己的品牌是扬州博物馆必须解决的一个关键难题，而品牌赖以生存的载体是原创性。博物馆作为文化景观，不能人云亦云、邯郸学步，产品需要具有独创性，甚至是不可替代性，以提升品牌价值。

第三，博物馆受众面具有局限性。根据扬州博物馆文博活动 2013—2021 年报名表统计，参加文博体验活动的群体以未成年人为主，主要是 6~10 岁儿童群体。18~60 岁年龄段的参访者，主动参与到博物馆文化活动的人数比例较低。究其原因，在于博物馆设计体验活动的对象以未成年人为主，面向其他年龄段，特别是青年、中老年群体的活动较少。此外，博物馆的受众不应仅仅是健全人士，特殊群体也应得到关照。

第四，博物馆营销欠缺。扬州博物馆是事业单位，是国有博物馆。在大众的眼里，博物馆作为事业单位，是不需要营销、不需要市场营运，亦不需要运用多种方式来推广自己、宣传自己的服务以提高公众热度和认知度的。但是，随着经济、交通、社会的发展，博物馆作为提供文化、旅游服务的机构，在一定程度上向外输出的便是自己的产品，无论是展览、活动还是文创产品，或是作为旅游点提供的各种服务。这就意味着，扬州博物馆必然与其他博物馆，甚至电影院、游乐场等诸多休闲娱乐场所、文化景观成为竞争者。充分的市场分析和调研能够为博物馆进行营销定位，建立长效的支持机制，带动相关产业发展与提升，增加工作岗位，促进经济效益增长。由此，培养创新型、开发型、营销型的人才是扬州博物馆需要深入思考的一个重要问题。要加强相关人才队伍建设，使人才积极投入品牌营销、推广，以及市场竞争。

第五，文化景观构建存在空白区域。目前，扬州博物馆，甚至国内众多博物馆虽然成为旅游的热门地，但博物馆的重点依旧放在场馆内，场馆外的活动鲜少涉及。场馆在创建之初，室外景观设计同样注入了一定的精力，但这些室外景观鲜少受到参访者的关注。如何充分发挥室外展览方式的作用，如何使博物馆室外景观成为真正的城市文化景观，即提升博物馆的造景能力，将人文景观和自然环境相融合，亦是扬州博物馆与相关市政部门亟待携手解决的问题。

扬州博物馆是扬州进入 21 世纪城市大发展背景下的产物，是扬州城市历史、文化、经济发展的结晶。目前摆在扬州博物馆面前的发展问题是：如何使习近平总书记视察扬州时作出的“扬州是个好地方”的评语实现二次提升。2022 年 7 月，扬州市委、市政府召开扬州历史文化名城保护和有机更新推进大会，出台《扬州历史文化名城保护和有机更新总体方案》和 8 个专题行动方案。要服从大局，让博物馆参与到扬州历史文化名城保护和有机更新的总体行动中，特别是要提升博物馆在“文旅融合和产业振兴”“传统文化与技艺传承”等方面的参与度。

电影《博物馆奇妙夜》中对博物馆作为文化景观的描述是：“魔法永不停止。”博物馆是一个充满“魔法”的地方，它海纳百川，鼓励宽容和自由，尊重文化差异，传播传统文化，促进个人与集体之间的认同，为生活在本地区的居民提供接通万里的文化视野，展现日常生活的细微魅力，是“性价比”最高的文化景观。

对于“明天”，扬州博物馆充满了期待，期待成为扬州最为“家常化”的城市文化景观。

撰稿人 汪杏莉、王潇潇
单　位 扬州博物馆

文旅融合视角下的大运河主题展览叙事策略
——以“千里长河：中国大运河文化主题展”为例①

主题展览的概念由美国博物馆学家简·贝德诺、爱德华·贝德诺在《博物馆展览：过去与未来》中首次提出，“主题型展览首先开始于一个概念，并将这种概念贯穿于展览媒介，并运用人工制品和博物馆藏品支持或加强这个概念。以藏品为基础的展览常趋向于严谨周密，而主题型展览则倾向于广泛和综合”②。也就是说，主题展览是以向观众传递特定的思想、观念为目的，并以该思想、观念为核心，贯穿和统领全部展示内容及展示物的展览。简言之，主题展览就是有明确主题思想的展览。主题是整个展览的灵魂，也是贯穿展览的核心线索，展览的内容设计、展品选择、视觉传达、宣传教育、文创开发等也紧密围绕主题实施。随着主题展览概念的出现与发展，博物馆、美术馆、科技馆等场馆出现了各种形态的主题展览。

2014 年 6 月 22 日，中国大运河申遗成功，成为我国第 32 处世界文化遗产。为深入贯彻落实习近平总书记重要指示批示精神，进一步保护好、传承好、利用好大运河这一祖先留给我们的宝贵遗产，新时代党中央、国务院作出打造大运河文化带的重大决策部署。2019 年 2 月，中共中央办公厅、国务院办公厅印发了《大运河文化保护传承利用规划纲要》。2020 年 9 月，文化和旅游部、国家发展改革委联合印发《大运河文化和旅游融合发展规划》。随着大运河申遗成功和大运河文化带国家战略的实施，国内文博单位、艺术机构掀起了以“大运河”为主题的展览热潮。

一、大运河主题展览概述

据不完全统计，截至 2022 年 7 月，与大运河主题相关的展览数量超过 40

① 基金项目：浙江省哲学社会科学规划课题“清代杭州织造研究”（项目编号：22NDQN297YB）阶段性成果。
② 简·贝德诺、爱德华·贝德诺：《博物馆展览：过去与未来》，宋向光译，《中国博物馆通讯》2000 年第 5 期，第 28-29 页。

个。展览内容十分丰富，涵盖文物精品展、档案资料展、影像图片展、书画作品展、非遗文化展、考古成果展等诸多类型。举办单位主体多元，涵盖政府部门、博物馆、美术馆、艺术馆及民间组织等。根据展期长短，一些长期展出、展示时间稳定的主题展览可以称作基本陈列或常设展览；而展期较短或临时组织的，内容结构和展示形式相对灵活的主题展览可以称为临时展览。大运河主题展览既有常设展，也有临时展览。

（一）大运河主题常设展览

大运河主题常设展览，主要陈列在相关的大运河主题博物馆里。截至2022年8月，我国已建成开放7家大运河主题博物馆，分别是杭州中国京杭大运河博物馆、淮北市博物馆（隋唐大运河博物馆）、聊城中国运河文化博物馆、淮安中国漕运博物馆、洛阳隋唐大运河文化博物馆、无锡大运河数字博物馆和扬州中国大运河博物馆。下面对这些大运河主题博物馆举办的大运河主题常设展览的内容结构及叙事方式进行简要介绍。

杭州中国京杭大运河博物馆是国内第一座以运河文化为主题的专题博物馆，2006年建成开放，建筑面积10700平方米。展厅以“运河推动历史，运河改变生活”为陈列主题，分“大运河的开凿与变迁”“大运河的利用”“大运河浙江段申遗展示厅”和“运河文化”4个展厅，是集展现运河特性、收藏运河文物、研究运河文化、展示申遗成果等多种功能为一体的综合性运河历史文化中心。

淮北隋唐大运河博物馆，即淮北市博物馆。以隋唐大运河柳孜码头遗址发掘为契机，2009年淮北市博物馆加挂“隋唐大运河博物馆”馆名，建筑面积10670平方米。常设展览有“运河遗韵”“运河瓷器”和“柳孜盛景”3个专题。“运河遗韵”展复原了柳孜运河遗址，结合古船实物及模型，以及东阳木雕壁画，生动再现了隋唐大运河开凿、巡游、漕运、码头繁忙的场景；“运河瓷器”展以隋唐大运河为主题，展示了柳孜出土地隋唐宋元时期全国20多个著名窑口的瓷器；“柳孜盛景”展以《清明上河图》为原型，运用雕塑、绘画和三维技术，真实还原运河时期柳孜镇的繁荣景况。

聊城中国运河文化博物馆于2009年开馆，建筑面积1.6万平方米。其运河文化陈列从世界运河、中国运河和聊城运河3个方面，展现不同国度运河的风采、特色鲜明的大运河文化和运河古都昔日的繁华盛景。

淮安中国漕运博物馆，即淮安楚州博物馆，2011 年开馆，建筑面积 7680 平方米。常设展览包括“漕运渊源”（历史厅）、“千年载运”（运河厅）、“漕政咽喉”（淮安厅）、愿景厅、“漕运遗珍”（文物厅），展示了漕运历史、漕运与运河、漕运与文化、漕运与民俗、漕运与城市等多方面内容。

洛阳隋唐大运河文化博物馆依托全国重点文物保护单位——清代山陕会馆而建，于 2014 年开馆，建筑面积 3000 平方米。常设展览分图片展和实物展两个展厅，分别讲述洛阳与大运河的关系。图片展包括隋唐大运河的开凿、隋唐大运河的繁荣和作用、运河遗珠、隋唐大运河洛阳段的保护和申遗 4 个部分；实物展则以洛阳遗存的与大运河有关的文物为主，如大运河河道的河堤石构件，以及含嘉仓的粮食标本、仓窖模型等大运河文化遗产。

无锡大运河数字博物馆于 2014 年开馆，是国内首个以大运河为主题的数字博物馆，展览面积约 2000 平方米。博物馆运用三维影像、多媒体互动等科技手段反映京杭大运河千年历史中“桨声、灯影、古桥、民居”相融之景，分“天观厅”“水观厅”“人观厅”“奇观厅”4 个展厅，依次论述地理、交通、人文及精神 4 个层面。

扬州中国大运河博物馆 2021 年开放，总建筑面积约 7.9 万平方米。常设展览有“大运河——中国的世界文化遗产”和“因运而生——大运河街肆印象”，另有“运河上的舟楫”“中国大运河史诗图卷”“紫禁城与大运河”“隋炀帝与大运河”“世界知名运河与运河城市”“大运河的非物质文化遗产”“运河湿地寻趣”“大明都水监之运河迷踪”“河之恋”9 个专题展览，运用传统与现代相结合的展示手段，以多样化的展示形式，分别从历史、人文、非物质文化遗产、自然、艺术等不同角度对大运河主题进行全面阐释，全流域、全时段、全方位地展现了中国大运河的历史、文化、生态和科技面貌，被誉为中国大运河的“百科全书”。其中，“大运河——中国的世界文化遗产”展，分“运河沧桑、王朝基业——大运河的历史变迁”“天工慧光、中华勋业——大运河的科技成就”“融通九州、社稷鸿业——大运河的社会作用”“泽被天下、万民生业——大运河的经济文化”“通古达今、千秋伟业——大运河的保护传承”5 个部分，以历史叙事方式全景展示中国大运河的面貌与价值。

此外，北京通州博物馆、河北沧州博物馆等运河沿线城市的博物馆中也设有大运河主题常设展览。如沧州博物馆新馆于 2014 年开馆，设有“大运河北——河北省大运河文化展”常设展，分“千秋运河”“至珍千里”“御河流畔”“缘于运河”“申遗之路”5部分，通过展示运河沿线的出土文物、图片、复原场景等，呈现大运河沟通南北政治、经济、文化的重要作用。

（二）大运河主题临时展览

在大运河主题展览中，因常设展览在展品总量、展厅面积、预算投入、内容形式等方面要求较高，所以展览数量相对较少，形式较固定。而临时展览较灵活，举办成本及要求相比常设展览要低，成为传播和弘扬大运河文化的主要方式。其中，以“紫禁城·扬州·大运河——故宫博物院、扬州博物馆馆藏文物展”“通·融——中国大运河文化特展”“水蕴华章——大运河文物精品展”“海上流韵——大运河（浙江）海派书画家作品展”“舟楫千里——大运河文化展”为代表。

“紫禁城·扬州·大运河——故宫博物院、扬州博物馆馆藏文物展”是故宫博物院与扬州博物馆共同策划、联袂推出的专题展览，2014年7月26日开展，展期3个月。故宫博物院选取了与扬州工艺及运河贸易相关的展品70件/套，扬州博物馆等单位展出相关文物50件/套，涉及玉器、瓷器、书画、漆器、图书、竹木牙雕等众多门类，旨在呈现扬州和紫禁城以大运河为纽带所产生的紧密的文化交流。

“通·融——中国大运河文化特展”由江苏省文化厅（江苏省文物局）和扬州市博物馆联合推出，展览时间为2018年5月18日至6月18日，共展出文物85件，其中珍贵文物25件。展览分历史篇、城市篇及遗产篇3部分，从历史、城市、遗产3个方面，通过文字、图片、文物等有机组合，将运河沿线的文化遗迹图片和扬州地区与运河相关的文物集中展示，直观地展现大运河的前世今生和未来走向，以及大运河与沿线城市的密切关系，呈现了大运河孕育出的灿烂文化。

“水蕴华章——大运河文物精品展”是扬州博物馆在2019年5月2日至8月4日举办的大运河主题临展，展出来自6省19市23家文博单位的精品文物约300余件/套。展览以时代为脉络，分为“吴王夫差筑邗沟——早期大运河”“共禹论功不较多——隋唐大运河”“裁弯取直贯京杭——京杭大运河”“漪路繁华展风采——运河人家的美好生活”4个单元，展示大运河各个时期的发展特色和沿线城市文明，讲述运河的开凿对人口迁徙、经贸往来、科技交流、宗教传播、生产生活方式和文化艺术的影响。

“海上流韵——大运河（浙江）海派书画家作品展”是杭州博物馆联合大运河（浙江）城市博物馆联盟，在2019年11月20日至2020年2月10日举办的大运河主题展览。展览以运河为主线，以海派书画为主题，分为“秀水长流”（嘉兴篇）、“湖风波泗”（湖州篇）、“钱塘浩澜”（杭州篇）、“古越新滨”（绍兴篇）、“涌通天下”（宁波篇）5个单元，生动展现了大运河（浙江）沿岸海派书画的艺术特色和情趣。

“舟楫千里——大运河文化展”是中国国家博物馆于2020年11月1日至2021年6月6日策划推出的大运河主题展览，展出相关文物约170件/套。展览分为“一河千载通南北”“货通南北利四方”“千艘并进万夫牵”“神工当惊世界殊”“因河而兴文化盛”5个部分，系统展示大运河的开凿历史、通航功能、漕运管理、工程技术和非物质文化遗产，首次全面系统地展现大运河及其衍生出的深厚文化底蕴。

（三）大运河主题展览叙事

展览叙事，即展览如何讲故事——通过展品、文本、图片、多媒体等各种信息媒介的有机组合及传播，向参观者讲故事，以拉近展览与参观者的距离，增进文化知识与观众情感的交流。回顾已举办的大运河主题展览，很多展览分量重、影响大、质量高，内容全面、展品丰富，形式设计新颖，充分运用了新媒体新技术，对弘扬大运河文化发挥了重要作用。

就展览叙事方式而言，以文物为载体、以时空为轴的叙事方式较为普遍。展览多选择以大运河流向为经，以大运河历史为纬，采用线性的长时段“史诗”叙事方法，叙述大运河的物质和精神文化。有的展览在线性叙事框架下，运用文明史方法论，围绕大运河与政治、经济、文化等方面的关系展开。此类叙事方式被运用到大运河主题的不同类型的展览中时，一方面，有利于凸显大运河世界文化遗产的科学性、系统性和准确性；另一方面，也容易造成“千馆一面”“千展一面”的现象。

2017年4月19日，习近平总书记在广西考察时指出：“博物馆建设不要‘千馆一面’，不要追求形式上的大而全，展出的内容要突出特色。”展览的内容如何突出特色，关键在于怎样叙事。特别是在文旅融合背景下，推进大运河文化遗产与旅游融合发展，大运河主题展览需要差异化与个性化叙事，除了历史学的方法外，社会学、人类学、艺术学、经济学等不同学科的方法都可以用于展览叙事，发展多元化叙事体系。

二、大运河主题展览文旅融合的探索

扬州中国大运河博物馆的“大运河——中国的世界文化遗产”等常设展览和专题展览，中国国家博物馆的“舟楫千里——大运河文化展”临时展览，无论是展览的社会影响、展品和等级质量，还是展览内容与形式设计、视觉传达与数字科技效果，都代表了大运河主题展览的高超水平。而运河沿线的大多数中小博物馆，展览预算相对短绌，展品资源质量和数量有限，内容研究力量相对薄弱，在这种情况下如何走出一条中小博物馆大运河主题展览策划新路是目前亟须解决的问题。

杭州工艺美术博物馆坐落于浙江省杭州市桥西历史文化街区内，位于京杭大运河畔、拱宸桥边，包括杭州工艺美术博物馆、中国刀剪剑博物馆、中国扇博物馆、中国伞博物馆。博物馆建筑由杭州第一棉纺织厂（简称“杭一棉”，前身为通益公纱厂）、红雷丝织厂、桥西土特产仓库改建而成，是杭州保护与利用工业遗产的典型范例。作为大运河边成长发展起来的博物馆，杭州工艺美术博物馆与大运河息息相关，具有显著的运河特征。杭州工艺美术博物馆在2021年策划举办的“千里长河：中国大运河文化主题展”，既是博物馆高质量发展的文化自觉，也是博物馆推进文旅融合的探索。

（一）博物馆的文化自觉

博物馆作为公共文化机构，应力求从公众需求出发，使文化真正变成公众的多元文化。在文化和旅游融合发展趋势下，博物馆在搭建大运河文化宣传展示平台、促进大运河旅游发展等方面起着重要作用。举办大运河主题展览，讲好运河故事，传播运河文化，推动文旅融合发展，是博物馆的重要职责和使命，也是博物馆高质量发展的自觉。博物馆应坚持地域特色，深挖馆情特点，以探索文旅融合发展为导向，举办不一样的大运河主题展览。

2021年9月26日至2022年2月27日，杭州工艺美术博物馆联合中国丝绸博物馆、杭州博物馆、杭州市文物考古研究所、杭州中国京杭大运河博物馆、扬州博物馆、淮北市博物馆、常州市文物保护管理中心等7家文博单位，举办“千里长河：中国大运河文化主题展”。展览精选170余件/套展品，囊括石器、玉器、陶瓷、金属、丝织、漆器、竹木牙角器、纸质及其他工艺美术品。本次展览从社会文化史的研究视角出发，通过解构和重构大运河元素，力求呈现一个贴近实际、贴近生活、贴近群众的不一样的大运河文化展。

（二）非线性的展览叙事

“千里长河：中国大运河文化主题展”不是全景式呈现大运河发展史，而是择取大运河文化的若干维度，凸显杭州工艺美术博物馆特色，展现最具烟火气、最接地气的大运河文化。展览通过整体的、非线性的视角，借助声音艺术媒介，分别从运河考古、运河档案、运河百工、运河生活 4 个维度，展现大运河沿线人民对美好生活的追求，诠释大运河是活着的运河、人民的运河。

序厅部分。步入展览的序厅，就好像进入了时光隧道，一边是世界运河视野下的中国大运河发展史，一边是从中国大运河沿线 10 个遗产城市采集的声音和动图。狭长过道的氛围渲染、萦绕耳边的潺潺运河水声，再加上声音影像视频及运河大事记文字，序厅引领观众从听觉和视觉双重角度认识大运河。

第一单元：运河考古。全面梳理运河沿线的重要考古发现，绘制运河考古遗址分布图并制作成小程序，观众可触摸屏上点击了解大运河沿线主要考古遗址。如杭州密渡桥运河遗址和淮北柳孜运河遗址出土物，从家庭生活、手工生产、休闲娱乐、商业贸易 4 个方面，展现了唐宋以来大运河沿线的风土人情、人民的生活状况和精神面貌。

第二单元：运河档案。展厅设计为运河档案室，通过运河舆图、运河票据、碑刻拓片、研究书籍 4 个方面展示运河档案。通过运河舆图查询小程序，观众可了解运河全图类、分段图类、泉源图类、漕运航运图类、工程图类、风土民情图类等运河图志。展厅展示了运河沿线人民的生活印记，如执照、运输单、书信等票证，以及相关的碑刻拓片，并设有老照片墙和运河论著墙，观众可在档案记忆中感知运河，回顾运河变迁。

第三单元：运河百工。大运河沿线各地工艺美术因运而生，因运而兴。该部分是展览的精品区域，也是杭州工艺美术博物馆的特色，主要从瓷器、玉器、漆器和丝织等民间工艺方面，介绍运河丰富多彩的工艺美术；绘制运河沿线工艺美术图谱，分析运河工艺美术发展的原料、技艺、工匠、素材和消费市场等因素。特别是，展览依托浙江省哲学社会科学规划课题“清代杭州织造研究”的研究基础，详细阐述“江南三织造”（江宁织造、苏州织造、杭州织造）的绸缎运输及“江南三织造”与大运河的关系，并精选一批“江南三织造”生产的绸缎坯料，其中有些还是首次展出，具有重要研究价值。

第四部分：运河生活。展览以清代画家徐扬的《姑苏繁华图》为背景，采用创意设计手法，打造复原了运河街巷意象。街巷上分布着绸缎庄、酒肆、茶馆、运河人家、码头、剪刀铺、扇庄、竹木器店、百货铺等。展览突破道具的简单展示，采用文物精品和道具相结合的陈列方式，集中展现运河沿线人民的衣、食、住、用、行等物质生活，反映他们的生活风尚与信仰习俗等精神生活，最大限度还原运河人民的生活状态。

尾厅部分。大运河文化是流动的文化，贯通古今，流向未来；大运河文化也是开放的文化，连接南北，运通天下。展览绘制运通天下地图，基于“一带一路”、大运河文化带和大运河国家文化公园建设国家战略视野，诠释中国大运河与世界的关系，展现中华民族进步与发展、交流与对话的文明历史。

三、大运河主题展览叙事策略

进入新时代，大运河沿线各地的博物馆要以文物和旅游融合发展为契机，充分发挥博物馆展览优势，优化展览叙事体系，讲好大运河故事，保护好、传承好、利用好大运河文化。

（一）叙事立意聚焦人民

大运河是线性文化遗产，奔流千里，流淌千年，至今仍发挥着重要作用。无论哪一段运河，或哪一个朝代，大运河开凿、通运、疏浚背后的主体都是人民。大运河流淌着历史，承载着文化，映射着人民的生存印记，浸润着百姓生活最平常的情趣。人民缔造运河，运河造福人民。

新时代里，博物馆要主动地贴近群众、融入群众，以群众的美好生活需求为工作的出发点和落脚点，培养群众逛博物馆看展览的生活方式，积极推进文物和旅游融合发展。展览是博物馆的名片，也是博物馆与群众联系的桥梁。博物馆举办的展览应着眼于满足人民的美好生活需求，吸引群众乐于走进博物馆观看展览，而不是孤芳自赏、高深莫测。大运河是沿线人民的“母亲河”，承载着衣食住行、柴米油盐等生活日常。大运河主题展览更应紧扣“人民的运河”和“活着的运河”主题叙事，站在人民的立场弘扬大运河文化。

（二）叙事内容凸显特色

中国大运河包括隋唐大运河、京杭大运河和浙东运河，流经北京、天津、河北、山东、河南、安徽、江苏、浙江 8 个省、市，串联起京津、燕赵、齐鲁、中原、淮扬、吴越 6 个文化区。大运河文化是流动的文化、开放的文化，但每一段运河都有着不同的历史故事，每一座运河城市都有各自的文化特色。一条大运河，半部华夏史。无论是线性叙事，或是非线性叙事，还是从历史、考古、科技、漕运、社会、经济、民俗、文化等多元维度，内容都是展览的核心，是吸引观众的关键。

大运河主题展览的内容，应彰显文物和旅游融合发展。如“千里长河：中国大运河文化主题展”（简称“千里长河展”），开发设计了“云游运河”微信小程序，观众既可以在云端游览中国大运河杭州段的拱宸桥、广济桥等 11 个遗产点，也可以走访遗产，还可以在 18 处运河地标里“遇见运河”。展览内容紧扣运河考古、运河档案、运河百工和运河生活等主题，展品选择上以运河人家日常器物为主，贴近人民生活，如运河沿岸出土的宋代韩瓶、梳子、骰子、日用瓷器，以及运河老照片、运河货运票据等。

大运河沿线各地博物馆馆情不一，特色各异，沿线博物馆举办大运河主题展览，内容组织上应突出个性化、特色化，叙事方式也应多元化。大运河主题展览不一定都要大而全地讲述运河开凿发展史、水利工程兴修史、航运史等内容，在评论各段运河共性之外，应多在各段运河特性与个性处下功夫，讲述运河的在地性与地域性特点。

（三）形式设计融合文旅

展览内容需要通过形式设计传达展现，可以说设计是内容的另一种叙事，形式设计与内容叙事相得益彰。随着新媒体新技术的发展，AR、VR 等各种交互技术、信息技术被广泛应用到博物馆展览之中，丰富的技术手段让文物“活起来”了，各种沉浸式的呈现形式营造出一种可观、可游、可融的氛围，极大地提升了观众的参观体验感。

声音媒介是一种全新的表现手法，通过声音形式的展示，可以让无声的文物说话，建立历史与当下的链接。“千里长河展”尝试运用声音媒介，如序厅的声音影像作品、重点展品的声音名片、贯穿始终的展厅背景音乐，形成一个声音视觉的能量场，使运河以新媒体艺术的形式“流淌”在展厅的空间中。

序厅10个声音影像作品，是声音艺术家在大运河沿线城市的10处遗产点现场采集的水流声音，通过技术处理形成可视的10段水声影像，10个视频的节奏相互关联，起承转合，整体看每一秒都有统一的形态，形成看得见的运河水的效果。重点展品的声音名片是通过提炼文物的不同质地、外形、用途等特征，结合运河现场录制的水流声艺术加工形成的专属声音名片。

展陈设计上应充分考虑观众游览体验。“千里长河展”的序厅设计成狭长型的空间，契合“时空长廊”的概念，从运河沿线城市的10个遗产点采集的声音形成了节奏错落的“交响曲”，配以运河相关的时间线，将观众拉进了运河千年发展变迁的历史景象中。在运河生活部分，展览采用全场景展示的方式，打造集市与庙会的繁荣市井气息，设置运河人家、绸缎庄、剪刀铺、扇庄、酒肆、茶馆、杂货铺等场景，场景中采用文物与道具相结合的展示方式，摆放酒坛、毛笔、扇伞、剪刀、布匹、草帽、扁担等实物，打造更贴近真实的沉浸式的场景。同时，结合博物馆所在的杭州桥西历史文化街区运河庙会，展厅里的运河集市与展厅外的运河庙会古今呼应，展现运河“活着”的文化纽带，帮助观众感受运河沿岸不同的风土人情、传统习俗和人民的生活方式。

大运河主题展览的形式设计需要借助数字化手段呈现。但数字化仅是诸多形式手段中的一种，数字化形式只是内容叙事的一种辅助工具。在具体的展览应用中，数字化切不可沦为沉浸式体验、大屏巨幕演示的代名词，不可出现展陈形式上的“千展一面”。运河沿线的博物馆应根据馆情，注重展览内容生产，选择合适的展陈形式和数字化手段，凸显特色。

（四）文创开发宣传文旅

文创品开发不应是展览的配套，而应是展览内容与叙事的外化，也是推动文化和旅游融合发展的重要方式。通过当下流行的设计语言样式，借助人们日常喜用的载体，博物馆文物的元素被设计转化为文创品，以一种新的方式“活起来”。

“千里长河展”的文创品开发基于大运河杭州段的风土人情，融合货物集散、地域风情、地标建筑及运河文化特色，设计开发出“运河有味”“瑞兽兆福”“行大运”“拱宸华章”“拱宸闲游”五大系列文创品，囊括吃、穿、玩、用等多个品类。其中，“运河有味”系列首次尝试与浙江老字号塘栖法根糕点跨界合作，开发糕点花茶食盒，全新设计开模的糕点外形展现了博物馆的特色藏品及运河风景。食盒外观设计融入运河、拱宸桥、杭州工艺美术博物馆建筑主题元素，辅以杭州市花桂花，选择配色鲜艳的油画风格，美观且富有诗意。“瑞兽兆福”系列专为青年儿童设计开发，以拱宸桥下神兽趴蝮为原型设计卡通形象，制作成儿童伞、儿童扇、便利贴、冰箱贴、徽章等产品。“拱宸华章”“拱宸闲游”系列，用简约的线条勾勒出运河桥西人家的生活场景，设计制作了香片挂件、直杆伞、超轻三折伞、便利贴、书签等。“行大运”系列有印有“学神附体”“青云直上”等幸运语录的迷你扇盲盒。

结　语

推进大运河文化遗产和旅游融合发展是一项系统性、综合性工程，需多方联动、久久为功。大运河沿线博物馆，特别是中小博物馆，要坚持以文化和旅游融合为主线，以融合发展为导向，弘扬大运河文化，这既是博物馆的文化使命，也是博物馆新时代的社会担当。在坚持保护优先原则的同时，博物馆应举办高质量大运河主题展览，通过多元叙事体系讲好大运河故事，合理利用大运河文化遗产，提高大运河文化遗产展示水平。

大运河沿线博物馆，特别是广大中小博物馆，是弘扬大运河文化、讲好大运河故事的重要力量，在推进大运河文化遗产和旅游融合发展中能够发挥重要作用。博物馆要充分发挥馆藏资源优势，统筹研究馆藏资源与地方特色文化、大运河文化的关系，提炼总结具有特色的展览内容；坚持人民的立场，运用多元化展览叙事方式，融合数字化等多种展陈形式，举办老百姓看得懂、喜爱看、接地的气展览。同时，应开发配套文化创意产品，发展大运河文化旅游，以满足人们的美好生活需求。

撰稿人　樊孝林
单　位　杭州工艺美术博物馆

中国大运河博物馆文化休闲空间建设实践

一、中国大运河博物馆建设的背景

在文旅融合的时代背景下，大众对旅游提出了新的要求，要求在旅游中增加更多的文化体验。博物馆既是文化传播的重要载体也是旅游休闲的空间，因此，博物馆的建设顺应了文化旅游的发展趋势。一方面，国家对文化和旅游提出新的规划，着力推进文旅融合；另一方面，人民精神生活的不断丰富使博物馆参观浏览成为新的潮流。在此背景下，中国大运河博物馆因运而生。

（一）文旅融合的时代背景

文旅融合是新时代背景下文化和旅游的深度融合发展与相互促进，旅游成为促进文化传播的有利载体，在传播中华优秀传统文化方面发挥着越来越重要的作用。《“十四五”文化和旅游发展规划》等一系列文件的颁布为推动文旅融合发展提供了政策性支持。《“十四五”旅游业发展规划》提出坚持“以文塑旅，以旅彰文”①，强调在旅游的基础上融合文化，即根据地方旅游特色，挖掘地域文化元素与旅游融合在一起；同时强调在文化的基础上开发旅游属性，促进文化设施旅游功能的提升。

博物馆作为公共文化空间，具有丰富的历史文化资源，是展示城市历史发展的窗口，是人们了解历史及传统文化的重要载体，因此，博物馆的文化资源是推动博物馆文旅融合的基础。国家出台了一系列政策推动博物馆高质量发展，如《关于全国博物馆、纪念馆免费开放的通知》明确了博物馆作为文化机构的社会价值，有利于加强国际文化交流和中华民族优秀文化的宣传推广，

① 国务院印发《“十四五”旅游业发展规划》，中华人民共和国文化和旅游部官网，2022 年 1 月 21 日，https://zwgk.mct.gov.cn/zfxxgkml/zcfg/zcjd/202201/t20220121_930620.html,访问日期:2022 年 2 月 18 日。

使博物馆成为文化教育和传播中心，成为公众流连忘返的文化园地[①]。《关于推进博物馆改革发展的指导意见》中提出要优化传播服务，充分发挥博物馆在文旅融合发展、促进文化消费中的作用[②]。一系列政策意见的发布推动着博物馆的职能进行转变，深化了博物馆的文旅内涵，为博物馆文旅深度融合提供了政策性保障和方向指引。

大运河是古代中国重要的交通动脉，也是中华民族的宝贵遗产。习近平总书记指出："大运河是祖先留给我们的宝贵遗产，是流动的文化，要统筹保护好，传承好，利用好。"[③] 为贯彻落实习近平总书记的重要指示精神，中共中央办公厅、国务院办公厅印发《大运河文化保护传承利用规划纲要》，文化和旅游部、国家发展改革委会同有关部门编制了《大运河文化和旅游融合发展规划》，国家政策的颁布为推进大运河文旅深层次融合提供了导向与政策性支持。众多政策及规划的颁布旨在将大运河打造为展示中华文明的平台，丰富以大运河文化为主旨的旅游载体。

《关于推进博物馆改革发展的指导意见》中提出，要配合大运河国家文化公园的建设等重大文化工程，加强博物馆资源整合与协同创新[④]。《江苏省大运河文化旅游融合发展规划》中同样提出促进文物和旅游融合发展，推动文博场馆的建设[⑤]。中国大运河博物馆是大运河文化带和大运河国家文化公园建设的重点项目之一，中国大运河博物馆的建设正是为了打造高品质的运河文化空间，提供高质量的文化旅游服务。

① 中共中央宣传部　财政部　文化部　国家文物局：《关于全国博物馆、纪念馆免费开放的通知》，中华人民共和国文化和旅游部官网，2008 年 2 月 29 日，https://zwgk.mct.gov.cn/zfxxgkml/zcfg/gfxwj/202012/t20201204_906126.html，访问日期：2022 年 2 月 18 日。

② 《中央宣传部　国家发展改革委　教育部　科技部　民政部　财政部　人力资源社会保障部　文化和旅游部　国家文物局印发〈关于推进博物馆改革发展的指导意见〉》，中华人民共和国文化和旅游部官网，2021 年 5 月 11 日，https://zwgk.mct.gov.cn/zfxxgkml/qt/202105/t20210525_924733.html，访问日期：2022 年 2 月 16 日。

③ 蒋芳、包昱涵：《习近平的文化情怀丨"大运河是祖先留给我们的宝贵遗产"》，人民网，2022 年 7 月 20 日，http://politics.people.com.cn/n1/2022/0720/c1001-32480533.html，访问日期：2022 年 9 月 18 日。

④ 《中央宣传部　国家发展改革委　教育部　科技部　民政部　财政部　人力资源社会保障部　文化和旅游部　国家文物局印发〈关于推进博物馆改革发展的指导意见〉》，中华人民共和国文化和旅游部官网，2021 年 5 月 11 日，https://zwgk.mct.gov.cn/zfxxgkml/qt/202105/t20210525_924733.html，访问日期：2022 年 2 月 16 日。

⑤ 江苏省文化和旅游厅：《江苏省大运河文化旅游融合发展规划》，江苏省文化和旅游厅官网，2021 年 6 月 2 日，http://cul.jiangsu.gov.cn/art/2021/6/2/art_48956_10167693.html，访问日期：2022 年 2 月 18 日。

（二）人民精神文化需求的提高

随着经济的发展，人们的收入稳步提升，消费类型发生转变。根据马斯洛的需求理论，低层次需求即基本生存需求得到满足后，人们开始追求更高层次的需求，消费类型也由基本型消费发展为享受型消费，人们对文化消费的需求日益增长。旅游是大众进行休闲娱乐活动的选择之一，也是人们认识世界、丰富阅历的重要渠道，大众开始追求旅游中的多种文化体验，旅游成为文化传播的新方式，文化是旅游的核心要素。博物馆有丰富的历史文化资源，同时也是一座城市的标志性名片，人们通过博物馆可以了解城市的历史文脉，因此，越来越多的游客将博物馆作为旅游目的地，博物馆越来越成为公众文化休闲的场所。

近年来，文博相关的综艺节目如《国家宝藏》《我在故宫修文物》《如果国宝会说话》等引起了大众对博物馆及文物的关注，掀起了博物馆参观的热潮。虽然受到疫情影响，但 2021 年全国博物馆仍接待观众 7.79 亿人次；策划推出 3000 余个线上展览、1 万余场线上教育活动，网络总浏览量超过 41 亿人次。2021 年，全国新增备案博物馆 395 家，备案博物馆总数达 6183 家，排名全球前列。参观博物馆成为人民群众旅游休闲的重要组成部分。

二、中国大运河博物馆建设的基本情况

中国大运河博物馆的建设是为了更好地保护运河遗产、展示运河文化并向大众弘扬运河文化，中国大运河博物馆担负着传承历史文脉、树立民族自信的责任。在文旅融合的背景下，中国大运河博物馆的建设更加强调文化属性和旅游休闲属性的结合。从中国大运河博物馆的总体规划和建设情况可以看出其发展为文化休闲空间的概况。

（一）中国大运河博物馆建设的总体规划

在扬州中国大运河博物馆建设之前，我国关于运河文化的博物馆已有 6 座，包括 2004 年开馆的隋唐大运河博物馆（安徽淮北）、2006 年开馆的中国京杭大运河博物馆（浙江杭州）、2009 年开馆的中国运河文化博物馆（山东聊城）、2011 年开馆的中国漕运博物馆（江苏淮安）、2014 年开馆的隋唐大运河博物馆（河南洛阳）、2014 年开馆的大运河数字博物馆（江苏无锡），但当时

对运河文化缺乏清晰的定位，且博物馆建设的年份较早，展览效果一般。在中国大运河列入《世界遗产名录》之后，大众对大运河文化的认知更加清晰，在此基础上，中国大运河博物馆成为第一个全流域、全时段、全方位展现中国大运河历史、文化、生态、科技的博物馆，观众在馆内可以了解隋唐大运河、京杭大运河、浙东运河的前世今生，中国大运河博物馆被誉为大运河的“百科全书”。

江苏省认真贯彻落实习近平总书记关于保护好、传承好、利用好运河文化遗产的指示精神，致力于打造运河文化的核心展示平台，中国大运河博物馆是大运河文化公园建设的重点工程。中国大运河博物馆的建设正是让运河文化遗产“活”起来的典范。中国大运河博物馆作为国家文化公园的重要组成内容，既展示大运河作为文物保护单位和世界文化遗产的内涵，也呈现运河给人民群众带来的美好生活。

（二）中国大运河博物馆建设的基本现状

中国大运河被列为世界文化遗产后，国家对建设大运河文化带和国家文化公园作出决策部署。2018 年，中国大运河博物馆的建设被提上日程，由扬州市负责馆舍建设；由江苏省文化和旅游厅负责展览和运营，南京博物院具体实施。2019 年，中国大运河博物馆正式开工建设。2020 年 11 月，国务院办公厅批复正式命名为“扬州中国大运河博物馆”。

中国大运河博物馆的建筑设计方案由张锦秋院士团队设计完成，博物馆由展馆、内庭院、馆前广场、大运塔和今月桥 5 部分组成。展馆的整体造型为巨大的帆船，整体设计风格为传统与现代相结合的新唐风，充分彰显了运河文化的价值底蕴与时代精神。博物馆内共设有 14 个展厅空间，其中有常设展“大运河——中国的世界文化遗产”“因运而生——大运河街肆印象”，专题展览“世界知名运河与运河城市”“运河湿地寻趣”“大运河的非物质文化遗产”等，数字化沉浸式体验展“运河上的舟楫”“河之恋”，临展展览“大明都水监之运河迷踪”及小剧场。中国大运河博物馆的展览主题定位为“运河带来的美好生活”①，中国大运河博物馆是讲好中国运河故事的重要平台，是展示

① 中国大运河博物馆：《关于运博》，中国大运河博物馆官网，2022 年 7 月 20 日，https：//canalmuseum. net/organization/，访问日期：2022 年 9 月 20 日。。

中国形象、传承中华文明、彰显文化自信的重要基地，是不断满足人民群众对美好精神文化生活需求的重要场所。

（三）中国大运河博物馆文化休闲空间建设概况

中国大运河博物馆是一座建在国家文化公园里的博物馆，其不仅仅是一座公共文化设施，更是文化旅游的目的地。中国大运河博物馆在打造整体空间时不仅仅将其看作具有文化属性的展览空间，更将其打造为公众旅游休闲的场所。

博物馆从建立之初的收藏、保存藏品职能向教育、展示职能转变，意味着博物馆逐渐成为具有文化属性的公共空间，是面向公众开放的、满足公众精神文化需求的重要载体。文化空间本意是指具有文化意义或性质的物理空间①。公共文化空间同时是城市所必备的文化服务设施，对于提高公民文化素质、丰富公民精神文化生活具有积极作用，因此，博物馆也被称为城市的“文化客厅”。在此基础上，中国大运河博物馆致力于打造高质量、高品质的文化休闲空间，主要以文化为吸引游客的核心要素，注重文化的展示与传播，同时也注重空间的设计与包装，将博物馆打造为具有文化与旅游属性的文化休闲空间。

中国大运河博物馆在作为文化休闲空间的打造上，不仅仅注重对于运河文化的展览，更要突出其休闲性，使其以舒适愉快的文化氛围吸引游客参观。中国大运河博物馆在设计上具有许多巧思，观众参观完博物馆来到屋顶花园能够俯瞰整个三湾，整个博物馆以运河、馆、塔相结合的设计理念呈现出“三塔映三湾”② 的构思。展馆内有内庭院，整个展厅的设计和传统园林中的对景借景、空间渗透手法基本吻合，光、影、树、水等元素为游客呈现了一个既有运河风光又有中国传统园林趣味的打卡空间。博物馆内外巧妙的空间设计使观众在获得运河文化知识的同时，也沉浸在极具古韵的运河文化氛围中。

三、中国大运河博物馆文化休闲空间融合发展的建设路径

中国大运河博物馆在建设之初就明确了博物馆的定位，并创新建设理念与

① 向云驹：《论“文化空间”》，《中央民族大学学报（哲学社会科学版）》2008 年第 3 期。
② 龚良：《中国大运河博物馆的建设定位和发展要求》，《东南文化》2021 年第 3 期。

展陈手段为公众提供形式丰富的公共文化服务和旅游休闲体验。中国大运河博物馆打造文化休闲空间，首先是意识的转变，博物馆作为旅游目的地，为公众提供文化休闲服务；其次，应融合运河资源和扬州本地的旅游资源，促进资源有机整合；再其次，从创新展陈手段出发，推动博物馆更好地吸引观众，成为观众休闲旅游的首选；最后，为了打造文化休闲空间，必不可少的是打造人性化服务体系，为观众在博物馆空间内的活动提供便利。除此之外，博物馆还建立了“博物馆+”的连接模式，将中国大运河博物馆打造为多功能的文化休闲空间。

（一）意识转变，助力文化与旅游

中国大运河博物馆的建立是保护与传播运河文化的重要方式。作为保存运河历史文化记忆、彰显时代特征的精品工程，中国大运河博物馆是大运河国家文化公园的展示平台和文化休闲场所，因此，中国大运河博物馆从设计建设观念上进行转变，使博物馆助力文旅深度融合。

1. 博物馆职能的转变

博物馆在建立之初是为了收藏珍贵藏品，具有高度的私密性和个人性，随着社会的发展，博物馆逐渐具有了分享性和包容性。博物馆的定义与职能也在不断地拓展与优化。博物馆最初的主要职能是保存与保护文化遗产，并进行研究和交流。博物馆内有大量、丰富的文物藏品，是宝贵的教育资源。博物馆是展示国家历史文化的教育机构，应充分发挥其提升公民文化素质、增强公民民族自豪感的职能，促使博物馆由传统的收藏、展示职能向文化传播、社会教育职能转变，更加强调博物馆作为文化机构的社会服务职能。随着社会的发展，大众对博物馆产生了新的要求，希望在博物馆获得新的知识与体验。博物馆的发展经历了“以物为中心”到“以观众为中心”的过程。21 世纪后，博物馆的发展越来越多元化。在政策驱动和人民需求日益提高的基础上，我国旅游市场快速发展，开始挖掘并重视博物馆的旅游属性。博物馆旅游体系日渐完善，向公众提供文化及旅游服务，满足人民群众文化休闲的精神文化需求。

2. 大运河博物馆为旅游提供动力

在文旅融合的时代背景下，博物馆旅游越来越成为人们旅游休闲的选择之一。2009 年，国际博物馆日的主题为“博物馆与旅游”，号召博物馆推动文化旅游，博物馆成为旅游活动的载体。大众对博物馆的热爱推动其前往博物馆所在的城市进行文化旅游活动，“为一座馆，赴一座城”成为博物馆在文旅融合时代下的新追求。随着人们对文化需求的日益增长，公众越来越重视旅游中的体验。亚太旅游组织“游客愿意支付的额外项目”调查结果显示：有60%的人愿意为“获得更多的文化体验”买单①。人们越来越注重旅游中的体验感和趣味性，获得高质量的文化体验和精神享受成为人们选择旅游目的地时的决定因素。正因如此，文旅融合发展创造出许多以博物馆为主的旅游目的地。在文旅融合的背景下，博物馆已不再仅仅是展示历史文化的殿堂，更发展为城市的旅游地标。中国大运河博物馆运营方——南京博物院院长龚良希望中国大运河博物馆不仅成为中国大运河文化带的新地标，也成为著名的旅游目的地，给人们多一个来扬州的理由。

（二）资源开发，融合文物与旅游资源

博物馆与旅游的融合要求博物馆同时整合文物资源与博物馆所在城市的旅游资源，中国大运河博物馆被定位为中国首个全面展示运河文化的专题博物馆，在建设之初就致力于将其打造为保存大运河文化记忆、传承大运河文化的重要平台②。因此，中国大运河博物馆应将运河相关资源与扬州本地的城市旅游资源进行融合，更好地将中国大运河博物馆作为扬州城市的新名片。

1. 博物馆与运河资源整合

扬州作为中国大运河申遗的牵头城市，充分发挥示范和带头作用，在文物保护、保护与传承大运河文化方面发挥积极作用，颁布大运河扬州段保护规划，创造性地对运河文化进行传播与传承，包括建立传统文化重点传承保护基地、打造非遗集散区、举办世界运河城市论坛等，充分彰显了运河名城的活力，体现出扬州作为“运河长子”的时代担当。

在扬州三湾地区建立的中国大运河博物馆具备了优越的地理位置和丰富的运河资源，中国大运河博物馆作为保护并传承运河文化遗产的重要平台，更要充分整合并利用好运河资源，将运河博物馆打造成为保护传承运河文化资源的示范区。扬州应立足资源，落实文化遗产保护和传承工作，做大运河文化遗产

① 张栋：《全域旅游理念下的文化旅游资源再审视》，《中国青年报》2017年11月2日，第8版。

② 龚良：《中国大运河博物馆的建设定位和发展要求》，《东南文化》2021年第3期。

保护的典范，通过挖掘运河文化资源及其蕴含的人文精神和文化基因，拓展其对运河文化内涵的阐释，提升中国大运河博物馆的文化传播深度与广度，使中国大运河博物馆与保护传承运河文化融合在一起，相互促进与发展。中国大运河博物馆既要充分挖掘运河文化内涵并对其进行保护，也要积极讲好运河故事，传播运河文化。

2. 博物馆资源与城市资源共享

博物馆对促进城市旅游具有积极的作用，因为一座具有吸引力的博物馆会吸引游客前来博物馆所在城市旅游，博物馆不仅仅是公共文化机构，更向"城市的会客厅"的目标发展。扬州是一座拥有2500年历史的文化名城，是大运河文化带和长三角经济文化带交叉城市，被称为"运河长子"，因运河而盛，自身拥有丰富的文化旅游资源，且扬州积极推进大运河文化带建设和国家文化公园建设。可以说，扬州城本身就是一座博物馆，分布着文化遗产、非物质文化遗产集群等。中国大运河博物馆灵活运用城市的文化资源，如大运塔与北侧的文峰塔、南侧的天中塔共同形成"三塔映三湾"的景观，登上大运塔顶层远眺，北边的文峰塔，屹立在古运河由南向西转折的河湾处，相传曾是唐代高僧鉴真东渡日本的起点；南边的天中塔，曾是清朝皇帝的行宫所在，运河在三塔旁流淌而过①。中国大运河博物馆的种种设计真正将博物馆与城市旅游资源融合在一起并协同创新，打造高质量的文化休闲空间，吸引本地及外地游客游览参观。博物馆成为城市的名片的同时，也在塑造城市形象、推进城市可持续发展方面发挥着积极的作用。

(三) 技术助力，创新展陈手段

技术的更新迭代使得博物馆展览焕发新的活力，观众对博物馆的要求越来越高，为了吸引观众，博物馆必须创新展陈手段，通过多种新兴技术吸引观众的注意力，加强与观众的互动，由此增强博物馆的休闲属性，使观众在轻松愉快的氛围中接受知识的熏陶。

1. 复合型媒介陈列，强化知识性

大运河博物馆的展览是传播运河文化和价值内涵的重要载体，在数字技术

① 张孔生：《百米高塔将耸立扬州古运河畔年底"三塔映三湾"全景呈现》，扬州网，2020年7月7日，http：//news. yznews. com. cn/2020—07/07/content_ 7152320. htm，访问日期：2022年2月20日。。

高速发展的时代背景下，博物馆越来越多地运用多种媒介进行陈列展览，多样化的陈列方式使观众更易了解运河知识。融媒体环境下的现代博物馆需要积极运用多种新媒体技术，集合静态图像、音频、视频等多种媒介，以引人入胜、易于理解的方式向观众进行运河文化的传播。

展品是博物馆展览吸引观众的第一要素，博物馆建立之初就是用于收藏珍贵藏品的，虽然现代博物馆的职能在不断拓展，但相当一部分观众仍是抱着"看宝贝"的目的参观博物馆的。然而，文物蕴含大量的历史信息，观众的认知水平和文化素质参差不齐，许多观众无法准确、清晰地理解文物的内涵，因此，大运河博物馆需要借助多种媒介进行运河文化的传播。"运河上的舟楫"展厅使用大量船模作为展品，使观众对船只的认知直观且清晰，每个船模都配备有说明牌对船只的名称及用途做简单介绍，并且各个区域都设置有多媒体触摸屏，使观众能够自主深入地了解船只的背景知识；同时，利用增强现实技术对部分船模进行场景化还原，以增强观众的互动体验感。展厅的最后部分复原了康熙时期的沙飞船，观众可走入沙飞船内部身临其境感受船在运河上行驶并能"看到"运河两岸的市井风情。多种媒体的融合运用使得观众对运河上的舟楫有了深刻的认识，运河舟楫知识得到了有效传播。中国大运河博物馆注重为受众搭建高效的信息传播平台，满足观众文化熏陶的需求，突出博物馆的文化属性。

2. 优化叙事方式，增强趣味性

技术的运用使观众在参观博物馆时更具体验感和互动感，为博物馆打造文化休闲空间提供支撑，虚拟现实技术、增强现实技术、全息投影、沉浸式体验技术等拓展了中国大运河博物馆的叙事方式，促使博物馆的展览质量不断提高，从而更好地为游客打造文化休闲空间。中国大运河博物馆打造文化休闲空间除了在信息的传播方面强调知识性与文化属性之外，还在信息传播时增强趣味性，注重观众的体验感与互动性，使博物馆成为人们休闲放松的选择之一，强化了中国大运河博物馆的休闲属性。

优化叙事方式使博物馆以生动有趣的方式讲述运河故事，提高展览叙事的感染力，提升观众的参观体验感。"因运而生——大运河街肆印象"展览是中国大运河博物馆打造文化休闲空间的典型案例，展厅复原了从隋唐宋到元明清时期运河两岸的街道场景，包括商铺、码头、戏台等，展览引入了活态经营方式吸引相关商家入驻。游客在参观该展厅时仿佛穿越至古代的街道中，具有古韵的建筑场景吸引游客拍照打卡，游客还可在商家入驻店铺中进行购物，在戏台下观看演出，在酒馆、茶肆中品茶饮酒，在江南场景的亭台中休息。展览带给观众沉浸式体验，成功打造了集观展游览、购物休闲、拍照打卡于一体的文化休闲空间。“河之恋”展厅运用数字媒体技术打造具有视觉冲击力的展厅空间，采用“科技+艺术+文化”的手段，通过“水”“运”“诗”“画”4 个要素展示大运河的意境①。观众在展厅观展时或站或坐或卧，在休闲中领略运河之美。“大明都水监之运河谜踪”是面向青少年的互动解谜式密室逃脱，展厅空间打造成古代场景，将解密与运河知识融合在一起，使游客具有沉浸式体验感并在娱乐中获取知识，寓教于乐，增强了博物馆的趣味性，同时也是博物馆休闲属性和文化属性的双重体现。

中国大运河博物馆通过运用多种媒介进行展览陈列，使运河知识与文化深入人心，强化博物馆的文化属性，同时通过优化叙事方式使展览更具趣味性，使观众在轻松的参观氛围中获取知识，将博物馆打造为具有文化与休闲双重属性的公共空间。

（四）以人为本，打造人性化服务体系

中国大运河博物馆作为休闲属性的公共文化空间，坚持践行“以人为本”的理念，完善人性化服务设施，时刻将公众需求放在首位。博物馆越来越重视观众的需求，这首先体现在强化分众教育上；其次体现在公共服务设施的完善上，人性化服务体系的打造是中国大运河博物馆打造文化休闲空间的重要举措。

1. 强化分众服务

文旅融合背景下的博物馆受众不再仅仅是传统意义上的观众，还包括更广范围的社会公众②。博物馆受众的年龄、职业等存在较大差异带来的知识结构和思维模式差异使得观众对博物馆的需求不同，对于博物馆展览的接受程度也存在差异，因此，博物馆应运用分众理念对观众进行差异化分类。分众理念是指根据不同的受众群体特征进行划分，为其提供针对性的信息与服务，使传播

① 田甜：《中国大运河博物馆多重视角下的展览体系架构》，《东南文化》2021 年第 3 期。
② 钱兆悦：《文旅融合下的博物馆公众服务：新理念、新方法》，《东南文化》2018 年第 3 期。

效果达到最大化。

中国大运河博物馆根据不同年龄段的受众设置针对性的展厅空间，“运河湿地寻趣”展厅针对青少年受众，主要呈现大运河沿线的生态景观和动植物，展厅内的微缩生态景观及动植物标本能够吸引青少年的注意力，并使展览同时具备知识性和趣味性。“河之恋”展厅面向年轻群体，展览具有创意和科技感，使年轻受众能够得到良好的文化体验。中国大运河博物馆的分众理念使得观众在博物馆能够获得多样需求的满足，参观博物馆即可获得多元文化体验，分类服务是打造博物馆文化休闲空间的重要方式。

2. 打造舒适便捷的公共空间

将中国大运河博物馆打造为文化休闲空间就要满足公众参观的舒适性要求，要使博物馆变成休闲娱乐的目的地。博物馆内的空间包括展厅空间和公共空间，为使观众参观博物馆的体验更加舒适，配置完善的公共服务设施、打造人性化的公共空间必不可少，包括周边交通服务、停车服务、检票安检、设备租赁等。重视观众在博物馆内参观游览需求的同时，也不应忽视其休息放松的需求，设置舒适的公共休息空间是缓解“博物馆疲劳”的有效方式，因此，公共空间中的休息空间、厕所等设施必不可少。国务院办公厅《关于进一步激发文化和旅游消费潜力的意见》提出：“鼓励依法依规对传统演出场所和博物馆进行设施改造提升，合理配套餐饮区、观众休息区、文创产品展示售卖区、书店等，营造更优质的消费环境。”① 中国大运河博物馆公共空间中的内庭院及一楼大厅的玻璃幕墙都是热门“打卡”地点，一楼公共空间中的座椅采用变幻莫测的山峰造型，观众在休息的同时可欣赏庭院美景。中国大运河博物馆的公共空间功能完善，体现人性化的同时也呈现出艺术感，舒适的公共空间一定程度上也起到了吸引观众前往参观、休闲的作用。

（五）融合发展，建立“博物馆+”连接模式

博物馆和旅游的融合发展应将博物馆与社会相关产业联系在一起，建立“博物馆+”连接模式，将博物馆与景区旅游、消费经营、教育基地等密切连接在一起。在文旅融合背景下，博物馆应联合其他产业向公众提供高质量的文

① 《国务院办公厅关于进一步激发文化和旅游消费潜力的意见》，中华人民共和国中央人民政府官网，2019 年 8 月 23 日，http：//www. gov. cn/zhengce/content/2019—08/23/content_ 5423809. htm，访问日期：2022 年 2 月 20 日。。

化休闲服务。

1.“博物馆+景区”，打造文化旅游胜地

在文旅融合的背景下，博物馆作为展示城市形象、呈现城市历史文化底蕴的名片，作为文化旅游的目的地，应和本地的景区相融合。中国大运河博物馆文旅融合应做到“以文促旅，以旅彰文”，将博物馆与城市中的旅游景点结合在一起，使得博物馆在环境上融入城市风景，将博物馆与景区联合打造为“一站式”的旅游景区，使公众在旅游时既能欣赏城市的自然风光、名胜古迹，也可了解城市的历史文化底蕴。

中国大运河博物馆选址在运河三湾风景区，主体建筑平行于古运河东岸，红色“剪影桥”联通了城市通往园区的主干道，是博物馆景区的一道靓丽风景线。今月桥将中国大运河博物馆主体建筑与大运塔连接在一起，大运塔设在博物馆主建筑西侧，高耸于运河东岸。大运塔增强了博物馆在运河航道和扬州市湖、城、河文化轴上的标识性，同时又是登高感受三湾水工智慧和欣赏运河文化线的观光平台。中国大运河博物馆也与扬州的特色景区连接在一起，博物馆与非遗园、工业遗产区、三湾湿地公园共同打造融合风景区，游客从博物馆边的码头坐船可直接到达东关街历史街区游览，也可直达瘦西湖风景区，未来还将延伸至瓜洲风景区①。

2.“博物馆+经营”，契合文化消费理念

提升博物馆文化旅游服务水平是文旅融合背景下对博物馆的要求之一。传统的旅游要素包括食、住、行、游、购、娱，博物馆在游览娱乐方面已经能够越来越满足公众的需求。中国大运河博物馆在食、住、购等方面寻求新的契机，尝试将餐饮、民宿等资源与博物馆连接在一起，通过促进跨界融合创新发展，提升文化旅游的品质。原国家旅游局局长李金早曾提出新旅游六要素为：商、养、学、闲、情、奇，高品质的文化旅游越来越成为人们追求的休闲方式。中国大运河博物馆通过“博物馆+”的方式不断提升博物馆旅游的品质。

提升旅游品质首先要满足公众的各种需求，如参观博物馆过程中的餐饮需求。为此，中国大运河博物馆与餐饮界联合推出“食芳餐厅”和“饮萃茶社”，使公众在参观博物馆之余切实体验运河饮食文化，为公众提供饮食品茶

① 王宏伟、于峰、姚依依：《在这里，读懂中国大运河的前世今生——探馆扬州中国大运河博物馆》，新华报业网，2021年6月16日，http：//www.xhby.net/js/wh/202106/t20210616_7125471.shtml，访问日期：2022年2月21日。。

休闲服务。随着夜间经济的繁荣发展，在博物馆周边搭帐篷、赏夜景、逛集市成为一种新的潮流。在消费社会的影响下，公众愿意为蕴含其中的文化内涵付费，博物馆内的餐厅和茶社被赋予了运河文化的内涵，包括博物馆内的文创商品也因具有丰富的文化内涵而受到公众的追捧。通过消费，公众表达了对中国大运河博物馆所蕴含的运河文化与精神的认同与喜爱①。中国大运河博物馆与各界协同创新，"博物馆+经营"的文化消费模式既提高了博物馆的文化服务水平，也吸引了更多观众参观游览博物馆，博物馆成为高品质文化休闲目的地。

3. "博物馆+基地"，发挥博物馆教育职能

文旅融合背景下，博物馆的职能从传统的收藏展览转向文化传播与教育。博物馆自身具备充足的文化教育资源，作为社会教育的重要组成部分，博物馆对提高公众文化素质能够起到良好的推动作用，其资源也为学校教学提供了有力支撑，因此，博物馆与学校合作，可丰富学校的教育手段，提高学生的自我学习能力，拓展学生的知识面。

中国大运河博物馆定期举办教育活动，针对不同年龄段的受众举办不同课程，如面向50~65岁的中老年人开展"非遗手作秀美团扇"活动，使公众了解运河非遗文化，并现场自制干花团扇；针对9~12岁的青少年开展"非遗手作纸间艺术"活动，让家长带领孩子一起了解刻纸艺术。中国大运河博物馆和苏州博物馆利用特有的展览和社会教育资源优势，携手全球领先的一站式旅行平台携程集团，首创双城研学活动第一季"传承运河非遗技艺，走进苏扬传统文化"，将社会教育项目"双城化""平台化""产业化"，使博物馆教育进一步打破边界，深度延伸。中国大运河博物馆和教育基地融合的模式，拓展了博物馆作为文化休闲空间的职能。

四、中国大运河博物馆文化休闲空间融合发展的价值意义

文旅融合背景下，博物馆作为文化休闲空间强调空间上的文化传播与分享，中国大运河博物馆转变自身意识，通过整合文化旅游资源、创新展陈手段等方式打造文化休闲空间，既满足了博物馆展示中国形象、彰显中华文化魅力

① 陈萱：《文化认同与符号消费：博物馆文创的符号建构研究》，《东南传播》2022年第1期。

的时代诉求，也凝聚了民族文化认同，增强了公众的文化自信。

（一）对外：传播运河文化，搭建交流互鉴平台

中国大运河博物馆定位是展示全流域、全时段、全方位的一座大运河专题博物馆，被誉为运河文化的“百科全书”，除了发挥博物馆基础的收藏展示职能外，中国大运河博物馆还承担着对外的文化交流功能。2017 年，世界运河城市论坛在扬州举行，运河文化的传播及运河遗产的保护传承成为世界运河城市关注的焦点。中国大运河博物馆为世界运河城市的交流搭建了合作、共赢的平台。

中国大运河博物馆通过多个差异化展示呈现大运河全流域、全时段的历史文化，“大运河——中国的世界文化遗产”展厅的展示内容包括运河的历史变迁、科技成就、社会作用、经济文化和保护传承，全方位呈现运河历史与内涵。“世界知名运河与运河城市”展厅呈现了世界运河与中国运河的交流，以及运河城市之间的沟通互动。除了积极传播运河文化，中国大运河博物馆还致力于搭建交流互鉴的平台，通过展示不同运河城市的文化，增进观众对文化多元性的包容与理解，为不同文化的友好交流提供平台①。中国大运河博物馆在对外交流中充分发挥了讲好运河故事、传播运河文化的作用。

（二）对内：凝聚民族文化认同，增强人民自豪感

中国大运河博物馆被打造成高品质文化休闲空间，成为本地居民及外地游客向往的网络知名打卡地，使得运河文化不再是具有距离感的文化遗产，而是沿线城市居民的品质生活空间，使人们切实感受到运河带来的美好生活。中国大运河博物馆通过展览和教育活动等多种方式，使本地居民及外地游客对运河文化有了更深刻的认识。中国大运河博物馆成为运河两岸居民及国内群众了解民族文化的重要方式，在吸引本地居民及各地游客前来旅游的同时也提升了公众对运河文化的认同感。

中国大运河中蕴含着中华民族悠远绵长的文化基因，是中华优秀传统文化的重要传播载体。在多元文化的冲击下，中国大运河博物馆深入挖掘运河文化的内涵并通过多元叙事方式将运河文化进行具象化传播。馆中的沙飞船实体体

① 焦丽丹：《记忆空间+文化空间=作为文化中枢的博物馆》，《中国博物馆》2019 年第 3 期。

验使观众领略到运河两岸的风土人情；运河两岸各地的方言唤醒了公众的文化记忆，引发公众对民族文化的追忆和认同，从而确认文化身份归属①。“大运河的非物质文化遗产”展厅中展示了运河两岸的传统音乐、曲艺、民俗等，通过这些文化叙事符号使民族文化具象化呈现，并邀请传承人现场展示，运用多媒体互动屏等手段与观众互动，使观众在参观游览时对民族文化有了更加深入的认识，从而推动公众对民族文化产生自信和自豪感，凝聚民族文化认同。

文旅融合背景下，中国大运河博物馆将自身打造为高质量的文化休闲空间，不仅成为运河文化遗产的展示平台，也是城市旅游休闲的会客厅，这便要求中国大运河博物馆不断融合创新，促进运河文旅产业与相关产业融合发展，共同打造运河特色文旅品牌。

撰稿人　陈萱
单　位　扬州大学新闻与传媒学院

① 秦宗财：《“千年运河”国家文旅品牌叙事论略》，《艺术百家》2020年第5期。

后 记

新时代党和政府提出了长江经济带、大运河文化带、大运河国家文化公园、长江国家文化公园等发展战略和举措。江苏作为建设的核心区、先导区，近年来先行先试建设大运河国家文化公园得到了中央肯定，中共中央办公厅、国务院办公厅印发的《长城、大运河、长征国家文化公园建设方案》明确把大运河江苏段确立为大运河国家文化公园唯一的重点建设区。江苏在推动大运河国家文化公园建设方面做了大量基础性和探索性工作。浙江、安徽也顺势而为，积极推动大运河文化带建设，取得了较为显著的成果。本书基于国家战略，以长江经济带和大运河文化带两带交叠区域的文化和旅游融合品牌实践为研究对象，从文化品牌理论视角，遴选长三角大运河文化带（含江苏、安徽、浙江）文旅融合品牌建设的最新实践案例，按照区域文化品牌类型分为总体研究、文旅名城、文旅名镇（村）/示范区（带）、品牌创新与传播、国家文化公园和文博展会等专题对典型热点案例进行深入研究。

本书作者系长三角大运河文化带沿线相关企事业单位、高校和科研机构中长期从事大运河文化带、长江经济带相关管理工作者和研究者。本书在编写过程中，得到了长三角大运河沿线省、市有关管理部门，以及扬州大学中国大运河研究院、新闻与传媒学院等相关领导的大力支持，获得了沪苏浙皖“长三角高质量一体化发展重大问题研究”专项课题（19CSJ007）、扬州大学校教改课题重点项目（YZUJX2019-3A）、扬州大学出版基金和扬州大学中国大运河研究院出版成果基金资助，在此表示衷心感谢！本书研究领域、案例内容具有新颖性、前沿性，不仅能为长江经济带、大运河文化带的政府和文旅类企事业单位提供智力支持，也能为长城、长征、黄河等文化带建设提供经验参考，有助于增进旅游者、学者和相关院校师生对文化带建设和文旅融合建设的认知与了解。

编著者

2022 年 12 月